Karin Beher, Hans Haenisch, Claudia Hermens,
Gabriele Nordt, Gerald Prein, Uwe Schulz
Die offene Ganztagsschule in der Entwicklung

Wissenschaftlicher Kooperationsverbund

Forschungsverbund Deutsches Jugendinstitut e.V. (DJI)
und Universität Dortmund

Institut für soziale Arbeit e.V. (ISA), Münster

Bergische Universität Wuppertal

Sozialpädagogisches Institut (SPI) – Zentrale
wissenschaftliche Einrichtung der Fachhochschule Köln

Karin Beher, Hans Haenisch, Claudia Hermens,
Gabriele Nordt, Gerald Prein, Uwe Schulz

Die offene Ganztagsschule in der Entwicklung

Empirische Befunde
zum Primarbereich in Nordrhein-Westfalen

Juventa Verlag Weinheim und München 2007

Die Textteile werden von den AutorInnen wie folgt verantwortet:

Karin Beher (Kapitel 3 sowie 4.1 [unter 4.1.4 Standardisierte Befragung] und 4.2), Hans Haenisch (Kapitel 1 und 2), Claudia Hermens (Kapitel 4.1 und 4.2), Gabriele Nordt (Kapitel 4.1 [unter 4.1.4 Qualitative Interviews] und 4.3), Gerald Prein (Kapitel 3 sowie 4.1 und 4.2), Uwe Schulz (Kapitel 1 und 2).

Bibliografische Information der Deutschen Nationalbibliothek

Die Deutsche Nationalbibliothek verzeichnet diese Publikation in der Deutschen Nationalbibliografie; detaillierte bibliografische Daten sind im Internet über http://dnb.d-nb.de abrufbar.

© 2007 Juventa Verlag Weinheim und München
Umschlaggestaltung: Atelier Warminski, 63654 Büdingen
Umschlagfoto: Wolfgang Schmidt, Ammerbuch
Druck nach Typoskript
Printed in Germany

ISBN 978-3-7799-1697-0

Inhalt

Einleitung

In der Folge der Entwicklung von Schulen mit ganztägigen Angeboten wird in der Bundesrepublik Deutschland gegenwärtig eine Reihe von Vorhaben zur wissenschaftlichen Untersuchung von Ganztagsschulen durchgeführt (vgl. z.B. Holtappels u.a. 2007). Aufgrund des fortlaufenden Einführungs- und Entwicklungsprozesses sind einige dieser Studien als Implementie- rungs- und Begleitforschung konzipiert (vgl. z.B. Wahler u.a. 2005, Kolbe u.a. 2005). Das gilt auch für die hier vorgestellte Hauptstudie zur offenen Ganztagsschule im Primarbereich in Nordrhein-Westfalen (OGS). Im Rah- men dieser Studie wird die offene Ganztagsschule in ihren Strukturen, Er- scheinungsformen und Entwicklungsrichtungen mit der Absicht analysiert und beschrieben, ein systematisches Orientierungs- und Steuerungswissen für die Weiterentwicklung dieses – in erster Linie – bildungspolitischen Re- formvorhabens anzubieten. Ausgangspunkt hierfür bilden die dem Ausbau von ganztägigen Angeboten zu Grunde liegenden gesellschaftspolitischen Zielprogrammatiken und Begründungsmuster, die hier noch einmal schlag- wortartig genannt werden sollen:

- Verbesserte Vereinbarkeit von Familie und Beruf sowie die Unterstüt- zung der Familienerziehung durch integrierte Ganztagsangebote;
- öffentliche Verantwortung für das Aufwachsen von Kindern und Ju- gendlichen aufgrund veränderter gesellschaftlicher Rahmenbedingungen und Lebenslagen;
- Verbesserung von Schulqualität und schulischen Leistungen in der Fol- ge von PISA sowie Schulentwicklung durch Schulöffnung;
- Steigerung gesellschaftlicher Chancengleichheit und verbesserte Inte- grationsbedingungen, z.B. für Migrant(inn)en;
- Sicherung der Zukunfts- und Wettbewerbsfähigkeit durch die Vermitt- lung strategischer Kompetenzen und Qualifikationen.

Die offene Ganztagsschule in der Entwicklung

Die offene Ganztagsschule im Primarbereich (OGS) in Nordrhein- Westfalen führt ein ganztägiges Bildungs-, Erziehungs- und Betreuungs- programm für Grundschulkinder durch. Die Offenheit bezieht sich dabei auf zwei zentrale Bereiche: (a) Auf die Ganztagsschule als Angebotsschule, die von Eltern und Schüler(inne)n als Adressat(inn)en und Nutzer(inne)n für einen festgelegten Zeitraum in Anspruch genommen werden kann, und (b) auf die Ganztagsschule als offene Schule, für die die Kooperation zwischen Schule und Jugendhilfe sowie weiteren außerschulischen Partnern (z.B. Musikschulen, Sportvereine) konstitutiv ist. Wenn sich Eltern in Nordrhein-Westfalen dafür entscheiden, ihr Kind für ein Jahr verbindlich für den „offenen Ganztag" anzumelden, dann wählen sie ein Angebot, dem drei konzeptionelle Leitideen zugrunde liegen (vgl. MSW 2006). Intendiert wird

- die Etablierung eines verlässlichen Betreuungsangebots durch die Schule, das die Vereinbarkeit von Familie und Beruf ermöglicht;

- die Schaffung eines ganztägigen Bildungs-, Erziehungs- und Förderarrangements, das die Selbstständigkeit und die Eigenverantwortung der Kinder unterstützt und ihren heterogenen Lernpersönlichkeiten stärker Rechnung trägt;

- die Entwicklung einer sich schrittweise verändernden, aufeinander bezogenen Organisation von Unterricht und außerunterrichtlichen Angeboten, die zur Ganzheitlichkeit des Bildungsprojekts „offene Ganztagsschule" auf der Grundlage einer neuen Lernkultur beiträgt.

Das bildungs- und familienpolitische Projekt der nordrhein-westfälischen Landesregierung startete im Schuljahr 2003/04 mit 235 Schulen, die für etwa 11.500 Grundschüler/innen einen Ganztagsplatz zur Verfügung stellten. Im Schuljahr 2007/08, also im fünften Jahr der Umsetzung, werden in über 2.900 offenen Ganztagsschulen etwa 165.000 Plätze für rund 21% der Grundschüler/innen angeboten. Nicht ganz 80 Prozent der nordrhein-westfälischen Grundschulen sind damit Offene Ganztagsschulen – in 375 von 396 Gemeinden des Landes werden offene Ganztagsangebote vorgehalten (vgl. MSW 2007). Diese Größenordnungen verdeutlichen, dass die Nachfrage nach Ganztagsplätzen für Schulkinder im bevölkerungsreichsten Bundesland bei den Eltern enorm war und ist. Der dynamische Expansionsprozess hat beim Land, in den Kommunen und Schulen sowie bei den vielfältigen außerschulischen Partnern zahlreiche Initiativen zur Gestaltung der OGS in Gang gesetzt. Um die hiermit korrespondierenden Entwicklungen frühzeitig in den Blick nehmen zu können, hat das Land mit der Einführung der offenen Ganztagsschule zugleich einen wissenschaftlichen Kooperationsverbund mit der Begleitforschung beauftragt.[1]

Die wissenschaftliche Begleitforschung im Überblick

Das Konzept der wissenschaftlichen Begleitung der offenen Ganztagsgrundschule wurde zweiphasig konzipiert und setzt sich bislang aus einer Pilot- und einer Hauptphase zusammen. Die an 24 offenen Ganztagsschulen

---

1 Der Kooperationsverbund setzt sich zusammen aus der Bergischen Universität Wuppertal, dem Institut für soziale Arbeit e.V. (ISA) in Münster, dem Sozialpädagogischen Institut (SPI) der Fachhochschule Köln sowie der Universität Dortmund im Forschungsverbund mit dem Deutschen Jugendinstitut e.V. in München.

durchgeführte qualitative Pilotstudie wurde im Jahr 2005 abgeschlossen. Sie konzentrierte sich vor allem auf die Bedingungen der Startphase, unter denen die Schulen im Schuljahr 2003/04 den „offenen Ganztag" eingeführt hatten, als auch auf die Beschreibung der konkreten Praxis- und Kooperationsformen der einzelnen OGS vor Ort.

Im Forschungsbericht (Beher u.a. 2005) wurde deutlich, dass eine Vielzahl von Bedingungen auf das Gelingen des „Projekts" OGS einwirken. Dazu gehören u.a.

- qualifiziertes und ausreichend vorhandenes Personal, das pädagogische Zielvorgaben in die Praxis umsetzen und weiterentwickeln kann;
- eine möglichst enge personelle und konzeptionelle Verzahnung von Vor- und Nachmittagsbereich;
- vielgestaltige und funktionale Räumlichkeiten;
- eine engagierte und integrierende Schulleitung,
- ein aufgeschlossen Kollegium, das einer Mitarbeit im offenen Ganztag gegenüber aufgeschlossen ist, sowie
- die Achtung der Kinder mit ihren heterogenen Bedürfnissen und Interessen sowohl mit Blick auf Alter und Geschlecht als auch hinsichtlich ihres sozialen und kulturellen Hintergrunds.

Deutlich wurde in der Studie auch, dass noch vielfältige Entwicklungsbedarfe bestehen. Finanzierung, Personalschlüssel, Räumlichkeiten, Kooperationen, Weiterentwicklung des Rollen- und Aufgabenverständnisses der Mitarbeiter(innen), Entwicklung von Konzepten für die jüngeren Kinder in der OGS, die Ausdifferenzierung von Beteiligungs- und Mitbestimmungsmöglichkeiten der Kinder und Eltern – um nur einige Stichworte zu nennen –, stellen nach der 2005er Studie zentrale Herausforderungen in den offenen Ganztagsschulen dar. Demnach ist auch eine funktionierende, ganz praktische Zusammenarbeit zwischen den Grundschulen und ihren Partnern aus der Jugendhilfe und den Organisationen aus den Bereichen Sport, Kultur oder Kunst besonders wichtig, wenn unterrichtliche und außerunterrichtliche Lernformen und -angebote verknüpft werden sollen.

Aufbauend auf dieser explorativen Pilotstudie hat der Kooperationsverbund zwischen den Jahren 2005 und 2007 die Hauptstudie durchgeführt. Diese Untersuchung basiert konzeptionell auf den vier Bezugsebenen (1) Organisation und Handlungsfeld, (2) Personal und Arbeitsformen, (3) Kinder und Eltern als Adressat(inn)en sowie (4) Wirkungsfeld als Dimension, in der sich strukturelle, organisationale und pädagogische Elemente verknüpfen und die mit Blick auf die beteiligten Lehrer/innen und pädagogischen Fachkräfte, Eltern und Kinder auf der Grundlage generalisierter Einschätzungen beschrieben werden kann.

Inhaltlich werden in der Untersuchung zum einen Fragestellungen aus der Pilotstudie aufgegriffen, um diese auf breiterer Ebene zu untersuchen und zu replizieren; zum anderen werden durch neue Forschungsfragen und ein erweitertes Methodenrepertoire differenziertere Zugänge zum Forschungsfeld geschaffen. Erstmals wurden in der Hauptstudie die Kinder als Adressaten in den Blick genommen, um die in der Pilotstudie aufgezeigten Veränderungsbedarfe auch aus der Perspektive sowohl jüngerer als auch älterer Kinder zu beleuchten. Ziel ist es, sowohl eine Bestandsaufnahme der offenen Ganztagsschule vorzunehmen als auch Impulse für die Weiterentwicklung zu liefern.

Im Einzelnen beruht die Untersuchung in ihrem methodischen Kern auf mehreren, überwiegend repräsentativen Befragungen, die im Schuljahr 2005/2006 durchgeführt wurden:

- Eine als Totalerhebung konzipierte Profil- und Strukturerhebung, die primär an die Schulleitungen gerichtet war. 379 der im Schuljahr 2004/2005 bestehenden offenen Ganztagsschulen beteiligten sich daran. Dies entspricht einem Rücklauf von 54%.

- Zusätzlich fanden an 166 OGS schriftliche Lehr- und Fachkräftebefragungen statt. Die Aussagen des Fachkräftesurveys beruhen bei einer Rücklaufquote von 50% auf den Angaben von rund 950 Mitarbeiter(inne)n im Ganztag; die Lehrkräftebefragung stützt sich bei einem Rücklauf von 43% auf rund 990 Fragebögen. In dieser Erhebung wurden allein Lehrer/innen um Auskunft gebeten, die an der OGS unterrichten, dort aber nicht in den außerunterrichtlichen Angeboten tätig sind.

- 62 Schulen beteiligten sich an den schriftlichen Eltern- und Kinderbefragungen. Von den Eltern sendeten 3.680 ihren Fragebogen zurück (42% Rücklauf). Befragt wurden sowohl Eltern, deren Kinder an den Angeboten des offenen Ganztags teilnahmen, als auch solche, für die dies nicht galt.

- Schließlich wurden auch die Schüler(innen) zu ihrem Alltagserleben und Wohlbefinden im Ganztag um Auskunft gebeten. Es wurden zwei methodische Zugänge zur Zielgruppe der Kinder gesucht: Durch die schriftlichen Fragebögen, die sich an Ganztagsschulkinder der Klassen drei und vier richteten, wurden 660 Schüler(innen) erreicht (44% Rücklauf). An acht Schulen wurden darüber hinaus 47 qualitative Interviews mit insgesamt 139 Mädchen und Jungen der Klassen eins bis vier durchgeführt.

Die vorliegende Studie ist ein Beitrag zur weiteren wissenschaftlichen Erschließung des Themenfeldes ‚Ganztagsschule'. Als länder- und schulformspezifische Untersuchung liefert sie originäres Forschungswissen über einen konkret umschriebenen Ganztagstypus und ermöglicht es gleichzeitig, die unterschiedlichen Erfahrungen der verschiedenen Akteursgruppen zu beleuchten.

1. Strukturen und Merkmale der offenen Ganztagsschule in Nordrhein-Westfalen

Ziel dieses Untersuchungsbausteins zu Strukturen und Merkmalen war eine breite Bestandsaufnahme der beobachtbaren strukturellen, (zeit-)organisatorischen, personellen und anderweitig ressourcenbezogenen Kontextbedingungen, auf deren Grundlage die pädagogisch-konzeptionelle Arbeit in der offenen Ganztagsschule im Primarbereich (OGS) in Nordrhein-Westfalen stattfindet. Für die OGS in ihrer spezifischen nordrhein-westfälischen Ausprägung sollten systematisch Merkmale erfasst und beschrieben werden, die auch den zum Forschungskonzept dazugehörenden weiteren Teilstudien als analytische Hintergrundfolie dienen. Bei der Erarbeitung des Untersuchungsinstrumentariums – einem schriftlichen Fragebogen mit überwiegend geschlossenen Items – wurde auf die Vorerfahrungen der Pilotphase aus dem Schuljahr 2003/04 zurückgegriffen; weitere vertiefende Fragestellungen ergaben sich aus fachwissenschaftlichen und fachpolitischen Diskussionszusammenhängen, die zielgerichtet eingearbeitet werden konnten. Das Instrument erhob zum einen allgemeine Daten zu den offenen Ganztagsschulen, wie sie die Organisation und Zusammensetzung der an den außerunterrichtlichen Angeboten teilnehmenden Schüler/innen oder Themen wie Finanzen und Räumlichkeiten betreffen. Zum anderen umfasste der Bogen Fragedimensionen nach dem Prozess der Einführung der außerunterrichtlichen Angebote, der konzeptionellen Schwerpunkte und Zielsetzungen, der Organisation, Steuerung und Zuständigkeiten im Rahmen des offenen Ganztags, der Strukturen des Personals und der durchgeführten Angebote, der Träger und außerunterrichtlichen Kooperationspartner, der Mitwirkung von Kindern und Eltern und die Öffnung der Schulen zum Stadtteil sowie schließlich Aspekte der Zielerreichung und Zufriedenheit mit dem, was in den offenen Ganztagsschulen pädagogisch umgesetzt und erreicht werden kann.

Die im Schuljahr 2004/05 bestehenden 702 offenen Ganztagsschulen im Primarbereich waren im Rahmen der Profil- und Strukturerhebung eingeladen, an der schriftlichen Befragung teilzunehmen. Mit 379 ausgefüllten Fragebögen, die in die hier dargestellten Analysen eingegangen sind, wurde dabei eine Rücklaufquote von 54 Prozent erzielt, wobei aus dem ersten Jahr Offene Ganztagsschule (2003/04) einige Schulen weniger (45 Prozent) teilnahmen als aus dem zweiten. Von den 33 Förderschulen mit Primarstufe in der Grundgesamtheit sandten 26 Schulen das Befragungsinstrument zurück, das entspricht einem Rücklauf von 79 Prozent. In gut vier Fünfteln der Fälle füllten die (auch: stellvertretenden) Schulleitungen die Fragebögen ausgefüllt. Der Rest wurde, neben einigen Lehrkräften ohne Schulleitungsfunktion, überwiegend von Ganztagskoordinator(inn)en bearbeitet, also in der Regel pädagogischen Fachkräften wie Erzieher/innen, die für die außerunterrichtlichen Angebote im Rahmen der offenen Ganztagsschule eine Leitungsfunktion wahrnehmen.

Der Fragebogenrücklauf lässt die Tatsache durchscheinen, dass die offene Ganztagsschule im früheren Stadium ihrer Umsetzung (die ersten beiden Schuljahre der Einführung) vergleichsweise häufiger in den nordrhein-westfälischen Ballungsräumen eingerichtet worden ist. Vier von zehn antwortenden Primarschulen geben an, in Städten mit mehr als 100.000 Einwohnern zu liegen, weitere 25 Prozent in Kommunen zwischen 50 und 100.000. Als eher dem ländlichen Raum zugehörig werden 26 Prozent der Schulen charakterisiert.

Die Teilnahmequote am offenen Ganztag, wenn man sich alle hier befragten Grundschulen ansieht, liegt durchschnittlich bei etwas über 18 Prozent der Schüler/innen dieser Schulen (Förderschulen: 22 Prozent). Der offene Ganztag wird an den untersuchten Schulen im Mittel von 53 Schüler(inne)n besucht, es „laufen" dort also 2,1 Ganztagsgruppen. Die tatsächlichen Teilnahmezahlen an den außerunterrichtlichen Angeboten des offenen Ganztags liegen jedoch in einer Spanne zwischen 12 und über 150 Kindern, wobei die Größe „des Ganztags" in dieser Untersuchung signifikant zunimmt, wenn man die Zahlen ausgehend vom ländlichen Raum über die Ballungsrandzonen bis in die großstädtischen Ballungszentren hinein vergleicht.[2]

Sieht man sich darüber hinaus an, wie die an der Untersuchung teilnehmenden OGS ihr zeitliches Konzept umsetzen, so weisen 80 Prozent gleich bleibende Öffnungszeiten an allen Wochentagen auf. Mit wenigen Ausnahmen öffnet das verbleibende Fünftel an vier Wochentagen zu gleich bleibenden Zeiten und schließt – in der Regel freitags – etwas früher. Zum Erhebungszeitpunkt wird in den befragten OGS eine Betreuung vor 07:30 Uhr und nach 16:30 Uhr (immerhin 20 Prozent der Schulen führen ihren Ganztagsbetrieb bis zu dieser Uhrzeit durch) nur in Ausnahmefällen angeboten. Die im Runderlass zur offenen Ganztagsschule genannte Öffnungszeit bis 16:00 Uhr (vgl. MSW 2006) dient der großen Mehrheit der Schulen somit als Maßstab. Missverständnisse über den Beginn der Offenen Ganztagsschule sind jedoch offenbar noch recht weit verbreitet, wenn über 30 Prozent der befragten Schulen angeben, dass diese erst nach 11:00 Uhr be-

---

2   Eine systematische Analyse der Inanspruchnahme des offenen Ganztags sowie eine Charakterisierung der Gründe für die Anmeldung und Nicht-Anmeldung von Schüler(inne)n für die außerunterrichtlichen Angebote der Ganztagsschulen findet sich in Kapitel 3 (Eltern) dieses Buches.

ginnt und darin – ein de facto so empfundenes? – additives Verständnis durchscheint, demzufolge der Unterricht am Vormittag nicht Bestandteil der Offenen Ganztagsschule ist.

1.1 Ziele und Konzepte

Unabhängig von diesem Verständnis verfügen die Schulen über Ganztagskonzepte, die – so will es die Richtlinie des Landes (vgl. a.a.O.) – Bestandteil des Schulprogramms sind oder es werden. Vor diesem Hintergrund lassen sich die Ziele und Schwerpunkte beschreiben, die in den OGS mit den außerunterrichtlichen Angeboten verbunden werden. Dabei zeigt sich, dass diese Angebote in der großen Mehrheit der offenen Ganztagsschulen keine Fortsetzung des Unterrichts mit anderen Mitteln sein sollen – und auch nicht sind, wie in dieser Studie verdeutlicht wird. Im „offenen Ganztag" ist den Schulleitungen eine breite Palette von Angeboten und Zielsetzungen wichtig (s. Tab. 1.1), aber im Wesentlichen lassen sich doch auch zwei Schwerpunkte charakterisieren: (1) Die Betreuung der Hausaufgaben sowie (2) das Vorhalten sozialer und persönlichkeitsbildender Elemente durch ein sinnvolles Freizeitangebot, in dem insbesondere auch die Bereiche der Bewegung und des Spielens von Bedeutung sind.

Tab. 1.1 Rangliste der konzeptionellen Schwerpunkte für die außerunterrichtlichen Angebote nach Aussagen der Schulleitungen (Zeilen-%)

Zieldimensionen	weniger wichtig	wichtig	besonders wichtig
Förderung von sozialen Kompetenzen	1	22	77
Hausaufgabenbetreuung	1	24	75
Bewegung-, Spiel- und Sport-Angebote	0	26	74
Konflikte lösen, Streit schlichten	5	35	60
Ausgleich sozialer Benachteiligung	13	42	45
Gesunde Ernährung	6	57	37
Sprachliche Förderung	19	44	37
Kreativ-handwerkliche Angebote	2	65	33
Musisch-kulturelle Angebote	6	63	31
Öffnung von Schule zum Stadtteil	36	42	22
Fach- und unterrichtsbezogene Förderung	35	47	17
Interkulturelles Lernen	30	53	17
Begabungsförderung	42	47	11

Quelle: Wissenschaftlicher Kooperationsverbund – Profil- und Strukturbefragung

Das Fördern sozialer Kompetenzen und sozialen Lernens ist etwa drei Vierteln der Schulen besonders wichtig; demgegenüber tritt eine fach- oder unterrichtsbezogene, sprachliche oder Begabungsförderung in den außerunterrichtlichen Angeboten deutlich in den Hintergrund, wenn sie auch insgesamt noch als durchaus wichtig angesehen wird. Eine kleinere Gruppe von

Schulen setzt zudem einen konzeptionellen Schwerpunkt im Bereich des Ausgleichs sozialer Benachteiligung und verbindet dies u.a. mit sprachlicher Förderung im Bereich Deutsch – hier liegt nahe, dass es sich dabei um Schulen mit einem vergleichsweise höheren Anteil von Kindern mit Zuwanderungsgeschichte handelt.

Tatsächlich kann, wenn man die programmatischen Schwerpunkte der offenen Ganztagsschulen in Zusammenhang mit Merkmalen der Schule bringt, festgestellt werden, dass die (sozialräumliche) Lage der Schule und damit die Zusammensetzung der Schülerschaft durchaus zu einer besonderen konzeptionellen Gewichtung führen kann: Schwerpunkte wie „Sprachliche Förderung", die „Schulöffnung zum Stadtteil", „Interkulturelles Lernen" sowie „Soziales Lernen" nehmen in Ballungsgebieten oder großstädtischen Räumen eine wesentlich höhere Bedeutung ein als in den Schulen in Ballungsrandzonen und ländlichen Gebieten. Im Übrigen scheint in den Großstädten auch das Argument des „sozialen Bedarfs im Stadtteil", also die besonderen sozialräumlichen Gegebenheiten in Vierteln und Quartieren, ein *push*-Faktor bei der Einrichtung offener Ganztagsschulen zu sein: Dort, wo soziale Problemlagen bei Familien, Kindern und Jugendlichen eine Rolle spielen, werden die Angebote der offenen Ganztagsschulen offenbar eher als ein wertvoller Bestandteil der Infrastruktur des Sozialraums angesehen.

Wie schlagen sich konzeptionelle Schwerpunkte aber in der tatsächlichen Ausgestaltung der außerunterrichtlichen Angebote nieder? Dass sie mit den stärksten Einfluss auf die Auswahl und Zusammenstellung der außerunterrichtlichen Angebote ausüben, unterstreichen die befragten Schulleitungen, was vor dem Hintergrund der Bedeutung von Ziel- und Konzeptentwicklung für einen Organisationsentwicklungsprozess (allerdings nicht nur in der Ganztagsschule) einen wichtigen Befund darstellt (vgl. dazu Holtappels u.a. 2007, S.209ff). Die zweite zentrale Instanz bei der Ausgestaltung der Angebote des offenen Ganztags sind die Personen, die diese Angebote umsetzen: Die Fähig- und Fertigkeiten sowie die (damit eng verbundenen) Wünsche der pädagogischen Mitarbeiter/innen gestalten die außerunterrichtlichen Angebote des offenen Ganztags in besonderer Weise, also deren Kompetenzen und Präferenzen. Da nach Aussagen der Schulleitungen drittens die Schülerwünsche und -interessen[3] bei der Angebotsausgestaltung außerdem noch eine eher starke Berücksichtigung finden, entwickelt sich in den Schulen im Idealfall ein Ergänzungsverhältnis zwischen konzeptionellen Schwerpunkten, Fähigkeiten und Wünschen der pädagogischen Mitarbeiter/innen sowie den Interessen der Kinder. Aber Programmgestaltung im offenen Ganztag ist noch mehr: Auch Förderbedarfe der Schüler/innen und die Angebote der verfügbaren Kooperationspartner vor Ort werden in

---

3   Aus verschiedenen Perspektiven stellt sich das Thema der Partizipation in den außerunterrichtlichen Angeboten ganz unterschiedlich dar, vgl. dazu die folgenden Kapitel, insbesondere Kap. 4.

Rechnung gestellt und durch die gegebenen räumlichen und finanziellen Rahmenbedingungen moderiert. Dass insgesamt nur eine Minderheit der untersuchten Schulen angibt, überhaupt Angebote für spezifische Gruppen von Schüler(inne)n (wie z.B. Erstklässler/innen oder Schüler/innen mit besonderem Förderbedarf) durchzuführen (und zwar ausschließlich für diese), muss jedoch nicht zwingend als ein Indikator für diese Gemengelage gewertet werden. Immerhin fokussieren 43 Prozent der befragten Schulen auf die Gruppe der eher leistungsschwachen Schüler/innen (z.B. indem sie besondere Förderangebote am Nachmittag durchführen) sowie 41 Prozent auf Schüler/innen mit motorischen Problemen. Dies entspricht einer besonderen konzeptionellen Akzentuierung des Schwerpunktes im Bereich von Bewegung, Spiel und Sport, der für beinahe alle OGS zutrifft.

1.2   Die außerunterrichtlichen Angebote

Werden die Schulen also danach gefragt, welche Angebotselemente sie durchführen, so ergibt sich daraus ein Tableau, aus dem die Umsetzung eines breiten Spektrums von außerunterrichtlichen Angeboten in den offenen Ganztagsschulen abgelesen werden kann. Die programmatischen Schwerpunkte auf Hausaufgabenbetreuung, eine pädagogische Freizeitgestaltung und insbesondere das Angebotselement „Bewegung, Spiel und Sport" bilden sich darin sehr deutlich ab.

Die folgende Tabelle 1.2 verdeutlicht, in wie viel Prozent der Schulen die genannten außerunterrichtlichen Angebote des offenen Ganztags im Durchschnitt wie häufig durchgeführt werden. Es zeigt sich, dass Angebote in den Handlungsfeldern „Mittagessen" flächendeckend und „Hausaufgabenbetreuung" beinahe flächendeckend an vier bzw. fünf Tagen pro Woche bestehen. Daneben wird im Bereich der Freizeit- und Förderangebote das Element „Bewegung, Spiel und Sport" ebenfalls beinahe flächendeckend und in der großen Mehrheit der Schulen zumindest 2-3 Mal pro Woche durchgeführt. Künstlerisch-kreative Angebote sind in über 90 Prozent der Schulen fester Bestandteil des Wochenplans, allerdings mit einer pro Woche geringeren Frequenz als der Sport. Andere („freie") spielerische Aktivitäten nehmen in über 60 Prozent Schulen ihren tagtäglichen Raum ein.

Bemerkenswert ist, dass die Ausprägung des Angebotstableaus – so legen es die Daten nahe – systematisch nicht in nennenswerter Weise beeinflusst wird von strukturellen Faktoren wie etwa dem Schultyp (Grund- oder Förderschule), dem Einführungszeitpunkt der OGS (2003 oder 2004), der Trägerschaft der außerunterrichtlichen Angebote im Rahmen der offenen Ganztagsschule (s. Abschnitt 1.5.1), den in den Schulen zur Verfügung stehenden finanziellen, räumlichen, personellen und materiellen Ressourcen, der Anzahl der Kinder in den außerunterrichtlichen Angeboten[4] oder der Charakteristik des Umfeldes der Schule (Siedlungstyp, Einwohnerzahl)[5]. Das bedeutet: Die offenen Ganztagsschulen setzen in ihrer deutlichen Mehrheit ein inhaltlich breites Programm von außerunterrichtlichen Angeboten um (vgl. für Ganztagsschulen allgemein Holtappels u.a. 2007).

Tab. 1.2 Außerunterrichtliche Angebote in den befragten offenen Ganztagsschulen und die Häufigkeit ihrer Durchführung pro Woche

Angebotselemente	Durchführung in % der befragten OGS	Häufigkeit der Durchführung pro Woche in %		
		4-5 x	2-3 x	1 x
Mittagessen/Mittagsimbiss	flächendeckend	100		
Hausaufgabenbetreuung	99	99	1	
Bewegung, Spiel und Sport	99	33	50	15
Musisch-kulturelle Angebote	94	15	39	42
Künstlerisch-kreatives Gestalten	88	3	36	54
Andere spielerische Aktivitäten	76	63	24	11
Sprache (z.B. Lesen)	76	19	36	37
Tanz/Theater	68	2	20	65
Neue Medien	60	8	25	54
Entspannungs- und Konzentration	59	13	23	49
Werken/Technik	58	4	19	52
Umwelt/Natur	56	5	13	54
Soziales Lernen	46	24	5	38
Rechnen/Rechenspiele	43	14	29	38
Sprachförderung in Deutsch für Kinder mit Migrationshintergrund	43	19	39	33
Interkulturelles Lernen	23	25	8	25
Fremdsprachen	18	3	23	45

Anm.: Liegen die Häufigkeiten in der Summe unter 100 Prozentpunkten, wird ein Angebot auch seltener als einmal wöchentlich durchgeführt.

Quelle: Wissenschaftlicher Kooperationsverbund – Profil- und Strukturbefragung

Dieses breite inhaltliche Programm erlaubt es nicht, hier Gruppen von Schulen im Sinne von Angebots- oder Strukturtypen zu unterscheiden (z.B. in solche, die besondere Profile im Bereich „Bewegungsfreudigkeit" aufweisen, musisch-kulturelle Schwerpunkte herausgearbeitet haben oder ins-

---

4   Hier lässt sich lediglich feststellen, dass – wenn man jene 30 Prozent Schulen mit den meisten Kindern in den außerunterrichtlichen Angeboten (AM=84) mit den 30 Prozent Schulen mit dem „kleinsten Ganztag" (AM=25) vergleicht – Angebote im Bereich Tanz/Theater sowie Dauerprojekte (wie. z.B. Chor o. Schulgarten) in den großen Einheiten signifikant häufiger durchgeführt werden (1%-Niveau).

5   Wie schon bei den konzeptionellen Schwerpunkten ist hier unter Berücksichtigung der Größe der Kommune und dem Siedlungstyp zu konstatieren, dass das Angebot der „Sprachförderung in Deutsch für Kinder mit Zuwanderungsgeschichte" in den Ballungsgebieten eine sehr viel größere Rolle spielt.

besondere die sozialen Benachteiligungen durch spezifische Förderung von Schüler(inne)n auszugleichen suchen). Damit ist gleichfalls nicht gesagt, dass einzelne offene Ganztagsschulen diese Profile nicht durchaus aufweisen können. Aus der Breite des hier dargestellten Angebotstableaus lässt sich herauslesen, dass Unterschiede in den außerunterrichtlichen Angeboten des offenen Ganztags vor allem in den vor Ort gegebenen Rahmenbedingungen (wie z.B. Personalprofil, Raumkonzept, Ressourcenlage) und den Möglichkeiten der konkreten fachlich-pädagogischen Umsetzung liegen. In diesen vorhandenen Bedingungen und Möglichkeiten der Angebotsausgestaltung finden schließlich auch die programmatischen Schwerpunkte, die für die außerunterrichtlichen Angebote gesetzt werden, ihre Chancen und Begrenzungen.

Die Angebotsstrukturen in den offenen Ganztagsschulen lassen sich dennoch in zweierlei Hinsicht unterscheiden:

(a) Eine Gruppe von Schulen führt eine breite Palette von Angeboten durch, eine andere beschränkt sich auf eher weniger Angebote. Dieses Merkmal der Vielfalt hängt jedoch nicht mit der Größe des jeweiligen Ganztags zusammen. Kleine Schulen mit einem quantitativ kleinen Ganztag können dennoch auch eine größere Vielfalt von Angeboten durchführen.

(b) Eine Gruppe von Schulen führt Angebotselemente häufiger durch als eine andere Gruppe. Dieses Merkmal der Häufigkeit hat – erwartbar – auch mit der Größe des Ganztags zu tun, d.h., in einem großen Ganztag werden z.B. auch mehr Bewegungs-, Spiel- und Sportangebote durchgeführt.

1.2.1 Teilnahme an den außerunterrichtlichen Angeboten

Während die offenen Ganztagsschulen flächendeckend Formen der Mittagsverpflegung anbieten, Hausaufgabenbetreuung durchführen und ein vielfältiges Spektrum an Freizeit- und Förderangeboten vorhalten, ist über die Teilnahme der Schüler/innen daran noch nichts gesagt. Wie also sieht der Modus der Teilnahme der Kinder an den Angeboten aus?

(a) 64 Prozent der Schulen geben an, dass das Mittagessen für alle Schüler/innen ein obligatorisches Angebot darstellt. Das bedeutet zuallererst, dass die Kinder angehalten sind, etwas zu sich zu nehmen (d.h. gegebenenfalls mitzubringen), ohne dass unbedingt an der kostenpflichtigen Mittagsverpflegung teilgenommen werden muss, für die im Regelfall die Eltern aufkommen müssen.[6] Ein knappes Viertel der

---

6 Während Eltern oder Personensorgeberechtigte in vielen Kommunen aufgrund ihrer Einkommensverhältnisse ganz oder weitgehend von Teilnahmebeiträgen für ihr(e) Kind(er) freigestellt werden (können), gilt das für den Beitrag zum täglichen Mittagessen nicht (zu diesem auch problematischen Aspekt s. vertiefend Kap. 3). In dieser

Schulen organisiert das Mittagessen als ein frei wählbares Angebot – über die Teilnahme an demselben entscheiden für einen festgelegten Zeitraum die Eltern.

(b) Dass mit der Anmeldung zu den außerunterrichtlichen Angeboten der offenen Ganztagsschule die Teilnahme der Schüler/innen an der Hausaufgabenbetreuung verpflichtend einhergeht, geben gut vier Fünftel der Schulen an. Den konzeptionellen Schwerpunkten der außerunterrichtlichen Angebote und der darin zum Ausdruck gebrachten hohen Bedeutung dieses Elements entsprechend, ist die betreute Erledigung der Hausaufgaben also für die Kinder weitgehend Pflichtprogramm im Rahmen des offenen Ganztags. Es überrascht jedoch auch, dass immerhin sieben Prozent (n=28) der befragten Schulen angeben, die Teilnahme an der Hausaufgabenbetreuung sei in ihrem Fall der freien Wahl der Schüler/innen (bzw. deren Eltern) anheim gestellt.

(c) Im Bereich der Freizeit- und Förderangebote dominiert der Modus der freiwilligen Teilnahme der Kinder an den einzelnen Elementen[7], was allerdings nicht bedeutet, dass sich die Schüler/innen jeden Tag neu entscheiden können, welche der angebotenen Projekte oder Arbeitsgemeinschaften sie in Anspruch nehmen. Die freiwillige Anmeldung für ein bestimmtes Freizeit- oder Förderangebot ist häufig für einen festgesetzten Zeitraum verbindlich. Förderangebote im Bereich Sprache werden deutlich häufiger obligatorisch für bestimmte Schüler(innen)-gruppen durchgeführt als die „klassischen" Angebote des offenen Ganztags. So ist die Teilnahme am künstlerisch-kreativen Gestalten, an musischen Angeboten oder Bewegung, Sport und Spiel in etwa 60 Prozent der Schulen ganz freiwillig, in einem weiteren Viertel der Fälle nehmen diese Angebote insofern einen verpflichtenderen Charakter ein, als dass die Kinder ein Angebot aus diesem Bereich wählen müssen und ihre kulturellen oder Bewegungsinteressen im Rahmen des Gesamtangebots steuern können. Zugleich eröffnet dies den Schulleitungen, Lehrer(inne)n und pädagogischen Fachkräften im offenen Ganztag, die Kinder im Kontext der bei ihnen beobachteten Interessen, Unterstützungsbedarfen o.Ä. in spezifische Angebote zu lenken.

1.2.2 Außerunterrichtliche Angebote: Zielerreichung und Zufriedenheit

Mit ihren konzeptionellen Schwerpunkten verfolgen die Schulen, wie oben beschrieben, eine Reihe von Zielen, die sich u.a. auf die Schülerinnen und Schüler sowie auf die Schule als Organisation beziehen können. Die drei

---

Stichprobe lag der in den Schulen erhobene Preis für das tägliche Mittagessen bei durchschnittlich 2,26 Euro (Median: 2,40 Euro), bei angenommenen 21 Wochentagen entspricht das einem monatlichen Entgelt von 47,50 Euro.

7 Zur Zufriedenheit der Kinder und ihrem Wohlfühlen in den Freizeit- und Förderangeboten s. die Kinderstudien in diesem Band.

zentralen Handlungsfelder der außerunterrichtlichen Angebote – das Mittagessen, die Hausaufgabenbetreuung sowie die Förder- und Freizeitangebote – stellen, in ihrer Realisierung durch das multiprofessionelle Personal der offenen Ganztagsschulen, den Transmissionsriemen dar, durch den die Schwerpunkte der offenen Ganztagsschulen in die Zielerreichung „übersetzt" werden. Fragt man also die leitenden Personen in den offenen Ganztagsschulen, bis zu welchem Grade sie ein *set* von Zielsetzungen mit Blick auf Schülerinnen und Schüler bei den gegebenen Rahmenbedingungen umzusetzen in der Lage sind, so ist es die „Verlässliche Betreuung" der Schulkinder, die die befragten Schulen als weitgehend (11 Prozent) oder umfassend (89 Prozent) realisiert betrachten. Insgesamt lassen sich hohe Zusammenhangswerte zwischen den Schwerpunktsetzungen der Schulen auf der einen und der Realisierung dieser inhaltlichen Foki auf der anderen Seite feststellen; neben der Betreuungssituation gilt dies, wenn auch zu etwas geringeren Graden, für die Gestaltung eines sinnvollen Freizeitangebots (91 Prozent weitgehend und umfassend), die Förderung der sozialen Kompetenzen der Schüler/innen (87 Prozent), die verbesserte Anfertigung der Hausaufgaben (77 Prozent) sowie die Bewegungs- und Wahrnehmungsförderung (70 Prozent). Es wird jedoch auch deutlich, dass sich eine Vielzahl von Ansatzpunkten für einen Qualitätsentwicklungsprozess eröffnet, wenn sich die Bereiche der noch schwächeren Zielrealisierung angesehen werden. So sind die Schulleitungen deutlich zurückhaltend bei der Zuschreibung von Wirkungen der außerunterrichtlichen Angebote auf das fachliche Leistungsniveau der Schüler/innen. Damit in Zusammenhang stehend fällt es offensichtlich noch recht schwer, den fachlichen Unterricht mit außerunterrichtlichen Angeboten im Sinne eines sich ergänzenden Verhältnisses zu verbinden sowie die zeitliche Organisation des Schultages so zu verändern, dass ganztagsschulspezifische Potenziale der Tagesstrukturierung genutzt werden können. Hieran erklären sich die strukturell-pädagogischen Gestaltungsgrenzen des Konzepts der offenen Ganztagsschule, die als Angebotsschule mit einer an den Ganztagsangeboten teilnehmenden Schüler(innen)schaft im Umfang von etwa einem Viertel (und etwas darunter im vorliegenden Sample) mit Rahmenbedingungen umgeht, die die Zielrealisierung in den Bereichen Verknüpfung und veränderter Tagesstrukturierung durchaus voraussetzungsvoll macht (vgl. dazu z.B. auch die Studie von Wahler u.a. 2005, weiterhin Kolbe u.a. 2006).

Bedenkenswert ist weiterhin, dass die Förderung der Schülerbeteiligung (diese gelingt nach Aussage der Schulleitungen „teilweise") und, zu einem noch stärkeren Maße, die Möglichkeiten der Elternbeteiligung zu den Zieldimensionen des offenen Ganztags gehören, die am unteren Ende der Rangskala erscheinen und damit in noch schwacher Form realisiert werden (s. dazu auch die folgenden Kapitel). Die vorliegenden Daten erlauben, die Gesamtheit der befragten Schulen in zwei etwa gleich große Gruppen (kombiniert n=333 Schulen) aufzuteilen, die sich darin unterscheiden, dass die am offenen Ganztag teilnehmenden Kinder dort tatsächlich *mitbestimmen* können oder aber nicht (während sie in beiden hier unterschiedenen Gruppen, so geben es die Schulleitungen an, durchaus *nach ihrer Meinung gefragt* werden). In den Schulen mit Mitbestimmung der Kinder kann festgestellt werden, dass (a) hier auch Eltern tendenziell stärker beteiligt werden und (b) die Schulleitungen das Maß der Zielrealisierung für den offenen Ganztag positiver einschätzen. Während sicher kein kausaler Zusammenhang zwischen der Beteiligung von Schüler(inne)n an der Ausgestaltung der außerunterrichtlichen Angebote auf der einen und der Zufriedenheit auf der anderen Seite hergestellt werden kann, so gibt der Befund an sich Anlass darüber nachzudenken, wie die die außerunterrichtlichen Angebote betreffenden Ideen, Bedürfnisse und Ansichten der teilnehmenden Kinder zukünftig besser berücksichtigt werden können (s. dazu auch die folgenden Kapitel).

Nimmt man einzelne Angebotsbereiche in den Blick und fragt danach, wie diese aus Sicht der Schulleitungen in der Umsetzung zu bewerten sind (s. Tabelle 1.3), so erhalten die Angebote im Bereich „Bewegung, Spiel und Sport" im Durchschnitt die höchsten Zustimmungswerte.

Tab. 1.3   Auswahl von Angebotselementen und Grad der Zufriedenheit mit ihrer Realisierung, in Prozent und sortiert nach der höchsten durchschnittlichen Zufriedenheit

Grad der Zufriedenheit mit der Realisierung der außerunterrichtlichen Angebote	sehr unzufrieden	eher unzufrieden	eher zufrieden	sehr zufrieden	Ø
Bewegung, Sport und Spiel	1	5	37	58	3,5
Mittagessen	0	6	42	52	3,5
Andere spielerische Aktivitäten	1	3	51	46	3,4
Künstlerisch-kreatives Gestalten	0	11	54	35	3,3
Betreuung in der unverplanten Zeit	1	12	48	38	3.2
Hausaufgabenbetreuung	1	15	58	26	3,1
Musik	3	22	46	29	3,0
Neue Medien	5	20	55	21	2,9
Werken/Technik	5	18	56	21	2,9
Soziales Lernen (z.B. Streitschlichtung)	3	21	54	21	2,9
Entspannung / Konzentration	4	25	51	20	2,9
Sprache (z.B. Lesen)	5	23	53	19	2,9
Sprachförderung (in Deutsch) für Migrantenkinder	9	29	51	11	2,6
Rechnen / Rechenspiele	10	29	53	9	2,6
Muttersprachliche Angebote	27	33	35	5	2,2

Anm.: Prozentwerte (gerundet) beziehen sich auf die gültigen Fälle. Skala zwischen 1 („sehr unzufrieden") und 4 („sehr zufrieden").

Quelle: Wissenschaftlicher Kooperationsverbund – Profil- und Strukturbefragung

Auch die Realisierung des Mittagessens sowie „andere spielerische Aktivitäten" (die sich häufig aus der Situation heraus ergeben) schneiden bei der Bewertung durch die Schulleitungen sehr gut ab. Hingegen sind Angebote für Kinder mit Zuwanderungsgeschichte („Muttersprachliche Angebote" und „Sprachförderung in Deutsch") am unteren Ende der Skala zu finden.

Die Zufriedenheit der Schulleitungen mit den einzelnen Angebotselementen des offenen Ganztags – und das dürfte wenig überraschen – ist in einem nicht unerheblichen Maße abhängig davon, ob die in der Schule vorhandenen Ressourcen personeller, materieller, räumlicher und finanzieller Art als so ausreichend wahrgenommen werden, dass das an der Schule entwickelte und gültige pädagogische Konzept für „den Ganztag" umgesetzt werden kann. Das bedeutet auch, dass die Ressourcenausstattung von Schulen im quantitativen wie qualitativen Sinne objektiv also vergleichbar sein kann, aber in Relation zum Anspruchsniveau des pädagogischen Konzepts für die außerunterrichtlichen Angebote im Rahmen der offenen Ganztagsschule durchaus sehr unterschiedlich bewertet werden kann. Der deutlichste Zusammenhang zwischen Ressourcen und dem Grad der von den Schulleitungen zum Ausdruck gebrachten Zielrealisierung mit Blick auf die Schüler/innen ergibt sich mit Blick auf die *personelle Ausstattung* ($r=.36$). Auch wenn man die Zufriedenheitseinschätzungen über alle Items (Summenscore) mit den vorhandenen Ressourcen in Beziehung setzt, ergibt sich ein überzufälliger Zusammenhang mit der personellen Ausstattung ($r=.23$). Die übrigen Ressourcendimensionen: materielle, finanzielle und räumliche Ausstattung treten, was ihre Bedeutung für Zielrealisierung und Zufriedenheit mit der Umsetzung des offenen Ganztags anbetrifft, gegenüber der Dimension Personal eher in den Hintergrund, obschon sie natürlich elementar wichtig bleiben für die außerunterrichtlichen Angebote.

1.3 Das Personal im offenen Ganztag

Wenn also der Personalausstattung in den außerunterrichtlichen Angeboten die zentralste Bedeutung beizumessen ist, ist als Nächstes zu fragen, wie sich das Personalgefüge in den außerunterrichtlichen Angeboten der offenen Ganztagsschule charakterisieren lässt. Welche Professionen sind im offenen Ganztag vertreten und mit welchem Umfang? Im Rahmen der Untersuchung wurden die Schulen gebeten anzugeben, mit welchem Personal sie die Aufgaben im Rahmen des offenen Ganztags „bestreiten". Das sich daraus ergebende Übersichtstableau zum Personaleinsatz in der OGS (Tab. 1.4) zeigt jeweils auf, in wie viel Prozent der befragten Schulen eine bestimmte Berufs- oder Qualifikationsgruppe bei der Mitarbeit im offenen Ganztag vertreten ist. Weiterhin wird ausgewiesen, in welchem durchschnittlichen Stundenumfang die Vertreter/innen der jeweiligen Gruppen pro Person und Woche im Ganztag mitarbeiten, sofern sie dort anzutreffen sind.

Tab. 1.4 Übersicht über die Berufs- und Personengruppen, die die außerunterrichtlichen Angebote durchführen

Berufs-/Personengruppe	Gruppe in % aller OGS anzutreffen (N=379)	Ø Mitarbeit in h pro Person und Woche
Einschlägig pädagogisch qualifizierte außerunterrichtliche Mitarbeiter/innen (ohne Lehrkräfte mit Stundendeputat)		
Sozialpädagog(inn)en	38	17,6 h
Erzieher/innen	85	17,4 h
Kinderpfleger/innen, Sozialassistent(inn)en	14	15,2 h
Externe Lehrkräfte [a]	27	9,9 h
Kunst- & Kreativpädagog(inn)en	26	4,2 h
Bewegungs-, Spiel- und Sportpädagog(inn)en	34	3,6 h
Musikpädagog(inn)en	35	2,4 h
Lehrkräfte der offenen Ganztagsschulen mit Stundendeputat		
Mitglieder der Schulleitung	17	1,8 h
Lehrkräfte mit reduziertem Stundendeputat	16	1,6 h
Lehramtsanwärter/innen	7	1,6 h
Lehrkräfte m. vollem Stundendeputat	30	1,5 h
Nicht pädagogisch einschlägig qualifizierte außerunterrichtliche Mitarbeiter/innen		
ZDL / FSJ	11	17,3 h
Praktikant(inn)en im Anerkennungsjahr	17	15,2 h
Hauswirtschafter/innen	35	10,8 h
Weitere Kräfte	26	8,1 h
Eltern	21	5,1 h
Studierende / Schüler/innen	37	4,4 h
Ehrenamtliche	26	2,5 h
Übungsleiter/innen	55	2,0 h

a) Mit „externen Lehrkräften" sind Lehrer/innen gemeint, die nicht zum Kollegium der Schule gehören, also keine Unterrichtsverpflichtung an der OGS haben, an der sie im offenen Ganztag mitarbeiten.

Quelle: Wissenschaftlicher Kooperationsverbund – Profil- und Strukturbefragung

Es kann festgestellt werden, dass die offenen Ganztagsschulen im Sample dieser Untersuchung einen insgesamt recht homogenen Personalmix aus einschlägig und nicht einschlägig pädagogisch qualifizierten Mitarbeiter(inne)n aufweisen (wie dies ja auch für die Angebote bereits beobachtet werden konnte). Was letztlich einen Unterschied mit Blick auf die Anzahl der Repräsentant(inn)en einer bestimmten Berufs- oder Personengruppe sowie die von ihnen geleisteten Arbeitsstunden in den außerunterrichtlichen Angeboten ausmacht, ist die Größe des Ganztags, also die Anzahl der daran teilnehmenden Kinder. Wie bereits in der Pilotstudie aus dem Schuljahr 2003/04 (vgl. Beher u.a. 2005, S.25ff.) sind es dabei wiederum die Erzieher/innen, die die mit Abstand größte Berufs- oder Qualifikationsgruppe im offenen Ganztag darstellen. Sie sind an 86% der befragten offenen Ganztagsschulen vertreten. Diplomierte Sozialpädagog(inn)en arbeiten in 38% der Schulen im offenen Ganztag mit und leisten mit durchschnittlich 17,6 Wochenstunden einen vergleichbar großen Arbeitsumfang wie die Erzieher/innen. Fasst man alle im Rahmen dieser Untersuchung erhobenen Arbeitsstunden der pädagogischen Mitarbeiter/innen in den außerunterrichtlichen Angeboten zusammen, so werden gut drei Fünftel dieser Stunden (63%) von der Gruppe der pädagogisch einschlägig qualifizierten außerunterrichtlichen Mitarbeiter/innen (zu denen hier nicht die an der Schule arbeitenden Lehrer/innen zählen) geleistet. Lehrkräfte, die zu den Kollegien der offenen Ganztagsschulen gehören und dort eine Unterrichtsverpflichtung haben, führten zum Erhebungszeitpunkt gut zwei Prozent der geleisteten Stunden im offenen Ganztag durch[8], wobei Lehrer/innen mit vollem Stundendeputat in 30 Prozent der Schulen Aufgaben im Bereich des offenen Ganztags übernehmen.

Die Gruppe der pädagogisch nicht einschlägig qualifizierten Mitarbeiter/innen leitet im offenen Ganztag etwa 35% aller Stunden, wobei neben den Übungsleiter(inne)n (55%) auch Studierende und Schüler/innen (37%) sowie Hauswirtschafter/innen (35%) vergleichsweise häufig anzutreffen sind. In über der Hälfte der Schulen (55%) sind Sportübungsleiter/innen tätig, und Bewegungs-, Spiel und Sportpädagog(inn)en in etwa einem Drittel der Schulen. Ihre wöchentliche Stundenzahl bleibt allerdings recht gering, es sind Zivildienstleistende / FSJler/innen sowie Praktikant(inn)en, die in einem Teil der Schulen (11 respektive 17%) eine vom Stundenumfang her wichtigere Rolle spielen. Zu den pädagogisch nicht einschlägig qualifizierten Mitarbeiter/innen, die als weitere Kräfte (Ergänzungskräfte) – wie bereits in der Pilotstudie – einen gewissen Umfang der Mitarbeit im offenen Ganztag verzeichnen, gehören Berufe/Tätigkeitsfelder wie Imker/in und Gärtner/in, Krankenschwester und Bibliothekar/in, EDV-Spezialist/in, Handwerker/in, Schachlehrer/in oder Küchenkraft. Insgesamt ist also die Personalvielfalt sehr ausgeprägt, wobei sich, wie oben bereits

---

8   Hier ist zu beachten, dass der Erhebungszeitpunkt der Daten *vor* der Erhöhung des Lehrerstellenanteils in der offenen Ganztagsschule in NRW lag, die zum 1.2.2006 in Kraft trat. Danach muss von einem deutlichen Zuwachs bei der Mitarbeit von Lehrer(inne)n der offenen Ganztagsschulen in den außerunterrichtlichen Angeboten ausgegangen werden.

angedeutet, keine Unterschiede zwischen verschiedenen Trägern des offenen Ganztags ausmachen lassen.[9]

1.4 Personaleinsatz und die Durchführung von Angebotselementen im offenen Ganztag

Im Kontext der Zusammensetzung der Teams, die die außerunterrichtlichen Angebote des offenen Ganztags gestalten, kann ein Bestreben der Schulen nachgezeichnet werden, die Angebotselemente durch pädagogisch einschlägig qualifiziertes Personal verantwortlich durchführen zu lassen. So werden in gut einem Viertel der befragten Schulen die Angebote im Bereich Bewegung, Spiel und Sport weder von Übungsleiter(inne)n noch von Sportpädagog(inn)en geleitet, aber auch in diesen Fällen, so geben es die Schulen an, kommt mit einer deutlichen Mehrheit von über 80 Prozent einschlägig qualifiziertes Personal zum Einsatz (wie z.B. Erzieher/innen). Im Rahmen der Untersuchung ergab sich mit Blick auf die qualifizierte Durchführung von Angeboten, die bei Bedarf von nicht einschlägig qualifiziertem Personal unterstützt wird, folgendes Bild:

Tab. 1.5 Durchführung von Ganztagsangeboten durch Lehrkräfte sowie einschlägig qualifiziertes und nicht einschlägig qualifiziertes Personal (Auswahl in Zeilen-%)

Angebotselement	Lehrkräfte der Schule	anderes einschl. qual. Personal	nicht einschl. qual. Personal	Lehrkräfte u. einschl. qual. Pers.	einschl. u. nicht einschl. qual. Pers.
Bewegung, Sport und Spiel	1	86	5	6	2
Musisch-kulturelle Angebote	7	85	4	3	1
Tanz/Theater	5	81	11	2	1
Künstlerisch-kreatives Gestalten	3	74	19	2	1
Werken / Technik	7	62	26	1	4
Sprachangebote (z.B. Lesen)	15	56	22	5	2
Andere spielerische Aktivitäten	3	71	20	1	6

Quelle: Wissenschaftlicher Kooperationsverbund – Profil- und Strukturbefragung

Sieht man sich weiterhin eines der zentralen Handlungsfelder der außerunterrichtlichen Angebote, die Hausaufgabenbetreuung, an, so legen die Daten der Untersuchung nahe, dass die Durchführung der Hausaufgabenbetreuung in etwa drei Viertel aller Fälle hauptverantwortlich in den Händen von Erzieher/innen liegt. Neben dieser Berufsgruppe gibt es fünf weitere und in etwa gleich große Gruppen von Mitarbeiter(inne)n, die diese Auf-

---

9 Vertiefende Analysen zu Ausbildungshintergründen, Qualifikationsprofilen und Tätigkeiten der außerunterrichtlichen pädagogischen Fachkräfte in den offenen Ganztagsschulen finden sich in Kapitel 2.

gabe außerdem durchführen: Sozialpädagog(inn)en (28%), Lehrkräfte der offenen Ganztagsschulen (27%), Studierende (26%), nicht einschlägig qualifizierte Ergänzungskräfte (21%) sowie externe (z.B. pensionierte) Lehrkräfte (20%). Sind Erzieher/innen nicht an der Durchführung der Hausaufgaben beteiligt, so sind dort externe Lehrkräfte häufiger im Einsatz, so dass man schließen kann, dass von den Schulen insgesamt auf die notwendige und ausreichende Qualifikation der beteiligten Mitarbeiter/innen Wert gelegt wird. Das gilt auch für jene Fälle, in denen nicht einschlägig qualifizierte Ergänzungskräfte bei der Hausaufgabenbetreuung eingesetzt werden.

1.5 Kooperationen im offenen Ganztag

Die erfolgreiche Gestaltung der offenen Ganztagsschule hängt nicht zuletzt davon ab, ob das konstitutive Kooperationsgebot in die Praxis umgesetzt werden kann, d.h. wie die Zusammenarbeit der unterschiedlichen Berufsgruppen sowie der institutionellen Partner gelingt (vgl. z.B. Maykus 2005). Für die offene Ganztagsschule sind eine Reihe von Kooperationsebenen und -bezügen von Bedeutung, wie etwa zwischen

• den pädagogischen Fachkräften in den außerunterrichtlichen Angeboten untereinander,

• den pädagogischen Fachkräften und den Lehrkräften einer offenen Ganztagsschule,

• den pädagogischen Fachkräften (und ggf. einer pädagogischen Leitung oder Koordination der außerunterrichtlichen Angebote) und der Schulleitung,

• dem Träger der außerunterrichtlichen Angebote der offenen Ganztagsschule, „seinem" Personal im offenen Ganztag und der Schulleitung,

• dem Träger der außerunterrichtlichen Angebote und dem Schulträger (zwischen denen ein Vertragsverhältnis besteht, sofern nicht beide identisch sind),

• den außerschulischen Kooperationspartnern, die Angebote im offenen Ganztag durchführen und den pädagogischen Fachkräften, sowie, und damit ist diese Aufzählung keineswegs vollständig,

• den außerschulischen Kooperationspartnern und der Schulleitung.

In diesem Abschnitt werden einige zentrale Befunde mit Blick auf Kooperationen vorgestellt. Dabei geht es um die Aussagen der Schulleitungen zu (1) den Arbeitsbezügen zu Trägern der außerunterrichtlichen Angebote, (2) den außerschulischen Kooperationspartnern, der Bedeutung und Bewertung ihrer Angebote für den offenen Ganztag, (3) die Formen und Qualitäten der Zusammenarbeit zwischen Lehrkräften und den außerunterrichtlichen Mitarbeiter(inne)n im offenen Ganztag sowie (4) der Steuerung des offenen Ganztags durch die Zusammenarbeit von Schulleitungen und pädagogischen Leitungen der außerunterrichtlichen Angebote.

1.5.1 Die Träger der außerunterrichtlichen Angebote

Die Träger des offenen Ganztags führen auf der Grundlage eines Vertrages mit dem kommunalen Schulträger – und in der Regel in Abstimmung mit der Schulleitung – die außerunterrichtlichen Angebote durch und stehen somit in der Verantwortung für das eingesetzte Personal. Der Ganztagsträger ist neben seiner Zuständigkeit für die Beschäftigung der „festen" pädagogischen Mitarbeiter/innen im Rahmen der außerunterrichtlichen Angebote auch – und dies wiederum in unterschiedlich hohem Maße abgestimmt mit den Schulleitungen und ggf. pädagogischen Leitungen des offenen Ganztags – daran beteiligt, außerschulische Kooperationspartner, die spezifische und ergänzende Angebote mit in den offenen Ganztag einbringen, zu werben und „zu verpflichten".

Vor dem Hintergrund der vorliegenden Daten ist die Trägerlandschaft des offenen Ganztags Ausdruck dessen, was konzeptionell von der Landespolitik als Rahmen gesetzt worden ist: Eine recht große Vielfalt von Organisationen, die als kommunale Schulträger oder private Fördervereine traditionell eher den Halbtagsschulen nahe stehen zum einen, sowie die Verbände der freien Wohlfahrtspflege als freie Träger der Jugendhilfe zum anderen. Im Überblick ist die Bedeutung der hier genannten Organisationen wie folgt zu skizzieren:

Tab. 1.6   Übersicht über die Körperschaften, die als Träger der außerunterrichtlichen Angebote im Rahmen der offenen Ganztagsschule fungieren

Träger (N=372)	in Prozent	
Kommunale Träger (Schulträger, öffentliche Jugendhilfe)	20	
Eltern-, Fördervereine	20	
Freie Träger der Jugendhilfe	49	
davon: freie Wohlfahrtsverbände		43
davon: andere freie Träger		6
andere Träger	11	
Insgesamt	100	

Quelle: Wissenschaftlicher Kooperationsverbund – Profil- und Strukturbefragung

Zum Erhebungszeitpunkt spielen die Verbände der freien Wohlfahrtspflege (hier: Arbeiterwohlfahrt, Diakonie und Caritas) als freie Träger der Jugendhilfe die wichtigste Rolle im Bereich der Ganztagsträgerschaft. Hinzu kommen einige lokale Vereine und Initiativen, die als Träger der freien Jugendhilfe anerkannt sind. Hinter den „anderen Trägern" verbergen sich u.a. einige Bildungsträger, die Trägerschaften für die offene Ganztagsschule übernommen haben. Aber auch eigens für den Zweck der Durchführung der offenen Ganztagsschule gegründete Trägervereine lassen sich hier wiederfinden. Kommunale Träger sind Schulträger, bei denen das Schulverwaltungsamt und in einigen Fällen das Jugendamt als kommunal zuständige Ämter die Trägerschaft übernommen haben. Die nicht unerhebliche Bedeutung von Eltern- und Fördervereinen, die in der Pilotstudie von 24 Schulen noch nicht abgebildet werden konnte (vgl. Beher u.a. 2005), wird hier deutlich ersichtlich.

Die Frage, ob eine Grundschule die offene Ganztagsschule gemeinsam mit einem Träger aus dem öffentlich-kommunalen Bereich, einem Förder- oder Elternverein oder mit einem freien Träger der Jugendhilfe gestaltet, macht, so legen es die Daten nahe, keinen systematischen Unterschied mit Blick auf das Personaltableau bzw. den Personaleinsatz (z.B. die Mitarbeit von Lehrer(inne)n der Schule in den außerunterrichtlichen Angeboten) oder die Angebotselemente, die im offenen Ganztag durchgeführt werden. Anders verhält es sich jedoch mit Blick auf die Frage, für welche Aufgaben der Ganztagsträger zuständig ist und in welcher Form er in das „alltägliche Geschäft" der außerunterrichtlichen Angebote involviert ist. Im Rahmen der Studie wurde der Beteiligungsgrad der Träger der außerunterrichtlichen Angebote mit Blick auf vier verschiedene Aufgabendimensionen erfasst:

Tab. 1.7   Beteiligung der Träger an Aufgaben des offenen Ganztags in den befragten Schulen und Vergleich der Mittelwerte zwischen kommunalen und freien Jugendhilfeträgern (Skala zwischen 1 („nicht beteiligt") und 4 („sehr stark beteiligt"))

	nicht o. wenig beteiligt	eher o. sehr stark beteiligt	AM kommunale Träger	AM freie Jugendhilfeträger
Organisation und Verwaltung	22%	77%	2,9	3,3
Inhaltliche Ausgestaltung des Ganztagsangebots	57%	44%	1,8	2,4
Konzeptentwicklung	57%	44%	1,8	2,4
Raumplanung/-konzept	60%	40%	2,8	2,0

Quelle: Wissenschaftlicher Kooperationsverbund – Profil- und Strukturbefragung

Unmittelbar erschließt sich, dass die Ganztagsträger in deutlich höherem Maße administrativ-organisatorische als konzeptionell-pädagogische Aufgaben übernehmen. Vor dem Hintergrund der Personalverantwortung im Bereich des offenen Ganztags überrascht dieser Befund nicht. Dieser Aufgabenschwerpunkt bleibt auch bestehen, schaut man sich die kommunalen Träger (insb. Schulverwaltungsämter, AM=2,9) im Vergleich zu den freien Trägern der Jugendhilfe (AM=3,3) an. Bemerkenswert ist jedoch, dass sich die Jugendhilfeträger an den Aufgabendimensionen „Organisation und Verwaltung", „Inhaltliche Ausgestaltung des Ganztagsangebots" sowie „Konzeptentwicklung" in sehr viel deutlicherem Maße beteiligen als die kommunalen Träger.[10] Die freien Träger der Jugendhilfe spielen in konzeptionell-pädagogischer Hinsicht also eine wesentlich aktivere Rolle. Andererseits sind bzw. waren die kommunalen Träger signifikant häufiger in Fragen der Raumplanung und des Raumkonzepts einbezogen. Dies dürfte sich vor allem dadurch erklären, dass die kommunalen Träger des Ganztags als Schulträger für Gebäude- und Raumplanungen im Kontext des Investitionsprogramms „Zukunft Bildung und Betreuung", kurz: die IZBB-Mittel, verantwortlich sind. Da im Rahmen dieser Untersuchung keine Trägerbefragung durchgeführt worden ist und hier Einschätzungen von leitend an der Realisierung der offenen Ganztagsschule Beteiligten interpretiert werden, können hier keine weitergehenden Annahmen zu Motivation, Beteiligungsmöglichkeiten und Gestaltungswillen der unterschiedlichen Ganztagsträger gemacht werden.[11]

Ein Spezifikum mit Blick auf die Träger der außerunterrichtlichen Angebote betrifft das Element der Hausaufgabenbetreuung: Die Schulen, deren offener Ganztag von einem Förder- oder Elternverein durchgeführt wird, zeigen sich signifikant (1%-Niveau) zufriedener mit der Realisierung der Hausaufgabenbetreuung im Rahmen ihrer außerunterrichtlichen Angebote. Auch kommen sie zu der Einschätzung, dass sie das Ziel der verbesserten Anfertigung der Hausaufgaben durch die Schüler/innen schon sehr weitgehend umsetzen können – und bewerten dies deutlich höher als die anderen Trägergruppen. Während die Eltern- und Fördervereine konzeptionell der Hausaufgabenbetreuung gleich viel Ausdruck verleihen wie andere Träger, setzen sie in der Realisierung einen etwas anderen Akzent, indem sie deutlich häufiger externe (auch pensionierte) Lehrer/innen bei der Betreuung der Hausaufgaben zum Einsatz bringen. Kommunale Ganztagsträger sowie die freien Träger der Jugendhilfe setzen bei der Hausaufgabenbetreuung eher häufiger auf die Arbeit von Erzieherinnen (s. Abschnitt 1.4). Ohne dass damit eine inhaltliche Bewertung der Qualität der Hausaufgabenbetreuung verbunden sein kann, wird von den Eltern- und Fördervereinen als Trägern des offenen Ganztags den externen Lehrkräften der Tendenz nach eine „erfolgreichere" Durchführung der Hausaufgabenbetreuung zugetraut.[12]

1.5.2 Die außerschulischen Kooperations- und Angebotspartner

Mit welchen Partnern gestalten die offenen Ganztagsschulen und ihre Träger jene außerunterrichtlichen Angebote, die vom eigenen, festen Personal-

---

10 Alle drei Mittelwertsdifferenzen zwischen den beiden Gruppen sind auf dem 1%-Niveau signifikant.

11 Eine Trägerbefragung wird Bestandteil der Vertiefungsstudie zur offenen Ganztagsschule im Primarbereich in Nordrhein-Westfalen in den Jahren 2007 bis 2009 sein.

12 Im Übrigen gilt dies auch für die Mitarbeit von Lehrer(inne)n aus den Kollegien der offenen Ganztagsschulen: Ihre Mitarbeit in der Hausaufgabenbetreuung wird von der Ergebniserwartung her als besonders positiv bewertet.

stamm – aus welchen Gründen auch immer – nicht vorgehalten werden? Welche weiteren pädagogischen Angebote werden also hinzugezogen? Wie bereits in der Pilotuntersuchung zur offenen Ganztagsschule im Schuljahr 2003/04 (vgl. a.a.O.) sind es die Organisationen aus dem Sportbereich – wie Sportvereine oder der Stadtsportbund –, die die mit Abstand bedeutendsten Partner darstellen, wenn es darum geht, einzelne außerunterrichtliche Angebote in den offenen Ganztagsschulen durchzuführen.[13] Darüber hinaus gehen die OGS eine Vielzahl von unterschiedlichsten Kooperationen ein, u.a. mit Musikschulen, Jugendkunstschulen und Kirchengemeinden. Tabelle 1.8 gibt einen Überblick über die relevanten Organisationen und Einrichtungen sowie Auskunft darüber, inwiefern mit den Partnern auf der Grundlage von schriftlichen Kooperationsvereinbarungen ggf. längerfristige und verbindlichere Bindungen eingegangen worden ist:

Tab. 1.8 Organisationen und Einrichtungen, die in den OGS außerunterrichtliche Angebote durchführen (Auswahl mit mehr als 10% Nennungen bei N=354; Angabe in Zeilenprozent)

	Durchführung von außerunterrichtlichen Angeboten	davon: auf Grundlage schriftlicher Kooperationsverträge
Sportverein / Stadtsportbund	75	67
Musikschule	42	64
örtl. kath./evang. Kirchengemeinde	25	40
Stadtbücherei	21	44
Jugendkunst-/Kreativitätsschule	17	64
Naturschutzbund / Umweltinitiative	11	45

Quelle: Wissenschaftlicher Kooperationsverbund – Profil- und Strukturbefragung

Die Schulen messen den durch die Kooperationspartner eingebrachten Angeboten ganz überwiegend (im Falle von Sport, Musik und Jugendkunstschule) oder mehrheitlich (im Falle von Kirchengemeinden, Stadtbüchereien und Naturschutzbund) einen Stellenwert als „sehr wichtig" für das Gesamtangebot bei. Auch werden die Kooperationen, die von Seiten der offenen Ganztagsschulen mit den Angebotspartnern eingegangen worden sind, bis auf recht wenige Ausnahmen durchweg positiv bewertet: alle hier genannten Organisationen und Einrichtungen kommen mit mindestens 82% auf „gute" oder „sehr gute" Zustimmung, über 90% liegen die Sportvereine (93), die Stadtbüchereien (95) sowie der Naturschutzbund (100).[14]

---

13 In wenigen Fällen dieser Stichprobe fungieren Stadtsportbünde oder Sportvereine jedoch auch als Ganztagsträger.
14 Wie oben bereits angedeutet, ergeben sich auch für die Zusammenarbeit mit außerschulischen Kooperationspartnern auf der Ebene von Trägern oder anderen hier betrachteten Merkmalen der offenen Ganztagsschulen keine unterscheidbaren Charakteristiken.

1.5.3 Steuerung des offenen Ganztags auf der Schulebene

Auf der Schulebene geht es neben der Zusammenarbeit zwischen Lehrer(inne)n und den außerunterrichtlichen pädagogischen Mitarbeiter(inne)n insbesondere um die Kooperation zwischen Schulleitungen und derjenigen Instanz, die für die außerunterrichtlichen Angebote eine pädagogisch leitende oder koordinierende Funktion übernimmt. Diese ist darum von Bedeutung, weil es sich hier um die (nicht notwendigerweise einzige, aber doch zentrale) Schnittstelle handelt, die konzeptionell-planend die Verbindung zwischen „Vor- und Nachmittag", zwischen Unterricht und außerunterrichtlichen Angeboten darstellt.

Fragt man also, wer die außerunterrichtlichen Angebote steuert, so kann man – zuerst einmal wenig überraschend – feststellen, dass die Schulleitungen (Leiter/in und/oder Stellvertretung) in neun von zehn Fällen für die Gesamtkoordination und Steuerung des offenen Ganztagsbereichs zuständig sind. Wie schon in der Pilotstudie zeigt sich hier der herausgehobene Stellenwert der Schulleitungen an einer der zentralen Scharnierstellen der offenen Ganztagsschule (s. dazu auch das folgende Kapitel 2). In 62 Prozent dieser Fälle arbeiten die Schulleitungen in dieser steuernden Funktion mit pädagogischen Leitungen des offenen Ganztags zusammen, d.h. mit außerunterrichtlichen pädagogischen Fachkräften (ohne Lehrverpflichtung), so dass insgesamt auch deshalb von gemeinsamen Leitungsstrukturen gesprochen werden kann, weil in dieser Konstellation auch Vertreter/innen des Ganztagsträgers (33%), andere außerunterrichtliche Kräfte (18%) sowie Lehrer/innen (13%) beteiligt sind. Bei der Verantwortlichkeit für konkrete Steuerungsaufgaben sind im Kooperationsverhältnis zwischen Schulleitung und pädagogischer Ganztagsleitung einige deutliche Unterschiede festzustellen: So zeichnen die Schulleitungen sehr viel häufiger für (a) Konzeptentwicklung im Ganztagsbereich, (b) Absprachen mit dem/den Ganztagsträger(n) sowie (c) die Zusammenarbeit mit Kooperationspartnern verantwortlich und können – nach eigener Aussage – auch signifikant häufiger eine Weisungsbefugnis gegenüber dem außerunterrichtlich tätigen Personal im offenen Ganztag ausüben. Andererseits liegt die Zuständigkeit der pädagogischen Ganztagsleitungen deutlich häufiger bei der Organisation von Einsatzplänen der Mitarbeiter/innen sowie den Vertretungsplänen. Planung von Angeboten, Teamentwicklung, die Verbindung zum Lehrerkollegium sowie Kontakte zu Eltern werden hingegen etwa gleich verantwortlich wahrgenommen.

Die Steuerungsachse aus Schulleitung und pädagogischer Ganztagsleitung wird, wie angedeutet, in einem weiteren Drittel der Fälle durch ein/e Vertreter/in des Ganztagsträgers ergänzt, so dass hier von einem Steuerungsgremium für den Ganztagsbereich gesprochen werden kann. Die Trägervertreter/innen sind, wie oben dargestellt, zu einem guten Teil (aber bei weitem nicht ausschließlich) mit administrativ-organisatorischen und personalbezogenen Aufgaben in die Steuerung des offenen Ganztags involviert; dies betrifft die Dienst- und Fachaufsicht über die außerunterrichtlichen Mitarbeiter sowie konzeptionelle Fragestellungen, u.a. durch die Verantwortlichkeit für Kooperationen mit außerschulischen Partnern. Dieses Steuerungsgremium unter Beteiligung eines Trägervertreters kann, wie schon angeklungen, häufiger in Schulen beobachtet werden, in denen ein freier Träger der Jugendhilfe als Träger des offenen Ganztags fungiert.

1.5.4 Zusammenarbeit zwischen Fach- und Lehrkräften in den außerunterrichtlichen Angeboten

Während sich das folgende Kapitel 2 ausgiebig mit dieser Themenstellung befasst, sind hier einleitend – auf der Grundlage der Einschätzung der Schulleitungen – drei Aspekte hervorzuheben:

(1) Die Möglichkeit der Kooperation zwischen Lehrkräften (auch jenen, die im Schulalltag nicht unmittelbar mit den außerunterrichtlichen Angeboten in Berührung kommen) und den pädagogischen Mitarbeiter(inne)n des offenen Ganztags unterliegt gestaltenden Rahmenbedingungen, die im Modell der offenen Ganztagsschule häufig nicht ohne weiteres überwunden werden können (vgl. dazu z.B. Holtappels 2006, Wahler 2005); dazu gehören an vorderster Stelle (aber nicht ausschließlich) die verschiedenen Arbeits- und Präsenzzeiten der Berufsgruppen. Wird dies in Rechnung gestellt, so ist festzuhalten, dass sich einige Kooperationsformen und Kommunikationsroutinen zwischen Lehrer(inne)n und außerunterrichtlichen Mitarbeiter(inne)n strukturell einfacher realisieren lassen als andere und ihnen auch unterschiedliche Wichtigkeiten zugewiesen werden. So geben drei Viertel der befragten Schulen an, dass Lehr- und Fachkräfte bei der Förderung einzelner Schüler oder Schülergruppen zusammenarbeiten; diesem Aspekt wird in den machbaren und möglichen Kooperationen auf dieser Ebene also eine hohe Bedeutung beigemessen. Dass die pädagogischen Mitarbeiter/innen im Unterricht hospitieren, ist hingegen zum Befragungszeitpunkt noch die Ausnahme – in acht Prozent der Schulen geschieht dies gelegentlich, nur in fünf Prozent regelmäßig. Dazwischen liegt eine Reihe von Kooperationsbezügen, die je nachdem, wie strukturell und personell voraussetzungsvoll sie sind, von den Schulleitungen unterschiedliche häufig beobachtet werden:

- In etwa 60 Prozent der Schulen tauschen sich Lehr- und Fachkräfte hin und wieder (39%) bzw. kontinuierlich (20%) über Freizeit- und Förderangebote im außerunterrichtlichen Bereich aus;
- Unterrichtsthemen und Themen der außerunterrichtlichen Angebote des offenen Ganztags werden hingegen nur in 24 Prozent der Schulen manchmal und in fünf Prozent regelmäßig inhaltlich aufeinander abgestimmt;

- während in sechs von zehn Schulen die Mitarbeiter/innen des offenen Ganztags in den Lehrerkonferenzen häufig an den Lehrerkonferenzen teilnehmen, ist das umgekehrt nur halb so oft der Fall.

(2) Es zeigt sich, dass Kooperationshäufigkeit und -intensität Kriterien darstellen, die für die erfolgreiche Realisierung der offenen Ganztagsschule von sehr hoher Bedeutung sind. Hohe Kooperationswerte der Schulen[15] stehen in ausgeprägter Weise in Zusammenhang mit der Zufriedenheit bei der Umsetzung einzelner Elemente und Angebote des offenen Ganztags, der Umsetzung von ganztagsbezogenen Zielsetzungen (sowohl mit Blick auf die Schülerinnen und Schüler als auch die Schule als Organisation), der Zufriedenheit mit den Lern-, Förder- und Freizeitangeboten im offenen Ganztag, sowie schließlich mit der Wahrnehmung der zur Umsetzung des Ganztagskonzepts zur Verfügung stehenden Ressourcen. Unterteilt man weiterhin die Schulen in zwei „extreme" Vergleichsgruppen – das Drittel Schulen mit den niedrigsten sowie das Drittel Schulen mit den höchsten Werten für Kooperationsintensität, ergibt sich ein beeindruckendes Bild: Die Gruppe Schulen mit hoher Kooperationsintensität hat, basierend auf der Einschätzung der Schulleitungen, klare Vorteile bei der Realisierung ganztagsbezogener Ziele (r=.52) und weist u.a. auch eine signifikant höhere Zufriedenheit mit den Angebotselementen auf.

(3) Für die Qualität und Intensität der Kooperation zwischen Lehrkräften der Grundschulen und der außerunterrichtlichen pädagogischen Fachkräfte in den Angeboten des offenen Ganztags ist natürlich auch die Mitarbeit von Lehrer(inne)n in diesen Angeboten von zentraler Bedeutung. Eine Zusammenarbeit zwischen den pädagogischen Fachkräften und den Lehrer(inne)n der Schulen birgt klare Vorteile mit Blick auf die Arbeit mit den an den außerunterrichtlichen Angeboten teilnehmenden Kindern und die Prozesse der Schulentwicklung, wenn sich tatsächlich die Zuständigkeitsbereiche und Tätigkeitsfelder verschränken und überlappen und ganz alltägliche praktische Zusammenarbeit stattfindet. Die Schulen in unserer Untersuchung, in denen Lehrer/innen aus den Grundschulkollegien in den außerunterrichtlichen Angeboten Aufgaben übernehmen und mitarbeiten, weisen u.a. hochsignifikant häufiger kontinuierlichen Austausch über Freizeit- und Förderangebote (auch in Abstimmung zum Unterricht) auf, führen Hospitationen im Unterricht durch oder haben Lehrer/innen an den Teamsitzungen der pädagogischen Fachkräfte aus dem offenen Ganztag teilnehmen. Insgesamt ist man in diesen Schulen mit der Realisierung einzelner Elemente und außerunterrichtlicher Angebote des offenen Ganztags zufriedener und schafft es darüber hinaus in deutlich höherem Maße (so schätzen es die Schulleitungen ein), Ziele mit Blick auf die Ganztagskinder umzusetzen und dadurch auch die Schule zu verändern. Sieht man sich einzelne Zielsetzungen für die

---

15 Summenscore berechnet über acht Kooperationsitems.

außerunterrichtlichen Angebote an, so gilt dies[16] z.B. für (a) die Verbesserung des fachlichen Leistungsniveaus der Kinder, (b) die Erweiterung von Lern- und Erfahrungsmöglichkeiten, (c) bessere Möglichkeiten der individuellen Förderung, (d) eine Begabungsförderung und -entwicklung, (e) den verbesserten Ausgleich sozialer Benachteiligung, sowie schließlich (f) die Entwicklung der Schule zu einem ganzheitlichen Lernort.

Besonders effektiv scheint es zu sein, wenn Lehrer/innen mit vollem Stundendeputat ihre Aktivitäten im Unterricht mit den außerunterrichtlichen Angeboten verknüpfen und dadurch regelmäßig einen Teil ihrer Arbeitszeit im oder mit dem offenen Ganztag verbringen (was durch die Änderung des Runderlasses zum 01.02.2006 und die obligatorische Einbringung von Lehrerstellenanteilen in die außerunterrichtlichen Angebote einfacher möglich geworden ist). Hier (und auch an anderer Stelle in diesem Forschungsbericht) zeigt sich darüber hinaus deutlich, dass eine Investition in Kooperationsentwicklung eine Investition in das Gelingen der offenen Ganztagsschule darstellt.

1.6 Passung von Konzept und Ressourcen

Wie in Abschnitt 1.2.2 dargelegt, stellt die personelle Ausstattung der außerunterrichtlichen Angebote im Rahmen der offenen Ganztagsschule die vielleicht wichtigste einzelne Gelingensbedingung dar (vgl. dazu auch die Befunde der Pilotstudie in Beher u.a. 2005). In vielfältigen Diskussionszusammenhängen seit der Einführung der OGS in Nordrhein-Westfalen ist diese Tatsache wiederholt betont und auch in kritischer Absicht kommentiert worden, dass zwischen den pädagogischen Zielsetzungen der offenen Ganztagsform und den dafür zur Verfügung gestellten Mitteln (und damit auch den Möglichkeiten des Personaleinsatzes) ein deutliches Missverhältnis bestehe (zu diesem Befund kommt z.B. die Studie von Wahler u.a. 2005).

In der hier vorgestellten Untersuchung wurden die Schulleitungen gefragt, inwieweit die den Schulen zur Verfügung stehenden Ressourcen dem angestrebten Konzept von offener Ganztagsschule gerecht werden. Dies geschah auch in der Absicht, eine Gesamteinschätzung der Schulleitungen zu den Möglichkeiten und dem Stand der Konzeptumsetzung zu erhalten.[17] Tab. 1.9 legt dar, dass zwischen 60% (finanzielle Ausstattung) und 76% (materielle Ausstattung) der befragten Schulen die zur Verfügung stehenden Ressourcen als dem Konzept eher oder, in geringerem Maße, sehr gerecht wer-

---

16 Unterschiede zwischen den Schulen mit Lehrermitarbeit im offenen Ganztag (n=157) und solchen ohne (n=217) auf 1%-Niveau signifikant.

17 Es ist oben angedeutet worden, dass eine Einschätzung zur Ressourcenpassung als abhängig von dem Anspruchsniveau und den Zielen, die mit den außerunterrichtlichen Angeboten erreicht werden wollen, angesehen werden muss. Dieses Anspruchsniveau konnte im Rahmen dieser Untersuchung nicht kontrolliert werden.

dend bewerten. Auf einer Vierskala von 1 („gar nicht gerecht") bis 4 („sehr gerecht") schneiden die materielle (AM=2,96) und die räumliche Ausstattung (AM=2,94) in etwa gleich ab, die Bereiche „Personal" und „Finanzen" liegen im Schnitt 0,2 Skalenpunkte darunter:

Tab. 1.9 Inwieweit werden die zur Verfügung stehenden Ressourcen dem Ganztagskonzept gerecht? (Zeilen-%, N=368)

	gar nicht gerecht	eher nicht gerecht	eher gerecht	sehr gerecht
Räumliche Ausstattung	7	23	39	30
Personelle Ausstattung	4	29	51	16
Finanzielle Ausstattung[18]	6	34	48	12
Materielle Ausstattung	3	20	56	20

Quelle: Wissenschaftlicher Kooperationsverbund – Profil- und Strukturbefragung

Mit Blick auf die Einschätzungen zu den zur Verfügung stehenden Ressourcen können einige Unterschiede zwischen Merkmalen der offenen Ganztagsschulen festgestellt werden. So z.B.:

- In den Schulen mit „großem Ganztag" (hier die 30% Schulen mit den größten Teilnahmezahlen) wird die räumliche Situation als signifikant angespannter empfunden, d.h., in den Ballungsgebieten und Großstädten liegt in der räumlichen Ausstattung weiterhin Entwicklungsbedarf[19].

- Obschon die Schulen mit „großem Ganztag" die Passung ihrer Ressourcen in allen Bereichen als unterdurchschnittlich bewerten, bringen die Schulleitungen dieser Schulen eine deutlich höhere Zufriedenheit mit der Realisierung der Elemente und Angebote des offenen Ganztags zum

---

18 Zum Thema Finanzierung der außerunterrichtlichen Angebote: Darauf wird hier nur am Rande eingegangen, da die erhobenen Daten diesbezüglich recht wenig Substanz aufweisen. Etwa ein Viertel der Schulen gab zum Erhebungszeitpunkt an, einen einheitlichen Beitragssatz für alle Eltern vorzuhalten (dieser lag im Durchschnitt bei 49 Euro pro Monat). 76 Prozent der befragten Schulen boten den Eltern einen gestaffelten Beitragssatz an. Über die Art der Staffelung und die Schwellenwerte für Beitragsreduzierungen können hier jedoch keine Aussagen getroffen werden. In der Regel reflektiert die Höhe und Organisation der Elterbeiträge zu den außerunterrichtlichen Angeboten der offenen Ganztagsschule den Stand einer einheitlichen kommunalen Beschlusslage, so dass die Schulen diesen hier lediglich wiedergaben. Zum Zeitpunkt der Befragung (a) galt eine Höchstgrenze für den Elternbeitrag zum offenen Ganztag von monatlich 100 Euro, die zum 01.08.2006 auf 150 Euro angehoben wurde; (b) hat faktisch keine der offenen Ganztagsschulen den zusätzlichen Lehrerstellenanteil im Umfang von wöchentlich 2,8 Unterrichtsstunden pro 25 am offenen Ganztag teilnehmenden Kindern in Anspruch genommen; stattdessen wurden durch die Kapitalisierung dieser Stellenanteile weitere Mittel für den Einsatz außerunterrichtlicher Mitarbeiter/innen in den außerunterrichtlichen Angeboten verfügbar gemacht.
19 Knapp 40% der betreffenden Schulen hatten zum Erhebungszeitpunkt bereits Baumaßnahmen nach dem IZBB abgeschlossen.

Ausdruck als die Vergleichsgruppe der 30% Schulen mit den kleinsten Teilnahmezahlen.

- Die Eltern- und Fördervereine, die als Ganztagsträger fungieren, schätzen, gemessen am Konzept, ihre personelle Ausstattung im Vergleich zu den kommunalen und Jugendhilfeträgern als signifikant besser ein. Gleiches gilt für ihre Zufriedenheit mit der Realisierung der Elemente und Angebote des offenen Ganztags (1%-Niveau).

- Die Schulleitungen, in deren Schulen Lehrer/innen aus den Kollegien aktiv in den außerunterrichtlichen Angeboten mitwirken, kommen insgesamt zu einer positiveren Einschätzung der personellen Ausstattung in ihren offenen Ganztagsschulen.

Diese auf den Einschätzungen der Schulen beruhenden Merkmale bringen einige Eckpunkte der Weiterentwicklung der offenen Ganztagsschule abschließend in den Fokus: Kooperationsentwicklung zwischen den Berufs- und Qualifikationsgruppen in der OGS ist ein Beitrag zur Schulentwicklung. Wie oben beschrieben, wären u.a. mit Blick auf Arbeits- und Präsenzzeiten von Lehrer(inne)n und außerunterrichtlichen pädagogischen Mitarbeiter(inne)n die strukturellen Rahmenbedingungen entsprechend weiterzuentwickeln. Dazu gehört gleichfalls, das konstitutive Thema der Personalressourcen für die offene Ganztagsschule nicht aus dem Blick zu verlieren, wie die hier vorgestellten Daten nachdrücklich unterstreichen. Dass schließlich eine Reihe von Angebotselementen der drei Handlungsfelder des offenen Ganztags im Rahmen einer auf schulischer Ebene zu initiierenden Qualitätsentwicklung[20] noch weiterzuentwickeln wäre, haben die Einschätzungen der Schulleitungen zum Grad der Zielereichung für den offenen Ganztag gezeigt.

Im nun folgenden Kapitel, „Offener Ganztag aus Sicht des pädagogischen Personals", wird in analytischer Breite Bestand aufgenommen mit Blick auf die pädagogische Arbeit und die Perspektiven der an der Umsetzung und dem Gelingen der außerunterrichtlichen Angebote Beteiligten.

---

20 Zum Beispiel mit Hilfe des internen Qualitätsentwicklungsinstruments QUIGS, vgl. Institut für soziale Arbeit 2007.

5

2. Offener Ganztag aus Sicht des pädagogischen Personals

2.1 Konzept und Anlage der Untersuchung

Die offene Ganztagsschule ist ein neues Feld der pädagogischen Intervention und Interaktion, über dessen Wirkungen noch wenig bekannt ist. Ganz wesentlich wird dieses Feld gestaltet und entwickelt durch die außerunterrichtlich tätigen pädagogischen Mitarbeiter/innen. Sie stellen zusammen mit den Lehrkräften den Kern des Entwicklungsvorhabens ,Offene Ganztagsschule' dar und haben damit einen wesentlichen Einfluss auf die konzeptionellen und inhaltlichen Strukturen dieses Feldes.

Mit Hilfe der Interviews in der Pilotstudie konnte ein erster Einblick in die Arbeit dieses für die traditionelle Schule neuen pädagogischen Personals gewonnen werden (vgl. Beher u.a. 2005). Erkundet wurden dabei die pädagogischen Zielvorstellungen und Orientierungen bezogen auf die zentralen Handlungsfelder (z.B. Freizeit- und Förderaktivitäten, Hausaufgabenbetreuung), das Rollenverständnis und die Arbeitssituation, Fortbildungspräferenzen sowie die Kooperationsbeziehungen mit den anderen Akteuren dieses Feldes. Die ausschließlich qualitativen Befunde dieser ersten Studie dienten dazu, die zentralen Strukturen und Bedingungen von offenem Ganztag aufzuzeigen, Bandbreiten von Realisierungsformen darzustellen und somit die Vielfalt dieses neuen pädagogischen Ansatzes kennen zu lernen. Diesen ersten Befunden kam aber auch die Aufgabe zu, Folien, Kategorien, Kriterien und Indikatoren für die vorliegende Hauptstudie zu ermitteln und damit eine solide Basis für eine quantitative Analyse zu schaffen.

2.1.1 Ziele der Untersuchung

In der jetzigen Studie geht es in erster Linie darum, das Tätigkeitsfeld der pädagogischen Mitarbeiter/innen quantitativ zu erfassen, d.h. die Binnenaspekte der verschiedenen Elemente des offenen Ganztags zu untersuchen und ihre Gewichtungen und Bedeutungen herauszuarbeiten. Ziel ist es aber auch, genauere Einblicke in die Zusammenhänge, Kontextfaktoren und Wirkungen der Tätigkeit dieser Personengruppe zu ermöglichen.

Wie bereits erwähnt, sind die pädagogischen Mitarbeiter/innen nicht die einzigen Akteure des offenen Ganztags. Sie tragen zwar den größten Teil der außerunterrichtlichen Angebote, aber diese Angebote stehen ja nicht losgelöst da. Sie sind Teil des Angebots der Schule und machen zusammen mit den unterrichtlichen Angeboten letztlich erst das Profil der gesamten Schule aus. Auch wenn bisher die meisten der Lehrkräfte selbst nicht im außerunterrichtlichen Bereich tätig sind, stehen sie doch häufig in direktem Bezug zu den Aktivitäten dieses Bereiches und beeinflussen somit auch die Arbeit im offenen Ganztag mit. Dies ist vor allem der Fall bei der Hausaufgabenbetreuung, wo eine Zusammenarbeit mit den durchführenden Fachkräften meist nicht ausbleibt. Die Arbeitsbezüge können aber auch jene außerunterrichtlichen Angebote betreffen, die eine starke Affinität zu den traditionellen Inhalten von Unterricht haben. Es ist deshalb wichtig, bei dieser Untersuchung auch die Gruppe der Lehrkräfte in den Blick zu nehmen und ihre Einstellungen zum Ganztag zu untersuchen. Eine wichtige Frage ist dabei, in welchem Umfang es gemeinsame Vorstellungen zu den Zielen und Aktivitäten des offenen Ganztags gibt und wie die Bedeutung der gemeinsamen Kooperation gesehen wird. In diesen Untersuchungsbereichen werden also – da dieselben Teile des Befragungsinstruments zum Einsatz kommen – direkte Vergleiche zwischen den pädagogischen Mitarbeiter/innen und den Lehrkräften der Schule möglich sein.

2.1.2 Instrumentarium und Durchführung der Untersuchung

Für die Untersuchung wurden zwei Untersuchungsinstrumente entwickelt: eines für die pädagogischen Kräfte der außerunterrichtlichen Angebote und eines für die Lehrkräfte der Schule, die keine außerunterrichtlichen Angebote durchführen. Der Fragebogen für die pädagogischen Mitarbeiter/innen hat dabei den mit Abstand größten Umfang. Er besteht aus 47 Fragenkomplexen mit insgesamt etwa 770 Items. Allein fast 40% dieser Items beziehen sich auf die drei zentralen Handlungsfelder des offenen Ganztags und behandeln Ziele, Aktivitäten und Bedingungen beim Mittagessen, bei der Hausaufgabenbetreuung sowie bei den Freizeit- und Förderangeboten. Bis auf wenige Ausnahmen besteht der Fragebogen aus standardisierten Items, d.h. aus Fragen mit vorgegebenen Antworten oder numerischen Einschätzungsskalen. Der Fragebogen für die Lehrkräfte ist in enger Anlehnung an den Bogen für die pädagogischen Kräfte entwickelt worden. Die meisten Items sind sogar identisch. Insgesamt besteht das Instrument aus 31 Fragenkomplexen mit rund 430 Items.

Die Befragung wurde im Zeitraum zwischen Oktober und Dezember 2005 durchgeführt. Die Fragebogen wurden in der Stückzahl der gemeldeten Kollegiumsmitglieder an die Schulen verschickt und dort von der Schulleitung an die pädagogischen Mitarbeiter/innen bzw. an die Lehrkräfte verteilt. Der Rücklauf erfolgte anonym in verschlossenem Umschlag über das Sekretariat der Schule, von wo aus die Fragebogen gebündelt zurückgeschickt wurden. Die Befragten hatten aber auch die Möglichkeit, ihren Bogen individuell auf postalischem Weg zurückzugeben. Auf den Bögen war vorweg lediglich die Schulnummer aufgedruckt. Dies war notwendig, um die Daten dieser Befragung in Zusammenhang zu bringen mit zentralen Daten aus dem Schulleitungsbogen (z.B. bezogen auf sozioökonomische und organisatorische Aspekte des Ganztags).

2.1.3 Stichprobe und Rücklauf

Insgesamt wurden für die Stichprobe der Untersuchung 166 Schulen im Primarbereich mit offenem Ganztag ausgewählt. 110 dieser Schulen wurden per Zufall aus der Grundgesamtheit der zum Zeitpunkt der Untersuchung bestehenden insgesamt rund 700 offenen Ganztagsschulen rekrutiert. Dabei sind Schulen der 1. (Beginn 2003/04) und 2. Generation (Beginn 2004/05) jeweils zur Hälfte berücksichtigt. Zusätzlich wurden 22 Schulen der 1. Generation, die bereits an der Pilotstudie beteiligt waren, aufgenommen. Schließlich wurden alle zum damaligen Zeitpunkt bestehenden Förderschulen mit offenem Ganztag (N=34) in die Stichprobe einbezogen.

In allen Schulen wurden alle pädagogischen Mitarbeiter/innen in den außerunterrichtlichen Angeboten befragt; außerdem erhielten in den ausgewählten Schulen alle Lehrkräfte, die selbst nicht im offenen Ganztag tätig sind, einen Fragebogen. Lehrkräfte, die außerunterrichtliche Angebote innerhalb des offenen Ganztags ihrer Schule durchführen, wurden gebeten, den Fragebogen für die pädagogischen Mitarbeiter/innen zu bearbeiten. Insgesamt wurden 1915 Fragebogen für pädagogische Mitarbeiter/innen und 2280 Fragebogen für Lehrkräfte ausgegeben. Von den 166 angeschriebenen Schulen beteiligten sich 141 (84,9%) bei der Befragung der pädagogischen Mitarbeiter/innen und 137 (82,5%) bei der Befragung der Lehrkräfte. Der personenbezogene Rücklauf beläuft sich bei den pädagogischen Mitarbeiter/innen auf 49,8% (N=954), bei den Lehrkräften auf 43,4% (N=989). Gemessen an anderen schriftlich postalischen Befragungen auf freiwilliger Basis (z.B. Kanders 2002 mit einem Rücklauf von 33%), sind diese Rücklaufquoten als überdurchschnittlich zu bezeichnen.

Auch wenn bei der Ausgangsstichprobe die Förderschulen etwas überrepräsentiert sind, dürfte die durch den Rücklauf konstituierte Stichprobe sich repräsentativen Verhältnissen wieder etwas annähern. Dies hängt damit zusammen, dass der personenbezogene Rücklauf der Förderschulen 10-15% unter dem der Grundschulen liegt, so dass dadurch ein zumindest teilweiser Ausgleich der Überrepräsentanz erreicht wird.

2.2 Einstellungen und professionelles Selbstverständnis

In diesem Kapitel sollen ausgewählte Einstellungsaspekte und das Selbstverständnis des Personals bezogen auf die Arbeit im offenen Ganztag in den Blick genommen werden. Die Kenntnis solcher generellen Einstellungsmuster gibt Aufschluss darüber, wie die im offenen Ganztag arbeitenden Personen zu diesem neuen Arbeitsfeld stehen und welches Professionalitätsverständnis sie ihrer Arbeit zugrunde legen.

2.2.1 Einstellungen zum offenen Ganztag

In einem ersten Schritt soll zunächst das generelle Einstellungsbild zum offenen Ganztag untersucht und damit ein Stück weit auch der Frage nachgegangen werden, wie stark sich die pädagogischen Kräfte mit diesem Konzept identifizieren.

Insgesamt lassen die Ergebnisse eine sehr positive Einstellung zum ganztägigen Lernen und ein klares Bekenntnis zum offenen Ganztag erkennen. So lehnen 70% der pädagogischen Kräfte die Aussage ab, dass der Ganztag verpflichtend sein sollte und 87% sind der Auffassung, dass durch den offenen Ganztag mehr Einfluss auf die Kinder genommen werden kann. Was das generelle Organisations- und Inhaltskonzept für einen solchen Ganztag anbelangt, ist das Meinungsbild aber schon etwas gespaltener. Eine leichte Mehrheit (59%) spricht sich hier für eine zeitliche Ausdehnung von Teilen des Unterrichts auf den Nachmittag aus, 41% lehnen dies eher ab. Zustimmung (zu 64%) findet auch die Aussage, dass im Nachmittag des offenen Ganztags unterrichtliche Angebote für leistungsschwache Kinder benötigt werden. Ein eindeutiges Votum (zu 89%) gibt es dafür, als Ort für den offenen Ganztag die Schule zu präferieren und diese Arbeit keinesfalls etwa den Horten zu überlassen. Mit großer Mehrheit (zu 85%) wird auch zumindest die teilweise Präsenz von Lehrkräften am Nachmittag gewünscht und damit verbunden das Bedürfnis zum Austausch zum Ausdruck gebracht.

Wie eine Innovation generell eingeschätzt wird, kann sehr gut daran abgelesen werden, wie sie im Vergleich mit anderen Innovationen gesehen wird. Die Lehrkräfte, die selbst nicht im Ganztag arbeiten, wurden deshalb gebeten, die wichtigsten Innovationen, die in den letzten Jahren in der Grundschule Eingang gefunden haben, bezogen auf ihre Bedeutsamkeit für die Weiterentwicklung der Grundschule zu bewerten. Die Befunde sind recht eindeutig und lassen in der Rangfolge der Einschätzungen vier Gruppen von offensichtlich unterschiedlich bedeutsamen Innovationen erkennen. Mit deutlichem Abstand an der Spitze steht die offene Ganztagschule, die von rund drei Viertel aller Lehrkräfte (77%) als ‚bedeutsam' bzw. ‚sehr bedeutsam' für die Weiterentwicklung der Grundschule gehalten wird (vgl. Tab. 2.1). Es folgen ‚Englisch in der Grundschule' sowie ‚die neuen Lehrpläne' mit Bedeutsamkeitsanteilen von 61% bzw. 53%. Zu einer dritten Gruppe von Innovationen, die bedeutungsmäßig schon etwas abfällt, gehören ‚die Schulprogrammarbeit' (39% ‚bedeutsam' und ‚sehr bedeutsam'), ‚die Parallelarbeiten' (36%) und ‚die neue Schuleingangsphase' (35%). Am Ende der Rangfolge finden sich ‚die Vergleichsarbeiten VERA' (18%). Die OGS ist – zusammen mit den neuen Lehrplänen – auch die Neuerung, bei der sich die Lehrkräfte relativ gesehen am einigsten sind. Hier findet sich die geringste Streuung der Antworten (s=0,9). Im Gegensatz dazu sind sich die Befragten bei der Bedeutsamkeit der neuen Schuleingangsphase am wenigsten einig (s=1,3).

Tab. 2.1   Bedeutsamkeit schulischer Ansätze für die Weiterentwicklung der Grundschule, Angaben in %, AM (Mittelwert), s (Standardabweichung), Vergleich: Lehrkräfte (L) – Schulleitungsmitglieder (SL)

	nicht bedeut- sam (1)	weni- ger bedeut- sam (2)	teil- weise bedeut- sam (3)	bedeut- sam (4)	sehr bedeut- sam (5)	AM	s
1. Die offene Ganz- tagsgrundschule	2	4	17	43	34	4,0	0,9
2. Englisch in der der Grundschule	4	12	23	41	20	3,6	1,1
3. Die neuen Lehrpläne	3	10	34	41	12	3,5	0,9
4. Die Schulpro- grammarbeit	8	20	33	29	10	3,1	1,1
5. Die Parallel- arbeiten	10	20	34	28	8	3,0	1,3
6. Die neue Schul- eingangsphase	22	19	24	24	11	2,8	1,3
7. Die Vergleichs- arbeiten VERA	24	28	30	16	2	2,4	1,1

Statistisch bedeutsame Unterschiede (p<0.05) zwischen L und SL bei 1,3,4 und 7

2.2.2   Interesse der Lehrkräfte am offenen Ganztag und ihre Bereitschaft zur Mitarbeit

Etwas weitergehender als die bloße Positionierung im Sinne eines Dafür- oder Dagegenseins ist die Frage nach dem Interesse am offenen Ganztag. Die entsprechenden Befunde dazu belegen, dass etwa bei zwei Drittel der Lehrkräfte, die noch nicht im Ganztag tätig sind, ein Interesse am offenen Ganztag (64%) und in diesem Zusammenhang ein Interesse am fachlichen Austausch mit pädagogischen Kräften besteht (68%).

Eine Interessenbekundung kann sicherlich auch daran abgelesen werden, wenn die Befragten sich vorstellen können, dass sie innerhalb ihres Stundendeputats Angebote am Nachmittag im offenen Ganztag offerieren. Die Lehrkräfte hatten bei 20 vorgegebenen Angebotselementen die Möglichkeit dort eine Ankreuzung vorzunehmen, wo sie sich ein eigenes Angebot vorstellen könnten. Über alle Angebot hinweg zeigt sich, dass sich drei Viertel der Befragten mit der Vorstellung eines eigenen Angebots anfreunden könnten und bringen damit zumindest auch indirekt ein Interesse dem offenen Ganztag gegenüber zum Ausdruck. Die Kreuzauswertung mit der Interessenvariablen zeigt allerdings, dass es doch erheblich viele gibt, die auch bei eher geringem Interesse am offenen Ganztag sich Angebote ihrerseits vorstellen können, wie auch umgekehrt ein eher großes Interesse nicht immer mit einer eigenen Angebotsvorstellung verbunden sein muss.

Interessant ist natürlich nun auch die Frage, ob die Lehrkräfte der Grundschule die offene Ganztagsschule als ihr Arbeitsfeld sehen und welche Bereitschaft sie zeigen, als Lehrkraft tatsächlich auch offiziell tätig zu werden.

Tab. 2.2: Bereitschaft zur Mitarbeit im offenen Ganztag, Angaben in %

	gering	eher gering	eher groß	groß
Bereitschaft, einen Teil des Stundendeputats auf den Nachmittag zu legen	33	36	24	7
Bereitschaft, als Klassenlehrer/in in einem Ganztagszug zu arbeiten	47	30	17	6
Bereitschaft, bei Teilzeitbeschäftigung gegen Bezahlung zusätzliche Stunden im offenen Ganztag zu übernehmen	55	25	15	5

Die entsprechenden Ergebnisse signalisieren, dass die Bereitschaft zu einer konkreten Mitarbeit im offenen Ganztag nicht gerade berauschend ist (vgl. Tab. 2.2). So bekunden lediglich 31% eine größere Bereitschaft, einen Teil ihres Stundendeputats auf den Nachmittag zu legen und nur 23% zeigen sich stärker bereit, als Klassenlehrer/in in einem Ganztagszug zu arbeiten. Noch einmal niedriger ist der Anteil derjenigen, die bei Teilzeitbeschäftigung zusätzliche Stunden im offenen Ganztag gegen Bezahlung übernehmen würden (insgesamt 20%).

2.2.3 Selbsteinschätzung professionellen Handelns

In Ansätzen wird in dieser Untersuchung versucht, einige Informationen darüber zu gewinnen, welches Ausmaß an Professionalität die pädagogischen Kräfte in ihre Arbeit einbringen. Dazu wurden Aspekte aufgenommen, von denen angenommen wird, dass sie Merkmale professionellen Handelns repräsentieren.

In Tab. 2.3 sind die Professionalitätsaspekte entsprechend ihrer Häufigkeit in eine Rangfolge gebracht. Fast durchweg bei allen Befragten kommen Aktivitäten der Selbstreflexion zum Einsatz, d.h. die pädagogischen Kräfte machen sich häufig Gedanken darüber, was in ihrer Arbeit gut und was weniger gut gelaufen ist. Auch die Beobachtung der Kinder als Grundlage für die Angebotsplanung und die Abstimmung der Angebote mit Kolleginnen und Kollegen sind Tätigkeiten, die noch von der Mehrheit des Personals meist häufig praktiziert werden. Etwa die Hälfte der Befragten gibt an, seine Angebote häufig vorzubereiten und ein etwa gleich großer Anteil berichtet, dass mit den Aktivitäten im Ganztag versucht wird, ein pädagogisches Konzept umzusetzen. Eine Orientierung an Fachbüchern oder die Einbeziehung von Erkenntnissen aus pädagogischen Untersuchungen findet sich in ausgeprägter Form noch bei etwa einem Viertel bis einem Drittel der Betreuungskräfte. Auf ähnlichem Niveau liegen gemeinsame Planungsaktivitäten mit anderen pädagogischen Kräften sowie die Erstellung eines Planungskonzepts für mehrere Wochen im Voraus. Am wenigsten häufig anzutreffen sind Fortbildungsbesuche. Sie finden bei 10% häufig und bei 28% noch manchmal statt.

Tab. 2.3: Selbsteinschätzung professionellen Handelns, Angaben in %, Rangfolge gebildet nach Mittelwerten

	nie (1)	selten (2)	manch- mal (3)	häufig (4)
1. Nach meinen Aktivitäten im Ganztag mache ich mir Gedanken, was gut und was weniger gut gelaufen ist	1	1	13	85
2. Ich mache konkrete Beobachtungen an Kindern zum Ausgangspunkt meiner Angebotsplanung	3	9	29	59
3. Ich stimme mich bei der Gestaltung meiner Angebote mit den anderen Mitarbeiter/innen ab	11	10	16	63
4. Ich bereite meine außerunterrichtlichen Ganztagsaktivitäten vor	9	13	27	51
5. Mit meinen Ganztagsaktivitäten setze ich ein bestimmtes pädagogisches Konzept	7	14	34	45
6. Ich versuche neue Ideen aus Fachbüchern im Ganztag umzusetzen	9	18	43	30
7. Ich informiere mich über neue Erkenntnisse aus pädagogischen Untersuchungen	9	23	44	24
8. Ich plane gemeinsam mit anderen pädagogischen Kräften die Themen meiner Ganztagsaktivitäten	19	20	26	35
9. Ich plane meine Aktivitäten/Angebote für mehrere Wochen im Voraus	22	25	30	23
10. Ich besuche in meiner Freizeit Fortbildungsveranstaltungen zu Themen des Ganztags	35	27	28	10

Das am stärksten ausgeprägte Professionalitätshandeln – gemessen am Summenscore aller 10 Aspekte – findet sich bei den Erzieher/innen (32,0), gefolgt von Personen mit Hochschulabschluss (31,1), Kräfte mit abgeschlossener Berufsausbildung (29,5) und Lehrkräften (29,1). Einen deutlich geringeren Professionalitätswert haben die Betreuungskräfte ohne Berufsausbildung aufzuweisen (26,2). Der vergleichsweise ungünstige Wert für die Lehrkräfte kommt vor allem durch das gering ausgeprägte Kooperationshandeln zustande. Sie stimmen sehr viel weniger häufig ihre Angebote mit anderen Mitarbeiter/innen des offenen Ganztags ab und planen seltener gemeinsam. Personen ohne abgeschlossene Ausbildung weisen durchweg bei allen 10 Aspekten die geringsten Werte auf.

Professionelles Handeln geht offensichtlich aber auch mit dem zeitlichen Umfang der Tätigkeit im Ganztag einher. Personen, die 21 Stunden und mehr im Ganztag tätig sind, zeigen durchweg die höchsten Professionalitätswerte, während Betreuungskräfte mit 6,5 Stunden und weniger am wenigsten den Professionalitätsaspekten entsprechen können. ‚Defizite' weisen sie vor allem beim Kooperationsverhalten, bei Fortbildungsbesuchen und bei der Umsetzung ihrer Aktivitäten im Hinblick auf ein bestimmtes pädagogisches Konzept auf.

2.3 Wichtigkeit der inhaltlichen Angebote des offenen Ganztags

Welche Bedeutung wird den verschiedenen inhaltlichen Angeboten des offenen Ganztags zugeschrieben? Welche Angebote werden als besonders wichtig, welche als weniger wichtig angesehen? Die Befragten konnten zu insgesamt 19 Vorgaben, die im Wesentlichen die Palette möglicher inhaltlicher Angebotselemente abdecken dürften, ihre Einschätzungen vornehmen. Auf 4stufigen Skalen konnten sie jeweils angeben, ob sie das Angebotselement als nicht oder weniger wichtig, eher wichtig, sehr wichtig oder mit am wichtigsten einstufen.

Mit dem vorgegebenen Antwortschema werden die wesentlichen inhaltlichen Angebote des offenen Ganztags erfasst. Lediglich rund 5% der Befragten machten in der Rubrik ‚Sonstige' zusätzliche Angaben. Auffallend ist zunächst, dass es keine Angebotselemente gibt, die mehrheitlich als nicht oder weniger wichtig eingeschätzt werden, d.h. alle vorgegebenen inhaltlichen Angebote werden von der Mehrheit als Angebote für den offenen Ganztag für möglich und geeignet erachtet. Bei den meisten Aspekten liegen die Einschätzungen überwiegend in den Kategorien ‚sehr wichtig' und ‚mit am wichtigsten'.

Einen guten Anhaltspunkt über die Bedeutung der einzelnen Angebote gewinnt man, wenn man sich die Ergebnisse in der Kategorie ‚mit am wichtigsten' vor Augen hält (vgl. Tab. 2.4). Mit deutlichem Abstand führt die Hausaufgabenbetreuung die Rangfolge der am wichtigsten angesehenen Angebote an. 53% halten sie für ‚mit am wichtigsten' und weitere 44% stufen sie in die Kategorie ‚sehr wichtig' ein. Es folgen vier Angebote auf etwa ähnlichem Wichtigkeitsniveau: ‚Bewegung, Sport und Spiel' (39%/ 55%), ‚Sprachförderung in Deutsch für Migrantenkinder' (45%/43%), ‚Soziales Lernen, z.B. Streitschlichtungskurse' (42%/46%) und ‚Betreuung in der freien Zeit, d.h. in der unverplanten Zeit der Kinder' (38%/47%). Auch noch im vorderen Feld rangieren die Angebotselemente ‚Sprache (z.B. Lesen)', ‚Betreuung beim Mittagessen' sowie ‚Entspannungs- und Konzentrationsübungen'. Sie weisen Anteile von 21-31% in der Kategorie ‚mit am wichtigsten' auf und haben ihre Spitzenwerte in der Kategorie ‚sehr wichtig' (Anteile zwischen 51 und 64%).

Tab. 2.4: Wichtigkeit der inhaltlichen Angebote, Rangfolge gebildet nach Mittelwerten (AM, Skala 1- nicht/weniger wichtig, 4- mit am wichtigsten)

	Pädagogische Kräfte		Lehrkräfte	
	AM	mit am wichtigsten/ sehr wichtig %	AM	mit am wichtigsten/ sehr wichtig %
1. Hausaufgabenbetreuung	3,5	53/44	3,4	45/50
2. Bewegung, Sport und Spiel	3,3	39/55	3,2	36/54
3. Sprachförderung (in Deutsch) für Migrantenkinder	3,3	45/43	3,4	48/41
4. Soziales Lernen (z.B. Streitschlichtungskurs)	3,3	42/46	3,1	32/49
5. Betreuung in der ,freien' Zeit (unverplante Zeit der Kinder)	3,2	38/47	2,9	25/48
6. Sprache (z.B. Lesen)	3,1	31/51	3,0	30/46
7. Betreuung beim Mittagessen	3,0	21/64	2,8	14/60
8. Entspannungs- und Konzentrationsübungen	3,0	26/53	3,0	26/52
9. Andere spielerische Aktivitäten	2,8	14/57	2,8	17/52
10. Künstlerisch-kreatives Gestalten	2,8	10/61	2,8	10/60
11. Umwelt/Natur/Ernährung	2,8	12/57	2,6	9 /49
12. Rechnen / Rechenspiele	2,7	16/44	2,5	11/42
13. Musik	2,6	8 /52	2,7	9 /59
14. Interkulturelles Lernen	2,6	10/44	2,5	8 /43
15. Werken/Technik	2,5	6 /43	2,5	7 /45
16. Tanz/Theater	2,3	6 /32	2,5	7 /42
17. Neue Medien'	2,3	5 /34	2,1	4 /27
18. Muttersprachliche Angebote für Migrantenkinder	2,1	10/20	2,2	15/25
19. Fremdsprachen	1,9	4 /19	1,7	2 /13

Die untere Hälfte der Rangfolge wird angeführt von ,anderen spielerischen Aktivitäten', gefolgt von ,Künstlerisch-kreatives Gestalten', ,Umwelt/ Natur/ Ernährung', ,Rechnen/Rechenspiele' und ,Musik'. Alle diese Angebote werden von 60-70% der Befragten noch als sehr wichtig oder mit am wichtigsten eingestuft, obwohl die höchste Kategorie (mit am wichtigsten) doch schon deutlich niedrigere Anteile aufweist (8-16%). Ähnliches gilt für ,Interkulturelles Lernen' und ,Werken/Technik'. Die Angebote ,Tanz/Theater' und ,Neue Medien' haben ihre höchsten Anteile in der Kategorie ,eher wichtig', sie werden also schon von einem nicht unbeträchtlichen Teil mit Einschränkungen versehen, d.h. nicht gerade sehr euphorisch als mögliches inhaltliches Angebot für den offenen Ganztag in Erwägung gezogen. Noch deutlicher gilt dies für die ,Fremdsprachen' und die ,Muttersprachlichen Angebote für Migrantenkinder', die von den meisten nicht unbedingt als Angebote für den offenen Ganztag präferiert werden.

Insgesamt verweisen die Ergebnisse dieses Kapitels auf einen deutlichen Konsens im Hinblick auf die inhaltliche Profilierung des offenen Ganztags. Die prioritären Hauptlinien dieses Profils bestehen aus Elementen

- die in der Schule bisher noch nicht systematisch angelegt waren (wie z.B. die Hausaufgabenbetreuung),
- für die man sich im Rahmen der OGS offensichtlich ein gezielteres und kontinuierlicheres Angehen verspricht (z.B. die Sprachförderung)
- oder von denen man wahrscheinlich annimmt, dass dafür innerhalb der OGS mehr Raum zur Verfügung stehen kann (z.B. Soziales Lernen).

Eine zentrale Rolle werden auch den Bereichen ‚Bewegung, Sport und Spiel' und ‚Betreuung in der freien (unverplanten) Zeit' zugedacht. Sie erscheinen in diesem Profil als eine Art Gegengewicht zu den stärker unterrichtsbezogenen Elementen. Nicht übersehen werden darf die Betreuung beim Mittagessen, die in der Priorität recht hoch angesiedelt ist. Die traditionell fachlichen Elemente wie Musik, Kunst, Rechnen, Werken, Natur-Umwelt, Fremdsprachen sind keinesfalls unwichtig, liegen offensichtlich aber nicht auf den Hauptlinien des Profils. Sie dienen eher dem *enrichment*, d.h. der bedarfgerechten Abdeckung von Interessenschwerpunkten und damit der Begabungsförderung.

Der OGS wird also offensichtlich ein spezifisches Profil zugedacht, das in der traditionellen Struktur des Vormittags so bisher nicht abgedeckt werden konnte. Dies scheint das entscheidend Neue und dafür besteht zwischen pädagogischen Kräften und Lehrkräften ein überraschend hoher Konsens. Damit stellt sich die OGS keinesfalls als ein suboptimales Modell dar, sondern sie repräsentiert einen Ansatz, der als eine alters- und entwicklungsangemessene Antwort auf eine ganztägige Betreuung im spezifischen Kontext von Primarschule angesehen werden kann. Es scheint, dass sich die Praxis hier selbst eine Antwort gegeben hat und unter den gegebenen Rahmenbedingungen aus der Vielfalt von Möglichkeiten einen Weg suchen konnte. Die Praxis hat mit der OGS offensichtlich eine Bedarfslücke gefüllt mit Elementen und Bedingungen, die in dieser spezifischen Konstellation in der Schule bisher gefehlt haben.

2.4 Zielverständnis und Qualitätsbedingungen in den zentralen Handlungsfeldern des offenen Ganztags

Die Untersuchung der Ziele und Qualitätsbedingungen in den drei Handlungsfeldern Mittagessen, Hausaufgabenbetreuung sowie Freizeit- und Förderaktivitäten stellt sicherlich den zentralen Teil der vorliegenden Befragung dar. In jedem Handlungsfeld werden zum einen die Zielsetzungen und zum andern die entsprechenden Bedingungen und Aktivitäten untersucht, mit deren Hilfe die Zielsetzungen umgesetzt werden können. Sowohl bei den Zielsetzungen als auch bei den Aktivitäten wurden die Befragten gebeten, jeweils die Wichtigkeit und das Ausmaß der Verwirklichung einzuschätzen.

Intention bei allen drei Handlungsfeldern ist es, ein möglichst breites Spektrum an relevanten Zielen und Qualitätsaspekten einzubeziehen, um damit die gegenwärtige Situation des offenen Ganztags auf einer breiten Folie zu beschreiben und das Ausmaß bisher erreichter Qualitätsniveaus adäquat darstellen zu können. Grundlage für die Entwicklung der Items waren die Ergebnisse der Pilotstudie sowie die Materialien zum internen Qualitätsfeststellungsverfahren für Schulkinder in Tageseinrichtungen (vgl. Strätz u.a. 2003). Ausgewählte Expertinnen und Experten haben die Items überprüft und ergänzt und somit die Grundlage dafür geschaffen, dass mit dem vorliegenden Instrumentarium wesentliche Vorstellungen zu den Qualitäten des offenen Ganztags repräsentiert werden.

2.4.1 Handlungsfeld Mittagessen

Das Mittagessen erfüllt im offenen Ganztag eine durchaus eigenständige Funktion. Es dient nicht nur der Verpflegung der Kinder, sondern es eröffnen sich dadurch auch Möglichkeiten, erzieherische Intentionen und Förderaktivitäten wirksam werden zu lassen.

Zielsetzungen bei der Betreuung im Rahmen des Mittagessens
Den pädagogischen Kräften wurden insgesamt 17 Zielsetzungen zur Einschätzung vorgelegt. Wie die Rangfolge der Wichtigkeit in Tabelle 2.5 zeigt, werden ohne Ausnahme alle vorgegebenen Zielsetzungen mit sehr großer Mehrheit als ,sehr wichtig' oder ,mit am wichtigsten' eingestuft. Die Anteile bewegen sich zwischen 64 und 97%, liegen überwiegend jedoch deutlich über dem Wert von 75%. Die Kategorie ,nicht/weniger wichtig' ist demgegenüber meist nur mit Anteilen von wenigen Prozent besetzt. Dieses Ergebnis deutet darauf hin, dass das beim Mittagessen tätige Personal des offenen Ganztags bezogen auf Intentionen und Zielorientierungen deutlich auf der Linie der Qualitätsstandards liegt, die allgemein für diesen Bereich formuliert werden.

Bei genauerer Analyse sind aber Unterschiede zwischen den Zielsetzungen feststellbar, die sich allerdings im Wesentlichen in der obersten Kategorie ,mit am wichtigsten' abbilden lassen, d.h. es gibt offensichtlich einige Zielsetzungen, die als besonders bedeutsam eingeschätzt werden und denen Vorrang eingeräumt wird. Dies betrifft vor allem die beiden Zielsetzungen ,Zum Wohlfühlen der Kinder beitragen' und ,Den Kindern als Ansprechpartner zur Verfügung stehen'. Es folgen mit etwas Abstand die Förderung der gegenseitigen Rücksichtnahme, die Einführung in Ordnungs- und Umgangsregeln, die Förderung der freundlichen Ansprache der Kinder untereinander, die Förderung einer gesunden Ernährung sowie die Unterstützung der Kinder, gruppenfähiger zu werden. Am Ende der Rangfolge findet sich das Ziel ,Sprach- und Ausdrucksfähigkeit der Kinder fördern', obwohl auch dieses Ziel mit 64% in den Kategorien ‚sehr wichtig' bzw. ‚mit am wichtigsten' deutlich in seiner Wichtigkeit für die Betreuung beim Mittagessen herausgestellt wird.

Tab. 2.5: Wichtigkeit und Verwirklichung von Zielsetzungen bei der Betreuung im Rahmen des Mittagessens, Angaben in %, Rangfolge gebildet nach Mittelwerten

Wichtigkeit – sehr wichtig/mit am wichtigsten (mit am wichtigsten) Verwirklichung – weitgehend/voll und ganz (voll und ganz)	Wichtigkeit	Verwirklichung
1. Zum Wohlfühlen der Kinder beizutragen	97 (61)	86 (37)
2. Den Kindern als Ansprechpartner zur Verfügung stehen	94 (56)	92 (53)
3. Gegenseitige Rücksichtnahme der Kinder fördern	94 (45)	73 (22)
4. Die Kinder in Ordnungs- und Umgangsregeln einführen	93 (42)	81 (32)
5. Die freundliche Ansprache der Kinder untereinander fördern	93 (38)	64 (18)
6. Förderung einer gesunden Ernährung	91 (39)	62 (16)
7. Den Kindern helfen, gruppenfähiger zu werden	88 (36)	75 (18)
8. Vermittlung von Tischsitten und guten Manieren	89 (30)	76 (21)
9. Die Bereitschaft der Kinder fördern, anderen zu helfen	88 (29)	65 (16)
10. Ausgleichen, was Kindern in den Familien und in ihrem Lebensumfeld fehlt	77 (34)	54 (13)
11. Angemessenes Konfliktverhalten fördern	78 (32)	62 (14)
12. Das Mittagessen als familiäre Situation gestalten	77 (29)	66 (14)
13. Das Mittagessen auch als Kommunikationssituation gestalten	76 (29)	68 (25)
14. Die Selbstdisziplinierung der Kinder fördern	78 (26)	53 (13)
15. Gezielt ein Gruppengefühl in der Essensgruppe entwickeln	74 (31)	66 (25)
16. Den Kindern helfen, sich besser kennen zu lernen	70 (19)	69 (21)
17. Sprach- und Ausdrucksfähigkeit der Kinder fördern	64 (20)	53 (12)

Insgesamt lässt sich die Tendenz feststellen, dass die am wichtigsten eingeschätzten Zielsetzungen auch am häufigsten verwirklicht sind. Es gibt aber auch einige Brüche in der Rangfolge, die darauf hindeuten, dass einige der Zielsetzungen in der Verwirklichung etwas ‚hinterherhinken'. Zwar werden auch diese Zielsetzungen von der Mehrheit der Befragten als ‚weitgehend' oder ‚voll und ganz' verwirklicht beurteilt, im Vergleich zu den anderen Zielsetzungen liegen jedoch die ‚Umsetzungsquoten' etwas zurück. Hierbei handelt es sich um die Ziele ‚Gegenseitige Rücksichtnahme fördern', ‚Die freundliche Ansprache der Kinder untereinander fördern', ‚Förderung einer gesunden Ernährung', ‚Die Bereitschaft fördern, anderen zu helfen', Ausgleichen, was Kindern in den Familien fehlt' und ‚Die Selbstdisziplinierung der Kinder fördern'. Auffallend ist, dass es sich hierbei meist um Zielsetzungen im Bereich der Förderung von Beziehungs- und Umgangsqualitäten zwischen den Kindern handelt. Sie scheinen in der Umsetzung offensichtlich etwas schwieriger und anspruchsvoller zu sein.

Die Ergebnisse zeigen darüber hinaus, dass bei hauptberuflichen Kräften insbesondere die Intention stärker ausgeprägt ist, das Mittagessen als familiäre Situation zu gestalten. Auch die Förderorientierung liegt signifikant über der der nebenberuflich bzw. ehrenamtlich Tätigen. Offensichtlich können hauptberuflich Tätige bedingt durch die häufigere und intensivere Beteiligung stärkere Orientierungen auf den beiden o.g. Dimensionen ausbilden.

Ermittlung besonders wirksamer Bedingungen und Aktivitäten im Rahmen der Betreuung beim Mittagessen

Mit der Berechnung von Zusammenhängen zwischen der Verwirklichung von Zielen und Aktivitäten können erste Hinweise dafür erlangt werden, welchen Bedingungen und Aktivitäten im Rahmen der Betreuung beim Mittagessen eine zielförderliche Bedeutung zukommen könnte. Es können hier zwar keine Kausalbeziehungen dargestellt werden, aber es lassen sich ansatzweise Anhaltspunkte dafür gewinnen, welchen Aktivitäten bei der Verwirklichung von Zielen im Rahmen der Mittagessensbetreuung vielleicht eine etwas größere Beachtung gewidmet werden sollte. Um eine gewisse Übersichtlichkeit zu wahren, wird im Folgenden darauf verzichtet, die gesamte Korrelationsmatrix darzustellen. Stattdessen werden zu ausgewählten Zielsetzungen die Bedingungen und Aktivitäten mit den höchsten Korrelationen vorgestellt.

Wie Tab. 2.6 veranschaulicht, fällt ein Befund dabei besonders in den Blick. Er betrifft die Absprachen zwischen den Betreuungskräften über das Einüben von Tischsitten und er besagt, dass dieser Aspekt in positivem Zusammenhang mit der Verwirklichung der meisten Zielsetzungen steht. Es scheint sich hier also um eine Schlüsselvariable der Betreuungsarbeit beim Mittagessen zu handeln. Häufiger in positivem Zusammenhang mit Zielsetzungen stehen auch die Absprachen mit Eltern über Erziehungs- und Ernährungsgrundsätze beim Mittagessen, das gemeinsame Mittagessen von Betreuungskräften und Kindern sowie die Etablierung von Ritualen. Während Absprachen mit Eltern vor allem in Zusammenhang mit Zielen stehen, die auf die Beziehungen der Kinder untereinander gerichtet sind (gegenseitige Rücksichtnahme, freundliche Ansprache untereinander, gegenseitiges Helfen), geht ein häufigeres gemeinsames Mittagessen mit den Kindern mit einer stärkeren Verwirklichung von Zielsetzungen im Bereich der familiären Situation einher. Der Einsatz schriftlich fixierter Erziehungsziele steht in Zusammenhang mit einer stärkeren Umsetzung von Zielen im Bereich der Beziehungs- und Umgangsqualitäten (gruppenfähiger werden, freundliche Ansprache untereinander, angemessenes Konfliktverhalten).

Tab. 2.6: Zusammenhänge (r) zwischen Zielsetzungen und den konkreten Bedingungen und Aktivitäten der Betreuung beim Mittagessen

Zielsetzungen	Förderliche Bedingungen und Aktivitäten
Vermittlung von Tischsitten und guten Manieren	Absprachen über das Einüben von Tischsitten (.32) Nehme gemeinsam mit den K. a. Mittagessen teil (.25)
Förderung einer gesunden Ernährung	Ernährungsgrundsätze werden mit den Eltern besprochen (.30)
Das Mittagessen als familiäre Situation gestalten	Absprachen über das Einüben von Tischsitten (.30) Die Essensgruppe hat ein eigenes Ritual (.27) Nehme gemeinsam mit den K. am Mittagessen teil (.24)
Die Bereitschaft der K. fördern, anderen zu helfen	Absprachen über das Einüben von Tischsitten (.29) Ämterverteilung beim Mittagessen (.27) Absprachen m. d. Eltern über Erziehungsgrundsätze (.27)
Ausgleichen, was K. in den Familien und in ihrem Lebensumfeld fehlt	Ämterverteilung beim Mittagessen (.29) Die Essensgruppe hat ein eigenes Ritual (.24)
Sprach- und Ausdrucksfähigkeit der Kinder fördern	Absprachen über das Einüben von Tischsitten (.26) Unterschiedlich Rituale für die jeweiligen Altersgruppen (.23)
Den K. helfen, gruppenfähiger zu werden	Absprachen über das Einüben von Tischsitten (.27) Schriftlich fixierte Erziehungsziele zum Mittagessen (.26)
Gezielt ein Gruppengefühl in der Essensgruppe entwickeln	Die Essensgruppe hat ein eigenes Ritual, (.30) K. decken den Tisch und helfen beim Abräumen (.25)
Gegenseitige Rücksichtnahme der K. fördern	Absprachen über das Einüben von Tischsitten (.26) Absprachen mit den Eltern über Erziehungsgrundsätze (.26) Nehme gemeinsam mit den Kindern am Mittagessen teil (.25)
Die freundliche Ansprache der Kinder untereinander fördern	Absprachen über das Einüben von Tischsitten (.30) Absprachen mit den Eltern über Erziehungsgrundsätze (.26) Schriftlich fixierte Erziehungsziele zum Mittagessen (.25)
Zum Wohlfühlen der Kinder beitragen	Absprachen über das Einüben von Tischsitten (.24) Nehme gemeinsam mit den Kindern am Mittagessen teil (.22) Der Essensplan wird mit den Kindern gemeinsam erstellt (.21)

2.4.2 Handlungsfeld Hausaufgabenbetreuung

Zielsetzungen im Rahmen der Hausaufgabenbetreuung

Zur Untersuchung der Frage, was für die in der Hausaufgabenbetreuung tätigen Personen des offenen Ganztags in ihrem Arbeitsfeld besonders wichtig ist, wurden im Fragebogen insgesamt 20 Zielsetzungen zur Beurteilung vorgegeben, die auf 4-stufigen Skalen (1- nicht/weniger wichtig bis 4 – mit am wichtigsten) eingeschätzt werden konnten.

Von einer Ausnahme abgesehen („den Part der Eltern übernehmen'), erhalten alle Zielsetzungen eine sehr hohe Bedeutungseinschätzung. Betrachtet man die zusammengefassten Prozentwerte in den Kategorien ‚sehr wichtig' und ‚mit am wichtigsten' bewegen sich die 19 Zielsetzungen zwischen 64 und 96% (vgl. Tab. 2.7). Keine dieser Zielsetzungen weist nennenswerte Anteile an ‚Ablehnungen' auf.

Größere Unterschiede zwischen den Zielsetzungen werden aber erst deutlich, wenn die oberste Einschätzungskategorie („mit am wichtigsten') in den Blick genommen wird. Die Prozentwerte variieren hier zwischen 17 und 71% und bringen zum Ausdruck, dass – bei aller Wichtigkeit – einige Zielsetzungen doch noch als etwas bedeutsamer bewertet werden. Mit Abstand an der Spitze stehen die Zielsetzungen ‚den Kindern als Ansprechpartner zur Verfügung stehen' und ‚den Kindern eine verlässliche Bezugsperson sein'.

Auffallend ist, dass es sich bei den ersten acht Items der Rangfolge um Zielsetzungen handelt, die faktoriell zwei inhaltlichen Dimensionen zugeordnet werden können: zum einen der Dimension ‚Verlässlicher Ansprechpartner sein und für Erklärungen zur Verfügung stehen' und zum anderen der Dimension ‚Positive Arbeitshaltung und Einstellung zu Hausaufgaben fördern'. Demgegenüber rangieren Zielsetzungen, die sich auf den Ausgleich fachlicher Defizite, auf soziale Kompetenzen oder auf das Ansprechen persönlicher Wünsche und Probleme (auch partizipativer Aspekte,) beziehen, eher in der unteren Hälfte der Rangfolge. Interessanterweise gehört auch das Ziel ‚Die Kinder für den Unterricht wieder anschlussfähig machen' in die Gruppe der Zielsetzungen, die in ihrer Wichtigkeit deutlich zurückhaltender eingestuft werden. Lediglich 18% geben diesem Ziel die höchste Priorität („mit am wichtigsten'). Aber auch diese Zielsetzung erreicht – wie die davor genannten – noch durchschnittlich etwa das Bedeutungsniveau ‚sehr wichtig'.

Insgesamt lässt sich feststellen, dass es bezogen auf die Intentionen der Hausaufgabenbetreuung beim Personal des offenen Ganztags eine hohe Akzeptanz und Identifikation mit den Qualitätsstandards gibt, denen in der Fachdiskussion ein großes Gewicht beigemessen wird. Die pädagogischen Kräfte sehen sich aber hier nicht primär in der Funktion als ‚Ausbügler' von Defiziten – auch wenn sie sich dieser Aufgabe keinesfalls verschließen –

sondern verstehen ihre Förderarbeit in der Hausaufgabenbetreuung eher i.S. von unterstützen und helfen und mit dem Ziel, bei den Kindern positive Einstellungen und Arbeitshaltungen zu entwickeln.

Tab. 2.7: Wichtigkeit und Verwirklichung von Zielsetzungen bei der Hausaufgabenbetreuung, Angaben in %, Rangfolge gebildet nach Mittelwerten

Wichtigkeit – sehr wichtig/mit am wichtigsten (mit am wichtigsten) Verwirklichung – weitgehend/voll und ganz (voll und ganz)	Wichtig-keit	Verwirk-lichung
1. Den Kindern als Ansprechpartner zur Verfügung stehen	96 (71)	94 (65)
2. Den Kindern eine verlässliche Bezugsperson sein	98 (68)	95 (62)
3. Kinder zu selbstständigem Arbeiten hinführen	97 (60)	73 (18)
4. Kontinuität in der Hausaufgabenerledigung erreichen	96 (55)	95 (34)
5. Den Kindern nicht verstandene Sachverhalte erklären	91 (53)	82 (45)
6. Zum Wohlfühlen der Kinder beitragen	89 (51)	83 (35)
7. Eine positive Einstellung zu Hausaufgaben vermitteln	91 (40)	58 (15)
8. Eine gute schulische Arbeitshaltung fördern	90 (33)	54 (12)
9. Die Kinder in Ordnungs- und Umgangsregeln einführen	87 (36)	74 (28)
10. Fehlende Unterstützung durch die Eltern zu Hause ausgleichen	84 (35)	60 (20)
11. Während der Hausaufgabenbetreuung die mündliche und schriftliche Ausdrucksfähigkeit der Kinder in der deutschen Sprache fördern	84 (33)	53 (16)
12. Die Bereitschaft der Kinder fördern, anderen Kindern zu helfen	78 (29)	57 (15)
13. Den Kindern helfen, gruppenfähiger zu werden	76 (28)	55 (13)
14. Mit einzelnen Kindern üben	75 (24)	30 (11)
15. Fachliche Defizite bei den Kindern ausgleichen	72 (24)	34 (6)
16. Fähigkeit in Bezug auf Lerntechniken verbessern	72 (20)	34 (7)
17. Mit Kindern über ihre persönlichen Probleme sprechen	70 (25)	53 (20)
18. Die Kinder für den Unterricht wieder anschlussfähig machen	68 (18)	30 (5)
19. Die Wünsche der Kinder aufnehmen und umsetzen	65 (17)	47 (10)
20. Den ‚Part der Eltern' übernehmen	12 (2)	17 (4)

Auch die Lehrkräfte, die selbst nicht im offenen Ganztag tätig sind, haben die 20 Zielsetzungen zur Hausaufgabenbetreuung im Hinblick auf ihre Wichtigkeit eingeschätzt. Die Ergebnisse sind in der Struktur in etwa identisch mit denen des Hausaufgabenpersonals. Nimmt man bei beiden Personengruppen die Rangfolgen der Wichtigkeit in den Blick, ergibt sich ein sehr hoher Rangkorrelationskoeffizient von rs=0,93. D.h., das Personal der Hausaufgabenbetreuung und die Lehrkräfte, die selbst nicht in diesem Bereich tätig sind, aber die häufig Aufgaben in die Hausaufgabenbetreuung geben, sind sich bezogen auf das Insgesamt der Zielsetzungen der Hausaufgabenbetreuung recht einig und können auf ein hohes gemeinsames Grundverständnis in den Zielorientierungen bauen.

Wie steht es aber nun um die Verwirklichung dieser Ziele in den Schulen? Im Gegensatz zur Wichtigkeitseinschätzung zeigt sich hier ein sehr differenziertes Ergebnisbild. Insbesondere die Zielsetzungen im Bereich ‚Verlässlicher Ansprechpartner sein und für Erklärungen zur Verfügung stehen' scheinen recht gut verwirklicht zu sein. Hier finden sich Quoten von 80 bis über 90% in den Kategorien ‚weitgehend/voll und ganz'.

Den Schulen gelingt es darüber hinaus auch gut, Kontinuität zu erreichen, zum Wohlfühlen der Kinder beizutragen sowie Ordnungs- und Umgangsregeln einzuführen. Bei allen anderen Zielsetzungen fallen die Verwirklichungsquoten etwas oder sogar deutlich niedriger aus. Sie liegen z.B. für die Förderung sozialer Kompetenzen (gruppenfähiger werden; Bereitschaft fördern, anderen Kindern zu helfen) oder bezogen auf das Ansprechen persönlicher Wünsche und Probleme etwas über oder unter 50%. In einer ähnlichen Größenordnung bewegt sich auch die Verwirklichung des Ziels ‚Während der Hausaufgabenbetreuung die mündliche und schriftliche Ausdrucksfähigkeit der Kinder fördern' (53%). Auffallend ist auch die vergleichsweise große Diskrepanz zwischen den Anteilen der Wichtigkeit und Verwirklichung bei den Zielen ‚Eine positive Einstellung zu den Hausaufgaben vermitteln' und ‚Eine gute schulische Arbeitshaltung fördern'.

Am schwierigsten scheint die Umsetzung der Zielsetzungen im Bereich des Ausgleichs fachlicher Defizite. So werden Zielsetzungen wie ‚mit einzelnen Kindern üben', ‚die Kinder für den Unterricht wieder anschlussfähig machen' oder ‚Fähigkeit in Bezug auf Lerntechniken verbessern' lediglich noch von etwa einem Drittel der Befragten als weitgehend oder voll und ganz verwirklicht eingeschätzt. Die Schulen scheinen jedoch bei der Umsetzung dieser Zielsetzungen durchaus auf dem Weg zu sein. So finden sich recht viele mit ihren Einschätzungen in der Kategorie ‚teilweise' und nur vergleichsweise wenige in der Kategorie ‚gar nicht/wenig'.

Wie wird die Verwirklichung der Zielsetzungen aus dem Blickwinkel der Lehrkräfte betrachtet, die selbst nicht im offenen Ganztag tätig sind? Wie nehmen sie die Hausaufgabensituation in ihrer Schule wahr? Wie schon bei der Einschätzung der Wichtigkeit liegen die Lehrkräfte bei ihren Einschätzungen meist etwas unter dem Niveau der Hausaufgabenkräfte. In der Struktur ergibt sich jedoch eine ähnliche Rangfolge (rs= 0,92), die insgesamt gesehen die Schlussfolgerung zulässt, dass die Umsetzung der Zielsetzungen der Hausaufgabenbetreuung sehr ähnlich eingeschätzt wird. Die größte Differenz (0,7 Skalenpunkte) findet sich beim Ziel ‚Den Kindern nicht verstandene Sachverhalte erklären'. Hier wird die Umsetzung von den Lehrkräften also nicht ganz so optimistisch eingeschätzt wie vom Personal der Hausaufgabenbetreuung selbst. Umgerechnet in Prozent bedeutet dies z.B., dass die Erklärung nicht verstandener Sachverhalte von 82% der Hausaufgabenkräfte als mindestens weitgehend verwirklicht angesehen wird, während es bei den Lehrkräften der Schule lediglich 57% sind, die ein solches Ausmaß an Verwirklichung bestätigen können.

Bedingungen und Aktivitäten der Hausaufgabenbetreuung

Den Befragten wurden insgesamt 33 Bedingungen und Aktivitäten der Hausaufgabenbetreuung vorgelegt, die aufgrund von Experteneinschätzungen als Qualitätsaspekte dieses Handlungsfeldes angesehen werden können.

Werden zunächst die 26 Aktivitäten in den Blick genommen, denen eine hohe Wichtigkeit zugeschrieben wird, d.h. die von mindestens zwei Drittel der Befragten als ‚sehr wichtig' oder ‚mit am wichtigsten' eingestuft werden, zeigen sich bereits deutliche Unterschiede in der Umsetzungshäufigkeit (vgl. Tab. 2.8). Legt man den sehr hohen Maßstab ‚weitgehend/voll und ganz erreicht' zugrunde, variieren die Verwirklichungsquoten zwischen 15 und 91%. Recht gut umgesetzt ist die Etablierung verbindlicher Regeln für die Bearbeitung der Hausaufgaben, die Kontrolle der Hausaufgaben und die Abstimmung mit anderen in der Hausaufgabenbetreuung tätigen Personen (Quoten zwischen 85 und 91%). Auch die Vermittlung von Tipps zum selbstständigen Weiterarbeiten, die Durchsicht auf Fehler und die regelmäßige Ermittlung dessen, was die Kinder nicht verstehen, gehören bei der deutlichen Mehrheit der Befragten zum etablierten Standard der Hausaufgabenbetreuung. Zu erwähnen ist außerdem, dass in einer vergleichsweise hohen Zahl von Fällen (75%) die Durchführung der Hausaufgabenbetreuung in einem separaten Raum stattfindet.

Anders sieht es bei den Aktivitäten aus, die sich auf die Abstimmung und Besprechung der Hausaufgabenpraxis mit den Klassenlehrerinnen und -lehrern beziehen. Hier liegen die Verwirklichungsquoten oft nur zwischen 30 und 40%. So geben z.B. 30% der Befragten an, dass die Hausaufgabenpraxis regelmäßig mit den Lehrkräften besprochen wird, 33% erhalten Hinweise von Lehrkräften, um einzelne Kinder gezielt zu fördern und 40% berichten, dass sie mit den Lehrkräften Regeln zur Erledigung der Hausaufgaben abgestimmt haben. Die Kommunikation mit den Lehrkräften der Schule im Hinblick auf die Erledigung der Hausaufgaben, aber auch bezogen auf Hinweise zur Förderung einzelner Kinder ist also deutlich geringer ausgeprägt als dies durch die Wichtigkeit dieser Aktivitäten zum Ausdruck gebracht wird. Dies betrifft aber nicht nur die Richtung der Kommunikation von den Lehrkräften hin zu den Personen in der Hausaufgabenbetreuung, auch Letztere selbst fragen z.B. eher weniger häufig bei den Lehrkräften nach (lediglich zu 37%), was diese konkret von der Hausaufgabenbetreuung erwarten.

Eher suboptimal umgesetzt erscheint auch die Betreuung von einzelnen Kindern. Obwohl drei Viertel der Befragten dies als sehr wichtige Aktivität betrachten, liegt die Verwirklichungsquote lediglich bei 37%. Auch die Informationslage des Personals ist deutlich weniger komfortabel ausgeprägt als dies die Wichtigkeit der Informationen erwarten lässt. So fühlen sich lediglich 37% gut über die Familien- und Wohnsituation der Kinder informiert, obwohl dies 66% als besonders wichtig ansehen und auch was die Art der Vermittlung des Unterrichtsstoffes in den Klassen der Kinder anbelangt, schätzen nur 17% ihren Informationsstand als weitgehend oder voll verwirklicht ein (bei immerhin 69%, die diesem Aspekt große Bedeutung zusprechen). Die Umsetzung konkreter Aktivitäten und Bedingungen in der Hausaufgabenbetreuung scheint auch davon abhängig zu sein, mit welcher Stundenzahl die Betreuungskräfte im offenen Ganztag arbeiten. So gibt es Hinweise dafür, dass Personen, die lediglich bis zu 6,5 Stunden in der OGS arbeiten, deutlich weniger Kontakte zu den Lehrkräften, aber auch zu den anderen Betreuungskräften halten können. Sie erhalten einerseits weniger häufig Hinweise von den Lehrkräften, sind aber andererseits auch selbst weniger stark in der Lage, die Lehrkräfte über einzelne Kinder auf dem Laufenden zu halten. Außerdem sind sie weniger gut über die Familien- und Wohnsituation der Kinder informiert und tun sich schwerer, verbindliche Regeln bei der Bearbeitung der Hausaufgaben umzusetzen.

Aufschlussreich ist auch der Vergleich zwischen den Hausaufgabenkräften und den Lehrkräften der Schule. Obwohl es insgesamt eine recht gute Entsprechung in den Rangfolgen und damit in der Gesamteinschätzung der Umsetzung der Qualitätsstandards gibt, zeigen sich doch bei einigen Aktivitäten signifikante Differenzen. So bestätigen die Lehrkräfte der Schule weniger stark als die Hausaufgabenkräfte selbst, dass eine Durchsicht der Hausaufgaben auf Fehler erfolgt, dass zu ermitteln versucht werde, was einzelne Kinder nicht verstehen oder dass schriftliche Rückmeldungen über einzelne Kinder an die Lehrkräfte erfolgen. Die Lehrkräfte der Schule, die selbst nicht in der Hausaufgabenbetreuung tätig sind, sehen also die Umsetzung der Betreuungspraxis bei den Hausaufgaben bei einigen Aspekten weniger optimistisch als die Hausaufgabenkräfte es selbst einschätzen.

Ermittlung effektiver Praktiken der Hausaufgabenbetreuung
In diesem Kapitel geht es darum, erste Aufschlüsse über besonders wirksame Bedingungen und Aktivitäten der Hausaufgabenbetreuung zu erlangen. Grundlage für diese Auswertung bilden die Zusammenhänge zwischen dem Ausmaß der Umsetzung bzw. Verwirklichung der 33 erfassten Bedingungen und Aktivitäten einerseits und dem Ausmaß der Verwirklichung der 20 untersuchten Zielsetzungen andererseits. Berücksichtigt werden alle statistisch bedeutsamen Korrelationen $\geq 0,25$. Für jede der 33 Praktiken der Hausaufgabenbetreuung wird dann ermittelt, mit wie vielen Zielsetzungen Korrelationen in der o.g. Größenordnung auftreten. Diese Analyse schafft eine Reduktion und Fokussierung auf solche Praktiken (Aktivitäten und Bedingungen), denen – da mit vielen unterschiedlichen Zielsetzungen in Zusammenhang stehend – wahrscheinlich auch eine größere Bedeutung im

Tab. 2.8: Wichtigkeit und Verwirklichung von Aktivitäten bei der Hausaufgabenbetreuung, Angaben in %, Rangfolge gebildet nach Mittelwerten

Wichtigkeit - sehr wichtig/mit am wichtigsten (mit am wichtigsten) Verwirklichung – weitgehend/voll und ganz (voll und ganz)	Wichtigkeit	Verwirklichung
1. Es gibt verbindliche Regeln für die Bearbeitung der HA	93 (50)	88 (55)
2. Kontrolle der HA auf Vollständigkeit	93 (48)	91 (61)
3. Abstimmung mit anderen HA-Kräften	92 (47)	85 (50)
4. K. erhalten Tipps, wie sie sich selbst weiterhelfen können.	91 (34)	72 (26)
5. Die Lehrkräfte geben gezielt Hinweise zu einzelnen K.	89 (34)	40 (17)
6. Die HAB findet in einem separaten Raum statt, der vorrangig für die Hausaufgabenbetreuung genutzt wird	82 (44)	75 (56)
7. Die LK werden über einzelne K. a. d. Laufenden gehalten	89 (31)	68 (32)
8. Es wird ermittelt, was einzelne K. nicht verstehen	88 (30)	70 (24)
9. Es erfolgt eine Durchsicht der HA auf Fehler	76 (31)	73 (44)
10. Die HAB findet in Doppelbesetzung statt	75 (34)	47 (30)
11. Die Praxis der HAB wird regelmäßig gemeinsam mit den Lehrkräften besprochen	78 (25)	30 (11)
12. Abstimmung d. Regeln zur Erledigung der HA mit d. LK	77 (26)	40 (17)
13. Vereinbarungen mit den Eltern über die Ziele der HAB	77 (22)	49 (16)
14. Förderung einzelner K. nach Hinweisen der LK	78 (21)	33 (10)
15. Die PK gibt schriftliche Rückmeldungen über einzelne Kinder an die LK	75 (25)	46 (24)
16. Es wird bei den LK nachgefragt, was diese von der HAB erwarten	73 (24)	37 (14)
17. Die durchführende Kraft notiert, welche Probleme bei den HA auftreten	73 (24)	56 (26)
18. Die zu erledigenden HA werden der durchführenden Kraft über die Kinder schriftlich mitgeteilt	72 (27)	48 (19)
19. Es findet bei einzelnen K. eine Einzelbetreuung statt	74 (21)	37 (18)
20. Vermittlung grundlegender Arbeitstechniken	71 (19)	46 (10)
21. K. erhalten Anleitung im Gebrauch von Lernmitteln	73 (17)	45 (11)
22. Die Lehrkräfte kommen in die HAB und informieren sich	69 (20)	15 (6)
23. Die HA-Kraft ist über d. Familiensituation informiert	66 (19)	37 (10)
24. Ich bin darüber informiert, wie der Unterrichtsstoff in den Klassen der Kinder vermittelt wird	69 (18)	17 (5)
25. Die Kinder können ihre Arbeit selbstständig einteilen	67 (15)	49 (16)
26. Die PK kennt die Inhalte, die im jeweiligen Halbjahr im Unterricht der Kinder vorkommen	63 (17)	28 (10)
27. Es werden innerhalb der HAB kleinere Gruppen gebildet	55 (19)	41 (19)
28. Aufgreifen u. Erklären von Themen aus dem Unterricht	57 (11)	35 (10)
29. Die LK teilen der PK mit, was in nächster Zeit im Unterricht behandelt wird	48 (8)	6 (1)
30. Die durchführende Kraft hospitiert im Unterricht der LK	42 (9)	9 (4)
31. Ältere K. werden zur Unterstützung jüngerer eingesetzt	39 (9)	18 (4)
32. K., die keine HA aufhaben, nutzen die Zeit zum Üben	30 (5)	15 (6)
33. K., die eher fertig sind, erhalten zusätzliche Arbeitsmat.	20 (6)	18 (8)

Hinblick auf die Wirksamkeit zur Erreichung von Zielsetzungen zugeschrieben werden muss. Alles in allem schälen sich 8 Praktiken heraus, die
mit 12 und mehr der Zielsetzungen in substantiellem Zusammenhang stehen. Im Einzelnen sind dies:

- Die Lehrkräfte werden über einzelnen Kinder mündlich auf dem Laufenden gehalten (Korrelationen $\geq$.25 mit 18 der 20 Zielsetzungen)
- Kinder erhalten eine Anleitung im Gebrauch von Lernmitteln und Informationsmöglichkeiten (18 der 20 Zielsetzungen)
- Die Lehrkräfte geben gezielt Hinweise, worauf bei einzelnen Kindern
  besonders zu achten ist (17 der 20 Zielsetzungen)
- Die Kinder erhalten Tipps, wie sie sich selbst weiterhelfen können (17
  der 20 Zielsetzungen)
- Es wird zu ermitteln versucht, was einzelne Kinder nicht verstehen (15
  der 20 Zielsetzungen)
- Den Kindern werden im Zusammenhang mit der Hausaufgabenbetreuung grundlegende Arbeitstechniken vermittelt (14 der 20 Zielsetzungen)
- Themen aus dem Unterricht werden noch einmal aufgegriffen und ggf.
  erklärt (13 der 20 Zielsetzungen)
- Einzelne Kinder werden nach Hinweisen der Lehrkräfte speziell gefördert (13 der 20 Zielsetzungen)
- Die Praxis der Hausaufgabenbetreuung wird regelmäßig gemeinsam mit
  den Lehrkräften besprochen (12 der 20 Zielsetzungen)

Für eine effektive Hausaufgabenbetreuung scheint es danach vor allem darauf anzukommen, dass Hausaufgabenkräfte und Lehrkräfte einen regelmäßigen Austausch über einzelne Kinder haben, für die von Seiten der Lehrkräfte gezielt Hinweise zur Förderung gegeben werden und für die auch
während der Hausaufgabenbetreuung zu ermitteln versucht wird, was sie
nicht verstehen. Eine wirksame Hausaufgabenbetreuung beschäftigt sich
auch mit dem Unterricht der Kinder, greift Themen aus dem Unterricht auf
und gibt ggf. auch Erklärungen dazu. Für die Kinder selbst ist es wichtig,
dass sie innerhalb der Hausaufgabenbetreuung auch im Hinblick auf Lerntechniken geschult werden und dabei Tipps erhalten wie sie sich selbst weiterhelfen können.

Tabelle 2.9 gibt ergänzend und vertiefend Auskunft darüber welche spezifischen Bedingungen und Aktivitäten für die Verwirklichung einzelner Zielsetzungen von Relevanz sein können. Für ausgewählte Zielsetzungen werden dabei die Aktivitäten und Bedingungen mit den höchsten Korrelationen
aufgelistet. Als Beispiel kann die Zielsetzung ‚Fachliche Defizite bei den
Kindern ausgleichen' in den Blick genommen werden. Zur Verwirklichung
dieser Zielsetzung scheint es besonders angebracht, dass die Lehrkräfte den
Hausaufgabenkräften gezielte Hinweise zur Förderung der Kinder geben.
Darüber hinaus scheint es aber auch wichtig, dass das Personal der Haus-

Tab. 2.9: Zusammenhänge (r) zwischen Zielsetzungen und den konkreten Bedingungen und Aktivitäten der Hausaufgabenbetreuung

Zielsetzungen	Förderliche Bedingungen und Aktivitäten
K. zu selbstständigem Arbeiten hinführen	Abstimmung mit anderen HA-Kräften (.37) Vermittlung grundlegender Arbeitstechniken (.36)
Kontinuität in der Hausaufgabenerledigung erreichen	Kontrolle der HA auf Vollständigkeit (.32) Abstimmung mit anderen HA-Kräften (.31) Lehrkräfte werden über einzelne Kinder auf dem Laufenden gehalten (.31)
Den Kindern nicht verstandene Sachverhalte erklären	Ermitteln was einzelne K. nicht verstehen (.38) Anleitung im Gebrauch von Lernmitteln (.36) Förderung einzelner K. nach Hinweisen der LK (.35) Einzelbetreuung bei einzelnen Kindern (.33)
Zum Wohlfühlen der Kinder beitragen	Vermittlung grundlegender Arbeitstechniken (.30) Ermitteln, was einzelne K. nicht verstehen (.29)
Eine positive Einstellung zu Hausaufgaben vermitteln	Vermittlung grundlegender Arbeitstechniken (.36) Anleitung im Gebrauch von Lernmitteln (.31) Abstimmung mit anderen HA-Kräften (.31)
Eine gute schulische Arbeitshaltung fördern	Regelmäßige Besprechung der HA-Betreuung mit Lehrkräften (.35) Gezielte Hinweise von LK zu einzelnen Kindern (.35) Förderung einzelner K. nach Hinweisen der LK (.31)
Die K. in Ordnungs- und Umgangsregeln einführen	K. erhalten Tipps (.33) Verbindliche Regeln zur Bearbeitung der HA (.32)
Fehlende Unterstützung durch die Eltern zu Hause ausgleichen	Einzelbetreuung bei einzelnen Kindern (.31) Aufgreifen und Erklären von Themen aus dem Unterricht (.27)
Während der HAB die mündliche und schriftliche Ausdrucksfähigkeit der K. in der deutschen Sprache fördern	Anleitung im Gebrauch von Lernmitteln (.38) Erklären von Themen aus dem Unterricht (.37) Förderung einzelner K. nach Hinweisen der LK (.37)
Die Bereitschaft der Kinder fördern, anderen Kindern zu helfen	Ältere werden zur Unterstützung Jüngerer eingesetzt (.42) Vermittlung grundlegender Arbeitstechniken (.34)
Den Kindern helfen, gruppenfähiger zu werden	Vermittlung grundlegender Arbeitstechniken (.40) Anleitung im Gebrauch von Lernmitteln (.34) Besprechung der HA-Betreuung mit LK (.34)
Mit einzelnen Kindern üben	Einzelbetreuung bei einzelnen Kindern (.54) Förderung einzelner Kinder nach Hinweisen der Lehrkräfte (.46) Erklären von Themen aus dem Unterricht (.40)
Fachliche Defizite bei den Kindern ausgleichen	Förderung einzelner K. nach Hinweisen der LK (.47) Gezielte Hinweise von LK zu einzelnen K. (.35) HA-Kraft ist informiert, wie Unterrichtsstoff in den Klassen vermittelt wird (.34)
Mit Kindern über ihre persönlichen Probleme sprechen	Einzelbetreuung bei einzelnen K. (.32) Ermitteln, was einzelne K. nicht verstehen (.32) HA-Kraft ist über Familiensituation informiert (.31)

aufgabenbetreuung darüber informiert ist, wie der Unterrichtsstoff in den Klassen der Kinder vermittelt wird. Oder betrachten wir die Zielsetzung ‚Die Kinder für den Unterricht wieder anschlussfähig machen'. Um dieses Ziel zu erreichen scheint es vor allem darauf anzukommen, die Kinder nach Hinweisen der Lehrkräfte zu fördern, Themen aus dem Unterricht aufzugreifen und ggf. noch einmal zu erklären und bei den Kindern eine Einzelbetreuung durchzuführen. Um erfolgreich eine positive Einstellung zu den Hausaufgaben zu vermitteln scheint es vor allem wichtig, dass den Kindern grundlegende Arbeitstechniken vermittelt und sie zum Gebrauch von Lernmitteln und Informationsmöglichkeiten angeleitet werden. Diese Befunde zeigen, dass es neben den oben aufgeführten Aktivitäten von allgemeiner Relevanz bei den einzelnen Zielsetzungen jeweils spezifische Konstellationen von Bedingungs- und Aktivitätsposten gibt, denen bei der Verwirklichung der Zielsetzung besondere Aufmerksamkeit gewidmet werden sollte.

2.4.3 Handlungsfeld Freizeit- bzw. Förderangebote im offenen Ganztag

Zielsetzungen im Rahmen der Freizeit- und Förderangebote

Die Personen, die im Rahmen des offenen Ganztags Freizeit- und Förderangebote durchführen, wurden gebeten, zu insgesamt 24 Zielsetzungen, die aus Expertensicht als zentral für diesen Bereich angesehen werden, eine Einschätzung im Hinblick auf die Wichtigkeit abzugeben. Auf diese Weise lassen sich Anhaltspunkte dafür gewinnen, wo das Personal der Feizeit- und Förderangebote die Prioritäten für dieses Arbeitsfeld sieht.

Von einer Ausnahme abgesehen (Die Familie in ihrer Erziehungstätigkeit entlasten), erreichen alle Zielsetzungen meist eine sehr hohe Akzeptanz, d.h. sie werden von einer deutlichen Mehrheit von meist über 80% – häufig sogar über 90% – als wichtig oder mit am wichtigsten eingestuft (vgl. Tab. 2.10). Es gibt jedoch einige Zielsetzungen, die besonders hoch gewichtet werden, d.h. hohe Anteile in der Kategorie ‚mit am wichtigsten' aufweisen. Besonders wichtig ist dem Personal danach, den Kindern eine verlässliche Bezugsperson zu sein, als Ansprechpartner zur Verfügung zu stehen und die Kinder dabei zu unterstützen, Konflikte mit anderen Kindern lösen zu lernen. Als prioritär angesehen werden außerdem, zum Wohlfühlen der Kinder beizutragen, den Kindern zu helfen, sich in Gruppen angemessen zu verhalten (d.h. auch Regeln für ein funktionierendes Zusammenleben einzuführen), die Kinder zu selbstständigem Handeln zu führen sowie die Bewegungsfähigkeit und motorische Koordination der Kinder zu fördern. Alle diese Zielsetzungen weisen Zustimmungsquoten von 95% und mehr auf und liegen auch was die Anteile in der obersten Kategorie ‚mit am wichtigsten' anbelangt um oder über 50%.

Auffallend hoch gewichtet (mit einem Anteil von 85% in den beiden obersten Kategorien) wird auch die Zielsetzung ‚Den Kindern ein Gegengewicht zum fachlichen Lernen im Unterricht bieten', womit von den Befragten sicherlich auch eine Abgrenzung und die Hervorhebung eigener Qualitäten für dieses Handlungsfeld signalisiert wird. Auf demselben hohen Niveau gewichtet wird das Ziel ‚den Kindern helfen, ihre sprachlichen Fähigkeiten zu verbessern', womit von den Befragten offensichtlich eine wichtige übergreifende Förderintention artikuliert wird, die die vielen thematisch-inhaltlichen Bereiche dieses Handlungsfeldes überspannt.

Generell muss jedoch konstatiert werden, dass die Rangfolge der Wichtigkeit vor allem von solchen Zielsetzungen angeführt werden, die die persönliche Zuwendung zu den Kindern betonen oder sich auf die Förderung sozialer Kompetenzen und Verhaltensweisen beziehen. Auf dem letztgenannten Faktor findet sich auch die Förderung der Bewegungsfähigkeit und motorischen Koordination, die damit ebenfalls zu einer der grundlegenden Zielsetzungen dieses Handlungsfeldes gerechnet werden kann. Demgegenüber erscheinen Zielsetzungen, bei denen es um die Förderung oder Herausforderung von Begabungen und Talenten geht oder die sich auf die Verzahnung zu fachlichem Lernen und Unterricht beziehen (z.B. den Kindern ermöglichen, Inhalte aus dem Unterricht durch zusätzliche Erfahrungen zu vertiefen), erst in der zweiten Linie der Bedeutung. Auch diese Zielsetzungen erreichen zwar recht hohe Wichtigkeitsquoten, die Anteile in der obersten Kategorie fallen hier jedoch deutlich niedriger aus. Dies betrifft auch die partizipativen Aspekte (Wünsche der Kinder aufnehmen; Angebot mitbestimmen), die übrigens faktoriell in engem Zusammenhang zu der persönlichen Zuwendung und zur Förderung des Wohlfühlens der Kinder stehen.

Dass vergleichsweise viele der pädagogischen Kräfte den offenen Ganztag tatsächlich noch als eher losgelösten Bereich verstehen, kann daran abgelesen werden, dass lediglich die Hälfte es als sehr wichtig ansieht, dabei mitzuhelfen das Schulprogramm der Schule umzusetzen. Von allen 24 Zielsetzungen steht dieses Ziel auf dem vorletzten Platz der Wichtigkeitsrangfolge. Beachtet werden sollte auch der Befund, dass die Lehrkräfte, die selbst nicht im offenen Ganztag tätig sind, die Prioritäten für das Handlungsfeld der Freizeit- und Förderangebote ähnlich sehen wie die beteiligten Betreuungskräfte selbst. Die Rangfolgen der Zielsetzungen und damit die Prioritäten zeigen zwischen den beiden Gruppen eine recht hohe Korrespondenz (Rangkorrelationskoeffizient $rs=0,95$). Betrachtet man hierbei die Aktivitäten mit den größten Differenzen fällt auf, dass es sich vor allem um solche handelt, die partizipatorische Aspekte in Bezug auf die Kinder beinhalten (Die Wünsche der Kinder aufnehmen und umsetzen. Den Kindern ermöglichen, die Angebote mitzubestimmen). Lehrkräfte sprechen diesen Zielen ein geringeres Gewicht zu als die Betreuungskräfte im Ganztag.

Tab. 2.10: Wichtigkeit und Verwirklichung von Zielsetzungen bei den Freizeit- und Förderangeboten, Angaben in %, Rangfolge gebildet nach Mittelwerten

Wichtigkeit - sehr wichtig/mit am wichtigsten (mit am wichtigsten) Verwirklichung – weitgehend/voll und ganz (voll und ganz)	Wichtigkeit	Verwirklichung
1. Den Kindern eine verlässliche Bezugsperson sein	99 (71)	96 (63)
2. Den Kindern als Ansprechpartner/in zur Verfügung stehen	98 (70)	93 (64)
3. Die Kinder verlässlich betreuen	97 (68)	98 (76)
4. Die Kinder dabei unterstützen, Konflikte mit anderen Kindern lösen zu lernen	98 (63)	82 (31)
5. Zum Wohlfühlen der Kinder beitragen	97 (62)	92 (41)
6. Den Kindern helfen, sich in Gruppen angemessen zu verhalten	96 (53)	84 (28)
7. Die Kinder in Regeln für ein funktionierendes Zusammenleben in der Gruppe einführen	96 (51)	84 (33)
8. Kindern eine sinnvolle Freizeitgestaltung anbieten	96 (46)	91 (39)
9. Die Kinder zu selbstständigem Handeln hinführen	95 (47)	79 (24)
10. Die Bewegungsfähigkeit und motorische Koordination der Kinder fördern	93 (49)	80 (29)
11. Die Bereitschaft der Kinder fördern, anderen Kindern zu helfen	94 (44)	72 (23)
12. Mit Kindern über ihre persönlichen Probleme sprechen	89 (39)	68 (25)
13. Den Kindern ein Gegengewicht zum fachlichen Lernen im Unterricht bieten	85 (35)	79 (26)
14. Den Kindern helfen, ihre sprachlichen Fähigkeiten zu verbessern	85 (28)	61 (15)
15. Die Wünsche der Kinder aufnehmen und umsetzen	83 (26)	55 (13)
16. Die Talente der Kinder hervorbringen und fördern	80 (26)	42 (8)
17. Den Kindern im Angebots- und Freizeitbereich vor allem neue Erfahrungen ermöglichen	80 (20)	62 (13)
18. Die Kreativität der Kinder im musisch-künstlerisch-kreativen Bereich herausfordern	76 (22)	67 (21)
19. Die Kinder aktiv zu Entspannung und Muße befähigen	79 (14)	37 (6)
20. Den Kindern ermöglichen, das Programm / die Angebote im offenen Ganztag mitzubestimmen	71 (21)	46 (12)
21. Den Kindern die Möglichkeit geben, Elemente anderer Kulturen zu erleben, auch dann, wenn keine Kinder mit Migrationshintergrund in der Gruppe sind	61 (14)	33 (7)
22. Den Kindern ermöglichen, Inhalte aus dem Unterricht durch zusätzliche Erfahrungen zu vertiefen, z.B. durch Projektformen	52 (10)	27 (6)
23. Das Schulprogramm der Schule umsetzen helfen	52 (9)	39 (7)
24. Die Familie in ihrer Erziehungstätigkeit entlasten	33 (5)	45 (9)

Rund die Hälfte der 24 Zielsetzungen kann nach Einschätzung der Befragten unter den gegenwärtigen Bedingungen zum großen Teil, d.h. in 70% und mehr der Fälle bereits weitgehend oder voll und ganz umgesetzt werden. Dies betrifft vor allem Zielsetzungen, die sich auf die persönliche Zuwendung zu den Kindern, auf die Förderung sozialer Kompetenzen und das selbstständige Handeln der Kinder beziehen. Es gibt jedoch auch eine Reihe von Zielsetzungen, bei denen die Verwirklichungsquoten deutlich niedriger liegen als aufgrund der Bedeutungseinschätzung vielleicht hatte erwartet werden können. Dies betrifft vor allem die Zielsetzungen mit partizipativem Aspekt (Wünsche der Kinder aufnehmen, Verwirklichungsquote 55%; den Kindern ermöglichen, die Angebote mitzubestimmen, 46%) und die Intention der Talentförderung (42%). Schwer zu verwirklichen scheint auch, die Kinder aktiv zu Entspannung und Muße zu bringen (37%) und Elemente anderer Kulturen erleben zu lassen (33%). Auch die Verzahnung mit Inhalte aus dem Unterricht (Inhalte des Unterrichts durch zusätzliche Erfahrungen vertiefen) ist eine Zielsetzung, die unter den gegenwärtigen Bedingungen nur in geringem Umfang verwirklicht werden kann (27%).

Bedingungen und Aktivitäten innerhalb der Freizeit- und Förderangebote

Auf der Grundlage der Ergebnisse der Pilotstudie und der Auswertung vorliegender Qualitätstableaus wurde ein Liste mit insgesamt 29 Bedingungen und Aktivitäten erstellt, die als wichtige Qualitätsmerkmale für den Bereiche der Freizeit- und Förderaktivitäten gelten können.

In welchem Umfang konnten die pädagogischen Kräfte in den Freizeit- und Förderangeboten die o.g. Bedingungen und Aktivitäten bisher verwirlichen bzw. umsetzen? Die entsprechenden Ergebnisse in Tab. 2.11 lassen zunächst erkennen, dass es nur vergleichsweise wenige Aspekte sind, die etwas höhere Verwirklichungsquoten aufweisen. Lediglich für ein knappes Drittel der Bedingungen und Aktivitäten kann festgestellt werden, dass sie in 70% und mehr der Freizeit- und Fördergruppen weitgehend oder voll und ganz verwirklicht sind. Dies betrifft vor allem das Wohlfühlen in den Räumlichkeiten, vereinbarte Verhaltensregeln, die freie Wahl bei Angeboten, die Möglichkeit gelegentlich Zeit zu haben, um einzelnen Kindern zu helfen sowie die Stärken und Schwächen der teilnehmenden Kinder zu kennen. Recht häufig verwirklicht ist auch das Vorhandensein eines auf mehrere Wochen ausgelegten Konzeptes, dem das Angebot folgt (in 69% der Gruppen weitgehend oder voll und ganz verwirklicht). Deutlich weniger umgesetzt als aufgrund der Wichtigkeitseinschätzung erwartet werden konnte sind angemessene räumliche Bedingungen (bei knapp 60%), ist die Möglichkeit der Kinder, eigenen Interessen nachgehen (56%) oder sich eigene Ziele setzen zu können (46%). Schwieriger als erwartet ist es für die pädagogischen Kräfte offensichtlich auch, noch genügend Zeit zwischen den Aktivitäten zu haben (verwirklicht in 47% der Fälle), in Kleingruppen zu arbeiten (51%) oder den Kindern besondere Herausforderungen zu stellen (46%). Noch niedriger liegen die Verwirklichungsquoten im Hinblick auf die Einbeziehung außerschulischer Lernorte (37%), bezogen auf die Be-

Tab. 2.11: Wichtigkeit und Verwirklichung von Bedingungen und Aktivitäten bei den Freizeit- und Förderangeboten, Angaben in %, Rangfolge gebildet nach Mittelwerten

Wichtigkeit - sehr wichtig/mit am wichtigsten (mit am wichtigsten) Verwirklichung – weitgehend/voll und ganz (voll und ganz)	Wichtigkeit	Verwirklichung
1. Die K. fühlen sich in den Räumlichkeiten wohl	99 (65)	91 (46)
2. PK nimmt sich Zeit, um sich einzelnen K. zu widmen	96 (46)	71 (36)
3. Verhaltensregeln werden mit den K. gemeinsam vereinbart	93 (41)	83 (40)
4. Das Raumangebot ermöglicht in der Regel, ein Angebot in pädagogisch angemessener Weise durchführen zu können.	94 (36)	59 (24)
5. Die Räumlichkeiten sind so, dass Angebote auch mit kleineren Gruppen ungestört durchgeführt werden können	93 (33)	58 (28)
6. PK kennt die Stärken und Schwächen der Kinder	92 (34)	77 (26)
7. Der Tagesablauf wird so gestaltet, dass genügend Zeit zwischen den einzelnen Aktivitäten und Angeboten bleibt	90 (27)	47 (15)
8. Wenn die K. sich angemeldet haben, sind sie verpflichtet, für die Dauer des Angebots teilzunehmen	87 (29)	84 (41)
9. Es wird darauf hingewirkt, dass die K. häufiger miteinander spielen	86 (28)	76 (24)
10. PK kennt die Vorlieben der K. u. richtet Angebot danach	88 (24)	71 (22)
11. Die K. haben regelmäßig die Möglichkeit, sich zurück-zuziehen und alleine einer Beschäftigung nachzugehen	83 (29)	48 (22)
12. Der Freizeit- bzw. Förderbereich bietet den K. die Gelegenheit, ihren Neigungen selbsttätig nachzugehen	83 (18)	56 (13)
13. Die K. haben die freie Wahl, a. d. Angebot teilzunehmen	77 (23)	76 (41)
14. Es wird möglichst oft in Kleingruppen gearbeitet	79 (16)	51 (18)
15. K. werden ermutigt, ihren Interessen nachzugehen.	77 (19)	57 (12)
16. Das soziale Umfeld wird b. d. Angeboten berücksichtigt	74 (22)	48 (13)
17. Den K. werden besondere Herausforderungen gestellt, da-mit sie ihre Fähig- und Fertigkeiten besser kennen lernen	78 (14)	46 (12)
18. Das Angebot folgt einem Konzept von mehrere Wochen	72 (15)	69 (31)
19. Ältere K. übernehmen Verantwortung für die jüngeren	69 (14)	34 (8)
20. K. können sich eigene Ziele setzen	68 (14)	46 (10)
21. Anregungen von außen zur Gestaltung der Angebote finden regelmäßig Eingang in die Arbeit mit den Kindern	66 (11)	41 (8)
22. Der Wunsch der K., eine bestimmte Aktivität aufzu-nehmen, ist wichtiger als die augenblickliche Planung	58 (17)	48 (16)
23. Außerschulische Orte/Lernorte werden einbezogen	61 (14)	37 (16)
24. Bei der Entscheidung über die Anschaffung von Spielen und Materialien werden die K. mit einbezogen	55 (12)	31 (9)
25. Für einzelne Aktivitäten werden die K.. entsprechend ihrer jeweiligen Klassenstufe unterteilt	40 (6)	34 (12)
26. Eltern sind eingeladen, bei den Angeboten mitzuwirken	34 (4)	14 (4)
27. Differenzierte Aktivitäten für Jungen bzw. Mädchen	34 (6)	20 (10)
28. Was die K. vormittags im Unterricht gemacht haben, wird in der Angebotsgestaltung aufgegriffen	27 (4)	10 (1)
29. Differenzierte Aktivitäten für K. aus Familien mit Migrationshintergrund	25 (4)	9 (4)

teilung der Kinder bei der Anschaffung von Spielen und Materialien (31%) sowie bei Maßnahmen, bei denen ältere Kinder die Verantwortung für jüngere übernehmen (34%). Die niedrigsten Quoten entfallen auf die Mitwirkung der Eltern (14%), das Aufgreifen von Themen aus dem Vormittagsunterricht (10%) und die Gestaltung differenzierter Aktivitäten für die Geschlechter (20%) sowie für Kinder aus Familien mit Migrationshintergrund (9%). Die letztgenannten Aspekte sind was ihre Ergebnisse betrifft, aber auch nicht überraschend, denn eine übermäßig große Wichtigkeit wurde diesen Aspekten auch nicht zugeschrieben.

Ermittlung besonders wirksamer Bedingungen und Aktivitäten für die Freizeit- und Förderangebote

Welche der o.g. Bedingungen und Aktivitäten sind besonders bedeutsam im Hinblick auf die Verwirklichung der Ziele für dieses Handlungsfeld? Wie bereits bei den bisher abgehandelten Handlungsfeldern wird versucht, dies anhand korrelativer Analysen zumindest ansatzweise in den Blick zu rücken. Grundlage für diese Auswertung sind die Korrelationen zwischen der Verwirklichung der 29 Bedingungen und Aktivitäten einerseits und der Verwirklichung der 24 Zielsetzungen andererseits. Berücksichtigt werden alle signifikanten Korrelationen $\geq 0,25$. In einem ersten Schritt wird für jede der Bedingungen und Aktivitäten untersucht mit wie vielen Zielsetzungen sie in Zusammenhang steht. Eine Bedingung bzw. Aktivität, die mit sehr vielen Zielsetzungen substantielle signifikante Korrelationen aufweist, kann als besonders viel versprechend angesehen, weil ihr offensichtlich eine übergreifende, mit synergetischen Einflüssen verbundene Bedeutung zukommt. Auf folgende Bedingungen und Aktivitäten scheint es im Handlungsfeld der Freizeit- und Förderangebote in besonderer Weise anzukommen:

- Ich nehme mir gelegentlich Zeit, mich speziell einzelnen Kindern zu widmen, wenn ich besondere Schwierigkeiten bei ihnen feststelle (Korrelationen $\geq 0,25$ bei 19 der 24 Zielsetzungen)
- Ich kenne die Vorlieben der Kinder, was sie gerne spielen und woran sie gerne teilnehmen, und richte mein Angebot danach aus (17)
- Der Tagesablauf wird so gestaltet, dass genügend Zeit zwischen den einzelnen Aktivitäten und Angeboten bleibt (17)
- Den Kindern werden besondere Herausforderungen gestellt, damit sie ihre Fähig- und Fertigkeiten besser kennen lernen (17)
- Im Rahmen des Angebots oder der Aktivität können die Kinder sich eigene Ziele setzen (17)
- Verhaltensregeln werden mit den Kindern gemeinsam vereinbart (16)
- Es wird darauf hingewirkt, dass die Kinder häufiger miteinander spielen (16)
- Die Kinder fühlen sich in den Räumlichkeiten des Ganztags wohl und kommen gerne dorthin (15)

66

- Die Kinder werden dazu ermutigt, insbesondere ihren eigenen Interessen selbstbestimmt nachzugehen (14)
- Die Kinder haben regelmäßig die Möglichkeit, sich zurückzuziehen und alleine einer Beschäftigung nachzugehen (13)

Diese Aktivitäten verweisen auf die besondere Bedeutung der individuellen Förderung und Zuwendung, auf das Offenhalten von Zeitkorridoren, aber auch auf die bewusste Schaffung von Herausforderungen, bei denen die Kinder auch selbst eigenen Zielen und Interessen nachgehen können. Entscheidend scheint auch der Rahmen der Aktivitäten, bei dem sich nicht nur angenehme Räumlichkeiten zum Wohlfühlen vorteilhaft auswirken, sondern auch gemeinsam mit den Kindern aufgestellte Regeln. Die intensive Beschäftigung mit den Interessen der Kinder scheint ein wichtiger Nährboden für erfolgreiche Freizeit- und Förderangebote.

In Tab. 2.12 sind die Aktivitäten und Bedingungen aufgelistet, die für die Verwirklichung ausgewählter Zielsetzungen von besonderer Relevanz scheinen. Dabei wurden jeweils die zwei bis drei Bedingungen und Aktivitäten mit den höchsten Korrelationen aufgenommen. Für einige Zielsetzungen sollen die Ergebnisse kurz illustriert werden.

So ist es z.B. für die Verwirklichung der Zielsetzung ‚Zum Wohlfühlen der Kinder beitragen' nicht nur wichtig, dass die Räumlichkeiten das Wohlbefinden unterstützen, sondern dass für die Kinder die Möglichkeit besteht,

sich zurückziehen zu können. Auch gemeinsam vereinbarte Verhaltensregeln scheinen für die Erreichung dieses Zieles eine wichtige Maßnahme.

Bei der Zielsetzung ‚Die Bereitschaft der Kinder fördern, anderen Kindern zu helfen' ist es sicherlich nicht verwunderlich, dass für die Aktivität, die den Helferaspekt betont (‚Ältere Kinder übernehmen Verantwortung für jüngere'), der höchste Zusammenhang gefunden werden konnte. Aufschlussreich ist hier sicherlich aber der Befund, dass auch bei solchen Fördermaßnahmen im sozialen Bereich die Kenntnis der Vorlieben der Kinder eine wichtige Voraussetzung zu sein scheint. Außerdem geht das Helfen offensichtlich besser, wenn darüber hinaus auch gemeinsame Verhaltensregeln bestehen.

Bei der Verbesserung sprachlicher Fähigkeiten scheinen vor allem auf drei Bedingungen eher förderlich: Das Daraufhinwirken, dass die Kinder auch häufiger miteinander spielen können, die Möglichkeit für die Kinder, sich eigene Ziele setzen zu können und eine gute Kenntnis der Stärken und Schwächen der Kinder.

Tab. 2.12: Zusammenhänge zwischen der Umsetzung konkreter Bedingungen und Aktivitäten und der Verwirklichung von Zielsetzungen bei den Freizeit- und Förderangeboten, Auflistung der jeweils höchsten Zusammenhänge (Korrelationen r)

Zielsetzungen	Förderliche Bedingungen und Aktivitäten
Zum Wohlfühlen der Kinder beitragen	Die K. fühlen sich in den Räumlichkeiten wohl (.44) K. haben die Möglichkeit alleine einer Beschäftigung nachzugehen (.35) Verhaltensregeln werden mit den K. vereinbart (.35)
Die Kinder in Regeln für ein funktionierendes Zusammenleben in der Gruppe einführen	Verhaltensregeln werden mit den K. vereinbart (.39) Es wird darauf hingewirkt, dass die Kinder häufiger miteinander spielen (.30)
Die Kinder zu selbstständigem Handeln hinführen	K. werden ermutigt, ihren Interessen nachzugehen (.37) Kinder können sich eigene Ziele setzen (.36) K. werden ermutigt, ihren Interessen nachzugehen (.32)
Die Bereitschaft der Kinder fördern, anderen Kindern zu helfen	Ältere K. übernehmen Verantwortung für Jüngere (.34) PK kennt die Vorlieben der Kinder und richtet Angebot danach aus (.33) Verhaltensregeln werden mit den K. vereinbart (.31)
Mit Kindern über ihre persönlichen Probleme sprechen	PK kennt die Stärken und Schwächen Kinder (.37) PK kennt die Vorlieben der Kinder und richtet Angebot danach aus (.34) PK widmet sich einzelnen K. m. Schwierigkeiten (.34)
Den Kindern helfen, ihre sprachlichen Fähigkeiten zu verbessern	Es wird darauf hingewirkt, dass die Kinder häufiger miteinander spielen (.32) Kinder können sich eigene Ziele setzen (.32) PK kennt die Stärken und Schwächen der K. (.32)
Die Wünsche der Kinder aufnehmen und umsetzen	K. werden ermutigt, ihren Interessen nachzugehen (.41) Verhaltensregeln werden mit den K. vereinbart (.38) Bei der Anschaffung von Materialien werden die Kinder mit einbezogen (.34)
Die Talente der Kinder hervorbringen und fördern	Den Kindern werden besondere Herausforderungen gestellt, damit sie ihre Fähig- und Fertigkeiten besser kennen lernen (.43) PK kennt die Stärken und Schwächen der Kinder (.33) Anregungen von außen finden regelmäßig Eingang in die Arbeit (.30)
Den Kindern ermöglichen, Inhalte aus dem Unterricht zu vertiefen	Was die Kinder vormittags im Unterricht gemacht haben, wird in der Angebotsgestaltung aufgegriffen (.41) Den Kindern werden besondere Herausforderungen gestellt, damit sie ihre Fähig- und Fertigkeiten besser kennen lernen (.36)
Das Schulprogramm der Schule umsetzen helfen	Den Kindern werden besondere Herausforderungen gestellt, damit sie ihre Fähig- und Fertigkeiten besser kennen lernen (.38) Was die K. vormittags im Unterricht gemacht haben, wird in der Angebotsgestaltung aufgegriffen (.32)

2.5 Arbeitssituation und -bedingungen der pädagogischen Kräfte

2.5.1 Zufriedenheit mit den Arbeitsbedingungen

Die Befragten waren hier gebeten, auf 4-stufigen Skalen (1-sehr unzufrieden bis 4-sehr zufrieden) ihre Zufriedenheit mit der pädagogischen Arbeit, mit dem Umfang ihrer Arbeitszeit im Verhältnis zu den Aufgaben, mit der Entlohnung ihrer Arbeit, mit ihrem Vertragsverhältnis in der OGS und mit den Bedingungen an ihrem Arbeitsplatz einzuschätzen.

Am höchsten wird die Zufriedenheit mit der pädagogischen Arbeit eingestuft. 85% sind hier eher oder sehr zufrieden. An zweiter Stelle folgt das gegenwärtige Vertragsverhältnis im offenen Ganztag, mit dem sich rund zwei Drittel aller Beschäftigte zufrieden zeigen. Lehrkräfte, die außerunterrichtliche Angebote im Ganztag durchführen, sind hier etwas zufriedener als andere; auffallend sind auch die etwas niedrigeren Werte bei den hauptberuflich Tätigen und den BAT-Kräften.

Recht zufrieden sind die Befragten (64%) auch mit den Bedingungen ihres Arbeitsplatzes (z.B. Räume zur Vorbereitung und zum Verweilen, Pausenzeiten), obwohl die Personen mit höherem Stundendeputat hier durchaus etwas gespaltener zu sein scheinen. Auch die anderen beiden Einschätzungsaspekte gehen in Richtung einer größeren Gespaltenheit der Befragten. Dies betrifft sowohl die Zufriedenheit mit der Entlohnung als auch die Zufriedenheit mit dem Umfang der Arbeitszeit im Verhältnis zu den anstehenden Arbeiten. Zwar gibt es noch eine knappe Mehrheit, die hier Zufriedenheit bekundet, insgesamt zeigt sich aber eine breitere Streuung im Meinungsbild, die vor allem mit dem Vertragsverhältnis und dem Beschäftigungsumfang zu tun haben dürfte. So berichten Erzieher/innen, Beschäftigte mit einer Hochschulausbildung, Personen mit einem BAT-Vertrag, hauptberuflich Beschäftigte, aber vor allem Betreuungskräfte mit einem höheren Stundendeputat von geringerer Zufriedenheit mit ihrer Entlohnung. Ähnlich sehen die Ergebnisse bei der Zufriedenheit mit dem Umfang der Arbeitszeit im Verhältnis zu den anstehenden Aufgaben aus. Hier sind z.B. von den Kräften mit einem höheren Stundenanteil (21 Stunden und mehr pro Woche) lediglich noch 38% zufrieden. Für nicht wenige, mit einer höheren Stundenzahl im offenen Ganztag Beschäftigter reicht also offensichtlich die Arbeitszeit nicht aus, um die ihnen aufgetragenen Aufgaben bewältigen zu können oder anders ausgedrückt: mit zunehmendem Stundendeputat im Ganztag werden die Betreuungskräfte offensichtlich unverhältnismäßig hoch für (immer weitere zusätzliche) Aufgaben in Anspruch genommen.

Insgesamt gesehen wird also die Zufriedenheit mit der pädagogischen Arbeit höher bewertet als die Zufriedenheit mit dem Arbeitsverhältnis und den

Arbeitsbedingungen. Der Arbeitsplatz und die finanzielle Bewertung der Arbeit im Ganztag weisen für eine Reihe der Beschäftigten durchaus suboptimale Züge auf.

2.5.2 Einschätzungen der pädagogischen Arbeit und der Bedingungen am Arbeitsplatz im Lichte früherer Erfahrungen in anderen Einrichtungen

Die oben dargelegten Befunde zu den Arbeitsbedingungen und zur pädagogischen Arbeit im offenen Ganztag können bisher nur im Hinblick auf den internen Maßstab der verwendeten Skalen bewertet werden, über die Bedeutung und das Gewicht dieser Ergebnisse ist damit aber noch nicht so viel ausgesagt. Dazu ist es erforderlich, externe Maßstäbe einzubeziehen, um damit die Ergebnisse in einen gewissen Kontrast stellen zu können. Wir haben dies annäherungsweise dadurch zu bewerkstelligen versucht, indem wir die pädagogischen Kräfte, die vor ihrer Tätigkeit in der OGS in einer anderen Kindertages- oder Ganztagseinrichtung arbeiteten, um eine vergleichende Einschätzung gebeten haben. Für insgesamt 8 verschiedene Aspekte haben sie angegeben, ob sie diese besser als früher, gleich gut oder schlechter als früher bewerten. Insgesamt waren knapp 40% aller Befragten früher in solchen Einrichtungen beschäftigt.

Die positivste Bilanz im Vergleich zu früher ergibt sich für die Hausaufgabenbetreuung. Für 48% ist sie jetzt besser als in früheren Einrichtungen, 36% sehen sie gleich gut und 16% empfinden sie schlechter als früher. Ein ähnliches Ergebnisbild zeigt sich für die Freizeitgestaltung und – etwas abgeschwächt – auch für die Zusammenarbeit mit den Mitarbeiter/innen. Nicht mehr ganz so eindeutig ist die Befundlage bei der vergleichenden Bewertung der Arbeitsbedingungen, der pädagogischen Arbeit und den individuellen Fördermöglichkeiten der Kinder. Hier finden sich jeweils ähnlich große Anteile, die eine bessere Situation wahrnehmen, die von einer gleich guten Lage berichten oder die jetzt in der OGS eine Verschlechterung festgestellt haben. Die Ergebnisse sind also sehr verteilt und fallen – das ist besonders interessant – je nach früherem Tätigkeitsfeld teilweise sogar konträr aus. Besonders ausgeprägt ist dies bei der pädagogischen Arbeit mit Kindern und den individuellen Fördermöglichkeiten. Diese Aspekte werden von Personen, die früher in Tageseinrichtungen tätig waren, tendenziell schlechter als früher bewertet, während umgekehrt Betreuungskräfte, die aus schulischen Arbeitsfeldern kommen hier eine eher positive Bilanz zugunsten der OGS ziehen (vgl. Tab. 2.13). Bei den Arbeitsbedingungen und der Arbeitszufriedenheit besteht eine ähnliche Tendenz, die sich aber nicht ganz so markant darstellt.

Ein bemerkenswerter Befund zeigt sich, wenn man die Personen, die früher in anderen Einrichtungen tätig waren, danach fragt, wie zufrieden sie mit der pädagogischen Arbeit im offenen Ganztag sind. Diejenigen, die früher

Tab. 2.13: Einschätzung der Arbeitsbedingungen in der OGS im Vergleich zu früheren Erfahrungen in anderen Einrichtungen, Vergleich nach früherem Tätigkeitsfeld, Prozentwerte besser als früher (B), schlechter als früher (S)

S (% schlechter / deutlich schlechter als früher) B (% besser / deutlich besser als früher)	früher: im schulischen Arbeitsfeld (115)		früher: in Tageseinrichtungen (139)		früher: in beiden (37)		früher: in anderen Feldern der KJA oder KJH (32)	
	S	B	S	B	S	B	S	B
1. Hausaufgabenbetreuung (sofern früher vorhanden)	8	65	24	30	17	43	26	35
2. Freizeitgestaltung (sofern früher vorhanden)	16	49	22	35	40	37	23	26
3. Zusammenarbeit mit den Mitarbeiter/innen	15	27	15	34	19	22	26	29
4. Das Beziehungsverhältnis zu den Kindern	16	25	16	18	25	19	16	19
5. Meine Arbeitszufriedenheit	23	35	36	33	57	22	22	31
6. Individuelle Fördermöglichkeiten der Kinder	21	51	55	28	48	43	31	50
7. Meine Arbeitsbedingungen	30	33	45	30	46	22	34	41
8. Die pädagogische Arbeit mit den Kindern	22	42	47	22	49	24	19	28

Statistisch bedeutsame Unterschiede bei 1,6,8 ($p<0.01$) und 5 ($p<0.05$)

in Tageseinrichtungen arbeiteten und die pädagogische Arbeit in der OGS im Vergleich zu früher eher schlechter bewerten, sind gleichzeitig aber mit dieser als schlechter bewerteten Arbeit deutlich zufrieden – nämlich zu 75%. Es gibt in solchen Einrichtungen offensichtlich eine Bandbreite qualitativ unterschiedlich gestalteter Bedingungsstrukturen, die trotz unterschiedlicher Anspruchshaltungen eine Zufriedenheit mit den Bedingungen zustande kommen lassen. Oder anders ausgedrückt: Personen in solchen pädagogischen Kontexten können offensichtlich auf unterschiedlichen Bedingungsniveaus zufrieden sein, wenn diese Bedingungen nicht allzu weit von den eigenen Ansprüchen entfernt sind oder durch ihre Struktur in anderen Feldern kompensatorische Momente bieten (z.B. im Bereich der Hausaufgabenbetreuung oder Freizeitgestaltung der OGS).

2.6 Einschätzung der eigenen Qualifikationen

Wenn im Folgenden von Qualifikationen die Rede ist, geht es nicht um formale Qualifikationen, also um Abschlüsse oder Berechtigungen, sondern um die Qualifikationen in Bezug zu den konkreten Aufgaben und Tätigkeiten im offenen Ganztag. Mit dem Instrument einer schriftlichen Befragung können solche Qualifikationen natürlich nur annäherungsweise erfasst werden. Sie können nicht direkt abgefragt, sondern müssen auf indirekte Art und Weise ermittelt werden. Mit Hilfe von Experten wurden deshalb zunächst zentrale Aufgaben und Tätigkeiten des Berufsfeldes der pädagogischen Kräfte im offenen Ganztag zusammengestellt. Für jede dieser Aufgaben sollten die Befragten einschätzen, wie gut sie diese unter den gegenwärtigen Bedingungen ihrer Schule umsetzen können. Dass daraus keine direkten Aussagen zu den Qualifikationen abgeleitet werden können, hängt damit zusammen, dass die Umsetzung der Aufgaben natürlich noch von anderen Bedingungen beeinflusst wird, für die die Befragten selbst nicht verantwortlich sind.

Insgesamt wurden den Befragten 29 Tätigkeits- und Aufgabenaspekte zur Einschätzung vorgelegt. Die Bewertung der Qualität der Umsetzung konnte auf einer 5stufigen Skala mit den Kategorien ,nicht ausreichend', ,ausreichend', ,befriedigend', ,gut' und ,sehr gut' vorgenommen werden. Konkrete Einschätzungen haben nur jene Personen abgegeben, die selbst in diesen Aufgabenfeldern auch tätig sind. Dies hat zur Folge, dass bei den einzelnen Aufgabenaspekten sehr unterschiedliche Personenzahlen in die Auswertung eingehen.

Welche Aufgaben am besten bewältigt werden zeigt die Rangfolge in Tab. 2.14, die auf der Grundlage der Mittelwerte erstellt wurde. Es lassen sich drei Gruppen von Aufgaben unterscheiden: Solche, die von einer deutlichen Mehrheit der pädagogischen Kräfte bereits gut oder sehr gut umgesetzt werden, solche, bei denen das etwa bei der Hälfte oder gut der Hälfte der Fall ist und solche, die erst von einer Minderheit der Befragten ,adäquat' umgesetzt werden. Zur ersten Gruppe gehören Aufgaben wie ,einen freundlichen Umgangston pflegen', ,mit Kindern spielen', altersgemäße Angebote auswählen, ,Regeln einführen und auf deren Einhaltung achten' oder ,Schwierigkeiten einzelner Kinder erkennen'. Zu dieser Gruppe der bereits überwiegend gut umgesetzten Aufgaben gehören aber auch zwei inhaltliche Aufgabenfelder. Dies betrifft zum einen die Förderung der Kinder im Bereich Bewegung/Sport (mit einem Anteil von 68% in den Kategorien gut und sehr gut) und zum andern die fachlich adäquate Unterstützung der Kinder bei den Hausaufgaben (mit 70% guter oder sehr guter Umsetzung).

Recht viele Aufgaben liegen im Bereich zwischen 50 und 60% guter oder sehr guter Umsetzung; hier ist also – was die Güte der Realisierung anbelangt – noch deutlich Spielraum nach oben. Dies betrifft u.a. die Förderung

Tabelle 2.14: Einschätzung der eigenen Qualifikation für verschiedene Aufgaben und Tätigkeiten im offenen Ganztag, Angaben in %, Skala: 1-nicht ausreichend bis 5-sehr gut;

	betrifft mich nicht	Anteile gut/sehr gut (ausreich./nicht ausreich.)
1. Einen freundlichen und adäquaten Umgangston mit den Kindern zu pflegen	1	81 (4)
2. Kinder im Bereich Bewegung/Sport fördern	34	68 (10)
3. Kinder bei den Hausaufgaben fachlich gerecht unterstützen	27	70 (9)
4. Mit Kindern spielen	14	69 (12)
5. Angebote / Aktivitäten auswählen, die der jeweiligen Altersgruppe der Kinder angemessen sind	17	65 (11)
6. Regeln einführen und auf deren Einhaltung achten	5	64 (9)
7. Schwierigkeiten einzelner Kinder erkennen	3	64 (11)
8. Ansprechpartner für Kinder mit Problemen sein	9	60 (14)
9. Den K. Freiraum für selbst bestimmte Aktivitäten geben	17	58 (14)
10. Kinder im Bereich Gestaltung und Kunst fördern	32	56 (12)
11. Die eigene Arbeit reflektieren / analysieren	5	59 (12)
12. Einen guten Umgangsstil zwischen den Kindern fördern	2	57 (11)
13. Kindern helfen, selbstständig arbeiten zu lernen	7	57 (10)
14. Alle Kinder in die Gruppe integrieren	7	55 (11)
15. Geeignete Arbeitsmaterialien für die Kinder beschaffen	19	51 (18)
16. Über gesunde und kindgerechte Ernährung Bescheid wissen	30	57 (16)
17. Angebote situativ an den Interessen der Kinder orientieren	19	56 (13)
18. Kinder für neue Inhalte/Themen interessieren	11	52 (14)
20. Den Tages- und Wochenablauf planen	30	54 (18)
21. Mit Kindern Neues entdecken	15	50 (18)
22. Die Entwicklung von Kindern beobachten und dokumentieren	19	43 (22)
23. Gruppenprozesse differenziert organisieren u. gestalten	18	42 (20)
24. Kindern mit Lernschwierigkeiten helfen	24	44 (24)
25. Aggressivem Verhalten von Kindern mit einem abgestimmten Konzept begegnen	8	39 (26)
26. Kinder im Bereich Musik fördern	47	39 (30)
27. Auf die besonderen Bedürfnisse von Migrantenkindern eingehen	26	36 (27)
28. Kinder im sprachlichen Bereich fördern	24	36 (27)
29. Beratungsgespräche führen mit Eltern	29	35 (32)

der Kinder im Bereich Gestaltung und Kunst (56% gut/sehr gut), aber auch solche Aufgaben wie ‚den Kindern Freiraum für selbstbestimmte Aktivitäten geben' (58%), ‚alle Kinder in die Gruppe integrieren' (55%), ‚Kinder für neue Inhalte/Themen interessieren' (52%) oder ‚die eigene Arbeit reflektieren/analysieren' (59%) und ‚den Tages- und Wochenablauf planen'

(54%). Nicht wenige (ungefähr etwa 30%) schätzen die Umsetzung dieser Aufgaben im mittleren Bereich ein ('befriedigend') – ein Niveau, was allerdings auch schon mit gewissen Einschränkungen behaftet sein dürfte.

Bei 8 Aufgaben gibt es keine Mehrheit mehr, die hier eine gute oder sehr gute Umsetzung aufzuweisen hat. Es handelt sich dabei um Aufgaben, die sich auf die entwicklungsbezogene Beobachtung der Kinder, auf die Organisation von Gruppenprozessen, auf die Hilfe bei Lernschwierigkeiten, auf den Umgang mit aggressivem Verhalten und auf die Förderung im Bereich Musik beziehen. Die Quoten guter oder sehr guter Umsetzung bewegen sich bei diesen Aufgaben zwischen 39 und 43%. Die Schlusslichter in der Rangfolge bilden die Aufgaben ‚auf die besonderen Bedürfnisse der Migrantenkinder eingehen' (36%), ‚Kinder im sprachlichen Bereich fördern' (36%) sowie ‚Beratungsgespräche mit Eltern führen' (35%). Dies sind also diejenigen Aufgaben, die vielen pädagogischen Kräften noch nicht so gut gelingen.

2.7 Kooperation im offenen Ganztag

2.7.1 Kooperationsfeld ‚Pädagogische Mitarbeiter/innen des offenen Ganztags'

Bei der Kooperation zwischen den pädagogischen Mitarbeiter/innen stehen inhaltlich gesehen vor allem zwei Aspekte im Vordergrund, von denen etwa zwei Drittel der Befragten berichten, dass sie häufig vorkommen: Einmal handelt es sich um den Austausch von Informationen über einzelne Kinder und zum andern um organisatorische Absprachen. Vergleichsweise häufig geht es bei der Kooperation auch um Absprachen über einzelne Kinder (bei 52% häufig), um Absprachen über Zuständigkeiten einzelner Mitarbeiter/innen (bei 43% häufig) und um die schriftliche Weitergabe von Informationen (bei 37% häufig). Dagegen kommen Aktivitäten, bei denen gemeinsam etwas erarbeitet wird (z.B. Vorbereitung der Arbeit, gemeinsame pädagogische Konzeptionen, Förderpläne für einzelne Kinder) durchschnittlich deutlich weniger vor. Es zeigt sich allerdings eine große Streuung, die vermuten lässt, dass sich die Verhältnisse in den Schulen sehr deutlich voneinander unterscheiden. So berichten beispielsweise 11% der Befragten von einer häufigen Erarbeitung von Förderplänen, während solche Pläne in 34% der Fälle überhaupt nicht gemeinsam entwickelt werden.

Insgesamt zeigt sich bei allen Aktivitäten eine große Bereitschaft, die Kooperation deutlich zu intensivieren. Ein großer Nachholbedarf in Sachen Kooperation wird vor allem bei den ‚anspruchsvolleren' Kooperationsaktivitäten gesehen, also bei jenen Aktivitäten, bei denen die pädagogischen Kräfte in einem gemeinsamen Erarbeitungsprozess stehen. Dies betrifft zum Beispiel die gemeinsame Erstellung von Förderplänen für einzelne Kinder, wo diejenigen, die bislang noch nicht häufig zusammenarbeiten, zu

79% für eine Intensivierung der Kooperation plädieren. Auch bezogen auf die ,gemeinsame Vor- und Nachbereitung der Arbeit' sprechen sich noch 67% für eine stärkere Kooperation aus. Selbst bei den Aktivitäten, bei denen die große Mehrheit bereits häufig kooperiert (wie z.B. beim Austausch von Informationen über einzelne Kinder), gibt es noch deutliche ,Zuwachsraten'. Im letztgenannten Fall streben von denjenigen, die bis jetzt noch nicht häufig kooperieren, immerhin 80% eine Intensivierung an.

2.7.2 Kooperationsfeld ,Pädagogische Mitarbeiter/innen und Lehrkräfte der Schule'

Das zentrale Feld der Kooperation im offenen Ganztag ist sicherlich das, in dem die außerunterrichtlich tätigen Kräfte mit den Lehrkräften der Schule in gemeinsamen Aktivitäten involviert sind. Insgesamt neun solcher Aktivitäten wurden im Hinblick auf den gegenwärtigen Umfang der Kooperation (IST), aber auch bezogen auf notwendige Veränderungen (SOLL) hin untersucht.

Ein erster Blick auf die Ergebnisse verdeutlicht zunächst zweierlei: Einmal ist festzustellen, dass die Kooperationshäufigkeiten in diesem Feld deutlich geringer ausgeprägt sind als im internen Kreis der pädagogischen Mitarbeiter/innen. Zum anderen zeigt sich bei fast allen Kooperationsaktivitäten eine große Streuung in den Häufigkeiten, die auf sehr unterschiedliche Situationen in den Schulen schließen lässt (vgl. Tab. 2.15).

Zwei Kooperationsaspekte in diesem Feld weisen aber immerhin noch etwas höhere Werte auf. Dies betrifft die Gespräche über Fördermöglichkeiten einzelner Kinder sowie schriftliche Rückmeldungen an Lehrkräfte über einzelne Kinder. In beiden Fällen sind es ungefähr 50% der Befragten, die angeben, dass sie zumindest manchmal mit Lehrkräften dazu kooperieren.

Die anderen Kooperationsaspekte kommen nur noch bei einem kleineren Teil der Befragten vor. Rund jeweils ein Drittel der pädagogischen Kräfte z.B. nimmt mindestens manchmal an Lehrerkonferenzen teil, arbeitet in einer Art Team-Teaching mit Lehrkräften zusammen oder führt mit Lehrkräften gemeinsam Elterngespräche durch. Noch niedriger liegen die Kooperationshäufigkeiten für Absprachen über Unterrichtsinhalte, für die gemeinsame Vorbereitung von Inhalten und Themen sowie für wechselseitige Hospitationen (jeweils zwischen 10 und 20% mindestens manchmal). Was die beiden letztgenannten Kooperationsaspekte anbelangt muss allerdings auch festgestellt werden, dass etwa 60% der pädagogischen Kräfte überhaupt nicht mit Lehrkräften kooperieren.

Generell scheint sich ein höheres Stundendeputat positiv auf die Kooperationsintensität auszuwirken. So nehmen z.B. Kräfte, die bis zu 6,5 Std. in der Woche im Ganztag arbeiten, deutlich weniger an Lehrerkonferenzen teil, führen weniger Gespräche mit pädagogischen Kräften über Fördermöglichkeiten und geben auch weniger schriftliche Rückmeldungen über einzelne Kinder an Lehrkräfte. Jedoch schon ab einem Umfang von 7 Stunden macht sich bereits eine stärkere Zusammenarbeit mit Lehrkräften bemerkbar.

Tab. 2.15: Inhaltliche Aspekte der Kooperation von pädagogischen Mitarbeiter/innen und Lehrkräften, Angaben in %, Mittelwerte (AM), Standardabweichungen (s)

	Das kommt vor… (IST)		So häufig sollte es vorkommen (SOLL)		
	AM	Anteile manchmal/ häufig	AM	Anteile manchmal/ häufig	Verstärkung der Zusammenarbeit[1]
1. Gespräche über Förderbedarfe einzelner Kinder	2,5	39/16	3,6	34/62	80%
2. Schriftliche Rückmeldung an Lehrkräfte über einzelne Kinder	2,4	33/15	3,2	45/41	67%
3. Teilnahme an Lehrerkonferenzen	2,0	18/16	2,9	45/29	69%
4. Gemeinsame Arbeit von PK und LK in einer Ganztagsgruppe (Team-Teaching)	2,0	21/12	3,2	45/40	80%
5. Gemeinsame Durchführung von Elterngesprächen	2,0	27/7	3,0	54/28	70%
6. Absprachen über Unterrichtsinhalte und Themen	1,8	19/5	3,0	47/28	75%
7. Zusammenarbeit mit Lehrkräften in schulinternen Arbeitskreisen	1,7	15/4	2,8	52/18	74%
8. Gemeinsame Vorbereitung von Inhalten und Themen	1,6	12/3	2,7	47/17	74%
9. Wechselseitige Hospitationen im Ganztag und im Unterricht	1,5	9/3	2,8	52/20	82%

1 Prozentanteil derjenigen, die bislang (beim IST-Stand) noch nicht häufig kooperieren und eine Intensivierung der Kooperation (bei der SOLL-Einschätzung) anstreben.

Sehr viele der pädagogischen Kräfte streben eine deutliche Verbesserung der Zusammenarbeit in allen inhaltlichen Belangen dieses Kooperationsfeldes an. Dies wird vor allem sichtbar in dem großen Anteil derjenigen, die sich bei den SOLL-Einschätzungen für eine größere Kooperationshäufigkeit ausgesprochen haben als bei den Einschätzungen des IST-Standes. Meist liegt dieser Anteil über 70%, bei einigen Aspekten – wie z.B. bei den Gesprächen über Fördermöglichkeiten einzelner Kinder oder bei den wechselseitigen Hospitationen – erreicht dieser Wert sogar eine Größenordnung von 80% und darüber.

Lehrkräfte sind im Hinblick auf die angestrebte Kooperationshäufigkeit etwas zurückhaltender in ihren Einschätzungen. Hier liegen die Anteile derjenigen, die eine Verbesserung anstreben, um etwa 5 bis15 Prozentpunkte niedriger als bei den pädagogischen Kräften.

2.7.3 Kooperationsfeld ‚Pädagogische Mitarbeiter/innen und Mitglieder der Schulleitung'

Die gegenwärtig am häufigsten praktizierten Kooperationsaktivitäten zwischen den pädagogischen Kräften des Ganztags und der Schulleitung sind Gespräche über organisatorische Fragen, Gespräche über Probleme einzelner Kinder und ihrer Familien sowie Gespräche über Arbeitsbedingungen der Beschäftigten im Ganztag. 20 bis 27% der Befragten berichten hier von häufigen, weitere jeweils rund 40% von Gesprächen, die manchmal stattfinden. Auch Gespräche über fachliche Aspekte der Arbeit und über Teamentwicklung in der OGS kommen immerhin noch bei rund 50% der Befragten mindestens manchmal vor. Das Thema Fortbildung steht dagegen lediglich bei etwa einem Drittel der pädagogischen Kräfte im Fokus der Gespräche mit der Schulleitung.

Bei allen Aspekten sehen die Befragten eine starke Notwendigkeit zur Verstärkung der Kooperation, was darauf schließen lässt, dass die Schulleitung als eine sehr wichtige Größe bei der Unterstützung der Arbeit wahrgenommen wird. Vergleicht man die Mittelwerte für die IST- und SOLL-Einschätzungen finden sich die größten Differenzen bei den Gesprächen über die Fortbildung, über die Teamentwicklung und über fachliche Aspekte der Arbeit. Bei diesen Inhalten wird also angestrebt, die Intensität der Kooperation mit der Schulleitung zu verstärken. Auch Gespräche über Probleme einzelner Kinder werden deutlich häufiger gewünscht (26% auf 57%). In ihrem Bemühen, den Kindern zu helfen und ihre Problemlagen besser zu verstehen, sind die Schulleitungen für die pädagogischen Mitarbeiter/innen offensichtlich eine wichtige Informationsquelle, aber auch Anlaufstelle um bei Problemen die weiteren Schritte in Bezug auf einzelne Kinder auf dem Hintergrund eines größeren professionellen Reflexionsrahmens zu erörtern.

2.7.4 Kooperationsfeld ‚Pädagogische Mitarbeiter/innen und Eltern'

Die dominierende Kooperationsaktivität zwischen pädagogischen Kräften und Eltern sind informelle Gespräche zwischen Tür und Angel. Bei 58% der Kräfte kommen solche Gespräche häufig, bei weiteren 27% manchmal vor. Auch telefonische Gespräche sowie Gespräche auf der Grundlage zeitlich vereinbarter Termine sind noch bei 64% bzw. 49% der Befragten zumindest manchmal anzutreffen. Einzelgespräche auf Elternabenden (36%) oder Gespräche in schulinternen Gremien (25%) sind demgegenüber seltener.

Inhaltlich geht es bei den Gesprächen am häufigsten um Probleme des jeweiligen Kindes (34% häufig, 43% manchmal), um Absprachen zur Unterstützung des Kindes (29%/40%), während finanzielle und rechtliche Aspekte (6%/23%) vergleichsweise seltener im Zentrum der Gesprächskontakte stehen. Beim IST-SOLL-Vergleich gibt es interessanterweise einen Aspekt für den zukünftig eine durchschnittlich geringere Häufigkeit gewünscht wird. Er betrifft die informellen Gespräche zwischen Tür und Angel. Es sind aber immer noch 41% (gegenüber 58% bei der IST-Einschätzung), die solche Gespräche auch in Zukunft häufig haben wollen. Alle anderen Gesprächsformen sollten nach Meinung der pädagogischen Kräfte deutlich häufiger vorkommen. Dies gilt vor allem für die zeitlich fest vereinbarten Gespräche (37% häufig gegenüber 12% derzeit) und für Gespräche in schulinternen Gremien (15% im Vergleich zu 3%).

Bei den inhaltlichen Aspekten sind es insbesondere die Absprachen zur Unterstützung des Kindes, für die eine größere Kooperationsintensität mit den Eltern angestrebt wird. Der Anteil in der Kategorie ‚häufig' liegt hier bei der SOLL- Einschätzung immerhin bei 66% (im Vergleich zu 29% bei der IST-Standes). Es ist hier also ein deutliches Bestreben der pädagogischen Kräfte zu erkennen, die Eltern stärker in die Pflicht zu nehmen, um im Sinne einer Erziehungspartnerschaft die Förderarbeit der Ganztagskräfte zu unterstützen. In den Gesprächen mit den Eltern wollen die pädagogischen Kräfte darüber hinaus mehr über den außerschulischen Hintergrund der Kinder in Erfahrung bringen, um auf dieser Grundlage die Probleme der Kinder besser bearbeiten zu können.

2.7.5 Kooperationsfeld ‚Pädagogische Mitarbeiter/innen und Vertreter/innen des Ganztagsträgers'

Die Kooperationsaktivitäten der pädagogischen Kräfte mit Vertreter/innen des Ganztagsträgers erreichen in ihrer Intensität knapp das Niveau der Zusammenarbeit mit der Schulleitung. Zwei Inhaltsaspekte sind die Hauptpunkte dieser Gespräche: organisatorische Fragen des Ganztag sowie die Arbeitssituation verbunden mit dienstlichen Fragen. Ein Fünftel der Befragten gibt an, häufig an solchen Gesprächen teilzunehmen, bei weiteren knapp 40% ist dies manchmal der Fall. Gesprochen wird mit den Vertreter/innen des Trägers aber auch über fachliche Aspekte der Arbeit, über Teamentwicklung und Fortbildung (zwischen 41% und 47% mindestens manchmal).

Auch in diesem Kooperationsfeld wünschen sich viele eine Intensivierung der Kontakte. Diese betrifft alle Kooperationsaspekte. Vor allem Gespräche über Fragen der Fortbildung und Qualifizierung sollten nach Meinung der pädagogischen Kräfte häufiger vorkommen als bisher. Der recht stark ausgeprägte Wunsch, die Kontakte gerade auch in diesem Kooperationsfeld deutlich zu intensivieren, könnte als Beleg dafür gewertet werden, dass die pädagogischen Kräfte ihre Arbeit auf dem Hintergrund möglichst verschiedener Perspektiven reflektieren und erörtern möchten. Die Tatsache, dass bei diesen Kontakten viel Wert darauf gelegt wird, auch fachliche Aspekte der pädagogischen Arbeit in den Mittelpunkt zu stellen, kann als Indiz für das Bestreben angesehen werden, die fachliche Arbeit auf ein breites Fundament verschiedener pädagogischer Traditionen zu stellen und keinesfalls eine Verengung des fachlichen Fokus zuzulassen.

2.7.6 Zusammenfassende Betrachtung der Befunde zu den Kooperationsaktivitäten

Interessante Einblicke und neue Erkenntnisse bietet die Zusammenschau aller in den fünf Kooperationsfeldern untersuchter Einzelaktivitäten. Diese werden entsprechend ihrer Häufigkeit in eine Rangreihe gebracht, so dass sich ein Bild darüber ergibt, an welcher Stelle die einzelnen Aktivitäten der verschiedenen Kooperationsfelder jeweils platziert sind. Aufgelistet werden die ersten 20 Rangplätze sowie die vier Formen der Zusammenarbeit mit der geringsten Kooperationsintensität (vgl. Tab.2.16).

Die Tatsache, dass fünf der sechs am häufigsten praktizierten Kooperationsaktivitäten im internen Kreis der pädagogischen Kräfte des Ganztags selbst stattfinden (PK intern), verweist auf die dominierende Rolle dieses Kooperationsfeldes. Nach den eigenen Kolleginnen und Kollegen sind die Eltern die Gruppe, mit der die pädagogischen Kräfte am häufigsten Kontakt haben (PK-EL). So finden sich bereits an dritter Stelle die informellen Gespräche ,zwischen Tür und Angel', von denen 58% der pädagogischen Kräfte sagen, dass sie in ihrem Arbeitsumfeld häufig stattfinden.

Es folgen in der Rangreihe die Kooperationen zwischen pädagogischen Kräften und Mitgliedern der Schulleitung (PK-SL), die in ihrer Häufigkeit etwas vor den Aktivitäten stehen, die sich auf die Zusammenarbeit von pädagogischen Kräften und Vertreter/innen des Ganztagsträgers beziehen (PK-TR). Die häufigste Kooperationsaktivität mit Lehrkräften der Schule findet sich dagegen erst an 19. Stelle (PK-LK). Es handelt sich dabei um Gespräche über Fördermöglichkeiten einzelner Kinder, die insgesamt lediglich bei 16% der pädagogischen Kräfte häufig vorkommen. Das gegenwär-

Tab. 2.16: Rangfolge der häufigsten Kooperationsaktivitäten, Mittelwerte IST, %-Anteil ‚häufig' bei IST und SOLL

	AM IST	IST	SOLL
1. PK intern: Austausch von Informationen über einzelne Kinder	3,6	69	91
2. PK intern: Organisatorische Absprachen	3,5	66	80
3. PK-EL: Informelle Gespräche "zwischen Tür und Angel"	3,4	58	41
4. PK intern: Absprachen über den Umgang mit Kindern	3,3	52	76
5. PK intern: Absprachen über Zuständigkeiten einzelner Mitarbeiter/innen	3,1	43	58
6. PK intern: Schriftliche Weitergabe von Informationen/Materialien	3,0	37	55
7. PK-EL: Gespräche über Probleme des jeweiligen Kindes	3,0	34	63
8. PK-EL: Absprachen zur Unterstützung des Kindes	2,9	29	66
9. PK-EL: Telefonische Gespräche mit Eltern	2,8	26	20
10. PK-SL: Gespräche über organisatorische Fragen des Ganztags	2,8	27	44
11. PK-SL: Gespräche über Probleme einzelner Kinder oder/und ihrer Familien	2,8	26	57
12. PK-SL: Gespräche über die Arbeitssituation und -bedingungen	2,7	20	39
13. PK intern: Absprachen über die Zusammenarbeit mit Eltern	2,7	21	46
14. PK-EL: Gespräche über Inhalte der Angebote	2,6	14	27
15. PK-TR: Gespräche über organisatorische Fragen des Ganztags	2,6	21	33
16. PK-TR: Gespräche über die Arbeitssituation und -bedingungen	2,6	19	40
17. PK intern: Erarbeitung gemeinsamer pädagogischer Konzeptionen	2,5	19	50
18. PK intern: Gemeinsame Vor- und Nachbereitung der Arbeit	2,5	21	45
19. PK-LK: Gespräche über Fördermöglichkeiten/ -bedarfe einzelner Kinder	2,5	16	62
20. PK-LK: Schriftliche Rückmeldung an Lehrkräfte über einzelne Kinder	2,4	15	41
...			
36. PK-LK: Absprachen über Unterrichtsinhalte /Themen	1,8	5	28
37. PK-LK: Zusammenarbeit mit Lehrkräften in schulinternen Arbeitskreisen	1,7	4	18
38. PK-LK: Gemeinsame Vorbereitung von Inhalten und Themen	1,6	3	17
39. PK-LK: Wechselseitige Hospitationen im Ganztag und im Unterricht	1,5	3	20

tig recht geringe Ausmaß an Zusammenarbeit zwischen pädagogischen Kräften und Lehrkräften wird auch durch die vier letzten Rangplätze zum Ausdruck gebracht, die allesamt durch Aktivitäten dieses Kooperationsfeldes besetzt sind. Allerdings ist es auch eine Aktivität aus diesem Kooperationsfeld – nämlich die Gespräche über Fördermöglichkeiten einzelner Kinder –, die von allen Aktivitäten den höchsten Zuwachs an Prozentpunkten von der IST- zur SOLL-Einschätzung zu verzeichnen hat (von 16% häufig zu 62% häufig). Dies zeigt, dass dieses Kooperationsfeld aus Sicht der pädagogischen Kräfte höchste Priorität genießt und deshalb als Feld mit starkem Kooperationspotential anzusehen ist. Auffallend ist auch, dass es sich bei sechs der acht Aktivitäten mit den höchsten SOLL-Werten in der Kategorie ‚häufig' um solche handelt, bei denen es konkret um die Kinder geht (vgl. Rangplätze 1,4,7,8,11,19). Ein anderer Befund, der sich in der Rangfolge der Kooperationsaktivitäten abbildet, besteht darin, dass es sich bei den am häufigsten praktizierten Aktivitäten ausschließlich um Gespräche und Absprachen handelt, während Kooperationsformen, bei denen etwas gemeinsam erarbeitet wird, in der Häufigkeit viel weiter hinten rangieren. Die erste Aktivität, bei der pädagogische Kräfte mit ihren Kolleginnen und Kollegen konkret etwas erarbeiten (die Erarbeitung pädagogischer Konzeptionen für den Ganztag), findet sich erst auf Rangplatz 17. Es zeigt sich also eine gewisse Hierarchie von den eher einfacheren hin zu den etwas schwierigeren Kooperationsformen (vgl. Steinert u.a. 2006). Insofern scheint es durchaus so etwas zu geben wie eine Stufigkeit innerhalb der Kooperation und es scheint so zu sein, dass die etwas schwierigeren Formen auch etwas weniger häufig angestrebt werden, vor allem wenn die Kooperationspartner nicht aus dem eigenen Feld kommen. Eine Zusammenschau der Befunde zur Kooperation ist auch über den Weg der Bildung von Summenscores für die fünf Kooperationsfelder möglich. Dadurch erhält man ein besseres Bild über die ‚Abstände' der Kooperationsfelder zueinander (vgl. Tab.2.17).

Wie bereits für einzelne Aktivitäten haben wir auch für die Summenscores getrennte Auswertungen für Personen mit unterschiedlichen Stundendeputaten vorgenommen. Dabei zeigt sich durchweg in allen fünf Kooperationsfeldern eine deutliche Abhängigkeit der Kooperationsintensität von der Anzahl der Stunden, mit der die Mitarbeiter/innen im offenen Ganztag beschäftigt sind. Wer wenig Stunden im Ganztag tätig ist, hat also auch weniger Gelegenheit mit anderen zu kooperieren; ebenso ist das Bestreben nach Intensivierung der Zusammenarbeit geringer ausgeprägt. Erstaunlich ist allerdings, dass bereits schon ab einem Stundendeputat von 7 Stunden pro Woche die Kooperationsintensität – sowohl beim IST als auch beim SOLL – sich auf einem ähnlichen Niveau bewegt wie bei deutlich höheren Stundendeputaten. Ab einem bestimmten Stundenvolumen der Beschäftigung scheinen sich also bestimmte Kooperationsnotwendigkeiten stärker aufzudrängen und bewusster in den Blick zu geraten.

Tab. 2.17: Häufigkeit der Kooperation in den verschiedenen Kooperationsfeldern, getrennte Einschätzungen durch pädagogische Kräfte und durch Lehrkräfte, Mittelwerte der Summenscores (der 4er Skala angepasst)

Kooperationsfeld	Einschätzung Pädagogische Kräfte		Einschätzung Lehrkräfte	
	Summenscore IST	Summenscore SOLL	Summenscore IST	Summenscore SOLL
Pädagogische Mitarbeiter/innen untereinander bzw. Lehrkräfte untereinander	2,9	3,5	3,2	3,5
Pädagogische Mitarbeiter/innen und Lehrkräfte der Schule	1,9	3,0	1,7	2,7
Pädagogische Mitarbeiter/innen und Schulleitung	2,5	3,3	-	-
Pädagogische Mitarbeiter/innen und Eltern	2,5	3,0	-	-
Pädagogische Mitarbeiter/innen und Vertreter/innen des Ganztagsträgers	2,4	3,2	-	-

In dieser zusammenfassenden Betrachtung soll ergänzend auch auf prägnante Zusammenhänge zwischen den einzelnen Kooperationsaktivitäten eingegangen werden. Wenn die Kooperation im Team der pädagogischen Mitarbeiter/innen als das zentrale Kooperationsfeld gelten kann, von dem aus möglicherweise Aktivitäten in andere Kooperationsfeldern ihren Ausgang nehmen, dann ist es interessant zu untersuchen, welche einzelnen Aspekte dieser teaminternen Kooperation besonders auf die anderen Felder ausstrahlen. Beim Sondieren der entsprechenden Korrelationsmatrizen – auf die hier im Einzelnen nicht eingegangen werden kann – sticht ein Kooperationsaspekt besonders hervor: die Erarbeitung von Entwicklungs- und Förderpläne für einzelne Kinder. Je intensiver die Teams der pädagogischen Mitarbeiter/innen damit beschäftigt sind, solche Förderpläne zu entwickeln, desto stärker entwickeln sich auch die Kooperationsaktivitäten in anderen Feldern, insbesondere diejenigen, die die Zusammenarbeit von pädagogischen Kräften und Lehrkräften der Schule betreffen. Im Einzelnen verweisen die Korrelationen auf recht substantielle Zusammenhänge zwischen der Erarbeitung von Förderplänen im Team der pädagogischen Kräfte auf der einen und Gesprächen mit Lehrkräften über Fördermöglichkeiten einzelner Kinder auf der anderen Seite (r=0,49). Auch die Absprachen mit Lehrkräften über Unterrichtsinhalte scheinen durch ein verstärktes teaminternes Engagement der pädagogischen Mitarbeiter/innen in Sachen ‚Entwicklung von Förderplänen' zuzunehmen (r=0,42).

Die Erarbeitung von Förderplänen scheint die pädagogischen Kräfte aber nicht nur herauszufordern, ihre Kooperationsanstrengungen mit Lehrkräften zu erhöhen, auch einige der Kooperationsaktivitäten mit der Schulleitung scheinen sich dabei zu verstärken. Dies betrifft insbesondere die Gespräche über Fortbildung (r=0,40), Teamentwicklung (r=.43) und über fachliche Aspekte der pädagogischen Arbeit im Ganztag (r=0,41). Ein internes Kooperationsthema wie das der Förderpläne scheint also die pädagogischen Kräfte zu veranlassen, sich über die Grenzen des eigenen Bereichs hinaus zu bewegen, weil bei solchen Bemühungen notwendigerweise ja das ganze Kind in den verschiedenen Erfahrungsfeldern (‚Unterrichtskind', ‚Freizeitkind') in den Blick genommen werden muss, was es erforderlich macht, Informationen aus verschiedenen Quellen einzuholen bzw. Absprachen mit anderen Personen zu treffen.

Ein wichtiger Nährboden für die Kooperationsaktivitäten kann auch in der Beteiligung an den Entwicklungsaktivitäten des offenen Ganztags der jeweiligen Schule gesehen werden. So besteht z.B. ein sehr signifikanter Zusammenhang zwischen der Beteiligung an der Erarbeitung von Teilen des Ganztagskonzepts und der Häufigkeit der Kooperation zwischen den pädagogischen Kräften (r=0,34). Auch die Teilnahme an Diskussionsrunden mit pädagogischen Mitarbeiter/innen steht in statistisch bedeutsamem Zusammenhang mit der Kooperationsintensität innerhalb des Teams der Betreuungskräfte (r=0,27). Etwas niedriger liegen die Korrelationen mit den Summenscores der anderen Kooperationsfelder, die ermittelten Zusammenhänge, die sich in der Größenordnung zwischen r=0,18 und 0,23 bewegen, lassen aber erkennen, dass auch hier Ausstrahlungseffekte dieser vorbereitender Entwicklungsaktivitäten zu vermuten sind.

2.8 Wirkungen des offenen Ganztags

Die Erfassung der Wirkungen des offenen Ganztags wurde in der vorliegenden Untersuchung auf der Grundlage von Einschätzungen zu bewältigen versucht. Den Befragten wurden dabei zwei Fragenblöcke zur Bearbeitung vorgelegt. Im ersten Fragenblock stehen die Einflüsse des offenen Ganztags auf die Kinder im Mittelpunkt. Die Befragten sollten einschätzen, bei wie vielen Kindern, die am Ganztagsbetrieb teilnehmen, sich verschiedene Verhaltensweisen, Haltungen und Leistungen verändert haben. Hier waren insgesamt 16 Aspekte vorgegeben, die auf einer 4stufigen Skala (bei ganz wenigen, bei einem Teil, bei recht vielen, bei den meisten) eingeschätzt werden konnten.

Im zweiten Fragenblock wurde nach den Veränderungen gefragt, die sich bedingt durch den offenen Ganztag an der Schule feststellen lassen. Zu insgesamt 22 Veränderungsaspekten konnte angegeben werden, ob diese Veränderungen voll, eher, eher nicht oder gar nicht zutreffen (4stufige Skala).

Bei beiden Fragenblöcken hatten die Befragten auch die Möglichkeit, die Kategorie ‚weiß nicht' bzw. ‚kann ich nicht beurteilen' anzukreuzen. Dies war deshalb erforderlich, weil eine Reihe der Befragten – auch bedingt durch unterschiedlich hohe Stundendeputate – nicht in alle Bereiche von Schule Einblick haben und die Kinder häufig auch nur in ganz bestimmten Situationen kennen lernen. Befragt wurden sowohl die pädagogischen Kräfte, also die Personen, die selbst in den außerunterrichtlichen Angeboten des Ganztags tätig sind, als auch die Lehrkräfte der Schule, die selbst keine Angebote im Ganztag durchführen. Die Gegenüberstellung von Einschätzungen aus verschiedenen Blickwinkeln und Betroffenheitsgraden sollte dazu beitragen, die Ergebnisse in Form von Bandbreiten einzugrenzen und damit ein realistischeres Bild der Wirkungen zu vermitteln.

2.8.1 Einflüsse auf die Kinder

Wie stark werden die Einflüsse des offenen Ganztags auf die Kinder eingeschätzt und in welchen Bereichen kommen diese Einflüsse vor allem zum Tragen? In Tab. 2.18 sind die Einflüsse in eine Rangreihe gebracht und zwar orientiert am prozentualen Anteil in den Kategorien ‚bei den meisten/ bei recht vielen' (Kindern). Die Ergebnisse sind jeweils getrennt für die pädagogischen Kräfte in den außerunterrichtlichen Angeboten (PK) und die Lehrkräfte der Schule (LK) ausgewiesen.

Zunächst kann festgestellt werden, dass die Befragten von recht beträchtlichen Einflüssen auf die Kinder berichten. Es wird deutlich, dass die stärksten Einflüsse sich in Form engerer Beziehungen zu anderen Kindern ausdrücken, das soziale Verhalten betreffen, aber auch in einer Verbesserung der Hausaufgabensituation zu liegen scheinen. So berichten 73% der pädagogischen Kräfte von positiven Veränderungen in der Freude am Spiel mit anderen bei recht vielen bzw. bei den meisten Kindern. Des Weiteren geben 70% an, dass sie bei recht vielen bzw. bei den meisten Kindern eine regelmäßigere Erledigung der Hausaufgaben feststellen. Bezogen auf das Gruppenverhalten sind es 66%, bezogen auf das gegenseitige Helfen 56% und im Hinblick auf die Selbstständigkeit 52%, die bei recht vielen oder den meisten Kindern positive Veränderungen registrieren. Nimmt man die Befragten hinzu, die darüber hinaus bei einem Teil der Kinder Veränderungen wahrnehmen, kommt man insgesamt auf etwa 80% der Befragten, die bei den o.g. Aspekten von Veränderungen in größerem Umfang berichten.

Etwas weniger stark ausgeprägt scheinen dagegen Veränderungen im Lernverhalten, beim besseren Mitkommen im Unterricht, beim Rückgang problematischen Verhaltens und bei den Schulleistungen. Hier sind es etwa zwischen 20 und 25% der pädagogischen Kräfte, die bei recht vielen oder den meisten Kindern Veränderungen registrieren. Es kommen allerdings auch hier noch weitere 20 bis 45% hinzu, die bei einem Teil der Kinder Veränderungen wahrgenommen haben. Unter Einrechnung dieser Anteile gelangt man - z.B. was das bessere Mitkommen im Unterricht aufgrund regelmäßiger Hausaufgaben anbelangt - auf einen Anteil von 48%, die mindestens bei einem Teil der Kinder hier positive Veränderungen feststellen konnten. Für die anderen Aspekte liegen die entsprechenden Werte bei 66% (Lernverhalten, Rückgang problematischen Verhaltens), 46% (Schulleistungen der eher leistungsschwächeren Kinder) und 41% (Schulleistungen der eher leistungsstärkeren Kinder).

Tab. 2.18: Einflüsse des offenen Ganztags auf die Kinder, Angaben in %, Ergebnisse für pädagogische Kräfte (PK) und Lehrkräfte (LK)

Bei wie vielen Kindern, die am Ganztagsbetrieb teilnehmen, haben sich aus Ihrer Sicht die folgenden Punkte positiv verändert?	bei den meisten / bei recht vielen	
	PK	LK
1. Freude am Spiel mit anderen Kindern	73	44
2. Regelmäßigere Erledigung der Hausaufgaben	70	58
3. Soziale Einbettung/Freundschaften	66	41
4. Gruppenverhalten	58	25
5. Gegenseitiges Helfen	56	33
6. Selbstständigkeit	52	22
7. Selbstvertrauen (Kinder trauen sich mehr zu)	48	24
8. Toleranz gegenüber anderen	44	20
9. Eigenaktivität/-initiative	43	17
10. Disziplin und Ordnung	40	13
11. Freude an der Schule	32	27
12. Lernverhalten	29	13
13. Besseres Mitkommen im Unterricht	26	23
14. Rückgang problematischen Verhaltens	21	11
15. Schulleistungen der eher leistungsschwächeren Kinder	18	14
16. Schulleistungen der eher leistungsstärkeren Kinder	17	13

Lehrkräfte der Schule, die selbst nicht im offenen Ganztag tätig sind, schätzen die Einflüsse auf die Kinder insgesamt etwas weniger stark ein, die Rangfolgen sind aber sehr ähnlich (rs=0,84), d.h. die positiven Einflüsse auf die Beziehungen der Kinder untereinander, auf das soziale Verhalten und die Erledigung Hausaufgaben liegen auch hier vorne, während Aspekte wie Lernverhalten, Rückgang problematischen Verhaltens und Schulleistungen im unteren Feld rangieren. So berichten z.B. 58% der Lehrkräfte von einer regelmäßigeren Erledigung der Hausaufgaben bei recht vielen bzw. bei den meisten der Kinder und weitere 16% finden, dass das zusätzlich auch noch bei einem Teil der Kinder der Fall ist. Deutlich niedriger als von den pädagogischen Kräften werden z.B. Veränderungen bei der Selbstständigkeit der Kinder eingeschätzt. 22% (im Vergleich zu 52% bei den pädagogischen Kräften) sehen solche Veränderungen bei recht vielen bzw. bei den meisten der Kinder. Die geringeren Anteile bei der Wahrnehmung von Einflüssen bei den Lehrkräften haben z.T. auch damit zu tun, dass sie deutlich häufiger als die pädagogischen Kräfte die Kategorie ‚weiß ich nicht' angekreuzt haben. Dies betrifft vor allem die Aspekte, die sich auf Haltungen (Selbstständigkeit, Eigenaktivität) und Verhaltensweisen (Disziplin und Ordnung) beziehen. Solche Aspekte treten offensichtlich im Unterricht weniger häufig (als in den Angeboten des Nachmittags) bewusst als pädagogische Kategorien in den Vordergrund, so dass damit weniger Erfahrungen vorliegen und damit auch weniger Einschätzungen möglich sind.

Auch innerhalb der pädagogischen Kräfte gibt es was die Einflüsse auf die Kinder anbelangt unterschiedliche Einschätzungen. So stufen Personen, die mit einer höheren Stundenzahl im offenen Ganztag tätig sind, die Einflüsse auf die Kinder höher ein als z.B. Kräfte, die nur mit wenigen Stunden hier arbeiten. Letztere geben sehr viel häufiger auch an, dass sie über solche Einflüsse keine Aussagen machen können.

2.8.2 Veränderungen in der Schule

Bereits in den Interviews der Pilotstudie wurde von den Befragten auf Veränderungen aufmerksam gemacht, die durch den offenen Ganztag an den Schulen eingetreten sind. U.a. wurde berichtet, dass die Schulen offener geworden sind nach außen, dass durch ein Mehr an persönlicher Zuwendung die Schulen bildungs- und erziehungsmäßig reichhaltiger wurden und dass sich insgesamt eine größere Bereitschaft der Lehrenden abzeichnete, Dinge in der Schule zu verändern. Mit Hilfe der vorgegebenen Kriterien können wir nun auf standardisierter Grundlage genauer untersuchen, wo genau diese Veränderungen zu lokalisieren sind und wie sich ihre Verbreitung in den Schulen darstellt. Trotzdem bleiben es nach wie vor Einschätzungen, d.h. es handelt sich um Wahrnehmungen und Erfahrungen aus individueller Sicht.

In der Rangfolge der fünf am häufigsten genannten Veränderungen finden sich allein drei Aspekte, die auf eine individuellere Sicht des Kindes hindeuten: 61% berichten, dass häufiger Gespräche über einzelne Kinder stattfinden, 56% sind der Meinung, dass auf einzelne Kinder bewusster eingegangen wird und 46% betonen, dass die Förderorientierung in der Schule zugenommen hat (vgl. Tab. 2.19). Dies ist ein recht markanter Befund, der darauf hinzudeuten scheint, dass die Dynamik der neuen kooperativen Elemente und Bedingungen des offenen Ganztags offensichtlich in Gang gekommen ist. In dieses Bild passt auch der 4. Platz des Aspektes, dass in der Schule ein kooperativeres Klima herrscht (genannt von 49% der Befragten) und dass die Schule ihr soziales und räumliches Umfeld stärker wahrnimmt (genannt von 53% der pädagogischen Kräfte). Beides sind wichtige Bedingungen zur Fokussierung und Unterstützung der Förderorientierung. In den wenigsten Fällen scheinen diese Veränderungen jedoch die Schule in der gesamten Breite zu erfassen, sondern die Aufbrüche scheinen eher partieller Art zu sein. So bestätigt z.B. nur noch ein gutes Drittel der pädagogischen Kräfte, dass es eine intensivere Zusammenarbeit in der gesamten Schule gibt und lediglich 17% berichten von einer größeren Bereitschaft der Lehrkräfte, ihren Unterricht zu öffnen. Noch geringer werden die Veränderungen veranschlagt, die sich auf eine stärkere Verzahnung von unterrichtlichen und außerunterrichtlichen Inhalten beziehen. So greift etwa ein Fünftel der pädagogischen Kräfte Themen aus dem Unterricht auf und in einer ähnlich großen Zahl von Fällen wird berichtet, dass Kinder ihre Aktivitäten vom Nachmittag im Unterricht vorstellen. Allerdings nimmt der Unterricht nur in 7% der Fälle konkret Bezug zu dem, was am Nachmittag gemacht wird.

Die Lehrkräfte der Schule, die selbst nicht im Ganztag tätig sind, sehen die Wirkungen des Ganztags auf die Schule ähnlich wie die pädagogischen Kräfte. Zwar gibt es was die Größenordnung der Einflüsse betrifft einige prozentuale Abweichungen, die Rangfolgen sind jedoch durchaus vergleichbar. Dies zeigt schon der recht hohe Rangkorrelationskoeffizient von 0,87. Die Lehrkräfte betonen etwas stärker die größere Reichhaltigkeit des Lernens in der Schule (56% im Vergleich zu 43%) und sehen auch stärker die Wirkungen des Ganztags (hier vor allem der regelmäßigen Hausaufgaben) auf die Effektivität des Unterrichts (43% im Vergleich zu 30%). Die etwas niedrigeren Werte der pädagogischen Kräfte bezogen auf die Unterrichtswirkungen des Ganztags haben natürlich auch damit zu tun, dass sie häufig angeben, diese Wirkungen gar nicht beurteilen zu können. Allein fast 80% sind es bei der Frage, ob sich durch den Ganztag das Klima in den Klassen verbessert hat. Dies scheint zumindest indirekt ein Beleg dafür, dass die pädagogischen Kräfte über den Unterricht in ihren Schulen recht wenig wissen und offensichtlich auch recht wenig Informationen und Rückmeldungen darüber erhalten.

Kommen wir noch einmal auf die Veränderungen an den Schulen zurück. Hier taucht in der Rangfolge recht weit vorne ein Aspekt auf, der bislang noch nicht thematisiert wurde. Er betrifft die Hausaufgaben, wobei pädagogische Kräfte und Lehrkräfte in etwa gleichem Umfang die Auffassung vertreten (42 bzw. 43%), dass bedingt durch die Aktivitäten im offenen Ganztag stärker darauf geachtet wird, dass die Hausaufgabenstellung klar und konkret ist. Dass die Hausaufgaben allerdings jetzt auch häufiger besprochen werden, wird lediglich von 23% der Lehrkräfte bestätigt. Überhaupt scheinen die direkten Wirkungen in die Klassen hinein weniger stark zum Ausdruck zu kommen als die Wirkungen innerhalb der Schule. So scheint auch das Klima in den Klassen nicht unbedingt ein Aspekt zu sein, der durch die zusätzlichen Aktivitäten im offenen Ganztag besonders profitieren würde. Lediglich 15% der Lehrkräfte haben hier Veränderungen beobachtet. Es scheint sich auch hier wieder eher um einen partiellen Effekt zu handeln, der vielleicht deshalb etwas niedriger ausfällt, weil der Anteil von Ganztagskindern innerhalb einer Klasse in der Regel nur etwa 20% beträgt.

Ein recht deutlicher Effekt hat mit dem Bild der Schule in der Öffentlichkeit zu tun. Fast die Hälfte der Lehrkräfte (48%), aber auch recht viele pädagogische Kräfte (44%) sehen ein Anwachsen des Ansehens der Schule aufgrund des offenen Ganztags. Bei den Lehrkräften rangiert dieser Effekt sogar an der dritten Stelle – hinter der stärkeren Wahrnehmung des sozialen und räumlichen Umfeldes der Schule und hinter der größeren Reichhaltigkeit des Lernens.

Tab. 2.19: Wahrgenommene Veränderungen in der Schule, Ergebnisse für pädagogische Kräfte (PK) und Lehrkräfte (LK), Angaben in %

Welche Veränderungen können Sie bedingt durch den offenen Ganztag an Ihrer Schule feststellen?	trifft voll zu/ eher zu	
	PK	LK
1. Es finden häufiger Gespräche über einzelne Kinder statt	61	43
2. Auf einzelne Kinder wird bewusster eingegangen	56	41
3. Schule nimmt ihr soziales und räumliches Umfeld stärker wahr	53	61
4. In der Schule herrscht ein kooperativeres Klima	49	46
5. Die Förderorientierung in der Schule hat zugenommen	46	44
6. Das Ansehen der Schule in der Öffentlichkeit ist gewachsen	44	48
7. Hausaufgaben werden häufiger besprochen	43	23
8. Lernen in der Schule ist insgesamt reichhaltiger geworden	43	56
9. Es wird stärker darauf geachtet, dass die Hausaufgabenstellung klar und konkret ist	42	43
10. Es gibt eine intensivere Zusammenarbeit in der gesamten Schule	35	32
11. Unterricht ist effektiver geworden, weil die Kinder regelmäßig Hausaufgaben machen	30	43
12. Eltern der Ganztagskinder interessieren sich mehr für die Schule	28	16
13. Lehrkräfte sind neuen Entwicklungen gegenüber offener geworden	28	35
14. Lehrkräfte bleiben auch mal länger in der Schule	27	34
15. Die Funktion der Hausaufgaben wurde von den Lehrkräften neu diskutiert	22	25
16. Am Nachmittag werden Themen aus dem Unterricht aufgegriffen	21	9
17. Die Lehrkräfte kommunizieren mehr miteinander	18	23
18. Es gibt mehr Kontakte mit anderen Schulen	18	8
19. Es gibt eine größere Bereitschaft der Lehrkräfte, ihren Unterricht zu öffnen	17	25
20. Kinder stellen ihre Aktivitäten vom Nachmittag im Unterricht vor	16	19
21. Das Klima in den Klassen hat sich verbessert	11	15
22. Unterricht nimmt Bezug zu dem, was am Nachmittag gemacht wird	7	6

2.8.3 Zusammenhänge zwischen den Einflüssen des offenen Ganztags auf die Kinder und bestimmten Aktivitäten bzw. Bedingungen der Ganztagsarbeit

Welche konkreten Bedingungen und Aktivitäten der Ganztagsarbeit stehen in besonderer Weise in Zusammenhang mit positiven Veränderungen bei den Kindern? Die Beantwortung dieser Frage kann im Rahmen dieser Untersuchung deshalb versucht werden, weil von den pädagogischen Kräften, die diese Wirkungen aufgrund ihrer Erfahrungen und Beobachtungen in den Lerngruppen eingeschätzt haben, gleichzeitig auch Aussagen darüber vorliegen, in welchem Maße sie bestimmte Bedingungen und Aktivitäten vor Ort in ihren Gruppen umgesetzt haben. Damit lassen sich Zusammenhänge berechnen zwischen dem Umsetzungsgrad bestimmter konkreter Aktivitäten und Bedingungen auf der einen Seite und der Einschätzung positiver Veränderungen bei den Kindern auf der anderen Seite. Es gilt jedoch zu betonen, dass es hierbei keinesfalls möglich ist, Kausalbeziehungen abzubilden, sondern dass mit den Korrelationen, die ja wechselseitig zu interpretieren sind, bestenfalls Aspekte herausgefiltert werden können, die möglicherweise dazu angetan sind, positive Wirkungen bei den Kindern zu begünstigen. Bei den Aktivitäten und Bedingungen beschränken wir uns auf jene, die innerhalb der Freizeit- und Förderaktivitäten sowie der Hausaufgabenbetreuung vorkommen. Insgesamt wurden 62 Bedingungen und Aktivitäten (29 im Rahmen der Freizeit- und Förderaktivitäten und 33 im Kontext der Hausaufgabenbetreuung) auf ihre mögliche Wirkungsrelevanz hin untersucht. Um tatsächlich auf wenige wichtige Aspekte aufmerksam zu werden, wurde der untere Grenzwert für statistisch bedeutsame Korrelationen auf $r \geq .25$ gesetzt. In Ausnahmefällen – in denen sonst keine höheren Werte anzutreffen waren - wurden auch Werte zwischen $r=.20$ und $.25$ akzeptiert, um zumindest einige Tendenzen zu markieren. Für die Berechnung der Korrelationen wurden nur die Personen einbezogen, die mit mindestens 7 Wochenstunden im offenen Ganztag tätig sind.

Positive Veränderungen beim ‚gegenseitigen Helfen' stehen z.B. in signifikantem Zusammenhang zu Aktivitäten, bei denen ältere Kinder Verantwortung für die jüngeren übernehmen ($r= .34$). Damit gegenseitiges Helfen zum Tragen kommt ist es aber aufgrund unserer Ergebnisse auch wichtig, dass die pädagogischen Kräfte die entsprechenden Kinder zueinander bringen. Dafür scheint es günstig, wenn sie die Vorlieben der Kinder kennen und entsprechend auch ihre Angebote daraufhin akzentuieren ($r=.30$).

Auch das Selbstvertrauen der Kinder können die pädagogischen Kräfte unterstützen. Bei den Freizeit- und Förderangeboten kommt es dabei vor allem darauf an, dass sich die Kinder im Rahmen des Angebots eigene Ziele setzen können ($r=.25$). Innerhalb der Hausaufgabenbetreuung scheint es für die Stärkung des Selbstvertrauens förderlich, wenn die Kinder die Zeit zum Üben nutzen, auch wenn sie keine Hausaufgaben aufhaben ($r=.29$).

Für positive Veränderungen im Lernverhalten scheint es vor allem wichtig, dass die Freizeit- und Förderangebote in Räumlichkeiten stattfinden, in denen sich die Kinder wohl fühlen (r=.28) und die Möglichkeit haben, sich zurückzuziehen, um auch mal allein einer Beschäftigung nachgehen zu können (r=.25). Die Ruhe, angenehme Arbeitsbedingungen, aber auch der Individualisierungsaspekt scheinen hier also von Bedeutung. Im Rahmen der Hausaufgabenbetreuung sind es insbesondere die Förderung nach gezielten Hinweisen der Lehrkräfte (r=.36) sowie das Aufgreifen und das nochmalige Erklären von Themen aus dem Unterricht (r=.26), die in signifikantem Zusammenhang mit positiven Veränderungen im Lernverhalten stehen. Zusätzlich scheint es aber günstig, wenn die Lehrkräfte darüber informiert sind, wie in den Klassen der Kinder der Unterrichtsstoff vermittelt wird und welche Inhalte für das laufende Halbjahr geplant sind (r=.26).

Ein besseres Mitkommen der Kinder im Unterricht steht in deutlichem Zusammenhang mit einer guten Kenntnis der Vorlieben der Kinder auf Seiten der pädagogischen Kräfte (r=.30). Darüber hinaus ist es wichtig, dass sich die Betreuungskräfte Zeit nehmen, um sich speziell einzelnen Kindern mit Schwierigkeiten zu widmen (r=.29). Auch innerhalb der Hausaufgabenbetreuung kann einiges getan werden, das ein besseres Mitkommen im Unterricht begünstigt. Dies scheint insbesondere dann der Fall zu sein, wenn die Kinder nach Hinweisen der Lehrkräfte speziell gefördert werden (r=.33), wenn die Praxis der Hausaufgabenbetreuung regelmäßig gemeinsam mit den Lehrkräften besprochen wird (r=.27) und wenn die Kinder im Gebrauch von Lernmitteln und Informationsmöglichkeiten angeleitet werden (r=.26).

Wie beim Lernverhalten scheinen auch im Hinblick auf positive Veränderungen bei den Schulleistungen die Räumlichkeiten im Ganztag von nicht geringer Bedeutung zu sein. Freizeit- und Förderangebote, die schulleistungsrelevant sein wollen, sollten unseren Ergebnissen zu Folge Bedingungen bereitstellen, die den Kindern ein ungestörtes Arbeiten in kleinen Gruppen bieten und ihnen regelmäßig die Möglichkeit geben, sich zurückziehen zu können (r=.30-.34). Sowohl bei leistungsschwächeren als auch leistungsstärkeren Kindern wirkt es sich auf die Schulleistungen offenbar förderlich aus, wenn in der Hausaufgabenbetreuung die Zeit zum Üben genutzt wird, auch wenn keine Hausaufgaben aufgegeben sind (r=.30 bzw. .27). Bei leistungsstärkeren ist es darüber hinaus von positiver Wirkung wenn im Falle eines vorzeitigen Abschließens der Hausaufgaben zusätzliche Arbeitsmaterialien zur Verfügung gestellt werden (r=.28).

Der Ganztag kann mit seinen Aktivitäten offenbar auch dazu beitragen, dass problematisches Verhalten reduziert werden kann. Dazu hilft es, wenn die pädagogischen Kräfte die Vorlieben der Kinder kennen (r=.27), d.h. wenn sie wissen was die Kinder gerne spielen und woran sie gerne arbeiten. Wichtig ist es aber auch, dass sie sich Zeit nehmen, um sich einzelnen Kindern zu widmen (r=.26). Mit dieser persönlichen Zuwendung fühlen sich die Kinder angenommen, erfahren eine Art Wertschätzung, was sie herausfordert und wahrscheinlich mit Engagement arbeiten lässt.

Auch das soziale Verhalten der Kinder kann von bestimmten Aktivitäten des Ganztags profitieren. So berichten pädagogische Kräfte, die in ihren Lerngruppen gemeinsam mit den Kindern Verhaltensregeln vereinbart haben, häufiger von positiven Veränderungen im Gruppenverhalten und bezogen auf die Toleranz gegenüber anderen (r=.26 bzw.27). Zur Förderung toleranten Verhaltens ist es darüber hinaus förderlich, wenn ältere Kinder zur Unterstützung jüngerer Kinder eingesetzt werden (r=.25).

Während es bisher darum ging, für einzelne Wirkungsaspekte diejenigen Aktivitäten und Bedingungen mit den jeweils höchsten Korrelationen zu bestimmen, soll im Folgenden danach gefragt werden, welche Aktivitäten und Bedingungen über alle Wirkungsvariablen hinweg besonders häufig als wirkungsrelevant zu Buche schlagen. Auf diese Weise wollen wir auf einige übergreifende ('quer' liegende) besonders wichtige Bedingungs- und Aktivitätsposten des offenen Ganztags aufmerksam werden. Zu diesem Zweck haben wir den Grenzwert für zu berücksichtigende Korrelationen von r $\geq$.25 auf r $\geq$.20 abgesenkt und damit die Voraussetzung geschaffen, auch von der reinen Anzahl relevanter Korrelationen her stärker zwischen den Bedingungen und Aktivitäten differenzieren zu können.

Für den Bereich der Freizeit- und Förderaktivitäten sind nach dieser Auswertung folgende Bedingungen und Aktivitäten als besonders wirkungsrelevant anzusehen:

- Die Kinder fühlen sich in den Räumlichkeiten des Ganztags wohl und kommen gerne dorthin (signifikante Korrelationen r $\geq$.20 bei 12 der 16 Wirkungsvariablen)
- Die Kinder haben regelmäßig die Möglichkeit, sich zurückzuziehen und alleine einer Beschäftigung nachzugehen (11 von 16)
- Das Raumangebot ermöglicht in aller Regel, ein Angebot in pädagogisch angemessener Weise durchführen zu können (10 von 16)
- Ich kenne die Vorlieben der Kinder, was sie gerne spielen und woran sie gerne teilnehmen, und richte mein Angebot danach aus (10 von 16)
- Die Kinder werden dazu ermutigt, insbesondere ihren eigenen Interessen selbstbestimmt nachzugehen (9 von 16)
- Den Kindern werden besondere Herausforderungen gestellt, damit sie ihre Fähig- und Fertigkeiten besser kennen lernen (8 von 16)
- Ich nehme mir gelegentlich Zeit, mich speziell einzelnen Kindern zu widmen, wenn ich besondere Schwierigkeiten bei ihnen feststelle (8 von 16)

- Die Räumlichkeiten sind so, dass Angebote auch mit kleineren Gruppen ungestört durchgeführt werden können (7 von 16)
- Verhaltensregeln werden mit den Kindern gemeinsam vereinbart (7 von 16)
- Die älteren Kinder übernehmen Verantwortung für die jüngeren (7 von 16)
- Im Rahmen des Angebots oder der Aktivität können die Kinder sich eigene Ziele setzen (7 von 16)

Besonders bemerkenswert ist dabei die doch recht große Bedeutung angemessener Räumlichkeiten, in denen sich die Kinder wohl fühlen und in denen sie in flexibler Weise (d.h. individuell, in kleinen Gruppen) arbeiten und ihren Interessen nachgehen können. Ein zweiter wichtiger Generalaspekt erfolgreicher Freizeit- und Förderangebote scheint wohl auch darin zu liegen, dass regelmäßig versucht wird, sehr individuell auf die Kinder einzugehen und ihnen entsprechend ihren Möglichkeiten und Interessen sehr gezielt Herausforderungen zu stellen. Dazu ist es allerdings auch erforderlich, viel über das einzelne Kind zu wissen und die Angebote immer wieder auch auf diese Bedürfnisse hin auszurichten.

Auch für die Hausaufgabenbetreuung lassen sich einige übergreifende Bedingungen und Aktivitäten von offensichtlich größerer Wirkungsrelevanz herausfiltern. Folgende Aspekte haben die größte Anzahl signifikanter Korrelationen aufzuweisen:

- Kinder, die keine Hausaufgaben aufhaben, nutzen die Zeit zum Üben (8 von 16)
- Einzelne Kinder werden nach Hinweisen der Lehrkräfte speziell gefördert (7 von 16)
- Kinder, die eher fertig sind, erhalten zusätzliche Arbeitsmaterialien (5 von 16)
- Ältere Kinder werden zur Unterstützung jüngerer Kinder eingesetzt (5 von 16)
- Die Praxis der Hausaufgabenbetreuung wird regelmäßig gemeinsam mit den Lehrkräften besprochen (4 von 16)
- Es wird bei den Lehrkräften nachgefragt, was diese konkret von der Hausaufgabenbetreuung erwarten (4 von 16)
- Den Kindern werden im Zusammenhang mit der Hausaufgabenbetreuung grundlegende Arbeitstechniken vermittelt (4 von 16)

In diesen Ergebnissen deuten sich zwei übergreifende Aspekte einer im Hinblick auf positive Veränderungen bei den Kindern erfolgreichen Hausaufgabenbetreuung ab. Erstens scheint es darauf anzukommen, dass Hausaufgabenbetreuung mehr ist als lediglich Betreuung und Beaufsichtigung. Damit ist gemeint, dass vor allem darauf geachtet wird, dass die Kinder die vorgegebene Zeit tatsächlich auch adäquat nutzen. Auch wenn keine Hausaufgaben aufgegeben sind, sollten den Kindern z.B. Möglichkeiten zum Üben gegeben werden; auch das Bereitstellen zusätzlicher Arbeitsmaterialien im Anschluss an fertig gestellte Hausaufgaben scheint eine wirkungsvolle Maßnahme. Schließlich zeichnet offenbar auch das Einbringen einer eigenständigen Vermittlungsschiene in die Hausaufgabenbetreuung – z.B. im Hinblick auf das Erlernen von Arbeitstechniken – den Mehrwert einer erfolgreichen Hausaufgabenpraxis aus.

Der zweite wichtige Generalaspekt scheint darin zu liegen, einen regelmäßigen Besprechungs- und Arbeitszusammenhang mit den zuständigen Lehrkräften aufzubauen, was offensichtlich bei den Hausaufgabenkräften durchaus auch einen aktiven Part (z.B. Nachfragen bei den Lehrkräften) erforderlich macht. Nur wenn die Erwartungen klar sind, wenn transparent ist, was im Anschluss an den Unterricht an lernunterstützenden Aktivitäten benötigt wird und wenn von den Lehrkräften gezielte Hinweise für einzelne Kinder gegeben werden, können die Wirkungskräfte dieser Aktivitäten nachhaltig entfaltet werden.

2.9 Wodurch zeichnet sich eine gute offene Ganztagsschule aus?

2.9.1 Zusammenhänge zwischen Wirkungen des offenen Ganztags und Merkmalen der Schule

Im Folgenden soll es darum gehen, die bedingt durch den offenen Ganztag wahrgenommenen Veränderungen in der Schule und bei den Kindern im Lichte ausgewählter Profil- und Strukturmerkmale der Schule zu untersuchen. Konkret geht es um die Frage, ob Wirkungen auch damit zu tun haben, dass bestimmte strukturelle Merkmale des Ganztagsbetriebs zum Tragen kommen. Solche Merkmale wurden vor allem in der Befragung der Leitungsmitglieder des offenen Ganztags erfasst. Beispiele dafür sind die Über- oder Unterrepräsentanz bestimmter Schülergruppen, die Beteiligung bestimmter Personengruppen bei der Initiierung oder Steuerung der OGS, die bewusste Setzung bestimmter inhaltlicher Schwerpunkte oder die Bedeutung verschiedener Aspekte bei der Auswahl und Zusammenstellung inhaltlicher Angebote. Darüber hinaus wird in Erfahrung zu bringen versucht, ob auf der Ebene der Schule auch übergreifende pädagogische Orientierungen, schulklimatische Aspekte, Kooperationsaktivitäten oder Qualifikationsmerkmale der Aufgabenbewältigung mit den Wirkungen in Zusammenhang gebracht werden können. Diese Aspekte wurden in der Befragung der pädagogischen Mitarbeiterinnen erfasst.

Im Unterschied zu den bisherigen Auswertungen in diesem Kapitel, die sich auf einen personenbezogenen Datenfile beziehen, wird hier ein schulbezogener Datensatz verwendet. Es geht dabei in dieser Phase der Auswertung um das Aufspüren potentieller Aspekte und Merkmale, die möglicherweise beim Zustandekommen von Wirkungen eine Rolle spielen können. Die Auswertung wird deshalb hier ausschließlich auf der Basis von Korrelationen getätigt. Damit können im eigentlichen Sinne zwar keine Erklärungen getätigt und es kann auch nicht zwischen Ursache und Wirkung unterschieden werden (weil Korrelationen wechselseitig zu interpretieren sind), es ist jedoch möglich auf potentielle Variablen aufmerksam zu werden, deren Wirkungsmechanismen in späteren Auswertungsmodellen genauer unter die Lupe genommen werden müssen. In den Datensatz wurden nur solche Schulen aufgenommen, bei denen mindestens fünf Personen geantwortet haben. Dieses 'Aufnahmekriterium' war deshalb erforderlich, weil bei den abhängigen Variablen (Wirkungen) überdurchschnittlich viele Personen die Kategorie 'kann ich nicht beurteilen' angekreuzt haben. Bei einem niedrigeren Cut-off hätte das dazu geführt, dass Schulmittelwerte auf der Basis von einer Person hätten gebildet werden müssen. Das hier eingesetzte Kriterium reduziert zwar die Stichprobe der Schulen, macht die Datenbasis aber insgesamt stabiler. Insgesamt konnten Datensätze von 90 Schulen in die Auswertung aufgenommen werden.

Zusammenhänge zwischen wahrgenommenen Veränderungen in der Schule und strukturellen Merkmalen des offenen Ganztags

Repräsentanz verschiedener Schülergruppen

Die Wirkungen der OGS scheinen davon abhängig zu sein, welche Repräsentanz bestimmte Schülergruppen im offenen Ganztag im Verhältnis zur Schule insgesamt aufweisen. Insbesondere für die Überrepräsentanz leistungsschwacher Schüler/innen findet sich eine Reihe von statistisch bedeutsamen Zusammenhängen. Ein überproportionaler Anteil von leistungsschwächeren Schüler/innen (aber auch von Kindern mit besonderem Förderbedarf) im offenen Ganztag im Vergleich zur Schule insgesamt geht z.B. einher mit einer stärkeren inhaltlichen Verzahnung von Vor- und Nachmittagsaktivitäten ($r=.37$), mit einer stärkeren Bereitschaft der Lehrkräfte, ihren Unterricht zu öffnen ($r=.35$) und mit einem kooperativeren Klima in der Schule ($r=.34$). Offensichtlich fördert diese besondere Konstellation in der Zusammensetzung der Schülerschaft des Ganztags die pädagogischen Kräfte heraus, stärker über bestimmte inhaltliche Angebote nachzudenken und die Förderaktivitäten bewusster zu steuern. Letzteres scheint z.T. auch Schulen zu betreffen, bei denen Kinder mit nicht-deutscher Muttersprache im offenen Ganztag überrepräsentiert sind, denn damit einhergehend ist eine Zunahme an Förderorientierung ($r=.28$) und ein stärkeres Eingehen auf einzelne Kinder ($r=.27$) festzustellen; außerdem gibt es einen Zusammenhang mit einer höheren Unterrichtseffektivität ($r=.28$), weil die Kinder jetzt regelmäßiger ihre Hausaufgaben machen.

Beteiligung bei der Initiierung der OGS
Wirkungsrelevant scheinen auch Aktivitäten und Bedingungen in der Anfangsphase der Entwicklungsarbeiten einer Schule. Hier finden sich Zusammenhänge zwischen dem Ausmaß der Beteiligung des Lehrkollegiums bei der Planung und Konzeptentwicklung und der Bereitschaft der Lehrkräfte ihren Unterricht zu öffnen (r=.40), aber auch das soziale und räumliche Umfeld der Schule stärker in den Blick zu nehmen (r= .29). Offensichtlich schafft die Beteiligung mehr Transparenz und damit eine bessere Grundlage, um eigene Entwicklungsanteile und Zubewegungen auf die außerunterrichtlichen Angebote besser kalkulieren zu können. Es scheint außerdem, dass Potentiale der Schulöffnung, die Lehrkräfte aufgebaut haben, dem Ganztag zu gute kommen und damit eine deutlichere Fokussierung auf das Umfeld hin in Gang setzen.

Situation zu Beginn
Auch die Verfasstheit der Anfangssituation scheint für spätere Wirkungen nicht ganz unbedeutend. Vorteile finden sich dabei vor allem für Schulen, die von Anfang an keine oder wenig Probleme mit der Unterstützung ihres Lehrerkollegiums oder bei der Klärung von Zuständigkeiten hatten. Insbesondere die Diskussion und die Initiativen um die Verbesserung der Hausaufgaben scheinen davon zu profitieren (,Die Funktion der Hausaufgaben wurde von den Lehrkräften neu diskutiert', r= .28; ,Hausaufgaben werden häufiger besprochen', r=.27). Interessant ist auch, dass wenig oder keine Anfangsschwierigkeiten mit den räumlichen Gegebenheiten die Schulen offensichtlich in eine günstigere Lage setzt und dazu führt, dass damit Freiräume für andere Aktivitäten einhergehen. Dafür spricht z.B. der Zusammenhang mit einem stärkeren Kontakt zu anderen Schulen (r=.32).

Konzeptionelle Schwerpunkte
Für die Wirkungen, die mit der OGS erzielt werden, scheint es nicht gleichgültig zu sein, welche Schwerpunkte eine Schule in gezielter Weise für ihren Ganztag setzt. Vor allem wenn mit dem Angebot besonderes Gewicht auf den Ausgleich sozialer Benachteiligung, auf sprachliche Förderung oder auf Begabungsförderung gelegt wird, scheinen damit in Teilbereichen stärkere Wirkungen verbunden zu sein. Im erstgenannten Fall (Ausgleich sozialer Benachteiligung) geht eine solche Profilbildung damit einher, dass die Förderorientierung an der Schule insgesamt zunimmt (r=.31) und dass sich ein kooperativeres Klima entwickelt (r=.26). Eine deutliche Schwerpunktsetzung im Hinblick auf sprachliche Förderung scheint vor allem mit einer stärkeren Beachtung des Verzahnungsaspektes einherzugehen (Unterricht nimmt Bezug zu dem, was am Nachmittag gemacht wird, r= .26; Am Nachmittag werden Themen aus dem Unterricht aufgegriffen, r=.28). Außerdem lassen sich auch hier Zusammenhänge mit einer Zunahme der Förderorientierung (r=.36) und mit der Zunahme eines kooperativeren Klimas (r=.38) registrieren. Im Falle des Schwerpunktes ,Begabungsförderung' treten insbesondere Zusammenhänge zur inhaltlichen Verknüpfung von Vor-

und Nachmittagsaktivitäten (Am Nachmittag werden Themen aus dem Unterricht aufgegriffen, r=.27) und zum Klassenklima auf (Das Klima in den Klassen hat sich verbessert, r=.28).

Aspekte für die Auswahl der Angebote
Auch für einen klaren schulbezogenen Konsens im Hinblick auf die Aspekte, die bei der Auswahl der Angebote eine Rolle spielen sollen, zeigt sich eine Reihe wirkungsrelevanter Zusammenhänge. So geht z.B. eine stärkere Berücksichtigung der Belange des Unterrichts einher mit einer stärkeren Zuwendung zu den Kindern ('Auf einzelne Kinder wird bewusster eingegangen', r=.33; 'Die Förderorientierung in der Schule hat zugenommen', r=.38). Eine stärkere Zuwendung zu den Kindern kann aber auch in Zusammenhang gebracht werden mit Auswahlstrategien, die die Förderbedarfe der Kinder zum Ausgangspunkt für die Auswahl der Angebote nehmen ('Auf einzelne Kinder wird bewusster eingegangen', r=.26), die sich an den Zielen des Schulprogramms orientieren ('Auf einzelne Kinder wird bewusster eingegangen, r=.33) oder die sich u.a. auch auf Empfehlungen des Lehrerkollegiums stützen ('Es finden häufiger Gespräche über einzelne Kinder statt', r=.25).

Mit der Fokussierung auf die Förderbedarfe als wichtiges Kriterium für die Angebotsgestaltung scheint einiges in den Schulen in Bewegung zu geraten. Darauf deuten nicht nur die recht ansehnlichen Korrelationen mit verschiedenen Verzahnungsaspekten hin (z.B. Am Nachmittag werden Themen aus dem Unterricht aufgegriffen, =.34), das Kollegium scheint dadurch auch stärker in Zusammenarbeit gebracht zu werden (r=.31). Letztgenannter Zusammenhang (kooperativeres Klima) findet sich auch für den Auswahlaspekt 'Belange der Unterrichts' (r=.31). Außerdem geht eine stärkere Berücksichtigung der Belange des Unterrichts einher mit einem deutlich gewachsenen Ansehen der Schule in der Öffentlichkeit (r=.35).

Zuständigkeit für Leitungsaufgaben
Unterschiedliche Wirkungen ergeben sich aus der Regelung der Zuständigkeit für verschiedene Steuerungsaufgaben innerhalb des offenen Ganztags. Auffallend sind dabei vor allem die Ergebnisse für die Schulleitungen. Ihre Zuständigkeit für die Einsatzpläne, die Absprachen mit dem Träger oder für die Weisungsbefugnis bzw. Dienstaufsicht gegenüber dem außerunterrichtlich tätigen Personal scheint die Lehrkräfte stärker für Angelegenheiten der Ganztagsarbeit zu interessieren und zu mobilisieren. In solchen Schulen bleiben Lehrkräfte auch mal länger in der Schule (r=.38, Einsatzpläne; r=.28, Dienstaufsicht) und es wird stärker darauf geachtet, dass die Hausaufgabenstellung klar und konkret ist (r=.36, Absprachen Träger; r=.36, Weisungsbefugnis; r= .26, Einsatzpläne).

Auf der anderen Seite gibt es aber auch Hinweise für wirkungsrelevante Zuständigkeiten bzw. Beteiligungen der Träger. Zu nennen sind hier u.a. die Zusammenhänge zwischen der Beteiligung bei der inhaltlichen Ausgestaltung des Angebots bzw. bei der Konzeptentwicklung und einer Zunahme der Förderorientierung in der Schule (r=.34 bzw. .32).

Angebotsvielfalt und Angebotshäufigkeit
Untersucht wurde auch ob die Angebotsvielfalt oder auch die Häufigkeit bestimmter inhaltlicher Angebote einhergehen mit stärkeren Wirkungen des offenen Ganztags. Besonders aufschlussreich sind die Ergebnisse zur Angebotsvielfalt. Für eine größere inhaltliche Breite des Angebots zeigen sich vor allem Zusammenhänge mit einem insgesamt reichhaltigeren Lernen (r=.33), mit einer stärkeren Förderorientierung (r=.30) und mit einem größeren Ansehen der Schule in der Öffentlichkeit (r=.31). Aber auch eine Konzentration auf wenige Angebote hat Vorteile und zwar insbesondere im Hinblick auf die inhaltliche Verzahnung von Vor- und Nachmittagsaktivitäten (r=.26)

Einige wenige signifikante Korrelationen zeigen sich im Hinblick auf die Häufigkeit, mit der bestimmte Angebote in einer Schule vorkommen. Sie betreffen in besonderer Weise die musisch-kulturellen Angebote, die offensichtlich deutlich die Reichhaltighaltig des Lernens verbreitern helfen (r=.36), zu einer Öffnung ins Umfeld der Schule beitragen (r=.52) und damit zu einer Klimaverbesserung (r=.37), aber auch zu einem stärkeren Ansehen der Schule in der Öffentlichkeit verhelfen können (r=.44). Letzteres betrifft auch Angebote im Bereich Tanz/Theater (r=.35). Weitere Zusammenhänge lassen sich für Angebote mit interkulturellem Lernen ('Am Nachmittag werden Themen aus dem unterricht aufgegriffen, r=.31), für Angebote im Bereich Soziales Lernen ('Es finden häufiger Gespräche über einzelne Kinder statt', r=.32) und für Angebote mit Bezug zum Rechnen bzw. zu Rechenspielen ('Auf einzelne Kinder wird bewusster eingegangen', r=.26; Unterricht ist effektiver geworden, r=.31) feststellen.

Teilnahme an Lehrerkonferenzen und Qualitätszirkeln
Die Wirkung, dass auf einzelne Kinder bewusster eingegangen wird, kann auch für andere Schulmerkmale korrelativ aufgezeigt werden. Dies betrifft z.B. die Teilnahme von pädagogischen Mitarbeiter/innen an Lehrerkonferenzen (r=.28) oder auch die regelmäßige Teilnahme der Schule an einem kommunalen Qualitätszirkel (r=.28). In beiden Fällen scheinen die Wirkungen damit zu tun zu haben, dass eine Verbreiterung des Erfahrungshorizonts der Beteiligten im Sinne einer größeren Sensibilität für Problemlagen und Förderbedarfe zustande kommt. So dürften z.B. auf Lehrerkonferenzen durch die Teilnahme von pädagogischen Mitarbeitern des offenen Ganztags die Anliegen einzelner Kinder stärker in den Mittelpunkt gerückt werden, so dass diesen Kindern – nun mit zusätzlichen Hintergrundinformationen – auch am Vormittag vielleicht stärker Aufmerksamkeit gewidmet wird.

Außer verschiedenen strukturellen Merkmalen der Schule wurden auch solche Merkmale unter die Lupe genommen, die im weitesten Sinne den Bereichen Kooperation und Kommunikation zugeordnet werden können. Damit sind u.a. die Kooperationsbeziehungen innerhalb des Ganztagsteams gemeint, es fallen darunter aber auch die Kooperationen zwischen pädagogischen Kräften und Lehrkräften sowie der Austausch zwischen den pädagogischen Kräften und der Schulleitung. Außerdem werden die Bereiche Schulklima und Arbeitsklima in den Blick genommen. Für alle diese Aspekte wurden Summenwerte gebildet, um anschließend Korrelationen mit den verschiedenen Wirkungsvariablen zu rechnen.

Kooperationsaktivitäten

Für alle drei Kooperationsvariablen (teamintern, Pädagogische Kräfte zusammen mit Lehrkräften, pädagogische Kräfte und Schulleitung) lassen sich recht deutliche Zusammenhänge ausmachen. Besonders zahlreich sind die Zusammenhänge für das Kooperationsfeld ‚Pädagogische Kräfte – Lehrkräfte'. Eine intensivere Kooperation in diesem Feld geht nicht nur einher mit einer stärkeren Verzahnung zwischen Vor- und Nachmittagsaktivitäten (‚Am Nachmittag werden Themen aus dem Unterricht aufgegriffen', r=.36) und häufigeren Gesprächen über einzelne Kinder (r=.40), sie fördert offensichtlich auch die Bereitschaft der Lehrkräfte, auch mal länger in der Schule zu bleiben (r=.30) und ihren Unterricht stärker zu öffnen (r=.42).

Von einer stärkeren teaminternen Kooperation scheinen vor allem die Gespräche über einzelne Kinder zu profitieren (r=.41), während der Umfang der Kooperation zwischen pädagogischen Kräften und Schulleitung deutlich einher geht mit einer insgesamt intensiveren Zusammenarbeit an der gesamten Schule (r=.37). Diese Kooperationsaktivitäten zwischen Schulleitung und pädagogischen Kräften scheinen eine Art Moderatorfunktion für Kooperation generell zu haben, und scheinen vor allem die Lehrkräfte der Schule, die selbst nicht in den Angeboten des offenen Ganztags tätig sind, stärker aus der Reserve zu locken (‚Lehrkräfte sind neuen Entwicklungen gegenüber offener geworden', r=.30; Es gibt mehr Kontakte mit anderen Schulen, r=.27).

Schul- und arbeitsklimatische Aspekte

In recht deutlichem Zusammenhang mit den Wirkungen stehen auch das wahrgenommene pädagogische Klima an der Schule sowie das Arbeitsklima im Team der Ganztagsmitarbeiter/innen. Vor allem das pädagogische Klima der Schule scheint ein wichtiger Nährboden für die Ausbildung nachhaltiger Effekte zu sein. Damit ist hier u.a. gemeint, dass das Kollegium um wirkliche Erneuerung der Schule bemüht ist, dass die Lehrkräfte um Unterstützung der Kinder bemüht sind und dass auch das pädagogische Personal des Ganztags sich in diesen Kollegien als Teil der Gemeinschaft fühlt. Es sind hier vor allem signifikante Zusammenhänge mit solchen Wirkungsvariablen festzustellen, bei denen die Aktivitäten und Arbeitsfelder der Lehrkräfte der Schule betroffen sind. Letztere bleiben z.B. auch mal länger in der Schule (r=.56) und zeigen eine größere Bereitschaft, ihren Unterricht zu öffnen (r=.43). Auch die Neudiskussion um die Funktion der Hausaufgaben (r=.36) und ein stärkeres Achten auf eine klare und konkrete Hausaufgabenstellung (r=.30) stehen in signifikantem Zusammenhang mit einem positiven pädagogischen Klima.

Zusammenhänge mit dem Arbeitsklima im Team des Ganztagspersonals (die Mitarbeiter/innen des offenen Ganztags sind neuen Ansätzen gegenüber aufgeschlossen, sie entwickeln ihr gemeinsames Konzept ständig weiter, sie diskutieren unterschiedliche Meinungen offen, sie besuchen sich gegenseitig in ihren Ganztagsgruppen) zeigen sich vor allem mit einer stärkeren Aufmerksamkeit für die Kinder. Dies kommt darin zum Ausdruck, dass häufiger Gespräche über einzelne Kinder stattfinden und dass auf einzelne Kinder bewusster eingegangen wird.

Ausmaß der Aufgabenbewältigung
Zum Abschluss geht es um Zusammenhänge zwischen den Wirkungen und dem Ausmaß der Bewältigung von ganztagsbezogenen Aufgaben und Anforderungen; konkret soll also untersucht werden, ob die Wirkungen vielleicht auch damit etwas zu tun haben, dass die pädagogischen Kräfte des Ganztags auf Schulebene die an sie gestellten Aufgaben und Anforderungen unterschiedlich gut bewältigen. Es wird dabei ein Summenwert (Aufgabenbewältigung) in den Blick genommen, es wird aber auch untersucht, welche Aufgaben und Anforderungen besonders häufig mit Wirkungen korreliert sind.

Die Wirkungen des offenen Ganztags stehen in deutlichem Zusammenhang mit dem Ausmaß der Bewältigung ganztagsbezogener Aufgaben. D.h. je besser die Aufgaben auf der Ebene der Schule umgesetzt werden (was indirekt vielleicht auch auf eine höhere Qualifikation der Kräfte hindeutet), desto stärker fallen die Wirkungen aus und umgekehrt. Nimmt man die Höhe der Korrelation als Gradmesser sind vor allem die Wirkungen bezogen auf eine stärkere inhaltliche Verzahnung von Vor- und Nachmittagsaktivitäten von einer guten Aufgabenbewältigung abhängig. Besonders wichtig scheint, dass dabei folgende Aufgaben besonders gut bewältigt werden – für sie lassen sich die meisten, aber auch die stärksten Zusammenhänge (r=.30-.50) mit den Wirkungsvariablen feststellen: Kindern mit Lernschwierigkeiten helfen (signifikante Zusammenhänge ≥.30 mit 11 der 22 Wirkungsvariabeln); Aggressivem Verhalten von Kindern mit einem abgestimmten Konzept begegnen (11); Auf die besonderen Bedürfnisse von Migrantenkindern eingehen (8); Regeln einführen und auf deren Einhaltung achten (7); Kinder für neue Themen interessieren (5); Kinder im sprachlichen Bereich fördern (5); Gruppenprozesse differenziert organisieren (5).

Zusammenhänge zwischen wahrgenommenen Veränderungen bei den Kindern und strukturellen Merkmalen des offenen Ganztags
Auch die wahrgenommenen Einflüsse des offenen Ganztags auf die Kinder wurden auf ihre Abhängigkeit zu strukturellen Merkmalen der Schulen hin

untersucht. Hierbei wurden auf der Grundlage faktorenanalytischer Befunde zwei schulbezogene Summenwerte gebildet: einer für die wahrgenommenen positiven Veränderungen bezogen auf das Sozialverhalten und ein weiterer, der positive Veränderungen im Hinblick auf das Lern- und Leistungsverhalten repräsentiert. Für den Summenwert ‚Sozialverhalten' wurden die Items ‚Gruppenverhalten', ‚Toleranz gegenüber anderen', ‚soziale Einbettung/Freundschaften' und ‚Gegenseitiges Helfen' herangezogen ($\alpha=0,83$). Der Summenwert ‚Lern-/Leistungsverhalten' setzt sich aus den drei Items ‚Lernverhalten', ‚Besseres Mitkommen im Unterricht' und ‚Schulleistungen der eher leistungsschwächeren Kinder' zusammen ($\alpha=0,77$). Bei all diesen Items waren die befragten pädagogischen Mitarbeiter/innen aufgefordert einzuschätzen, bei wie vielen Kindern, die am offenen Ganztag teilnehmen, sich bedingt durch die Teilnahme an den Ganztagsaktivitäten positive Veränderungen feststellen lassen.

Was die strukturellen Merkmale im engeren Sinne anbelangt (diese Merkmale wurden im Rahmen der Leitungsbefragung erhoben), lassen sich nur vergleichsweise wenige Zusammenhänge ausmachen. Sie betreffen am ehesten noch das Lern- und Leistungsverhalten. So scheinen höhere Werte bei diesem Kriterium damit zu tun zu haben, dass es Schulen bereits schon zu Beginn gelingt, relativ unkompliziert, d.h. ohne größere Schwierigkeiten ein pädagogisches Konzept auf den Weg zu bringen (vgl. Tab. 2.20). Eine klare konzeptionelle Orientierung scheint also möglicherweise eine wichtige Grundlage damit der offene Ganztag positive Wirkungen entfalten kann.

Abhängigkeiten zeigen sich auch im Hinblick auf die Aspekte, die bei der Angebotsauswahl und -zusammenstellung eine zielführende Rolle spielen. Für günstige Einflüsse auf das Lern- und Leistungsverhalten scheint es hier besonders wichtig, dass die Belange des Unterrichts gezielt als Leitgesichtspunkt für die Zusammenstellung der außerunterrichtlichen Angebote in den Blick genommen werden. Auch für eine eher stärkere Orientierung an den speziellen Förderbedarfen der Kinder finden sich statistisch bedeutsame Zusammenhänge mit den Veränderungen beim Lern- und Leistungsverhalten.

Interessant ist, dass auch die Häufigkeit, mit der bestimmte Angebote an einer Schule zur Durchführung gelangen, mit positiven Veränderungen auf Schülerseite zusammenhängen. Davon betroffen ist vor allem das Sozialverhalten. So gehen z.B. höhere Werte in diesem Bereich einher mit der Häufigkeit von musisch-kulturellen Angeboten sowie mit einer größeren Frequenz von Entspannungs- und Konzentrationsübungen. Auch Angebote im Bereich Werken/Technik sind hier beachtenswert.

Deutliche Zusammenhänge mit positiven Veränderungen lassen sich darüber hinaus insbesondere noch für Qualifikations- und Kooperationsvariablen feststellen.

Relativ hohe Korrelationen finden sich für das Ausmaß, in dem die pädagogischen Kräfte einer Schule bestimmte Anforderungen und Aufgaben des offenen Ganztags bewältigen. Dabei scheint es besonders darauf anzukommen – hier gibt es sowohl mit dem Sozial- als auch mit dem Lern- und Leistungsverhalten deutliche Zusammenhänge –, dass die pädagogischen Kräfte aggressivem Verhalten adäquat begegnen können, dass sie in Regeln einführen und auf deren Einhaltung achten können, dass sie geeignete Arbeitsmaterialien beschaffen und Kindern helfen können, selbstständig arbeiten zu lernen. Für das Sozialverhalten gibt es außerdem einen Zusammenhang mit einer guten Bewältigung von Gruppenprozessen, während für positive Veränderungen beim Lern- und Leistungsverhalten es vorteilhaft zu sein scheint, wenn das Personal gut mit Lernschwierigkeiten umgehen kann.

Für positive Veränderungen bei den Kindern scheinen verschiedene Kooperationsaspekte von Relevanz. Im Hinblick auf das Sozialverhalten treten vor allem die interne Kooperation des Ganztagspersonals sowie die Kooperation zwischen Personal und Eltern hervor. Für das Lern- und Leistungsverhalten finden sich signifikante Korrelationen mit der Kooperation zwischen pädagogischen Kräften und Lehrkräften sowie mit der Kooperation zwischen pädagogischen Kräften und Schulleitung. Besonders hervorzuheben sind die gemeinsame Vorbereitung von Inhalten und Themen in der Kooperation zwischen pädagogischen Kräften und den Lehrkräften der Schule sowie deren Zusammenarbeit in schulinternen Arbeitskreisen. Diese beiden Einzelaspekte weisen die höchsten Zusammenhänge mit Veränderungen im Lern- und Leistungsverhalten auf.

Wenig überraschend sind schließlich die Zusammenhänge zwischen den schulbezogenen Zielerreichungsgraden und den positiven Veränderungen im Hinblick auf die Kinder – insbesondere bei denjenigen Zieldimensionen, die eine enge inhaltliche Affinität zu den beiden Wirkungsvariablen aufweisen. Dies betrifft mit Blick auf das Sozialverhalten z.B. den Zielerreichungsgrad bei den Zielen ,Den Kindern helfen, sich in den Gruppen angemessen zu verhalten' ($r=.50$) oder ,Die Bereitschaft der Kinder fördern, anderen Kindern zu helfen' ($r=.48$); mit Blick auf das Lern- und Leistungsverhalten z.B. das Ziel ,Mit einzelnen Kindern üben' ($r=.42$). Es treten darüber hinaus aber auch andere Ziele hervor, deren Umsetzungsgrad für positive Veränderungen im Hinblick auf das Sozial- oder Lern-/Leistungsverhalten von besonderer Bedeutung zu sein scheint. Dies betrifft z.B. die Anstrengungen der pädagogischen Kräfte einer Schule, eine gute schulische Arbeitshaltung zu erreichen, es betrifft aber auch die Akzentuierung partizipativer Ziele wie z.B. die Aufnahme und Umsetzung der Wünsche der Kinder oder die Förderung von Möglichkeiten für Kinder, die Angebote im offenen Ganztag mitzubestimmen.

Tab. 2.20: Zusammenhänge zwischen wahrgenommenen Veränderungen bei den Kindern bezogen auf Sozialverhalten und Lern-/ Leistungsverhalten und ausgewählten strukturellen Merkmalen des offenen Ganztags (signifikante Korrelationen ≥ 0,25)

	Sozialverhalten	Lern-/Leistungsverhalten
Von Anfang an keine oder wenig Schwierigkeiten bei der Entwicklung: eines pädagogischen Konzeptes für den offenen Ganztag		.30
,Belange des Unterrichts' als bedeutender Aspekt für die Auswahl der Angebote		.45
,Förderbedarfe der Schüler/innen' als bedeutender Aspekt für die Auswahl der Angebote		.28
Häufigkeit von musisch- kulturellen Angeboten	.31	
Häufigkeit von Angeboten im Bereich Werken/Technik	.27	.27
Häufigkeit von Entspannungs- und Konzentrationsübungen	.33	.27
Qualifikationsaspekt-Umsetzungsgrad: Aggressivem Verhalten von Kindern mit einem abgestimmten Konzept begegnen	.46	.41
Qualifikation: Regeln einführen und auf deren Einhaltung achten	.43	.34
Qualifikation: Kinder für neue Inhalte/Themen interessieren	.42	.31
Qualifikation: Kinder helfen, selbstständig arbeiten zu lernen	.53	.30
Qualifikation: Geeignete Arbeitsmaterialien für die K. beschaffen	.41	.30
Qualifikationsaspekt: Gruppenprozesse differenziert organisieren	.42	
Qualifikationsaspekt: Einen guten Umgangsstil zwischen den Kindern fördern	.52	
Qualifikationsaspekt: Kinder mit Lernschwierigkeiten helfen		.47
Kooperation zwischen d. pädagogischen Kräften (Summenwert)	.25	
Kooperation zwischen päd. Kräften u. Lehrkräften (Summenwert)		.26
Kooperation zwischen päd. Kräften und Schulleitung (Summenwert)		.27
Kooperation zwischen päd. Kräften und Eltern (Summenwert)	.26	
Grad der Zielerreichung -Freizeit-/Förderangebote: Die Bereitschaft der Kinder fördern, anderen Kindern zu helfen	.48	
Grad der Zielerreichung - Freizeit-/Förderangebote: Den Kindern helfen, sich in Gruppen angemessen zu verhalten	.50	
Grad der Zielerreichung: Freizeit-/Förderangebote: Den Kindern ermöglichen, die Angebote im offenen Ganztag mitzubestimmen		.30
Grad der Zielerreichung: Freizeit-/Förderangebote: Die Wünsche der Kinder aufnehmen und umsetzen	.44	.26
Grad der Zielerreichung: Hausaufgabenbetreuung: Mit einzelnen Kindern üben		.42
Grad der Zielerreichung: Hausaufgabenbetreuung: Eine gute schulische Arbeitshaltung fördern	.40	.39

2.9.2 Erkundung von Gelingensbedingungen für ausgewählte Handlungsbereiche der Ganztagsarbeit

Für einige wichtige Ziel- und Handlungsbereiche des offenen Ganztags zeigen unterschiedlichste Befunde unserer Untersuchung noch teilweise erhebliche Entwicklungsbedarfe. Dies betrifft vor allem die Kooperation zwischen den pädagogischen Mitarbeiter/innen des offenen Ganztags und den Lehrkräften der Schule, die inhaltliche Verknüpfung zwischen unterrichtlichen und außerunterrichtlichen Angeboten sowie die Beteiligung der Kinder an den Inhalten und Aktivitäten. Unsere Ergebnisse zeigen jedoch auch, dass sich bei einer Reihe von Schulen bei den genannten Ziel- und Handlungsbereichen bereits aber auch schon Fortschritte registrieren lassen. Ziel der folgenden Analysen ist es deshalb, in Erfahrung zu bringen, was diese eher erfolgreicheren Schulen von denjenigen unterscheidet, die bisher vergleichsweise wenig Entwicklungspotential entfalten konnten.

Wir nutzen dazu die Möglichkeiten eines schulbezogenen Datensatzes, bei dem aus der Profilerhebung der Leitungskräfte wichtige strukturelle Variablen der Schule erfasst sind, bei dem aber auch pädagogische und klimatische Aspekte aus der Befragung der pädagogischen Mitarbeiter/innen der Schulen Eingang gefunden haben. Methodisch wollen wir den Erhalt möglicher Antworten auf die Forschungsfrage dadurch bewältigen, indem wir ein Vergleichsgruppendesign zugrunde legen. Gegenüber gestellt werden dabei zwei Gruppen von Schulen: die erste Gruppe repräsentiert die 30% der Schulen mit den höchsten Summenwerten beim jeweiligen Ziel- und Handlungsbereich; der zweiten Gruppe gehören die unteren 30% der Verteilung an. Variablen, bei denen sich diese beiden Gruppen statistisch bedeutsam voneinander unterscheiden, verweisen auf Aspekte, die möglicherweise dafür in Frage kommen, potentielle Erklärungsansätze für unterschiedliche Entwicklungsaktivitäten liefern zu können.

Gelingensbedingungen für die Kooperation von pädagogischen Kräften und Lehrkräften

Der Befund, dass in einem Teil der Schulen bereits eine deutliche Tendenz hin zu Kooperationsaktivitäten zwischen den pädagogischen Mitarbeiter/innen des offenen Ganztags und Lehrkräften der Schule, die nicht im Ganztag tätig sind, besteht, während in anderen Schulen diesbezüglich kaum nennenswerte Bewegungen zu finden sind, führt zu der Frage nach möglichen Gründen für diese verschiedenen Konstellationen.

In Tabelle 2.21 sind die Variablen aufgelistet, bei denen sich eher kooperationsstärkere und eher kooperationsschwächere Schulen unterscheiden. Ob pädagogische Kräfte und Lehrkräfte eher stärker miteinander zusammenarbeiten, hat offenbar sogar schon etwas damit zu tun, welche Intentionen und Beweggründe bei der Gründung des offenen Ganztags im Vordergrund standen. Schulen mit einem höheren Kooperationsniveau hatten von vornherein deutlich stärker die Absicht, mit ihrem Ganztag bessere Möglichkeiten zur individuellen Förderung zu schaffen. Auch der stärker ausgeprägte Wunsch nach Kooperation mit Partnern aus der Kinder- und Jugendhilfe als Grund für die Umwandlung der Schule in eine Ganztagsschule ist ein Aspekt, mit dem sich kooperationsstärkere Schulen von schwächeren unterscheiden. Man muss also schon auch ein Stück weit in die jüngere Geschichte der Schulen zurückgehen, um ein besseres Verständnis für die Kooperationsaktivitäten zu gewinnen.

In dieses Bild passen auch die Befunde, die sich auf die unterschiedliche Beteiligung von Personen bei der Initiierung des offenen Ganztags beziehen. So findet sich in den eher kooperationsintensiveren Schulen bereits zu Beginn eine stärkere Beteiligung von Teilen des Lehrerkollegiums bei den Planung und Konzeptentwicklung und auch die andere Seite des Kompetenzspektrums des Personals – nämlich die Gruppe der Erzieherinnen – war in diesen Schulen bereits von Beginn an stärker beteiligt als in Schulen, in denen nur wenig Kooperationsaktivitäten zwischen pädagogischen Kräften und Lehrkräften zu finden sind. Die frühe Beteiligung beider Personengruppen führt also offensichtlich dazu, dass eine fruchtbare Grundlage für notwendige Kooperationsstrukturen gelegt werden kann.

Auch bei den Aspekten, die bei der Auswahl der Angebote berücksichtigt werden, unterscheiden sich eher kooperationsstärkere von -schwächeren Schulen. Auffallend sind hier vor allem die Empfehlungen des Lehrerkollegiums, die bei der Auswahl und Zusammenstellung der außerunterrichtlichen Angebote in diesen Schulen eine größere Rolle spielen als in Schulen mit geringerer Kooperationsintensität. Die Seite der Lehrerschaft ist in diesen Schulen also nicht nur in der Rolle eines interessierten Beobachters, sondern erhebt offenbar auch Ansprüche, das Angebot inhaltlich mitzubestimmen.

Überproportional häufig finden sich in solchen Schulen auch Schulleitungen, die eine Weisungsbefugnis für das außerunterrichtlich tätige Personal haben. Auf diese Weise können die Leitungen wahrscheinlich einen besseren Einblick in die Arbeitsfelder des Personals gewinnen und dadurch passgenauer Verbindungen und Kopplungen zwischen Inhalten und Personen des Vor- und Nachmittags in die Wege leiten.

Schließlich – und dies ist ein sehr deutlicher Unterschied zwischen den beiden Gruppen von Schulen – nehmen pädagogische Kräfte in eher kooperationsstarken Schulen signifikant häufiger an Lehrerkonferenzen teil. Dadurch besteht für beide Seiten (pädagogisches Personal und Lehrkräfte) die Möglichkeit, ihre Anliegen transparent zu machen, Mitstreiter für die anstehenden Aufgaben zu gewinnen und somit Kooperation konkret zu machen und lebendig zu halten. Kooperative Aktivitäten werden auch gefördert durch die klimatischen Strukturen innerhalb der Schule. So ist die Zusammenarbeit zwischen pädagogischen Kräften und Lehrkräften in solchen

Schulen stärker ausgeprägt, in denen sich die pädagogischen Kräfte eher als Teil der Schulgemeinschaft fühlen und z.B. an der Vorbereitung und Durchführung schulischer Veranstaltungen beteiligt sind. Solche Kooperationen benötigen also offensichtlich schon eine Art Nährboden, der durch persönliche Beziehungsverhältnisse und positive Stimmungen im Kollegium (Die meisten Lehrkräfte interessieren sich für das, was die Schüler/innen zu sagen haben; Unsere Schule bemüht sich engagiert um wirkliche Erneuerung und Entwicklung) angeregt und unterstützt wird.

Tab. 2.21: Vergleich zwischen kooperationsintensiveren (obere 30% der Verteilung) und kooperationsschwächeren Schulen (untere 30%), Mittelwerte, p < 0,05

	Untere 30%	Obere 30%
Beweggrund zur Umwandlung in eine OGS: Bessere Möglichkeiten zur individuellen Förderung (1-trifft gar nicht, 4-voll u. ganz zu)	3,2	3,7
Beweggrund zur Umwandlung in eine OGS: Wunsch nach Kooperation mit Partnern aus der KJH	1,8	2,3
Beteiligung von Personen bei der Initiierung der OGS: Eine Gruppe innerhalb des Lehrerkollegiums (1- gar nicht, 4 in hohem Maße)	2,0	2,6
Beteiligung von Personen bei der Initiierung der OGS: außerunterrichtlich tätiges Personal in bestehenden Betreuungsangeboten (hier z.B. Erzieher/innen)	1,9	2,5
Aspekte, die bei der Auswahl der Angebote berücksichtigt werden: Empfehlungen des Lehrerkollegiums (1-gar nicht, 4- sehr stark)	2,4	2,8
Zuständigkeit für Weisungsbefugnis über das außerunterrichtlich tätige Personal: Schulleitung (0-nein, 1-ja)	0.6	0,9
Pädagogische Mitarbeiter/innen nehmen regelmäßig an den Lehrerkonferenzen teil (1-trifft nicht zu, 4-trifft voll u. ganz zu)	2,2	3,0
Wahrgenommenes pädagogisches Klima in der Schule (Summenwert)	17,6	19,1
Arbeitsklima im Team des Ganztagspersonals	28,8	31,4
Durchschnittliche Wochenstundenzahl des pädagogischen Personals	14,6	17,6

Damit sich professionsübergreifende Kooperationen wie die zwischen pädagogischen Kräften und Lehrkräften aufbauen können, scheint es wichtig, dass auch die Beziehungsstrukturen, gemeinsamen Intentionen und Stimmungen innerhalb des Teams des pädagogischen Personals des offenen Ganztags auf einem entsprechenden Niveau angesiedelt sind. Damit gemeint sind z.B. die Möglichkeiten, sich regelmäßig zu treffen, ein gutes Arbeitsklima und klare Arbeitsplatzbeschreibungen zu haben und die pädagogischen Vorstellungen der anderen pädagogischen Mitarbeiter/innen zu kennen. Diese Aspekte zeigen in Schulen mit stärkerer Kooperationsintensität eine insgesamt gesehen deutlich stärkere Ausprägung als in Schulen, in denen das pädagogische Personal des Ganztags und die Lehrkräfte nur wenig fachlich miteinander kommunizieren.

Gelingensbedingungen für die inhaltliche Verknüpfung zwischen Unterricht und den Freizeit- und Förderangeboten am Nachmittag

Die gemeinsame Ausgestaltung der Angebote zwischen den Beteiligten, insbesondere schulintern zwischen dem unterrichtlichen und außerunterrichtlichen Bereich gehört zu den Intentionen, die mit der Entwicklung des offenen Ganztags verbunden sind (vgl. Erlass des MSW 2006, Plaß 2006). Eine inhaltliche Verknüpfung der Angebote von Vor- und Nachmittag – das zeigen unsere Befunde deutlich – ist allerdings noch nicht mehrheitlich in den Schulen verbreitet. Die Daten unserer Studie erlauben es nun, diejenigen Schulen, die hier bereits schon einige Fortschritte gemacht haben, etwas genauer anzuschauen und sie solchen Schulen gegenüberzustellen, bei denen solche Verzahnungsstrukturen noch recht schwach ausgebildet sind. Gibt es vielleicht schulbezogene strukturelle Merkmale – so die Frage –, bei denen sich beide Gruppen von Schulen voneinander unterscheiden und die dann vielleicht als Erklärungsmöglichkeit für unterschiedliche Verzahnungsintensitäten herangezogen werden können?

Ausgangspunkt für den Vergleich bildet ein Summenscore ($\alpha=0{,}68$), der über folgende drei Items gebildet wurde: Den Kindern ermöglichen, Inhalte aus dem Unterricht durch zusätzliche Erfahrungen zu vertiefen; Was die Kinder vormittags im Unterricht gemacht haben, wird in der Angebotsgestaltung aufgegriffen; Das Schulprogramm umsetzen helfen. Für jedes dieser Items wurde durch Einschätzungen der pädagogischen Kräfte der jeweilige Umsetzungsgrad in den Schulen erfasst. Verglichen wurden die 30% ‚besten' mit den 30% ‚schwächsten' Schulen.

Schulen, bei denen der unterrichtliche und außerunterrichtliche Bereich schon etwas stärker miteinander verknüpft sind, unterscheiden sich von den anderen Schulen u.a. dadurch, dass sie mit der Gründung ihrer OGS bereits schon ganz bestimmte pädagogische Intentionen verfolgten, d.h. die Verknüpfungsabsicht hat ihre Wurzeln bereits in der Grundlegung der inhaltlichen Konzeption des offenen Ganztags (vgl. Tab. 2.22). Viel weniger als bei anderen Schulen spielt beispielsweise eine Rolle, dass mit der OGS der Anreiz einer besseren Sach- und Raumausstattung verbunden ist; stattdessen ist mit der Gründung der OGS viel stärker die Absicht verbunden, dadurch bessere Möglichkeiten für die individuelle Förderung der Kinder zur Verfügung zu haben. Diese stärker inhaltliche Ausrichtung zeigt sich auch in der Schwerpunktsetzung. Solche Schulen legen mit ihrem Profil mehr Wert auf Begabungsförderung und die Beteiligung der Kinder. Gerade bei der Verknüpfung von Vor- und Nachmittag kommt es ja auch stark darauf an, dass die Kinder Mitbeteiligte beim Transfer der Themen und Inhalte sind und ihnen dabei auch ein Stück weit Verantwortung übertragen werden muss.

Ein strukturelles Merkmal, bei dem sich die beiden Gruppen von Schulen unterscheiden, betrifft auch einige Öffnungsaktivitäten. So finden sich in Schulen mit stärkerer inhaltlicher Verknüpfung häufiger Besuche von Museen und Ausstellungen, aber auch von Film- und Theatervorführungen als Teil der außerunterrichtlichen Angebote. Offensichtlich bieten sich solche erlebnisorientierte Aktivitäten in besonderer Weise an, um Inhalte des Vormittags ggf. zu vertiefen.

Ein auffallendes Merkmal der stärker verknüpfungsorientierten Schulen ist es außerdem, dass die Zuständigkeit für die Weisungsbefugnis im Hinblick auf das außerunterrichtliche Personal häufiger in den Händen der Schulleitungen liegt. Anscheinend gelingt es auf diese Weise die Lehrkräfte der Schulen eher ins Boot zu holen. Überhaupt scheint den Schulleitungen bei der Verknüpfung von Vor- und Nachmittag eine besondere Rolle zuzukommen, die so etwas wie eine Moderatorfunktion zum Ausdruck bringt. Dafür spricht auch die stark überdurchschnittliche Kooperationsintensität zwischen Schulleitungen und pädagogischen Kräften in den genannten Schulen.

Kooperation scheint neben hoher professioneller Orientierung und einem gewissen Niveau an Qualifikation zu den Schlüsselvariablen für eine stärkere Verknüpfung von unterrichtlichen und außerunterrichtlichen Aktivitäten zu gehören. Vor allem ein deutlich höheres Ausmaß an Kooperation zwischen pädagogischen Kräften und Lehrkräften der Schulen ist ein besonders markantes Merkmal von verknüpfungsintensiven Schulen. Es gibt hier nicht nur einen stärkeren Austausch und häufigere Abstimmung bezogen auf Unterrichtsthemen, auch die anspruchsvolleren Kooperationsformen (Hospitation von pädagogischen Kräften im Unterricht, gemeinsame Fortbildung, Zusammenarbeit in schulinternen Arbeitskreisen) kommen in solchen Schulen signifikant häufiger vor. Inhaltlich Verknüpfung bedarf offensichtlich also guter Kenntnisse der konkreten Arbeitsinhalte genauso wie einer Arbeitsbeziehung auf Augenhöhe.

Genauso hervorstechend wie die Kooperation ist an den verknüpfungsintensiveren Schulen das Niveau an professioneller Orientierung. Ein deutlich größerer Teil als an anderen Schulen bereitet seine Ganztagsaktivitäten vor, und versucht Ideen aus Fachbüchern umzusetzen. Außerdem verfolgen die Kräfte häufiger ein bestimmtes pädagogisches Konzept und planen ihre Aktivitäten häufiger für mehrere Wochen im Voraus. Inhaltlich verknüpftes Arbeiten ist also nicht nur rechercheintensiv, sondern benötigt offenbar auch klare und abgestimmte Planungsstrukturen. Besonders deutliche Unterschiede finden sich auch in Bezug auf das Qualifikationsniveau. Hier wurde der Grad der Umsetzung der Aufgaben und Anforderungen, die im Berufsfeld der pädagogischen Kräfte eine besondere Rolle spielen, untersucht und es zeigt sich, dass die Schulen, in denen die inhaltliche Verknüpfung von Vor- und Nachmittag bereits schon einigermaßen fortgeschritten

Tab. 2.22: Vergleich zwischen Schulen mit eher stärkerer (obere 30% der Verteilung) und eher schwächerer inhaltlicher Verknüpfung (untere 30%) zwischen Unterricht sowie Freizeit- und Förderaktivitäten am Nachmittag, Mittelwerte, p<.05

	Untere 30%	Obere 30%
Beweggrund zur Umwandlung in eine OGS: Bessere Möglichkeiten zur individuellen Förderung (1-trifft gar nicht, 4-voll u. ganz zu)	3,1	3,5
Beweggrund zur Umwandlung in eine OGS: Raumausstattung	3,2	2,7
Beweggrund zur Umwandlung in eine OGS: Sachausstattung	3,2	2,6
Konzeptioneller Schwerpunkt der OGS: Kinderbeteiligung (1-weniger wichtig, 2- wichtig, 3-besonders wichtig)	1,9	2,3
Konzeptioneller Schwerpunkt der OGS: Begabungsförderung	1,6	2,0
Öffnungsaktivitäten im außerunterrichtlichen Angebot: Besuch von Museen, Ausstellungen (1- nie, 4- häufig)	2,1	2,5
Öffnungsaktivitäten im außerunterrichtlichen Angebot: Besuch von Film- und Theatervorstellungen	1,8	2,4
Zuständigkeit für Weisungsbefugnis über das außerunterrichtlich tätige Personal: Schulleitung (0-nein, 1-ja)	0.6	0,8
Kooperation zwischen den pädagogischen Kräften (Summenwert)	26,6	28,0
Kooperation zwischen pädagogischen Kräften und Lehrkräften (Summenwert)	16,0	18,2
Kooperation zwischen pädagogischen Kräften und Schulleitung (Summenwert)	14,5	16,3
Professionelle Orientierung: Ich bereite meine außerunterrichtlichen Angebote vor (1- nie, 4- häufig)	3,1	3,5
Professionelle Orientierung: Ich versuche neue Ideen aus Fachbüchern umzusetzen	2,9	3,2
Professionelle Orientierung: Mit meinen Ganztagsaktivitäten setze ich eine bestimmtes pädagogisches Konzept um	3,1	3,3
Professionelle Orientierung: Ich plane meine Aktivitäten für mehrere Wochen im Voraus	2,4	2,7
Selbstverständnis (Summenwert)	26,7	28,4
Wahrgenommenes pädagogisches Klima in der Schule (Summenwert)	17,4	18,9
Arbeitsklima im Team des Ganztagspersonals (Summenwert)	29,3	31,3
Qualifikationsaspekt: Mit Kindern neues entdecken (1- nicht ausreichend, 5- sehr gut)	3,0	3,7
Qualifikationsaspekt: Angebote situativ an den Interessen der Kinder ausrichten	3,1	3,7
Qualifikationsaspekt: Geeignete Arbeitsmaterialien für die Kinder beschaffen	3,2	3,8
Qualifikationsaspekt: Kinder im sprachlichen Bereich fördern	3,0	3,7

ist, in praktisch allen untersuchten Aspekten - insgesamt waren das immerhin knapp 30 – statistisch bedeutsam höhere Werte aufweisen als die anderen Schulen. Besonders deutlich sind die Unterschiede bei Aufgaben wie ,Mit Kindern Neues entdecken', ,Angebote situativ an den Interessen der Kinder orientieren', Geeignete Arbeitsmaterialien für die Kinder beschaffen' und ,Kinder im sprachlichen Bereich fördern'. Qualifikationen in diesen Bereichen scheinen für die Verknüpfung der Inhalte besonders wichtig zu sein.

Förderlich für die Verknüpfungsaktivitäten scheinen darüber hinaus ein positiv ausgeprägtes pädagogisches Klima sowie ein auf Schulebene stärker multifunktional ausgeprägtes Selbstverständnis der pädagogischen Kräfte. So fühlt sich das pädagogische Personal des Ganztags in diesen Schulen stärker als Teil der Schulgemeinschaft, ist stärker an der Durchführung schulischer Veranstaltungen beteiligt und findet sich in eine Schule eingebettet, die um wirkliche Erneuerung bemüht ist. Ein inhaltlich koordiniertes Arbeiten zwischen den vermeintlich getrennten Bereichen von Vor- und Nachmittag benötigt demnach auch verlässliche Beziehungsstrukturen und das Gefühl von *ownership*. Mit dem stärker multifunktional ausgeprägten Selbstverständnis ist gemeint, dass die pädagogischen Kräfte sich für mehrere Funktionen gleichzeitig zuständig fühlen: als Pädagoge, Betreuer, Freizeitgestalter, aber auch als Bildungsanbieter.

Gelingensbedingungen für die Verzahnung von Unterricht und Hausaufgabenbetreuung

In einem weiteren Vergleichsansatz wird die Verknüpfung zwischen Unterricht und Hausaufgabenbetreuung untersucht. Dazu wurde eine Skala ($\alpha=0,82$) mit 8 Items zugrunde gelegt (u.a. Die Kinder für den Unterricht wieder anschlussfähig machen; Ich kenne die Inhalte, die im jeweiligen Halbjahr im Unterricht der Kinder vorkommen; Die Praxis der Hausaufgabenbetreuung wird regelmäßig gemeinsam mit den Lehrkräften besprochen; Themen aus dem Unterricht werden noch einmal aufgegriffen und ggf. erklärt; Einzelne Kinder werden nach Hinweisen der Lehrkräfte speziell gefördert).

Die beiden Gruppen (eher stärkere/eher schwächere Verzahnung) unterscheiden sich bei ähnlichen Merkmalen wie bereits auch schon die beiden Gruppen von Schulen mit unterschiedlicher Verknüpfung von Vor- und Nachmittagsangeboten. Wichtig scheint auch hier die Zuständigkeit der Schulleitung – hier allerdings stärker bezogen auf den Personaleinsatz der Mitarbeiter/innen sowie im Hinblick auf die Fachaufsicht für das außerunterrichtliche Personal (vgl. Tab. 2.23). Ein gewisser Vorteil scheint es auch zu sein, wenn Lehrkräfte der Schule z. T. die Hausaufgabenbetreuung übernehmen. So findet sich immerhin in den verzahnungsintensiveren Schulen ein überproportionaler Anteil solcher Kräfte.

Tab. 2.23: Vergleich zwischen Schulen mit eher stärkerer (obere 30% der Verteilung) und eher schwächerer Verzahnung (untere 30%) von Unterricht und Hausaufgabenbetreuung, Mittelwerte, $p < 0{,}05$

	Untere 30%	Obere 30%
Zuständigkeit für die Einsatzpläne der Mitarbeiter/innen: Schulleitung (0-nein, 1-ja)	0,0	0,3
Zuständigkeit für Fachaufsicht über das außerunterrichtlich tätige Personal: Schulleitung (0-nein, 1-ja)	0.3	0,6
Lehrkraft der Schule führt Hausaufgabenbetreuung durch (0-nein, 1- ja)	0,1	0,3
Kooperation zwischen den pädagogischen Kräften (Summenwert)	26,7	28,4
Kooperation zwischen pädagogischen Kräften und Lehrkräften (Summenwert)	16,0	19,8
Kooperation zwischen pädagogischen Kräften und Schulleitung (Summenwert)	14,2	16,3
Sitzungen von Mitarbeiter/innen der OGS und anderen nicht am offenen Ganztag beteiligten Lehrkräften (1- nie, 5- wöchentlich)	2,0	2,7
Wahrgenommenes pädagogisches Klima in der Schule (Summenwert)	17,0	19,0
Qualifikationsaspekt: Kindern mit Lernschwierigkeiten helfen (1- nicht ausreichend, 5- sehr gut)	2,7	3,4
Qualifikationsaspekt: Die Entwicklung von Kindern beobachten und dokumentieren	3,0	3,5
Qualifikationsaspekt: Gruppenprozesse differenziert organisieren	2,9	3,5
Qualifikationsaspekt: Kinder im sprachlichen Bereich fördern	2,6	3,3
Qualifikationsaspekt: Aggressivem Verhalten von Kindern mit einem abgestimmten Konzept begegnen	2,7	3,4

Eine Variable mit deutlich differenzierender Kraft zwischen den beiden Gruppen ist auch hier die Kooperation – in erster Linie die zwischen pädagogischen Kräften und Lehrkräften, recht deutlich aber auch die teaminterne Kooperation sowie die Kooperation zwischen den pädagogischen Kräften und der Schulleitung. Bemerkenswert ist, dass bei den verzahnungsintensiveren Schulen vor allem der teaminternen Erarbeitung eines gemeinsamen pädagogischen Konzeptes sowie der Entwicklung von Förderplänen eine überragende Bedeutung zukommt, Eine gute Hausaufgabenbetreuung benötigt offensichtlich erst einmal einen Grundbestand an teaminternen Absprachen und Konzeptionen, um auf dieser Basis eine fruchtbare Kooperation nach ,außen' (hier zu den Lehrkräften der Schule) aufzubauen. An den in Sachen Verzahnung erfolgreichen Schulen gibt es darüber hinaus auch häufiger offizielle Sitzungen zwischen dem pädagogischen Personal des offenen Ganztags und den Lehrkräften der Schule; außerdem führen Schulleitungen in diesen Schulen häufiger Gespräche mit den pädagogischen Mitarbeiter/innen und zwar deutlich fokussiert auf fachliche Aspekte und Ko-operation. Es scheint wichtig, dass diese etwas schwierigeren Aktivitäten der Ganztagsarbeit offiziell zum Thema gemacht werden und sie darüber hinaus auch in der Alltagskommunikation immer wieder gezielt thematisiert werden.

Wie bereits bei der Verzahnung von Unterricht und Freizeitangeboten weisen auch die Schulen mit einer stärkeren inhaltlichen Verzahnung bei der Hausaufgabenbetreuung ein durchschnittlich höheres Qualifikationsniveau im Hinblick auf eine Reihe von Aufgaben auf. Dies betrifft z.B. Aufgaben wie die ‚sprachliche Förderung der Kinder', ‚das Helfen bei Lernschwierig-keiten', ‚das Beobachten und Dokumentieren der Entwicklung von Kindern' sowie ‚die Organisation von Gruppenprozessen'.

Auch die informellen Beziehungsstrukturen zwischen Lehrkräften und pä-dagogischem Personal (hier kurz als Schulklima bezeichnet) liegen in diesen Schulen auf einem etwas höheren Niveau. Die pädagogischen Mitarbei-ter/innen fühlen sich hier stärker dem Kollegium zugehörig und sie sind auch häufiger bei der Durchführung von Schulveranstaltungen beteiligt.

Gelingensbedingungen für die Partizipation von Kindern in den Ganztagsaktivitäten
Die Orientierung an den Bedürfnissen der Kinder ist eine wesentliche Ziel-setzung, mit der der offene Ganztag angetreten ist (vgl. Geisler 2006). Al-lerdings zeigen die bisherigen Befunde (sowohl die der Kinderbefragung als auch die der Befragung des pädagogischen Personals), dass die Umset-zung dieser Dimension bisher noch nicht allzu weit gediehen ist. Deshalb ist es auch für diesen Aspekt interessant zu untersuchen, ob es schulbezo-gene Merkmale gibt, die mit einer überdurchschnittlichen Realisierung von Aktivitäten innerhalb dieser Zieldimension in Zusammenhang gebracht werden können. Verglichen werden Schulen und zwar die oberen und unte-ren 30% der Verteilung beim Summenwert ‚Partizipation' ($\alpha=0{,}68$). Dieser setzt sich aus folgenden drei Items zusammen, für die in der Befragung der pädagogischen Kräfte die entsprechenden Einschätzungen eingebracht wur-den: Den Kindern ermöglichen, das Programm für das Angebot im offenen Ganztag mitzubestimmen; Die Wünsche der Kinder aufnehmen und umset-zen; Bei der Entscheidung über die Entscheidung bei der Anschaffung von Spielen und Materialien werden die Kinder einbezogen.

Von allen untersuchten Merkmalen innerhalb der Struktur- und Profilerhe-bung zeigt sich im Vergleich der beiden Gruppen von Schulen lediglich der Bereich der Zuständigkeiten als auffällig (vgl. Tab. 2.24). So findet sich bei Schulen mit stärkerer Kinderpartizipation häufiger eine Mitzuständigkeit für pädagogische Kräfte bei der Konzeptentwicklung, die auch als Haupt-verantwortliche für Elternkontakte zur Verfügung stehen. Das Einbinden der Arbeitsebene in die Entscheidungslinie des Ganztags führt offensicht-lich dazu, dass die Kinder stärker in den Blick kommen und Vereinbarungen zu ihrer Beteiligung dadurch wahrscheinlicher werden. Darüber hinaus gibt es nun eine Reihe von Unterschieden, die sich auf Professionalitäts-, Kooperations- und Qualifikationsaspekte beziehen. Im Hinblick auf eine Orientierung an professionellen Standards zeigen pädagogische Kräfte in Schulen mit höherer Partizipationshäufigkeit einen stärkeren Gebrauch von Fachbüchern, sie nehmen häufiger Beobachtungen als Ausgangspunkt für die Angebotsplanung vor und es gibt in größerem Umfang gemeinsame Planungen zwischen den pädagogischen Mitarbeiter/innen in den außerunterrichtlichen Angeboten. Besonders stark ausgeprägt ist an solchen Schulen die teaminterne Kooperation, wobei vor allem auch anspruchsvollere

Tab. 2.24: Vergleich zwischen Schulen mit eher stärkerer (obere 30% der Verteilung) und eher schwächerer Beteiligung der Kinder (untere 30%), Mittelwerte, $p < 0,05$

	Untere 30%	Obere 30%
Zuständigkeit für die Konzeptentwicklung im offenen Ganztag: Päd. Mitarbeiter/in (0-nein, 1-ja)	0,3	0,5
Zuständigkeit für Elternkontakte: Päd. Mitarbeiter/in (0-nein, 1-ja)	0.4	0,7
Professionelle Orientierung: Ich versuche neue Ideen aus Fachbüchern umzusetzen (1- nie, 4- häufig)	2,8	3,1
Professionelle Orientierung: Ich mache konkrete Beobachtungen zum Ausgangspunkt meiner Angebotsplanung	3,3	3,5
Professionelle Orientierung: Ich plane gemeinsam mit anderen die Themen meiner Ganztagsaktivitäten	2,8	3,1
Kooperation zwischen den pädagogischen Kräften (Summenwert)	26,4	28,6
Kooperation zwischen pädagogischen Kräften und Lehrkräften (Summenwert)	16,6	18,5
Kooperation zwischen pädagogischen Kräften und Schulleitung (Summenwert)	14,9	16,2
Arbeitsklima im Team des Ganztagspersonals (Summenwert)	28,5	32,0
Qualifikationsaspekt: Den Kindern Freiraum für selbstbestimmte Aktivitäten geben (1- nicht ausreichend, 5- sehr gut)	3,3	3,9
Qualifikationsaspekt: Den Kindern helfen, selbstständig zu arbeiten	2,8	3,3
Qualifikationsaspekt: Die Kinder für neue Themen interessieren	3,2	3,8
Qualifikationsaspekt: Ansprechpartner für Kinder mit Problemen sein	3,2	4,0
Qualifikationsaspekt: Schwierigkeiten einzelner Kinder erkennen	3,4	4,0
Selbstverständnis der pädagogischen Kräfte (Summenwert)	26,2	28,2

Kooperationsformen hervorstechen. Es findet sich so z.B. häufiger eine gemeinsame Erarbeitung pädagogischer Konzepte, und auch die Entwicklung von Förderplänen für einzelne Kinder kommt signifikant häufiger vor als in Schulen mit geringerer Partizipation. Diese teaminterne Kooperation basiert auf einem überdurchschnittlich positiven Arbeitsklima. Die Mitarbeiter im Team treffen sich regelmäßig und sie kennen z.b. voneinander ihre pädagogischen Vorstellungen.

Schulen mit stärkerer Kinderbeteiligung zeichnen sich des Weiteren durch eine besonders gute Umsetzung bestimmter pädagogischer Aufgaben aus. Diese betreffen insbesondere die Eröffnung von Freiräumen für selbstbestimmte Aktivitäten sowie die Unterstützung der Kinder, selbstständig zu arbeiten; außerdem gelingt es in diesen Schulen überdurchschnittlich gut, die Kinder für neue Themen zu interessieren, die Schwierigkeiten einzelner Kinder zu erkennen, aber auch Ansprechpartner für Kinder mit Problemen zu sein. Partizipative Bemühungen der pädagogischen Kräfte haben nach unseren Befunden also offensichtlich etwas damit zu tun, dass man den Kindern etwas zutraut (selbstständiges Arbeiten), sie aber gleichzeitig mit ihren Problemen und Schwierigkeiten ernst nimmt, und diese dann für die inhaltliche Ausrichtung der Beteiligungsmöglichkeiten zu nutzen versucht. In dieses Befundbild passt auch ein überdurchschnittlich ausgeprägtes multifunktionales Selbstverständnis der Schulen mit höherer Partizipation. In diesen Schulen fühlt sich das Personal durchschnittlich für mehrere Funktionen (z.B. Pädagoge, Freizeitgestalter, Betreuer, Partner, Bildungsanbieter) gleichzeitig zuständig, was möglicherweise die Wahrscheinlichkeit erhöht, dass partizipative Ansprüche stärker in den Blick geraten.

2.10 Zusammenfassung und Diskussion der Ergebnisse

Ziel der Untersuchung war es, das Tätigkeitsfeld der pädagogischen Mitarbeiter/innen des offenen Ganztags quantitativ zu erfassen und genauere Einblicke in die Zusammenhänge, Kontextfaktoren und Wirkungen dieser Arbeit zu ermöglichen. Dazu wurden mittels repräsentativer Stichproben jeweils rund 1000 Personen des pädagogischen Personals des Ganztags sowie des Lehrkörpers der Schule schriftlich befragt.

Unsere Befunde zeigen sehr deutlich, dass der offene Ganztag sowohl beim eigenen Personal als auch bei den übrigen Lehrkräften der Schule, die selbst nicht im Ganztag tätig sind, einen starken Rückhalt hat. Eine sehr große Mehrheit unterstützt das Konzept eines nicht verpflichtenden Ganztagsangebots und ist von dessen positiven Wirkungen auf die Kinder überzeugt. Von den Lehrkräften, die selbst nicht im Ganztag tätig sind, wird der offene Ganztag sogar als die wichtigste gegenwärtige Innovation zur Weiterentwicklung der Grundschule angesehen und steht in der Rangfolge damit sogar vor den neuen Lehrplänen, dem Konzept Englisch in der Grundschule und der neuen Schuleingangsphase.

Hoher Konsens bezogen auf die pädagogischen Zielsetzungen

Der offene Ganztag gewinnt aber auch dadurch einen starken Rückhalt, dass zwischen den pädagogischen Mitarbeitern und den Lehrkräften der Schule ein hoher Konsens darin besteht, welche Zielsetzungen beim offenen Ganztag im Vordergrund stehen sollen. Dies betrifft sowohl die allgemeinen Zielsetzungen als auch die spezifischen Zielaspekte, die sich auf die drei zentralen Handlungsfelder (Hausaufgabenbetreuung, Freizeit- und Förderangebote, Mittagessen) beziehen. Besonders hohes Gewicht werden dabei der persönlichen Zuwendung und der individuellen Förderung, dem Wohlfühlen der Kinder, dem selbstständigen Arbeiten, aber auch der sozialen Integration und dem abwechslungsreichen Schulleben zugeschrieben. Auch die Verbesserung der schulischen Leistungen und das Ausgleichen von Defiziten werden mehrheitlich als wichtig angesehen, folgen in der Bedeutungsrangfolge aber eher in der zweiten Linie. Insgesamt werden die Zielsetzungen und Standards, die aus Expertensicht als wichtig für die Qualitätsentwicklung des Ganztags betrachtet werden, auch vom Personal des Ganztags als wichtig eingestuft, so dass alles in allem von einer stark ausgeprägten Identifikation mit den Qualitätserwartungen und -ansprüchen ausgegangen werden kann.

Angebot mit komplementärer Funktion

Aus Sicht der Akteure zeigt sich der offene Ganztag sehr aufgeschlossen für eine große Vielfalt an möglichen Angeboten. Alle der etwa zwei Dutzend zur Einschätzung vorgelegten Angebotselemente werden mehrheitlich als wichtig für die Ganztagsarbeit angesehen, es gibt jedoch einige Elemente, denen eine besondere Bedeutung beigemessen wird. Außer der Hausaufgabenbetreuung, der hier eine dominierende Rolle zukommt, sind dies die Sprachförderung, das soziale Lernen, die Betreuung beim Mittagessen und in der unverplanten freien Zeit sowie der Bereich Bewegung, Sport und Spiel. Es sind dies alles Elemente, die in der traditionellen Struktur des Vormittags so bisher nicht oder nicht systematisch genug angelegt und abgedeckt zu sein scheinen. Damit wird dem offenen Ganztag in der primären Bedeutungszuschreibung offensichtlich eine sehr stark komplementäre Angebotsfunktion zugedacht und es wird erhofft, damit eine Bedarfslücke zu füllen, die einen größeren Umfang an ganzheitlichen Förderansprüchen gewährleisten kann.

Fortschritte vor allem bei der individuellen Zuwendung

Wie bereits in der Pilotstudie zum Ausdruck kam, ist das Unternehmen ‚offener Ganztag' ein Vorhaben, das sich in jeder Schule Schritt für Schritt entwickelt. Nicht alle Wünsche und Intentionen können sofort und unmittelbar verwirklicht werden. In diesem Zusammenhang ist natürlich die Frage interessant welche Zielaspekte und Praktiken bereits schon in größerem Umfang umgesetzt sind und bei welchen die Umsetzung erst in Teilen feststellbar ist. Recht weitgehend umgesetzt scheint z.B. die individuelle Zuwendung zu den Kindern. Sie kommt u.a. dadurch zum Ausdruck, dass

Zeiträume genutzt werden, um einzelnen Kindern als Ansprechpartner z.B. für Erklärungen oder individuelle Hilfen zur Verfügung zu stehen oder dass im Rahmen der Hausaufgabenbetreuung zu ermitteln versucht wird, was einzelne Kinder nicht verstehen. Auch die Kontrolle der Hausaufgaben auf Vollständigkeit oder die Etablierung von Ordnungs- und Umgangsregeln sind bereits in der Mehrzahl der Fälle umgesetzt. Im Bereich der Freizeit- und Förderangebote findet sich darüber hinaus häufig auch schon ein auf mehrere Wochen hin angelegtes konzeptuelles Arbeiten. Von den inhaltlichen Feldern tritt vor allem der Bereich Bewegung, Sport und Spiel als bereits recht gut umgesetzt hervor. Weit verbreitet sind auch schon einige Ansatzpunkte professioneller Orientierung wie die nachgängige Reflexion der eigenen Aktivitäten, die Beobachtung der Kinder als Ausgangspunkt für Angebotsplanung und die Abstimmung mit Personen desselben Handlungsfeldes.

Kooperation und partizipative Aspekte als Entwicklungsfelder
Demgegenüber sind Kooperationsaktivitäten mit Lehrkräften z.B. bezogen auf die Besprechung der Hausaufgabenpraxis oder im Hinblick auf die Förderung einzelner Kinder noch deutlich weniger ausgeprägt als dies durch die eingeschätzte Wichtigkeit zum Ausdruck gebracht wird. Ähnliches gilt auch für die Verzahnung mit Inhalten aus dem Unterricht, die bisher nur vergleichsweise wenig realisiert zu sein scheint. Größere Entwicklungsfelder scheinen auch darin zu liegen, Kinder bei konkreten Lernschwierigkeiten zu helfen, Förderung im sprachlichen Bereich zu realisieren, auf die Bedürfnisse von Migrantenkindern einzugehen und einen angemessenen Umgang mit aggressivem Verhalten zu pflegen. Schließlich ist auch auffallend, dass insbesondere Zielsetzungen mit partizipativem Aspekt noch einen vergleichsweise geringen Umsetzungsgrad aufweisen. Einen besonders auffälligen Befund gibt es bei der Hausaufgabenbetreuung. So ist es z.B. noch recht wenig verbreitet, die Hausaufgabenzeit auch dann zu nutzen (z.B. zum Üben oder durch zusätzliche Arbeitsmaterialien) wenn keine Hausaufgaben aufgegeben oder einzelne Kinder eher fertig sind, obwohl sich gerade diese Praktiken als sehr effektiv im Hinblick auf die Erreichung der Ziele in der Hausaufgabenbetreuung erweisen. Für die Zielerreichung förderliche Praktiken finden sich auch für den Bereich der Freizeit- und Förderaktivitäten. Hier scheint es vor allem darauf anzukommen, dass genügend Zeit zwischen den Aktivitäten zur Verfügung steht, dass es genügend angenehme Räumlichkeiten gibt, um auch in kleineren Gruppen arbeiten zu können und dass die Verhaltensregeln gemeinsam mit den Kindern vereinbart werden.

Deutliche Hinweise für die Integration des pädagogischen Personals
Ein wesentliches Kriterium für eine gute Ganztagsschule wird u.a. darin gesehen, ob die Personenkreise des Vor- und Nachmittags arbeitsmäßig miteinander verbunden sind und ob es entsprechende inhaltliche Verknüpfungen zwischen diesen beiden Bereichen gibt (vgl. z.B. Bönsch 2006). Unsere

115

Ergebnisse können hierzu Einiges an Aufklärung beitragen. Die Befunde, dass sich gut zwei Drittel der pädagogischen Mitarbeiter/innen des offenen Ganztags als Teil der Schulgemeinschaft empfinden, und knapp die Hälfte bei der Vorbereitung und Durchführung schulischer Veranstaltungen beteiligt ist, können sicherlich als eine erste deutliche Annäherung mit integrativer Tendenz gewertet werden. Auch die Tatsache, dass rund 90% der pädagogischen Kräfte die Mithilfe an der Umsetzung des Schulprogramms der Schule zumindest als eher wichtig ansehen, scheint ein guter Nährboden für die ganzheitliche Arbeit von Vor- und Nachmittag abzugeben.

Noch wenig konkrete Arbeitsbeziehungen zwischen Vor- und Nachmittag
Bezogen auf konkrete Arbeitsbeziehungen stellt sich das Feld aber noch als eher uneinheitlich und im Umfang der Kooperationen als sehr entwicklungsbedürftig dar. Zwar berichtet etwa die Hälfte der Pädagogischen Kräfte, dass sie zumindest manchmal mit Lehrkräften über Fördermöglichkeiten einzelner Kinder Gespräche führen und immerhin deutlich mehr als ein Drittel gibt an, in der Hausaufgabenbetreuung Hinweise von den Lehrkräften zu einzelnen Kindern zu erhalten, gemeinsame Vorbereitungen oder Absprachen zu Themen finden jedoch nur etwa bei einem Fünftel der Befragten statt. Insbesondere Personen mit geringerem Stundenanteil (weniger als 7 Stunden) tun sich schwer, Kontakte zu den Lehrkräften der Schule zu halten. Sie bekommen nicht nur weniger Hinweise zu einzelnen Schüler/innen, sondern sind auch ihrerseits weniger in der Lage einen aktiven Part in der Zusammenarbeit zu spielen.

In allen Feldern wird jedoch sowohl von den Pädagogischen Mitarbeiterinnen als auch von den Lehrkräften eine deutlich stärkere Kooperation gewünscht. Dabei sind die pädagogischen Mitarbeiterinnen die eigentlich treibenden Kräfte; sie wollen den Ganztag keinesfalls alleine machen, sondern plädieren sehr stark dafür, dass auch Lehrkräfte der Schule am Nachmittag beteiligt sind. In den Schulen fehlt jedoch derzeit meist noch die zeitliche und organisatorische Infrastruktur, um dem deutlich erkennbaren Entwicklungspotential in Sachen Kooperation tatsächlich auch gerecht zu werden. So ist es auch nicht verwunderlich, dass es noch recht wenig inhaltliche Verzahnungen zwischen Vor- und Nachmittag gibt. Auch wenn etwa 40% der pädagogischen Kräfte davon berichten, dass sie in ihrer Arbeit am Nachmittag das Schulprogramm der Schule bereits weitgehend oder voll und ganz umgesetzt sehen, findet lediglich etwa in 10% der Freizeit- und Förderaktivitäten ein deutliches Aufgreifen dessen statt, was vormittags im Unterricht gemacht wurde. Dabei ist den Kräften des Ganztags die inhaltliche Verzahnung durchaus ein Anliegen. Immerhin steht sie bei der Mehrzahl im vorderen Drittel der dringenden Veränderungswünsche. Doch im Ganztag kann nicht alles gleichzeitig umgesetzt werden. In den Prioritäten der Veränderungen finden sich erst einmal die individuellen Fördermaßnahmen, die Bildung kleinerer Gruppen, aber auch bessere räumliche Bedingungen.

Gutes Arbeitsklima, aber nicht immer gute Arbeitsbedingungen
Auch die Arbeitssituation der Pädagogischen Kräfte im Ganztag wurde in dieser Untersuchung näher unter die Lupe genommen. Insgesamt sind beim Personal des offenen Ganztags starke innerbetriebliche Bindungskräfte festzustellen: Über 90% sprechen von einem guten Arbeitsklima und einer hohen Zufriedenheit mit den Kooperationsaktivitäten innerhalb des Ganztagsteams. Allerdings kommen anspruchsvollere Formen der Kooperation (wie z.B. gegenseitiges Hospitieren) meist noch recht selten vor. Mit zunehmendem Stundendeputat ist eine Verstärkung der Bindungskräfte festzustellen, gleichzeitig geht damit aber auch eine unverhältnismäßig hohe Inanspruchnahme für zusätzliche Aufgaben und Anforderungen einher. Die Zufriedenheit mit dem Arbeitsplatz weist daher in Bezug auf das Verhältnis von Arbeitszeit und anstehenden Aufgaben ein gespaltenes Bild auf, während bezogen auf die pädagogische Arbeit deutlich höhere Zufriedenheitswerte zu konstatieren sind. Auch Kräfte, die früher in anderen Kindertageseinrichtungen tätig waren, sind mehrheitlich mit der pädagogischen Arbeit zufrieden, wobei insbesondere die positiven Erfahrungen bei der Hausaufgabenbetreuung und den Freizeitangeboten zu Buche schlagen, während die Möglichkeiten der individuellen Förderung im Vergleich zu früher etwas niedriger eingeschätzt werden.

Wirkungen vor allem im sozialen Bereich, bei den Hausaufgaben und beim Förderbewusstsein
Auch zu der Frage, welche Wirkungen des offenen Ganztags von den Akteuren registriert werden können, liegen erste Befunde vor. Einflüsse des Ganztags auf die Kinder machen sich nach den Wahrnehmungen der Pädagogischen Kräfte aber auch der Lehrkräfte, die selbst nicht im Ganztag arbeiten, vor allem in sozialen Aspekten bemerkbar (Freundschaften, Gruppenverhalten). Genannt werden aber auch Wirkungen bezogen auf Selbstständigkeit und Selbstvertrauen. Lehrkräfte betonen insbesondere die regelmäßigere Erledigung der Hausaufgaben. Partiell werden aber auch ein besseres Mitkommen im Unterricht und ein besseres Lernverhalten konstatiert. Dies ist vor allem dort eher der Fall, wo z.B. in der Hausaufgabenbetreuung Themen des Unterrichts noch einmal aufgegriffen und erklärt sowie einzelne Kinder gezielt nach Hinweisen der Lehrkräfte gefördert werden. Auch das Einbringen einer eigenständigen Vermittlungsschiene in der Hausaufgabenbetreuung (wie z.B. die Anleitung im Gebrauch von Lernmitteln und Informationsmöglichkeiten) wirkt sich offensichtlich günstig auf Lernverhalten und Schulleistungen aus.

Als wahrgenommene Veränderungen in der Schule finden sich vor allem solche Aspekte, die auf eine individuellere Sicht des Kindes hindeuten (z.B. Zunahme der Förderorientierung, bewussteres Eingehen auf einzelne Kinder). Häufiger berichtet wird aber auch von einem kooperativeren Klima und von einem Anwachsen des Ansehens der Schule. Lehrkräfte, die selbst nicht im Ganztag tätig sind, sehen vor allem die größere Reichhaltigkeit des

Lernens als deutlich erkennbare Wirkung des offenen Ganztags. Vergleichsweise gering werden dagegen Veränderungen veranschlagt, die sich auf eine stärkere Verzahnung von inhaltlichen und außerunterrichtlichen Inhalten beziehen. Letztgenannte Wirkungen sind in solchen Schulen stärker, in denen Pädagogische Kräfte und Lehrkräfte sich über Unterrichtsinhalte absprechen, gemeinsam Themen vorbereiten und wechselseitige Hospitationen durchführen.

Konzeptionelle Orientierung als Grundlage der Qualitätsarbeit
In ersten Ansätzen wurde der Frage nachgegangen, ob es denn strukturelle Merkmale des Ganztagsbetriebs gibt, die sich als besonders wirkungsrelevant erweisen und die damit bei der Diskussion um Merkmale einer guten Ganztagsschule besonderes Gehör finden sollten. Hier zeigt sich vor allem die besondere Bedeutung einer konzeptionellen Orientierung mit einer klaren Schwerpunktsetzung und damit verbundenen deutlich akzentuierten Aspekten für die Auswahl des Angebots. Offensichtlich führt dies dazu, dass Schulen die Angebote passgenauer und fokussierter rekrutieren können. Insbesondere der Blick auf die Schüler/innen (Förderbedarfe), aber auch der Blick auf den Unterricht (Belange des Unterrichts) und die Schule (Ziele des Schulprogramms, Empfehlungen des Kollegiums) scheinen hier Auswahlaspekte von besonderer Wirkungsrelevanz. Eine klare konzeptionelle Ausrichtung trägt auch zum Gelingen der Kooperation von Lehrkräften und pädagogischen Kräften bei und ist ein wichtiger Nährboden für den Aufbau einer inhaltlichen Verzahnung von Unterricht und außerunterrichtlichen Angeboten.

Breite Zielerreichung vor allem mit breiter Leitungszuständigkeit
Durch eine Reihe von Ergebnissen wird der Aspekt der Zuständigkeit für Leitungsaufgaben in den Mittelpunkt gerückt. Vor allem beim Aufbau von Kooperationsaktivitäten und bei der inhaltlichen Verzahnung scheint hier den Schulleitungen eine Schlüsselrolle zuzukommen – insbesondere dann, wenn sie die Zuständigkeit für die Einsatzpläne oder die Fachaufsicht des Personals haben. Soll es allerdings auch darum gehen, die Förderorientierung zu stärken oder den Schwerpunkt der Ganztagsarbeit auch auf eine stärkere Gewichtung schülerpartizipativer Intentionen zu legen, scheint für das Gelingen eine deutliche Verbreiterung der Leitungszuständigkeiten erforderlich. Gemeint ist damit eine stärkere Einbindung der Träger, aber auch der pädagogischen Mitarbeiter/innen insbesondere in die Verantwortlichkeiten für die Konzeptentwicklung.

Professionelle Orientierungen und Qualifikationen entwickeln
Unsere Ergebnisse sprechen dafür, dass es für das Gelingen zentraler Intentionen des Ganztags (wie z.B. inhaltliche Verzahnung oder Partizipation) durchaus förderlich zu sein scheint, wenn auf der Ebene der Schule ganz spezifische professionelle Orientierungen und qualifikatorische Grundbestände des pädagogischen Personals gestärkt und entwickelt werden. Wich-

tig erscheinen vor allem eine stärkere Planungsorientierung (z.B. Vorbereitungsaktivitäten, Ideen aus Fachbüchern, Planung für mehrere Wochen) sowie eine deutlichere Integration von Diagnoseaktivitäten in die alltäglichen Lehr-/Lernstrukturen (z.B. Beobachtungen als Grundlage für Angebotsplanung). Unter Qualifikationsaspekten scheint es vor allem darauf anzukommen, dass an den Interessen der Kinder angeknüpft wird, dass Gruppenprozesse differenziert organisiert werden, bei Lernschwierigkeiten geholfen werden kann und dass sprachliche Förderungen als immanenter Bestandteil von Angeboten wirksam werden können.

Zielbezogene Kooperation auf die Förderung einzelner Kinder richten
Eine Vielzahl von Befunden verweist auf die große Bedeutung der Kooperation für die Qualitätsentwicklung im offenen Ganztag. Kooperationsaktivitäten scheinen vor allem dann wirkungsvoll, wenn sie zielbezogen angelegt sind (sich z.B. gezielt auf die Förderung einzelner Kinder beziehen) und auf eine konkrete gemeinsame Erarbeitung gerichtet sind (vgl. Gräsel, Fußangel, Pröbstel 2006). So ist z.B. die Entwicklung von Förderplänen für einzelne Kinder bei der Kooperation von pädagogischen Mitarbeiter/innen eine Aktivität von besonders dynamisierender Kraft. Sie führt dazu, dass auch andere Kooperationsfelder (wie z.B. die Felder Pädagogische Kräfte-Lehrkräfte oder Pädagogische Kräfte -Eltern) stärker aktiviert werden, weil Förderpläne nur verwirklicht werden können, wenn auch Informationen aus anderen Quellen (z.B. von Lehrkräften, von Eltern) verfügbar sind. Schulleitungen kommt in diesem Prozess eine wichtige Moderatorfunktion zu. Dort wo sie intensiver mit den Kräften des Ganztags kooperieren, gibt es auch eine stärkere Zusammenarbeit zwischen den Kräften des Vor- und Nachmittags. Auch eine stärker formell forcierte Kooperation (z.B. häufiger gemeinsame Besprechungen, Teilnahme von pädagogischen Kräften an Lehrerkonferenzen) führt dazu, dass sich die informellen Kooperationsaktivitäten zwischen den verschiedenen Akteuren deutlich verstärken und in der Folge sich wirkungsrelevante Dynamiken aufbauen.

3. Die offene Ganztagsschule aus Sicht der Eltern

Der Themenkreis „Betreuung, Erziehung und Bildung" hat nicht allein in der bildungs-, sondern auch in der familienpolitischen Diskussion zunehmend an Stellenwert gewonnen. Dies verdeutlichen nicht zuletzt die unterschiedlichen Beiträge des Wissenschaftlichen Beirats für Familienfragen beim Bundesministerium für Familie, Senioren, Frauen und Jugend (vgl. BMFSFJ 2005, 2006a; Wissenschaftlicher Beirat 2002). Der Bedeutungszuwachs der Thematik ist auf unterschiedliche Zusammenhänge zurückzuführen, auf die in den letzten Jahren verstärkt aufmerksam gemacht wurde. Hierzu zählt insbesondere das Betreuungsdilemma von Familien durch Defizite des institutionellen Erziehungs-, Bildungs- und Betreuungssystems, die sich insbesondere bei der Gruppe der Klein- sowie der Schulkinder bemerkbar machen. Sie korrespondieren mit einem veränderten Erwerbsverhalten der Eltern und einer hiermit einhergehenden Verknappung der Ressource „Zeit" im Familienalltag. Darüber hinaus wurde im Rahmen der Sozialberichterstattung nachdrücklich auf die – im Vergleich zu Ledigen bzw. kinderlosen Paaren – benachteiligte Lebenslage von Familien hingewiesen. Besonders hervorgehoben wurden in diesem Kontext die prekäre Einkommenslage und das überdurchschnittliche Armutsrisiko Alleinerziehender und ihrer Kinder sowie kinderreicher Familien (vgl. BMFSFJ 2006a; Ministerium für Arbeit, Gesundheit und Soziales des Landes NRW 2007).

Familienpolitische Herausforderungen resultieren nicht allein aus den ökonomischen Einschränkungen sowie unsicheren Beschäftigungsverhältnissen, die mit besonderen Belastungen für den Erziehungsprozess einhergehen können, sondern auch aus der Verunsicherung vieler Eltern in Erziehungsfragen. Angesichts pluraler Wertvorstellungen und einer Vielfalt möglicher Beziehungs- und Erziehungsformen haben die Unterstützung und Begleitung der Eltern sowie die Stärkung der familialer Beziehungs- und Erziehungskompetenzen in der Diskussion an Bedeutung gewonnen (vgl. BMFSFJ 2005). Und schließlich wurde – nicht zuletzt in Folge der PISA-Studie – der Stellenwert der Familie als Ausgangspunkt für außerfamiliale Bildungsprozesse der Kinder akzentuiert und die Notwendigkeit einer verstärkten wechselseitigen Zusammenarbeit zwischen Elternhaus und Schule auf der Grundlage von Erziehungs- und Bildungspartnerschaften hervorgehoben (vgl. BMFSFJ 2005; Wissenschaftlicher Beirat 2002).

Die Ganztagsschule gilt dabei als eine Strategie zur Verbesserung der Lage von Familien. In diesem Zusammenhang werden auf bildungspolitischer Ebene mit der Etablierung und Ausweitung der Ganztagsschule eine Reihe weit reichender Leitvorstellungen verknüpft, die von der verstärkten Integration insbesondere der Mütter in den Arbeitsmarkt über die Erhöhung der Bildungsqualität bis hin zur Intensivierung individueller Förderung reichen. Die zentrale Herausforderung der verschiedenen Reformbestrebungen besteht darin, die Schülerinnen und Schüler je nach ihren individuellen Voraussetzungen zu fördern und ihnen unabhängig von der sozialen Lage, den Bildungsressourcen oder der kulturellen Zugehörigkeit der Familien gleichwertige Bildungschancen zu eröffnen.

Ein vergleichbar anspruchsvoller Zielkatalog liegt auch der offenen Ganztagsschule im Primarbereich in Nordrhein-Westfalen zugrunde, die als freiwilliges Bildungs-, Erziehungs- und Betreuungsangebot für Familien konzipiert wurde, das sich an dem jeweiligen Bedarf der Eltern und Kinder orientieren und zur Stärkung der Erziehungskompetenz in den Familien beitragen soll (vgl. RdErl. des MSW vom 21.12.2006, 1.1). Hierzu zählen insbesondere die bessere Vereinbarkeit von Familie und Beruf sowie die Unterstützung der Eltern in ihrer Erziehungsarbeit (vgl. ebd., 1.2). Mit der ersten Neufassung des Runderlasses zu Beginn des Jahres 2006 wurde darüber hinaus der Förderaspekt aufgewertet. An vorderster Stelle der Gesamtprogrammatik steht nunmehr die „Förderung aller Kinder, insbesondere auch aus bildungsbenachteiligten Familien" (ebd., 1.2). Hierbei soll – so die zentrale Leitvision – „die offene Ganztagsschule im Primarbereich zu einem attraktiven und qualitativ hochwertigen Angebot" für Eltern und Kinder weiterentwickelt sowie die schulische, soziale und persönliche Entwicklung der Kinder in systematischer Weise gestärkt werden (vgl. ebd. 1.3). Welche Etappe die offene Ganztagsschule auf diesem Weg bereits erreicht hat und in welchem Umfang die formulierten Ziele realisiert werden können, soll in den folgenden Ausführungen auf der Grundlage der Einstellungen der Eltern zur OGS untersucht werden.

3.1 Zur Konzeption und Durchführung der Elternbefragung

Neben den Schülerinnen und Schülern bilden die Eltern die zweite wichtige Adressaten- und Bezugsgruppe der offenen Ganztagsschule, auf die sich die antizipierten Vorstellungen der Gestalterinnen und Gestalter in Bildungs- und Jugendhilfepolitik, Administration und Praxis richten, um dem familialen Bedarf an Betreuung, Erziehung und Bildung entgegen zu kommen. Wie schon in der Pilotphase der wissenschaftlichen Begleitung wurden deshalb auch die Eltern auf nunmehr breiterer Ebene und mittels eines umfangreicheren Fragekatalogs in das Untersuchungsprogramm einbezogen.

3.1.1 Zielsetzung und Erhebungsinstrument

Im Mittelpunkt der modifizierten Befragung stand die Frage, wie die Eltern von Grundschülerinnen und Grundschülern an offenen Ganztagsschulen ihre Schule wahrnehmen und bewerten. Hierdurch sollten die Vorstellungen und Interessen der Eltern erfasst sowie der Grad und die Qualität der Adressaten- und Bedarfsorientierung ermittelt werden. Im Unterschied zur Pilotphase wurden in der aktuellen Erhebung neben den Eltern, die ihren Nachwuchs im offenen Ganztag angemeldet haben (im Folgenden kurz: „OGS-Eltern"), auch diejenigen Familien um Auskunft gebeten, die von diesem freiwilligen Angebot keinen Gebrauch machen (die so genannten „Nicht-OGS-Eltern"). Hierdurch sollten differenzierte Erkenntnisse über die Inanspruchnahme bzw. Nicht-Inanspruchnahme des Ganztags gewonnen werden – etwa im Hinblick auf sozial und kulturell bedingte Unterschiede zwischen den Familien. Im Einzelnen umfasste die Befragung acht übergeordnete Themen- und Fragehorizonte. Wesentliche Ziele bestanden darin,

- das Sozialprofil der Eltern mit und ohne Kinder im offenen Ganztag zu ermitteln, um hieraus die zentralen Rekrutierungsmuster für den Ganztagsbesuch abzuleiten;

- die Gründe zu ermitteln, warum Eltern nicht auf dieses Angebot ihrer Schule zurückgreifen, um auf dieser Grundlage die Barrieren zu identifizieren, die eine Nicht-Inanspruchnahme begünstigen;

- den Erwartungshorizont der Eltern bei der Anmeldung der Schüler(innen) im Ganztag zu beschreiben, um hieraus Rückschlüsse auf die die Gestaltung der Angebotsstrukturen zu ziehen;

- die Zufriedenheit der Eltern mit dem Ganztag und seinen verschiedenen Angebotskomponenten zu messen (etwa im Hinblick auf die Freizeitangebote, die Hausaufgabenbetreuung und -hilfe, das Mittagessen, die Lern- und Förderangebote, Unterstützungsangebote für Eltern etc.);

- die Auswirkungen des offenen Ganztags auf das Kind sowie das Familien- und Berufsleben zu erkunden sowie mögliche Entlastungseffekte aufzuzeigen (z.B. mit Blick auf die Erwerbstätigkeit, die Hausaufgaben oder die Freizeitaktivitäten);

- die Meinung der Eltern zu verschiedenen Aspekten ihrer Grundschule zu ermitteln (etwa zur Stimmung an der Schule, zur Qualität des Unterrichts etc.) sowie Gemeinsamkeiten und Unterschieden zwischen OGS- und Nicht-OGS-Eltern nach zu gehen;

- die Frage der Beteiligung der Eltern am Schulleben anhand verschiedener Dimensionen zu beleuchten und dabei beide Befragtengruppen im Vergleich zu betrachten;

- den Veränderungs- und Verbesserungsbedarf der offenen Ganztagsschule aus Elternsicht zu erfassen, um auf dieser Grundlage notwendige Gelingensbedingungen und zukünftige Entwicklungsbedarfe aufzuzeigen.

Zur Umsetzung der Forschungsziele wurde ein standardisierter Erhebungsbogen entwickelt, mittels dessen die Einstellungen beider Elterngruppen zur Schule ihres Kindes und zum offenen Ganztag ermittelt werden sollten. Komplettiert wurde die Erhebung durch die Fragen zum persönlichen und sozialen Hintergrund der Familien, um auf dieser Grundlage differenzierte Analyse- und Auswertungsmöglichkeiten des Datenmaterials zu eröffnen.

3.1.2 Auswahlverfahren und Fragebogenrücklauf

Mit Blick auf die Durchführung der Befragung wurde zunächst ein mehrstufiges Auswahlverfahren entwickelt. Auf dieser Grundlage wurde eine Zufallsstichprobe von offenen Ganztagsschulen gezogen, an denen – neben der Struktur-, Lehr- und Fachkräfte- sowie der Kindererhebungen – die Elternbefragung durchgeführt werden sollte. Die Gesamtstichprobe ist geschichtet, d.h. sie setzt sich zu gleichen Teilen aus Schulen zusammen, die in den Schuljahren 2003 und 2004 in offene Ganztagsschulen umgewandelt worden sind. Hierdurch sollten Grundschulen außer Acht gelassen werden, die sich noch in der Startphase befinden und mit den typischen Anlaufschwierigkeiten im Aufbauprozess des offenen Ganztags konfrontiert sind (vgl. hierzu auch die Ergebnisse der Pilotphase). Neben den „jungen" Ganztagsschulen wurden bei der Elternerhebung – wie auch bei den Kinderbefragungen – die Förderschulen im Primarbereich nicht berücksichtigt, die allerdings bei den übrigen Erhebungen miteinbezogen wurden. Diese Entscheidung erfolgte auf der Grundlage von Expert(inn)engesprächen und den Erfahrungen aus der Pilotphase, die für die Hauptuntersuchung nur einen sehr geringen Rücklauf erwarten ließen.

Die Erhebungen konnten an 62 nordrhein-westfälischen Grundschulen realisiert werden. An den ausgewählten Schulen wurden alle Eltern mit Kindern im offenen Ganztag befragt. Im Hinblick auf die Gruppe der Nicht-OGS-Eltern wurden an mehrzügigen Grundschulen aufgrund der Größe dieser Untersuchungskohorte lediglich die Eltern mit Kindern in den Klassen 1a, 2a, 3a und 4a um Auskunft gebeten. Es handelt sich somit um eine Klumpenstichprobe. Die hieraus resultierenden methodischen Konsequenzen (Klumpungseffekte, Vergrößerung des Standardfehlers bei Schätzungen) konnten durch den Einsatz geeigneter statistischer Verfahren berücksichtigt werden. An den Schulen, an denen zeitgleich die Kindererhebungen stattfanden, wurde die Elternbefragung, so weit wie möglich, mit den Kinderbefragungen verknüpft. Die Verteilung der Fragebögen erfolgte im Zeitraum zwischen dem 15. November und dem 9. Dezember 2005 seitens der Schulbegleiterinnen und -begleiter für die Kinderbefragungen nach einem komplexen Verfahrensmodus, der aufgrund der Verknüpfung eines Teils der Elternbefragung mit der schriftlichen Kinderbefragung erforderlich war (vgl. hierzu auch die Ausführungen zur Kinderbefragung). Der Rücklauf erstreckte sich nach einem Erinnerungsschreiben bis Anfang Februar 2006, wobei die überwiegende Mehrheit der Fragebögen vor den Weihnachtsferien des Jahres 2005 an der Universität Dortmund eintraf.

Insgesamt wurden an die Eltern der beteiligten Ganztagsschulen 8.850 Fragebögen verteilt (vgl. Tab. 3.1). Davon gingen 644 Fragebögen an Eltern, deren Kinder gleichzeitig an den Kinderbefragungen teilgenommen haben. Die übrigen 8.206 Fragebögen wurden an die OGS-Eltern sowie einen Teil der Nicht-OGS-Eltern verteilt (s.o.). Der Rücklauf lag insgesamt bei knapp 42%, wobei die Quoten an den einzelnen Schulen stark schwankten. Wird nur der Rücklauf bei der Gruppe der Eltern, deren Kinder auch an der Schülerinnen- und Schülerbefragung teilgenommen haben, betrachtet, so war bei den gematchten Bögen mit einem Anteil von rund 70% ein deutlich höherer Rücklauf zu verzeichnen. Dies ist darauf zurückzuführen, dass durch die rechtlich erforderliche Einverständniserklärung der Eltern zur Teilnahme der Schülerinnen und Schüler an der Kinderbefragung ein höherer Sensibilisierungsgrad für die Untersuchung erzielt wurde, der auch der Elternbefragung zu Gute gekommen ist. Hinsichtlich der einzelnen Schulen waren jedoch auch bei diesem Fragebogentyp vergleichbar starke Unterschiede im Antwortverhalten zu verzeichnen.

Tab. 3.1: Der Rücklauf bei der Elternbefragung

| | Insgesamt | Darunter Erhebungsbögen | |
		mit zugeordnetem Kinderfragebogen	übrige Fragebögen
Verteilte Fragebögen	8.850	644	8.206
Rücklauf			
Abs.	3.679	446	3.233
%	41,6	69,4	39,4

Quelle: Wissenschaftlicher Kooperationsverbund – Elternbefragung

3.1.3 Stichprobe: Gewichtung, Repräsentativität und Zusammensetzung

Gewichtung: Da von den Nicht-OGS-Eltern an mehrzügigen Grundschulen lediglich die Eltern mit Kindern in den Klassen 1a, 2a, 3a und 4a befragt wurden, ist diese Gruppe in der Stichprobe systematisch unterrepräsentiert. Aus diesem Grunde wurden für alle Auswertungen, in denen die Gruppe der Nicht-OGS-Eltern vorkommt, Gewichtungsfaktoren genutzt, die diese unterschiedliche Ziehungswahrscheinlichkeit ausgleichen. Die Gewichtungsfaktoren wurden auf der Grundlage der Angaben aus der Profil- und Strukturerhebung berechnet, wobei die Annahme getroffen wurde, dass Parallelklassen in den Schulen annähernd gleich groß sind.

Repräsentativität der Stichprobe: Da die Klumpenstichprobe eine Form der Zufallsstichprobe ist, kann zunächst davon ausgegangen werden, dass durch Ziehungsverfahren keine systematische Verzerrung zustande gekommen ist. Dennoch stellt sich die Frage, inwieweit in der realisierten Stichprobe bestimmte Gruppen systematisch unterrepräsentiert sind. Hierbei wurden insbesondere Ausfälle bei Haushalten mit Migrationshintergrund sowie mit niedrigem sozio-ökonomischen Status geprüft:

- Eine Prüfung des Anteils der Familien mit Migrationshintergrund konnte durch einen Vergleich der Angaben der Schulleiter(innen) aus dem Strukturfragebogen zu Anteilen von Kindern mit Migrationshintergrund in der jeweiligen Schule mit den aus der Elternbefragung errechneten Anteilen durchgeführt werden. Hierbei zeigte sich zwar, dass die Anteilswerte in der Elternstichprobe etwas niedriger sind, doch die Korrelation der Anteile aus den beiden unabhängigen Stichproben mit 0,69 erstaunlich hoch ist. Somit scheinen Haushalte mit Migrationshintergrund entgegen den Erwartungen nicht sehr deutlich unterrepräsentiert zu sein.

- Mit Blick auf den sozio-ökonomischen Hintergrund liegt – wie in der Surveyforschung üblich - auch in dieser Stichprobe ein Mittelschichtbias vor: Während der Anteil von Haushalten mit niedrigem sozio-ökonomischem Status 26% beträgt, bilden Mittelschichtsfamilien 39% und Familien aus höheren Schichten 35% des Samples.

Zusammensetzung der Stichprobe: Werden die Angaben der Eltern, ob ihr Kind am Ganztag teilnimmt oder nicht, zugrunde gelegt (vgl. Tab. 3.2), dann geben von den rund 3.679 Eltern, die hierauf geantwortet haben, gut 40% an, dass ihr Kind am offenen Ganztag teilnimmt, 61% verneinen dies. In nur 43 Fällen (3% der Haushalte mit Kindern im Ganztag) trifft zu, dass mindestens ein Kind aus der Familie den Ganztag besucht, mindestens ein anderes zwar zur selben Schule geht, aber nicht im Ganztag angemeldet ist. Aus diesem Grund werden im Folgenden die Analysen in den meisten Fällen auf Haushaltsebene durchgeführt. Wird die Stichprobe gewichtet (s.o.), dann resultiert hieraus eine Teilnahmequote von rund 23%.

Tab. 3.2: Teilnahme am Ganztag

| | Häufigkeit | | |
| | Abs. | % | |
Teilnahme	ungewichtet	ungewichtet	gewichtet
Teilnahme am Ganztag	1.450	39,4	22,9
Nicht-Teilnahme am Ganztag	2.229	60,6	77,1

Quelle: Wissenschaftlicher Kooperationsverbund – Elternbefragung

Die Fragebögen wurden – wie schon in der Pilotphase – größtenteils, d.h. zu rund 86%, von den Müttern ausgefüllt. Lediglich bei gut 12% der Befragten war es der Vater und bei 2% waren es andere Personen, die diese Aufgabe übernommen haben. In einer Reihe von Fragen – etwa zum schulischen oder beruflichen Bildungsstand – wurden die Befragten zusätzlich um Informationen zu ihrer Partnerin bzw. ihrem Partner gebeten. In diesen Fällen wurden die Daten für den/die Partner(in) zumeist in den Tabellen berücksichtigt und im Hinblick auf die Mütter und Väter ausgewiesen. Ausgehend von den vorgestellten Forschungsfragen und Untersuchungsprämissen werden nunmehr in den folgenden Kapiteln ausgewählte Ergebnisse und Folgerungen präsentiert. An verschiedenen Stellen wird in den nachstehenden Ausführungen auf den Anhang verwiesen, in dem Berechnungen und Analysen enthalten sind, die den Rahmen des Textes sprengen würden. Interessierte können diese Ergänzungen auf der Homepage des Forschungsverbundes des Deutschen Jugendinstituts und der Universität Dortmund abrufen (http://www.fb12.uni-dortmund.de/einrichtungen/dji/).

3.2 Der Zugang zum offenen Ganztag

Die offene Ganztagsschule bildet ein freiwilliges Angebot für Familien, dass von rund 23% der befragten Eltern in der Stichprobe genutzt wird (vgl. Kap. 3.1.3). In der Struktur- und Profilerhebung wurde von den Schulleitungen bei einer durchschnittlichen Teilnahmequote von gut 18% ein etwas geringerer Prozentanteil ermittelt. Aus der Perspektive beider Erhebungen nimmt die Mehrheit der Eltern an offenen Ganztagsschulen dieses Angebot somit nicht in Anspruch. Aufgrund der Fakultativität der Inanspruchnahme und des erzielten Teilnahmegrades hängt die Beantwortung der Frage, ob die mit dem Ganztag verbundenen arbeitsmarkt-, familien- und bildungspolitischen Ziele im Einzelnen tatsächlich realisiert werden können, neben anderen Faktoren auch davon ab, welche Elterngruppen dieses Erziehungs-, Bildungs- und Betreuungsangebot nutzen.

Warum sich Eltern für oder gegen den Ganztag entscheiden, kann vielfältige Gründe haben. Aus den Studien zum Bereich der Kindertageseinrichtungen ist bekannt, dass bei der (Nicht-)Inanspruchnahme institutioneller Kinderbetreuung sowohl die individuellen Einstellungen und objektiven Voraussetzungen der Eltern (wie die Betreuungspräferenzen, die Bildungsressourcen oder die Schichtzugehörigkeit der Familien) als auch die Strukturqualität des Angebotssystems bzw. der Einrichtungen eine Rolle spielen (etwa im Hinblick auf Bedarfsorientierung, die Kostenhöhe etc.; vgl. Büchel/ Spieß 2002; DIW 2000; Fuchs 2005; Lang 2006; Kreyenfeld 2004; Klement u.a. 2006). Über die Einflussgrößen, die dazu führen, dass Eltern, deren Kinder zwar die offene Ganztagsschule in NRW besuchen, aber nicht den Ganztag in Anspruch nehmen, ist demgegenüber wenig bekannt.

Deshalb bildet die Frage, welche Faktoren die Elternnachfrage nach Ganztagsplätzen und das Nutzerverhalten beeinflussen, einen Schwerpunkt der Elternbefragung. Aufgrund der bildungspolitischen Diskussionen der letzten Jahre, in denen im Anschluss an die verschiedenen Schulleistungsstudien nachhaltig auf den außerordentlich engen Zusammenhang zwischen sozialer Herkunft und individuellem Bildungserfolg aufmerksam gemacht wurde, bezieht sich eine spannende Teilfrage darauf, in welchem Umfang es gelingt, Familien aus schulbildungsferneren Schichten und in sozial weniger privilegierter Lage in den Ganztag einzubeziehen.[21]

Ins Blickfeld der folgenden Ausführungen rücken damit vor allem die Strukturmerkmale der Familien, die ihren Kindern den Zugang zu den erweiterten Lern- und Fördermöglichkeiten des Ganztags eröffnen. Hierzu wurden die soziodemographischen Angaben der Eltern – sowie ergänzend ausgewählte Kontextvariablen auf Schulebene – zugrunde gelegt, um auf dieser Basis die Rekrutierungsfaktoren für den Ganztagsbesuch herauszuarbeiten (vgl. Kap. 3.2.1). Wenn es um den Zugang zum Ganztag geht, dann sind jedoch auch die inhaltlichen Begründungen von Interesse, die insbesondere die Nicht-OGS-Eltern dafür angeben, warum sie ihr Kind nicht dort anmelden (vgl. Kap. 3.2.2). Inwieweit sich die unterschiedliche Ausgangssituation der OGS- und Nicht-OGS-Eltern in der tatsächlich praktizierten Gesamtbetreuungssituation der Familien widerspiegelt, wird zum Abschluss dieses Kapitels im Vergleich betrachtet (vgl. Kap. 3.2.3).

3.2.1 Rekrutierungsmuster für den offenen Ganztag

Welche Familien sind in geringerem Umfang und welche mit höheren Anteilen im Ganztag präsent und welche Kinder partizipieren von den (möglichen) Effekten dieses Erziehungs-, Bildungs- und Betreuungsangebots? Zur Beantwortung dieser Fragestellung wurden verschiedene Datenanalysen durchgeführt, die einleitend vorgestellt werden. Im Anschluss hieran werden die auf diesem Wege ermittelten Zusammenhänge aus Gründen der Verständlichkeit zusätzlich in bivariater Form ausgewiesen.

Die statistischen Analysen
Da im Hinblick auf die Teilnahmeentscheidung der Eltern davon ausgegangen werden muss, dass der Ganztagsbesuch durch eine Vielzahl z.T. miteinander verbundener Faktoren bestimmt wird, muss die Frage nach den Zugangswegen auf der Basis einer Analyse behandelt werden, die diese Einflussgrößen simultan berücksichtigt. Aus diesem Grunde wurde als multivariates Analyseverfahren eine logistische Regression gerechnet. Da anzunehmen ist, dass der Anteil der Kinder, die den Ganztag besuchen, sich zwischen einzelnen Schulen unterscheidet, wurde einerseits ein Mehrebenenmodell eingesetzt (*random intercept model*, vgl. Rabe-Hesketh/Skrondal 2005, insbes. S. 116ff., vgl. Tab. 3.3), andererseits aber auch versucht, Einflussgrößen auf Schulebene zu berücksichtigen.

---

21 Hierbei besteht aufgrund der Freiwilligkeit der Inanspruchnahme des offenen Ganztags bereits auf der Ebene des Nutzerverhaltens die Gefahr von Selektionsprozessen, die über die (Nicht-)Teilnahme am Ganztag zur Verfestigung der unterschiedlichen Lernbedingungen zwischen den Schülerinnen und Schülern und – im ungünstigsten Fall – zur Verschärfung herkunftsbedingter Disparitäten beitragen können (vgl. hierzu auch mit Blick auf den Erwerb sozialer Kompetenzen Bittlingmayer/Bauer 2006).

Aus diesem Grunde wurden zwei Variablen in das Modell aufgenommen: Hierzu zählen auf Schulebene erstens die Gemeindegröße (kategorisiert), um mögliche Stadt-Land-Effekte zu kontrollieren, da davon ausgegangen wurde, dass in ländlichen Räumen der Ganztagsbesuch – etwa aufgrund größerer Entfernungen zwischen Schule und Elternhaus – weniger attraktiv für Eltern sein könnte. Als zweite Variable wurde die Schichtungsvariable „Anfangsjahr der OGS" in das Modell einbezogen, da Ganztagsschulen, die ihren Betrieb zu einem späteren Zeitpunkt aufgenommen haben, möglicherweise noch nicht die vollen Aufnahmekapazitäten zur Verfügung stehen oder mit Anlaufschwierigkeiten konfrontiert sein könnten.

Tab. 3.3: Logistische Regression: Zugang zum Ganztag

Variable (R Referenzkategorie)	β
Gemeindegröße (R >100000 EW)	
- <50.000 Einwohner	-0,36
- 50–100.000 Einwohner	-0,28
Anfangsjahr OGS 2004 (R 2003)	-0,14
beide Partner erwerbstätig	1,20***
sozio-ökonomischer Status (R hoch)	
- niedrig	-0,49**
- mittel	-0,08
Migrationshintergrund	0,06
Alleinerziehend	1,10***
Anzahl der Personen unter 18 im Haushalt (R 1)	
- 2 Personen	-0,74***
- 3 und mehr Personen	-0,68***
Klassenstufe des Kindes [höchste im Haushalt] (R 1)	
- Klasse 2	0,00
- Klasse 3	-0,30
- Klasse 4	-0,87***
Schulleistung Elterneinschätzung (R beste)	
- Schwierigkeiten	0,60*
- untere Mitte	-0,26
- obere Mitte	0,01
Konstante	-1,08**
σ_u	0,97
Intraklassen-Korrelation	0,47

*** $p<0,001$ ** $p<0,01$ * $p<0,05$ + $p<0,1$ *(jeweils zweiseitig).*
Quelle: Wissenschaftlicher Kooperationsverbund – Elternbefragung

Auf der Ebene des Elternhaushalts wurden verschiedene sozio-ökonomische Variablen geprüft: Hierzu zählen die Erwerbstätigkeit beider Partner bzw. bei Alleinerziehenden die Erwerbstätigkeit, der höchste sozio-ökonomische Status auf der Basis des aktuell bzw. zuletzt ausgeübten Berufs sowie der Migrationshintergrund der Eltern. Darüber hinaus wurde kontrolliert, ob es sich um einen Alleinerziehendenhaushalt handelte, da hier – ebenso wie bei der Erwerbstätigkeit beider Partner – ein besonders hoher

Betreuungsbedarf besteht. Daneben wurde die Anzahl der Kinder und Jugendlichen im Haushalt im Modell berücksichtigt. Als Proxy-Variable für das Alter der Kinder wurde die höchste Klassenstufe eines Kindes aus dem Haushalt verwendet. Um auch schulleistungsorientierte Motive zu untersuchen, wurde schließlich die Einschätzung der Schulleistungen durch die Eltern kontrolliert.

Die in Tabelle 3.3 dargestellten Ergebnisse der Analyse verdeutlichen auf der Ebene der Schulen, dass zwar die beiden Kontrollvariablen „Gemeindegröße" und „Anfangsjahr" keine signifikanten Effekte haben, es allerdings trotzdem bedeutende Unterschiede zwischen den einzelnen Schulen gibt: So ist die Intraklassen-Korrelation mit einem Wert von 0.47 sehr hoch, wenngleich dieser Kennwert im Rahmen logistischer Regressionen nicht überinterpretiert werden sollte. Es gibt also eine beträchtliche Varianz zwischen den Schulen, die noch nicht erklärt ist. Auf der Ebene der Haushalte wird hingegen eine Vielzahl von Einflüssen sichtbar, die im Folgenden dargestellt werden.

Die Ergebnisse in bivariater Form
Werden die Einflussfaktoren auf Haushaltsebene näher betrachtet, dann verdeutlicht das vorgestellte Modell, dass es vier Bündel von Faktoren gibt, die für den Ganztagsbesuch eine Rolle spielen und sich auf die Zusammensetzung der Elternschaft auswirken. Hierbei lassen sich im Einzelnen die folgenden Zusammenhänge beschreiben:

(1) An erster Stelle ist der Besuch des offenen Ganztags ganz wesentlich vom Bildungs-, Sozial- und Erwerbsstatus der Familien abhängig. Werden zunächst die Bildungsressourcen der Eltern betrachtet, dann verfügen die OGS-Eltern über vergleichsweise gute Bildungsvoraussetzungen. Dies verdeutlicht der Blick auf das Allgemeinbildungsniveau, das in der Erhebung über den höchsten erworbenen Schulabschluss erfasst wurde (vgl. Tab. 3.4).

Tab. 3.4: Höchster Schulabschluss nach OGS-Zugehörigkeit (Spalten-%)

Elterngruppe	Noch Schüler(in)	Kein Abschluss	Hauptschule	Realschule	Fachhochschulreife	Abitur	Sonstiger Abschluss
Nicht-OGS-Eltern	78,6	80,5	81,2	81,5	78,8	70,5	55,9
OGS Eltern	21,4	19,5	18,8	18,5	21,3	29,5	44,1
Anzahl	25	64	510	1.096	413	1.370	14

Tabelle über: Höchster Schulabschluss[1]

1 *Wenn Schulabschlüsse beider Elternteile vorlagen, wird hier der höhere der beiden berücksichtigt. Die Konstellation „kein Abschluss" und „noch Schüler" wurde als „noch Schüler" kodiert, bei der Konstellation „Sonstiger Abschluss" und einer Nennung zwischen Hauptschule und Abitur immer letztere.*

Quelle: Wissenschaftlicher Kooperationsverbund – Elternbefragung

Während jeweils knapp ein Fünftel der Eltern mit Haupt- und Realschulabschluss bzw. ohne Schulabschluss ihr Kind im Ganztag angemeldet hat, sind es bei den Abiturient(inn)en fast 30%. Bei den Nicht-OGS-Eltern sieht die Verteilung mit niedrigeren Anteilen bei den Abiturient(inn)en und höheren Werten bei den Befragten mit Hauptschul- und Realschulabschluss sowie ohne Schulabschluss genau umgekehrt aus. Der sich in den Schulabschlüssen spiegelnde relativ hohe Stellenwert des Bildungsstatus als Rekrutierungsfaktor für den Ganztagsbesuch spiegelt sich auch bei den beruflichen Qualifikationen, die deshalb nicht mehr separat ausgewiesen werden.

Mit den Bildungsressourcen der Familien korrespondiert der sozio-ökonomische Status der Haushalte als weitere Einflussgröße für die Inanspruchnahme des Ganztags. Hierzu wurden die Eltern in der Befragung für sich und ihre Partnerin bzw. ihren Partner zum ausgeübten Beruf um Auskunft gebeten. Die ermittelten Einzelangaben wurden zu Berufsgruppen klassifiziert, die wiederum – nach Prestige und Status – drei Gruppen zugeordnet wurden, um hieraus eine Schichtvariable zu gewinnen. Auf dieser Grundlage wurde zwischen Haushalten mit niedrigem, mittlerem und hohem sozio-ökonomischen Status differenziert (vgl. zum Vorgehen Abb. 3.1). Bei der Auswertung der Daten wird ersichtlich, dass der Besuch des Ganztags ganz wesentlich vom beruflichen und sozialen Status der Eltern abhängt (vgl. Tab. 3.5). Während das Ganztagsangebot von 26% und 28% der Eltern aus mittleren und höheren Schichten genutzt wird, gelingt es bei einem Anteil von 16% nur in unterdurchschnittlichem Umfang, Haushalte mit niedrigem sozio-ökonomischen Status dort einzubeziehen. Dementsprechend sind unter den Nicht-OGS-Eltern Familien mit mittlerem und hohem Sozialstatus weniger oft und Haushalte mit niedrigerem sozio-ökonomischen Status häufiger präsent.

Bildungsniveau und Schichtzugehörigkeit sind darüber hinaus auch nicht unabhängig von der Frage der Erwerbstätigkeit zu betrachten, die zum einen unter dem Aspekt der Vereinbarkeit von Beruf und Familie von Interesse ist und zum anderen in Verbindung mit dem Berufsstatus Vermutungen über die Einkommenslage der Haushalte erlaubt. Hierzu wurden die Befragten detailliert zur eigenen beruflichen Situation bzw. der der Partnerin bzw. des Partners um Auskunft gebeten. Auf dieser Basis wurde zwischen einzelnen Erwerbskonstellationen der Haushalte differenziert.

Tab. 3.5: Schicht nach OGS-Zugehörigkeit (Spalten-%)

| Elterngruppe | Sozio-ökonomischer Status (aus Berufsangabe) | | |
	Niedrig	Mittel	Hoch
Nicht-OGS-Eltern	83,9	74,3	72,2
OGS-Eltern	16,1	25,7	27,8
Anzahl	834	1.242	1.110

Quelle: Wissenschaftlicher Kooperationsverbund – Elternbefragung

Die in Tabelle 3.6 ausgewiesenen Daten veranschaulichen, dass die Inanspruchnahme des Ganztags in hohem Maße mit der Erwerbstätigkeit beider Eltern einher geht. So nutzt rund die Hälfte der Familien, in denen Mütter und Väter eine Vollzeittätigkeit ausüben (bzw. bei den Alleinerziehenden ein Elternteil), den offenen Ganztag; in Haushalten, in denen ein Elternteil vollzeit- und das andere teilzeiterwerbstätig ist, sind dies immerhin noch 27%. Demgegenüber beträgt die Besuchsquote in Haushalten, in denen beide Eltern nicht-erwerbstätig sind, rund 19% sowie bei Haushalten mit einem erwerbstätigen sowie einem nicht-erwerbstätigen Elternteil lediglich 7%. Dieses eher traditionelle Familien- und Haushaltsmodell spielt dementsprechend bei den Nicht-OGS-Eltern mit Abstand die größte Rolle.[22]

Tab. 3.6: Erwerbskonstellation der Haushalte nach OGS-Zugehörigkeit (Spalten-%)

Elterngruppe	Erwerbskonstellation der Eltern				
	Beide Partner vollzeit-erwerbstätig[1]	Vollzeit/teilzeit[2]	Vollzeit/nicht-erwerbstätig	Beide nicht-erwerbstätig[3]	Sonstiges
Nicht-OGS-Eltern	51,4	72,6	92,8	80,6	69,6
OGS-Eltern	48,6	27,4	7,2	19,4	30,4
Anzahl	411	1611	829	219	324

1 Bei Alleinerziehenden: Vollzeit. 2 Inkl. Elternzeit mit Teilzeitbeschäftigung, bei Alleinerziehenden: Teilzeit. 3 Bei Alleinerziehenden: Nicht-erwerbstätig.

Quelle: Wissenschaftlicher Kooperationsverbund – Elternbefragung

Wird der Zusammenhang zwischen dem Erwerbsverhalten der Haushalte und dem Ganztagsschulbesuch zusätzlich unter dem Aspekt der Schichtzugehörigkeit betrachtet, dann wird der Ganztag weitaus häufiger von Familien mit mittlerem und hohem Sozialstatus in Anspruch genommen, in denen beide Elternteile vollzeiterwerbstätig sind sowie – in geringerem Umfang – ein Elternteil in Vollzeit- und das andere in Teilzeitform arbeitet, als dies bei Befragten mit niedrigem sozio-ökonomischen Status der Fall ist.

Über Bildung, Schicht und Erwerbstätigkeit hinaus wurde zusätzlich untersucht, wie attraktiv der offene Ganztag für Migrantenfamilien ist.[23] Hier

---

22 Die Unterschiede in den Erwerbsprofilen zwischen beiden Elterngruppen sind primär auf die Ausgangslage der Frauen zurückzuführen. Während Teilzeit- und Vollzeitarbeit die dominierenden Beschäftigungsmuster der Ganztagsschulmütter bilden, sind unter den übrigen Frauen die Hausfrauen am häufigsten vertreten, gefolgt von den Teilzeitbeschäftigten und den geringfügig Erwerbstätigen. Mütter, deren Kinder nicht den Ganztag besuchen, gehen im Vergleich zu den Ganztagsschulfrauen weniger häufig und mit geringeren Beschäftigungsumfängen einer Erwerbstätigkeit nach.

23 Zur Ermittlung des Migrationshintergrunds wurde in der Erhebung ein doppelter Weg beschritten. Um die wenig aussagekräftige Frage zur Staatsangehörigkeit zu vermeiden, wurden die Eltern zum Geburtsort sowie zum Aufenthaltsort bis zum sechsten Lebensjahr befragt. Aus beiden Fragen wurde eine neue Haushaltsvariable zum Migrationshintergrund generiert.

verdeutlicht die Auswertung, dass Eltern mit Migrationshintergrund das Ganztagsangebot etwas seltener in Anspruch nehmen. Wird bei der Auswertung allerdings der sozio-ökonomische Status der Familien statistisch kontrolliert, so verschwindet auch dieser schwache Zusammenhang. Es gibt also erwartungswidrig im Spiegel der Elternbefragung keinen Migrationseffekt im Hinblick auf den Ganztagsbesuch, wenn die Schichtzugehörigkeit der Haushalte berücksichtigt wird.

Abb. 3.1: Definition des Begriffs „sozio-ökonomischer Status" in der Elternbefragung

In den hier vorgestellten Analysen wurde der sozio-ökonomische Status über die Angaben zur aktuellen – bzw. bei Erwerbslosen – zur letzten Erwerbstätigkeit bestimmt. Die verwendeten Bezeichnungen „niedriger", „mittlerer" und „hoher" Status stellen kein Werturteil und keine Bewertung der Personen dar, sondern sollen Unterschiede zwischen der Verfügbarkeit kultureller und materieller Ressourcen widerspiegeln. Unter niedrigem Status wurden alle Agrarberufe, manuellen Berufe sowie einfache Büro-, Dienstleistungs- und Handelsberufe (etwa: Maschinenführer(innen), Raumpfleger(innen), Facharbeiter(innen), Verkäufer(innen) gefasst. Es handelt sich hierbei also nicht um die sogenannte „Unterschicht", die derzeit in vielen sozialpolitischen Debatten thematisiert wird, sondern eher um eine Gruppe, die einem erweiterten Verständnis von „Arbeiterschaft" entspricht. Die Gruppe mit mittlerem Status bilden qualifizierte Büro-, Dienstleistungs- und Handelsberufe sowie Semi-Professionen, wenn kein Fachhochschul- oder Hochschulabschluss vorliegt (etwa: Industriekaufleute, Polizeibeamte/-beamtinnen, technische Zeichner(innen) medizinisch-technische Assistent(inn)en). Angehörige von Semi-Professionen mit Fachhochschul- oder Hochschulabschluss, von Professionen sowie Unternehmer(innen) und Manager(innen) wurden demgegenüber zur Gruppe mit hohem sozio-ökonomischem Status gezählt. Wenn für einen Elternhaushalt Angaben beider Eltern vorlagen, wurde dem Haushalt die jeweils höchste Statuszuordnung zugewiesen.

Quelle: Wissenschaftlicher Kooperationsverbund – Elternbefragung

(2) Neben dem Bildungs-, Sozial- und Erwerbstatus der Haushalte wird der Ganztagsbesuch durch die Haushaltskonstellation beeinflusst. Hier lässt sich mit der „Familiengröße" und der „Familienform" ein zweites wesentliches Faktorenbündel identifizieren, das für die Teilnahme am Ganztag eine Rolle spielt (vgl. Tab. 3.7).

Tab. 3.7: Haushaltsgröße nach OGS-Zugehörigkeit (Spalten-%).

| Elterngruppe | Anzahl der Personen im Haushalt | | | |
	2	3	4	5 und mehr
Nicht-OGS-Eltern	49,8	65,9	81,4	84,1
OGS-Eltern	50,2	34,1	18,6	16,0
Anzahl	257	900	1.528	902

Quelle: Wissenschaftlicher Kooperationsverbund – Elternbefragung

So zeigt sich zunächst, dass mit wachsender Haushaltsgröße der Ganztagsbesuch abnimmt. Während fast die Hälfte der Eltern, die in Zweipersonen-Haushalten leben, und 34% der Befragten aus Dreipersonen-Haushalten dieses Angebot in Anspruch nehmen, sind es in Vierpersonen- und größeren Haushalten lediglich 19% und 16%. Der größere Stellenwert des Ganztags für kleinere Familien korrespondiert in hohem Maße mit der Anzahl der Kinder, die im Haushalt wohnen. Wird danach gefragt, wie viele Personen unter 18 Jahren im Haushalt leben (vgl. Tab. 3.8), dann sinkt das Interesse am Ganztagsbesuch mit steigender Kinderzahl. Während rund 37% der OGS-Eltern mit Einzelkindern das Ganztagsangebot nutzen, so sind es bei den Familien mit vier Kindern lediglich 14%, die hierauf zurückgreifen.

Tab. 3.8: Kinderzahl pro Haushalt nach OGS-Zugehörigkeit (Spalten-%)

Elterngruppe	Anzahl der Personen unter 18 im HH			
	1	2	3	4
Nicht-OGS-Eltern	62,5	80,4	82,4	85,7
OGS-Eltern	37,5	19,6	17,6	14,3
Anzahl	872	1.788	665	230

Quelle: Wissenschaftlicher Kooperationsverbund – Elternbefragung

Den voran stehenden Ergebnissen entsprechend, sind auch Alleinerziehende häufiger im Ganztag präsent. Bei dieser Frage verdeutlichen die Daten, dass 42% der Alleinerziehenden das Ganztagsangebot in Anspruch nehmen (vgl. Tab. 3.9). Bei den OGS-Eltern, die in einer Ehegemeinschaft oder Partnerschaft leben, sind es demgegenüber lediglich 20%. Umgekehrt sind bei den Nicht-OGS-Eltern Alleinerziehende (mit einem Anteil von 58%) im Vergleich zu Paargemeinschaften (mit 80%) in geringerem Umfang vertreten.

Tab. 3.9: Alleinerziehende nach OGS-Zugehörigkeit (Spalten-%)

Elterngruppe	Alleinerziehend	
	Nein	Ja
Nicht-OGS-Eltern	79,8	57,8
OGS-Eltern	20,2	42,2
Anzahl	3.075	491

Quelle: Wissenschaftlicher Kooperationsverbund – Elternbefragung

(3) Neben der Haushaltskonstellation hängt der Ganztagsbesuch drittens vom Alter der Kinder bzw. der Klassenstufe ab (vgl. Tab. 3.10). Das heißt, Familien, die den offenen Ganztag in Anspruch nehmen, haben eher Kinder, die die Klassen eins bis drei der Grundschule besuchen. Während knapp die Hälfte der Eltern mit Erstklässler(inne)n das Ganztagsangebot nutzt, sind es bei den Befragten mit Kindern in der vierten Klasse lediglich 29%. Dies deutet darauf hin, dass Eltern mit jüngeren Kindern einen höheren Betreuungsbedarf wahrnehmen, der zur stärkeren Inanspruchnahme des Ganztagsangebots führt.

Tab. 3.10: Schulklasse des Kindes nach OGS-Zugehörigkeit (Spalten-%)

Elterngruppe	Klasse			
	1	2	3	4
Nicht-OGS-Eltern	51,6	52,9	61,7	71,5
OGS-Eltern	48,4	47,1	38,3	28,5
Anzahl	775	849	1.011	979

Quelle: Wissenschaftlicher Kooperationsverbund – Elternbefragung

(4) Und schließlich spielen beim Ganztagsbesuch auch die Schulleistungen der Kinder eine Rolle. Im Kontext der Förderintentionen des offenen Ganztags wurden die Eltern hierzu um die Einschätzung des Leistungsstandes ihrer Kinder innerhalb der Klassenhierarchie gebeten. Hier zeigt sich interessanterweise, dass der Ganztag mit einem Anteil von 31% häufiger von Eltern genutzt wird, die bei ihren Kindern Schwierigkeiten in der Schule wahrnehmen (vgl. Tab. 3.11). Dieses Ergebnis erstaunt, weil diese Befragtengruppe eher aus Haushalten mit niedrigerem sozialem Status kommt, die das Ganztagsangebot weniger oft in Anspruch nimmt. Allerdings muss bei der Interpretation der Daten berücksichtigt werden, dass diese Gruppe zahlenmäßig sehr klein ist und sich kein vergleichbarer Effekt etwa bei den Kindern aus dem „unteren Mittelfeld" zeigt.

Tab. 3.11: Schulleistungen des Kindes nach OGS-Zugehörigkeit der Eltern (Spalten-%)

Elterngruppe	Schulleistungen des Kindes			
	beste	oberes Mittel	unteres Mittel	hat Schwierigkeiten
Nicht-OGS-Eltern	76,9	77,2	79,7	69,4
OGS-Eltern	23,1	22,8	20,3	30,6
Anzahl	771	1.955	379	180

Quelle: Wissenschaftlicher Kooperationsverbund – Elternbefragung

Zusammengenommen lässt sich an dieser Stelle festhalten, dass das Ganztagsangebot häufiger von Haushalten bzw. Eltern in Anspruch genommen wird, die alleinerziehend sind, in kleineren Haushalten leben, nur ein Kind bzw. weniger Kinder haben, über relativ gute Bildungsressourcen verfügen, aus hohen oder mittleren Schichten kommen, beide erwerbstätig sind (bzw. bei Alleinerziehenden ein Elternteil), Kinder in den Klassen eins bis drei haben sowie bei diesen eher Schulschwierigkeiten wahrnehmen. Umgekehrt bedeutet dies, dass der offene Ganztag offenbar für Eltern weniger attraktiv ist, die häufiger einen niedrigen sozio-ökonomischen Status und ein geringeres Bildungsniveau haben, aber auch öfter in größeren und kinderreicheren Haushalten leben, in denen insbesondere die Mütter seltener erwerbstätig sind. Worauf die Differenzen bei der Nicht-Inanspruchnahme des Ganztags im Einzelnen zurückzuführen sind, wird deutlich, wenn zusätzlich die inhaltlichen Begründungen näher untersucht werden, die die Nicht-OGS-Eltern hierzu selbst abgegeben haben.

3.2.2 Zentrale Begründungsmuster für die Nicht-Teilnahme am Ganztag

Wenn es um den Zugang zum Ganztagsangebot geht, dann sind die Argumente von Interesse, die aus Sicht der Nicht-OGS-Eltern gegen den offenen Ganztag sprechen. Hierzu fallen die Antworten der Eltern relativ eindeutig aus: Zwei Drittel von ihnen möchten das „Kind selbst zu Hause betreuen" (vgl. Tab. 3.12). Der Wunsch nach Kinderbetreuung in der Familie ist somit das dominierende Motiv der Nicht-OGS-Eltern. Die Bevorzugung anderer Betreuungsformen – wie dem Hort oder anderweitige Lösungen – spielt bei der Entscheidung gegen die Ganztagsschule bei zusammengenommen nur etwa 6% der Eltern eine Rolle. Mit deutlichem Abstand zur Familienbetreuung stellen die Kosten den am zweithäufigsten genannten Grund für die Nicht-Inanspruchnahme des Ganztags dar: Rund ein Viertel der Befragten nennt dieses Motiv. An dritter und vierter Stelle werden zwei Gründe fast gleich häufig von den Eltern ins Feld geführt, die explizit mit Eltern- und Kinderpräferenzen zu tun haben: So stimmen der Aussage „Mein Kind möchte nicht in den offenen Ganztag" rund 17% der Eltern zu. Weitere 16% der Befragten sind der Meinung, dass der Ganztag nicht ihren Vorstellungen entspricht und artikulieren damit konzeptionelle Zusammenhänge als Argument gegen den Ganztagsbesuch. Dies sind weitaus öfter Eltern mit hohem als mit mittlerem oder niedrigem sozio-ökomomischen Status.

Tab. 3.12: Gründe für Nicht-Anmeldung im Ganztag (Mehrfachantworten möglich; in %)

Nicht-Anmeldegründe	Anteil genannt (%)	Anzahl gesamt
Anderweitige Präferenzen der Eltern		
Ich möchte mein Kind selbst zu Hause betreuen.	67,2	2.193
Der offene Ganztag entspricht nicht meinen Vorstellungen.	16,2	2.193
Ich bevorzuge den Hort.	3,0	2.193
Ich bevorzuge eine anderweitige Betreuungsform.	2,5	2.193
Präferenzen des Kindes		
Mein Kind möchte nicht in den offenen Ganztag.	16,7	2.193
Strukturelle Gründe		
Die Kosten (Elternbeiträge, Mittagessen) für den offenen Ganztag sind mir zu hoch.	25,5	2.193
Die Betreuungszeiten im offenen Ganztag entsprechen nicht unserem Betreuungsbedarf.	9,6	2.193
Ich habe keinen Platz im offenen Ganztag bekommen.	2,6	2.193
Sonstige Gründe	7,5	2.193

Quelle: Wissenschaftlicher Kooperationsverbund – Elternbefragung

Werden die vorgestellten Items systematisiert (vgl. Tab. 3.12), dann stehen die individuellen Präferenzen der Eltern unter den Begründungen zur Nicht-Inanspruchnahme des Ganztags an erster Stelle. Unter diesen hat der

Wunsch der Eltern nach Kinderbetreuung in der Familie im Vergleich zu anderen Betreuungskonzepten und -formen den größten Stellenwert. Neben den individuellen Präferenzen lassen sich strukturelle Begründungsmuster unterscheiden, unter denen vor allem die Kostenfrage als Zugangsschwelle für den offenen Ganztag eine zentrale Rolle spielt. Sie rangiert weit vor allen anderen strukturellen Argumenten – wie unpassenden Betreuungszeiten oder fehlenden Ganztagsplätzen. Deshalb soll diese potenzielle Zugangsschwelle zum Ganztag im Folgenden näher betrachtet werden. Aufgrund der Fakultativität der Teilnahme am Ganztagsangebot, die auch die Abmeldeoption umfasst, ist dieser Aspekt auch aus Sicht der Eltern, deren Kinder den Ganztag besuchen, von Interesse.

Kosten als Zugangsschwelle zum Ganztag
In der Ganztagsschulliteratur wird die Kostenfrage bislang weitgehend ausgeklammert. In Beiträgen zu Kindertageseinrichtungen wurde in diesem Kontext insbesondere auf den Zusammenhang zwischen zu hohen Kinderbetreuungskosten und einer rückläufigen Erwerbsneigung von Frauen hingewiesen, die über das verringerte Haushaltseinkommen zumeist negativ miteinander korrelieren. Aus dieser Perspektive stellen der Verzicht auf Erwerbstätigkeit und die bevorzugte Betreuung der Kinder in der Familie im Sinne einer Kosten-Nutzen-Relation eine ökonomisch rationale Entscheidung der Haushalte dar. Neben dem Rückzug vom Arbeitsmarkt (und damit dem Verzicht auf institutionelle Kinderbetreuung) bildet der Rückgriff auf preiswertere Lösungen oder informelle Betreuungsformen eine weitere Handlungsstrategie, um die Betreuungskosten zu minimieren (vgl. Lang 2006; Klement u.a. 2006).

Wenn im Unterschied zu den Kindertageseinrichtungen die Kosten des Ganztagsangebots in den Mittelpunkt gestellt werden, dann ist bei der Einordnung der Ergebnisse zu berücksichtigen, dass zum Zeitpunkt der Befragung eine Höchstgrenze für den Elternbeitrag zum offenen Ganztag von monatlich 100 Euro galt (seit dem 01.08.2006: 150 Euro). Laut Struktur- und Profilerhebung hatte zu diesem Zeitpunkt etwa ein Viertel aller Schulen einen einheitlichen Beitragssatz für alle Eltern von durchschnittlich 49 Euro. 76% der befragten Schulen hatten dementsprechend einen gestaffelten Beitragssatz. Über die Art der Staffelung und die Schwellenwerte für Beitragsreduzierungen können auf der Grundlage der Profil- und Strukturanalyse jedoch keine Aussagen gemacht werden (vgl. hierzu Kap. 1). Die finanzielle Belastung der Eltern erhöht sich, wenn die Kinder das Mittagsangebot in Anspruch nehmen, für das in den befragten Schulen einheitliche Beiträge entrichtet werden müssen. Hinzu kommen in einigen Schulen Sonderbeiträge für einzelne Arbeitsgemeinschaften und Kurse (vgl. ebd.).

Wo die kritische Belastungsgrenze liegt, an der sich Eltern gegen das Ganztagsangebot entscheiden, kann auf der Grundlage der Elternbefragung nicht beantwortet werden (zumal dies sehr stark von der jeweiligen Finanzlage und den Kostenstrukturen der Familien sowie den kommunalen Regelungen zur Gebührenhöhe abhängt). Demgegenüber wurde jedoch untersucht, welche Befragtengruppen die Kosten verstärkt als Argument gegen die Anmeldung ihres Kindes im Ganztag anführen und inwieweit diese Begründung mit der realen Lebenssituation dieser Familien korrespondiert. Hierzu wurde die Kostenfrage zunächst auf der Grundlage eines logistischen Regressionsmodells geprüft. Es berücksichtigt neben den Kontextfaktoren „Gemeindegröße" und „Beginn des Ganztagsbetriebs der Schule" die Variablen „Erwerbstätigkeit", „sozio-ökonomischer Status", „Migrationshintergrund", „Familienform", „Schulleistungen des Kindes" und „Anzahl der Kinder im Haushalt" (vgl. Tab. 3.13).

Tab. 3.13: Logistische Regression; Nicht-Anmeldegrund „Kosten",
Mehrebenenmodell

Variable (R Referenzkategorie)	β
Gemeindegröße (R >100000 EW)	
- <50.000 EW	-0,22
- 50–100.000 EW	0,13
Anfangsjahr OGS 2004 (R 2003)	-0,17
beide Partner erwerbstätig	0,38 [**]
sozio-ökonomischer Status (R hoch)	
- niedrig	0,90 [***]
- mittel	0,66 [***]
Migrationshintergrund	0,65 [***]
Alleinerziehend	-0,31
Schulleistung Elterneinschätzung (R beste)	
- Schwierigkeiten	0,74 [*]
- untere Mitte	0,35
- obere Mitte	0,37 [*]
Anzahl der Personen unter 18 im Haushalt (R 1)	
- 2 Personen	0,12
- 3 und mehr Personen	0,49 [*]
Konstante	-2,45 [***]
σ_u	0,38
Intraklassen-Korrelation	0,12

*** $p<0,001$ ** $p<0,01$ * $p<0,05$ + $p<0,1$ *(jeweils zweiseitig).*
Quelle: Wissenschaftlicher Kooperationsverbund – Elternbefragung

Diese Analyse macht deutlich, dass es spezifische Gruppen sind, für die die Kosten des Ganztags eine zu hohe finanzielle Belastung darstellen. So wird das Kostenargument insbesondere von solchen Eltern als Nicht-Anmeldegrund benannt, die einen niedrigen sozio-ökonomischen Status haben. Aus dieser Gruppe verweisen immerhin rund 35% der Eltern auf die zu hohen Kosten. Bei Familien mit mittlerem und hohem Sozialstatus sind es demgegenüber lediglich 26% und 14%. Auch im Hinblick auf den kulturellen Kontext der Familien zeigen sich Differenzen. Während für 37% der Migrantenfamilien die Kostenhöhe einen Nicht-Anmeldegrund darstellt, beträgt der Anteil bei den Eltern ohne Migrationshintergrund lediglich 22%. Weitere Gruppen, die die Kosten als Zugangsbarriere zum Ganztag beschreiben, sind Familien mit drei und mehr Heranwachsenden sowie Eltern, die bei ihren Kindern Schwierigkeiten in der Schule wahrnehmen. Und schließlich beklagen Eltern, die beide erwerbstätig sind und die Kinderbetreuungskosten mit dem erzielten Erwerbseinkommen verrechnen müssen, ebenfalls die zu hohen Kosten des Ganztags.

Zusammenfassend scheint das Kostenargument insbesondere für Familien mit niedrigem sozio-ökonomischen Status sowie – aufgrund der Korrespondenzen – für Nicht-OGS-Eltern mit Migrationshintergrund und Kindern mit Schulschwierigkeiten, aber auch für Familien mit mehreren Kindern durchaus plausibel zu sein, da diese Gruppen in der Regel ökonomisch stärker benachteiligt sind. An den Ergebnissen wird allerdings auch ein zweiter Punkt deutlich, der für die Weiterentwicklung des Ganztags von zentraler Bedeutung ist: Durch die Kosten wird der Ganztagsbesuch offensichtlich gerade für die Gruppen erschwert, für die er in besonderem Maße eine Förderfunktion haben könnte.

Kosten als Bewertungsmaßstab des Ganztags
Im Vergleich zu den Nicht-OGS-Eltern lautete die Frage an die Ganztagsschuleltern, welche Gebühren und Beiträge ihnen entstehen und wie sie diese bewerten. Im Hinblick auf die anfallenden Kosten geben jeweils rund 90% der Eltern an, Beiträge für den Ganztag sowie das Mittagessen zu entrichten. Weitere rund 36% leisten Sonderbeiträge für bestimmte Angebote oder Kurse (vgl. Tab. 3.14). Diese Beiträge erachtet die Mehrzahl der Eltern als angemessen, obgleich in Relation der einzelnen Beitragsarten erhebliche Kritik an den Kosten formuliert wird. So werden vor allem die Gebühren für den Ganztag von knapp einem Drittel der Befragten als zu hoch bewertet. Auch beim Mittagessen fühlt sich rund ein Viertel der Befragten finanziell zu stark belastet. Demgegenüber sind es bei Sonderbeiträgen für bestimmte Kurse lediglich 14%, die sich zur Kostenfrage ablehnend äußern. Die sich in diesen Aussagen andeutende Unzufriedenheit eines Teils der Eltern findet sich auch in der DJI-Betreuungsstudie, in der ersichtlich wird, dass die Kosten für diese Gruppe – bei insgesamt guter Bewertung der Tageseinrichtungen – ein sensibles Thema darstellen[24] und im Ver-

---

24 In der DJI-Betreuungsstudie wurde für Tageseinrichtungen für Kinder eine vergleichsweise hohe Unzufriedenheit mit den Kosten für Kinder- und Krippenerziehung ermittelt. Hierbei waren 44% der Eltern mit Kindern unter drei Jahren bzw. 47% der Befragten mit Heranwachsenden im Alter von 3 bis unter 8 Jahren der Meinung, dass Kinderbetreuung maximal bis 50 Euro kosten soll. Weitere 37% bzw. 38% benannten eine Spanne von 50 Euro bis unter 100 Euro als Maximalbetrag für die Kinderbetreuung. Allerdings lagen bei rund 90% der befragten Eltern die Krippen- und Kindergartenkosten über dem Betrag, den sie als Maximalbetrag angegeben hatten (vgl. Lang 2006).

gleich zu anderen Komponenten (wie Konzept, Räumlichkeiten etc.) kritischer betrachtet werden (vgl. Fendrich/Pothmann 2006; Lang 2006). Ermittelt wurden darüber hinaus eine stärkere finanzielle Belastung niedrigerer Sozialschichten sowie unterer Einkommensgruppen, die einen höheren Anteil ihres Haushaltseinkommens für die institutionelle Kinderbetreuung ausgeben (vgl. Lang 2006).

Tab. 3.14: Zahlung und Bewertung der Gebühren seitens der Eltern (in %)

Beitrag für	Geleistete Beiträge in %	Bewertung Falls gezahlt: Beitrag ist	
		angemessen	zu hoch
Ganztagsbetreuung	89,4	68,4	31,6
Mittagessen	89,3	75,8	24,2
Angebote/Kurse	35,8	86,0	14,0

Quelle: Wissenschaftlicher Kooperationsverbund – Elternbefragung

Werden unter diesem Aspekt mit Blick auf den offenen Ganztag die Daten nach dem sozio-ökonomischen Status der Eltern differenziert, dann zeigt sich, dass Eltern mit mittlerem und hohem sozio-ökonomischen Status häufiger Gebühren für die Ganztagsbetreuung, das Mittagessen sowie die Angebote und Kurse zahlen als Befragte mit niedrigerem Status. Letztere empfinden jedoch wesentlich öfter die Gebührenhöhe als angemessen. Dies betrifft wiederum insbesondere die Beträge für den Ganztag. Wenngleich diese Eltern damit am unzufriedensten sind, zeigen sich die höchsten Prozentsatzdifferenzen zwischen den Statusgruppen jedoch beim Mittagessen (vgl. Tab. 3.15). Zusammengenommen ergibt sich bei der Differenzierung nach Schichtzugehörigkeit bei den OGS-Eltern ein vergleichbares Ergebnis wie bei den Befragten in der DJI-Betreuungsstudie (vgl. Lang 2006). Zugleich ist zu vermuten, dass der Ganztagsbesuch bei Haushalten mit niedrigerem sozio-ökonomischen Status mit einer größeren finanziellen Einkommensbelastung einhergeht.

Tab. 3.15: Zahlung und Bewertung der Gebühren seitens der Eltern nach Schichtzugehörigkeit (gezahlt von in %; Anteil „zu hoch" in %)

Beitrag für	Zahlung der Gebühren				Bewertung der Gebühren als zu hoch			
	Sozio-ökon. Status			Ges.	Sozio-ökon. Status			Ges.
	niedrig	mittel	hoch		niedrig	mittel	hoch	
Ganztagsbetreuung	81,4	92,3	94,1	89,4	37,2	34,5	25,4	31,6
Mittagessen	82,9	91,1	92,0	89,3	33,6	27,0	15,3	24,2
Angebote/Kurse	33,5	34,7	36,7	35,8	17,0	17,5	7,4	14,0

Quelle: Wissenschaftlicher Kooperationsverbund – Elternbefragung

3.2.3 Betreuungssettings der OGS- und Nicht-OGS-Eltern im Vergleich

Wird die Relation zwischen den formulierten Wünschen der Nicht-OGS-Eltern mit ihrem tatsächlichem Betreuungsalltag in Verbindung gesetzt, dann bestehen zunächst große Übereinstimmungen. Dies ist das Ergebnis einer an anderer Stelle des Erhebungsbogens formulierten Frage danach, von wem das Kind an Schultagen nach dem Unterricht betreut wird, wobei das Item zur Ganztagsbetreuung in der Tabelle 3.17 nicht ausgewiesen ist. Hier veranschaulichen die Antworten, bei denen Mehrfachnennungen möglich waren, dass effektiv die große Mehrheit der Nicht-OGS-Eltern die Kinder selbst betreut, während bei den OGS-Eltern nur etwa 11% angeben, dass das Kind direkt nach dem Unterricht nach Hause kommt.

Wenn allerdings die Nutzung weiterer Betreuungsformen betrachtet wird, dann resultieren hieraus auffällige Ergebnisse: Zum einen gibt mehr als ein Zehntel der Nicht-OGS-Eltern an, dass ihre Kinder im Rahmen der „Schule von 8 bis 1" nach dem Unterricht betreut wird. Dass ein Kind also nicht den Ganztag besucht, bedeutet also nicht zwangsläufig, dass die Eltern keine schulischen Betreuungsangebote wahrnehmen. Darüber hinaus nutzen insgesamt fast 21% dieser Elterngruppe ein zusätzliches, außerschulisches Betreuungsangebot (Hort, Tagesmutter, Verwandte, Sonstige), dabei spielen formalisierte und kostenintensivere Angebote (wie der Hort oder die Tagespflege) nur eine Nebenrolle gegenüber informellen Betreuungsformen. Im Gegensatz dazu nehmen nur knapp 9% der OGS-Eltern mindestens eine dieser Betreuungsformen in Anspruch. Ein „Betreuungsmix", wie er beispielsweise im Krippen- oder Kindergarten häufiger vorkommt, lässt sich an Ganztagsschulen also nicht feststellen. Für diese Gruppe bildet der offene Ganztag somit in hohem Maße den Kern familialer Betreuung, um den sich jeweils mit relativ niedrigen Anteilen andere Angebote gruppieren.

Wird das Ganztagsangebot in den Mittelpunkt gestellt, dann ist die Anmeldung der Kinder für diejenigen Eltern, die sich für den offenen Ganztag entscheiden, laut Erlass für ein Schuljahr bindend und verpflichtet in der Regel zur vollständigen Teilnahme an allen Tagen der Woche (vgl. RdErl. 2006, 2.5-2.6). In der Pilotstudie deutete sich in den Aussagen der Interviewpartner(innen) auf der Steuerungs- und Ausführungsebene an, dass einige Eltern einen geringeren wöchentlichen Betreuungsbedarf haben und nur einen Teil des außerunterrichtlichen Angebots, z.B. besonders attraktive Arbeitsgemeinschaften und Kurse des Gesamtprogramms, in Anspruch nehmen (möchten) (vgl. Beher u.a. 2005). Wie Erfahrungsberichte von Eltern vor Ort verdeutlichen (vgl. z.B. www.familienstadt.dortmund.de), wird die Frage des Verbindlichkeitsgrades der Teilnahme an den Schulen – selbst innerhalb einer Kommune – unterschiedlich gehandhabt. Vor diesem Hintergrund veranschaulichen die Daten des Elternsurveys, dass mit 77% die große Mehrheit der befragten Eltern das Ganztagsangebot in vollem

Umfang, d.h. an fünf Wochentagen, in Anspruch nimmt. Allerdings gibt gleichzeitig noch fast ein Viertel der Eltern an, dass ihr Kind an weniger Tagen in den Ganztag geht: Bei rund 9% der Eltern sind es vier Wochentage, bei 8% drei und bei weiteren 5% lediglich zwei.

Tab. 3.16: Betreuungsformen an Schultagen nach dem Unterricht ohne Ganztag nach Ganztagsbesuch (Mehrfachantworten möglich; in %)

Das Kind ...	Elterngruppe	
	Nicht-OGS-Eltern	OGS-Eltern
kommt nach dem Unterricht direkt nach Hause und wird von mir/uns betreut	85,4	10,6
ist bis 13.00 Uhr in der Schule („Schule von 8 bis 1")	10,4	2,8
besucht einen Hort	4,7	1,5
hat eine Tagesmutter	1,5	1,0
wird von den Großeltern oder anderen Verwandten betreut	13,1	5,2
wird anderweitig betreut (Nachbarn, Au-Pair-Mädchen etc.)	2,1	1,4

Quelle: Wissenschaftlicher Kooperationsverbund – Elternbefragung

3.2.4 Resümee und Folgerungen

Der Ganztag ermöglicht zusammengenommen – so lässt sich aufgrund der vorangehenden Ausführungen im Hinblick auf den Zielkanon der OGS folgern –, unter arbeitsmarktpolitischen Zielsetzungen beiden Elternteilen, und darunter insbesondere den Müttern, die Ausübung einer Erwerbstätigkeit. Er entlastet – sozialpolitisch betrachtet – Alleinerziehende im Familien- und Berufsalltag. Er kommt unter bildungspolitischen Gesichtspunkten Kindern mit Schwierigkeiten in der Schule zu Gute und bietet insbesondere Einzelkindern erweiterte Kontaktmöglichkeiten zu anderen Kindern. Umgekehrt bevorzugt der Ganztag allerdings auch Familien aus mittleren und höheren Sozialschichten, in denen die Eltern zugleich erwerbstätig sind und über bessere Bildungsvoraussetzungen verfügen. Aus dieser Perspektive sind in Zukunft unter bildungs- und verteilungspolitischen Kriterien verstärkte Anstrengungen erforderlich, um das Ganztagsangebot insbesondere für bildungsfernere und sozial weniger privilegierte Familien attraktiver zu machen und auf diese Weise sozialen Segregationsprozessen bereits im Vorfeld nachhaltig entgegen zu wirken.

Auf welchem Weg dies u.a. geschehen kann, darauf haben vor allem die Nicht-OGS-Eltern eine Antwort gegeben. Jenseits individueller Präferenzen stellen für diese Gruppe die zu hohen Kosten eine wesentliche Zugangsschwelle zum Ganztag dar, die insbesondere von denjenigen Elterngruppen benannt wurden, deren Lebenssituation eine angespanntere ökonomische Lage vermuten lässt. Aus dieser Perspektive stehen vor allem die Gebührenregelungen für den Ganztagsbesuch auf dem Prüfstand, die auch von einem Teil der OGS-Eltern – und unter diesen wiederum häufiger von Befragten mit niedrigem sozio-ökonomischen Status – kritisiert wurden. Hierbei sollten die Elterngebühren so differenziert gestaltet werden, dass sie der tatsächlichen Einkommenslage der Familien weitgehend entsprechen (z.B. durch großzügige Geschwisterrabatte), wobei insbesondere die von einem Teil der Schulen erhobenen Festbeträge zur höheren Belastung unterer Einkommensgruppen führen. Darüber hinaus sollten insbesondere beim Mittagessen großzügige Regelungen etabliert werden, die auch unter ernährungsphysiologischen Aspekten sicherstellen, dass alle Kinder eine warme Mahlzeit bekommen, die für die Eltern erschwinglich ist (vgl. Kap. 4.2.3).

3.3 Der offene Ganztag aus Sicht der Nutzer/innen

Im Unterschied zum vorangehenden Kapitel stehen in den folgenden Ausführungen speziell die Einstellungen der Eltern, die ihr Kind im Ganztag angemeldet haben, im Mittelpunkt. Welche Erwartungen diese Elterngruppe an den Ganztag knüpft und wie zufrieden sie mit dem Angebot ist, welche Effekte der OGS sie im Hinblick auf die Kinder und den Familienalltag wahrnimmt sowie an welchen Punkten die Ganztagseltern Verbesserungen einfordern, bilden die vier übergeordneten Fragestellungen dieses Kapitels.

3.3.1 Der Erwartungshorizont der Eltern bei der Anmeldung zum offenen Ganztag

Welche Erwartungen tragen die die OGS-Eltern an den Ganztag heran, wenn sie ihr Kind dort anmelden, so lautete eine zentrale Frage im Erhebungsbogen, um die Vorstellungen und Ansprüche dieser Adressatengruppe abzustecken. Hierzu wurden die Eltern, die mindestens ein Kind im Ganztag haben, nach der Bedeutung ausgewählter Gründe für die Anmeldung befragt. Die ermittelten Häufigkeiten – geordnet nach Wichtigkeit – veranschaulicht Tabelle 3.17. In der Rangfolge der Nennungen rangieren der Wunsch nach einer verlässlichen Betreuung und die Möglichkeit, einen Beruf auszuüben, mit Abstand auf den ersten beiden Plätzen. Für fast alle Eltern hat damit der Betreuungsaspekt eine zentrale Bedeutung, der vor allem im Hinblick auf die Vereinbarkeit von Familie und Beruf – insbesondere von den Müttern – hoch bewertet wird.

Auf große positive Resonanz seitens der Eltern stoßen darüber hinaus das attraktive Kursangebot sowie die Kontaktmöglichkeiten mit anderen Kindern im Rahmen des Ganztags. Neben dem Betreuungsaspekt lässt sich somit ein zweites Motivbündel beschreiben, in das die Erwartung einer „sinnvollen" Freizeitgestaltung und Aspekte einer stärkeren sozialen Einbindung der Kinder einfließen. Erst an dritter Stelle folgen Motivkonstellationen, die mit unterschiedlichen Aspekten der kindlichen Förderung zu tun haben (wie die Unterstützung bei den Hausaufgaben, stärkere Förderung und mehr Selbständigkeit). Das Ende der Rangliste bilden – allerdings immer noch mit einer hohen Anzahl von Nennungen – die Gründe „warmes Mittagessen", „Wunsch des Kindes", „bessere Schulleistungen im Unterricht" und „Empfehlung des Lehrers/der Lehrerin". Wird von der Häufigkeit der Nennungen auf die Bedeutung der verschiedenen Motivkomplexe geschlossen, dann liegt die Betreuung der Kinder an erster Stelle der Anmeldegründe, gefolgt von den Ansprüchen im Bereich der Freizeitgestaltung und der Gleichaltrigenkontakte. Im Vergleich hierzu stellt die Förderung der Kinder für die Mehrheit der Eltern eine Erwartung da, die bei der Anmeldung der Kinder nachrangig ist.

Tab. 3.17: Anmeldegründe für den offenen Ganztag (Mehrfachnennungen möglich, in Zeilen-%)

Wie wichtig waren für Sie die folgenden Gründe, Ihr Kind für die Ganztagsbetreuung anzumelden? Mir/uns ist ... wichtig, dass ...	Wichtigkeit der Anmeldegründe					
	gar nicht	eher nicht	eher wichtig	sehr wichtig	Anzahl	sehr und eher[1]
mein Kind verlässlich betreut wird.	1,0	0,7	5,6	92,7	1.461	98,3
mein/e Partner(in) oder ich berufstätig sein können.	3,6	4,6	16,4	75,4	1.424	91,8
es in der Ganztagsbetreuung interessante Kurse für mein Kind gibt.	2,7	11,0	36,4	49,9	1.460	86,3
mein Kind mehr mit anderen Kindern zusammen ist.	3,6	10,6	33,5	52,3	1.456	85,8
mein Kind bei den Hausaufgaben betreut und unterstützt wird.	7,5	14,5	24,4	53,6	1.459	78,0
mein Kind stärker gefördert wird.	5,3	19,6	28,6	46,5	1.439	75,1
mein Kind selbständiger wird.	5,0	24,8	33,9	36,3	1.428	70,2
das Kind mittags mit anderen Kindern etwas Warmes essen kann.	18,4	15,5	24,1	41,9	1.422	66,0
das Kind sich das gewünscht hat.	21,5	20,0	30,8	27,6	1.287	58,4
mein Kind bessere Leistungen im Unterricht bringt.	15,3	26,5	20,5	37,7	1.402	58,2
ein/e Lehrer(in) das empfohlen hat.	53,5	26,6	10,9	9,0	1.264	19,9

1 Diese Kategorie ist definiert als Anteil der Befragten, die „sehr wichtig" oder „eher wichtig" antworteten.
Quelle: Wissenschaftlicher Kooperationsverbund – Elternbefragung

Um im nächsten Schritt multivariat zu prüfen, ob sich die Motivationslagen der Eltern nach Subgruppen oder Schulkonstellationen unterscheiden, wurden – nach vorgeschalteter Hauptkomponentenanalyse[25] – zunächst drei Indikatoren gebildet (vgl. hierzu den Anhang). Sie umfassen

---

25 Die Faktorenanalyse ergab eine Lösung mit zwei Hauptkomponenten, die etwa die Hälfte der Varianz erklären und eine Differenzierung zwischen zwei Motivationsbereichen vermuten lassen: Auf der zweiten Dimension laden die beiden Variablen

- eine Gesamtskala, die das breite Spektrum kindorientierter Motivationen bei der Anmeldung insgesamt abbildet, Sie beinhaltet im Einzelnen die Anmeldegründe, dass das Kind „selbständiger wird", „stärker gefördert wird", „bei den Hausaufgaben betreut und unterstützt wird", „bessere Leistungen im Unterricht bringt", „mehr mit anderen Kindern zusammen ist", „es in der Ganztagsbetreuung interessante Kurse (...) gibt", „ein Lehrer/eine Lehrerin das empfohlen hat" sowie „das Kind sich das gewünscht hat".

- eine Subskala, die speziell die „Förderung des Kindes" misst. Sie besteht aus den vier Items, dass das Kind „stärker gefördert wird", „bei den Hausaufgaben betreut und unterstützt wird", „bessere Leistungen im Unterricht bringt" und „selbständiger wird".

- das Item „dass mein/e Partner(in) oder ich berufstätig sein können" als Indikator für den Betreuungsaspekt[26], durch das dieser gezielt unter dem besonderen Blickwinkel der Erwerbstätigkeit erfasst wird.

Alle drei Indikatoren haben einen Wertebereich von 1 (gar nicht wichtig) bis 4 (sehr wichtig). Im Anschluss hieran wurden Regressionsanalysen für alle drei Indikatoren durchgeführt (vgl. ebd.), bei denen auf der Schul-, Haushalts- und Kinderebene unterschiedliche Kovariablen kontrolliert wurden.[27] Da jeweils nur Angaben über ein Kind pro Haushalt vorlagen, wurde darüber hinaus ein Mehrebenenmodell mit den beiden Ebenen „Haushalt" und „Schule" geschätzt. Diese Analyse macht deutlich, dass sich hinter den Gesamtaussagen durchaus signifikante Unterschiede zwischen einzelnen Elterngruppen im Hinblick auf die Erwartungen an den Ganztag abzeichnen. Dies soll am Beispiel der in Tabelle 3.18 ausgewiesenen Gruppenmittelwerte zu den Variablen „Schulleistung", „Erwerbsstatus", „Migrationshintergrund" und „sozio-ökonomischer Status" verdeutlicht werden:

- Werden die ausgewiesenen Mittelwerte zum Leistungsstand der Schüler(innen) näher betrachtet, dann ist es kaum überraschend, dass die An-

---

„verlässliche Betreuung" und „Ermöglichung von Berufstätigkeit", die eher den Betreuungsaspekt darstellen, während auf der ersten Komponente die Variablen laden, die weitgehend am Kind orientiert sind. Unter diesen haben Items die stärksten Ladungen, die mit unterschiedlichen Aspekten der Förderung in Zusammenhang gebracht werden können („Selbstständigkeit", „Förderung", „Unterstützung bei den Hausaufgaben" und „bessere Leistungen im Unterricht"). Das Item „dass das Kind mittags mit anderen Kindern etwas Warmes essen kann" lädt auf beiden Komponenten und wird daher im Weiteren nicht mehr berücksichtigt.

26 Zur Erfassung des Betreuungsaspekts wurde das Item „dass mein Kind verlässlich betreut wird" nicht mehr berücksichtigt, da dieses von fast allen Befragten angegeben wurde.

27 Hierzu zählen auf der Ebene der Schule: die Größe der Kommune als Indikator für Stadt/Land-Unterschiede sowie das Jahr, in dem die Schule den Ganztagsbetrieb aufgenommen hat; auf der Ebene der Haushalte: der Erwerbsstatus, der sozio-ökonomische Status, der Migrationshintergrund und die Familienform der Eltern sowie auf der Ebene der Kinder: die Einschätzung der Schulleistungen durch die Eltern.

meldemotive je nach Einschätzung der Schulleistung des Kindes differieren: Je schlechter die Eltern die Leistungen ihres Kindes einschätzen,
desto wichtiger sind ihnen offensichtlich kindorientierte Motive und darunter insbesondere der Förderaspekt. Gleichzeitig sinkt mit abnehmen-
dem Leistungsniveau der Kinder die Bedeutung des Erwerbsaspekts für
die Eltern.

- Wenig erstaunlich ist auch, dass der Erwerbsstatus der Eltern bei der
  Anmeldung des Kindes zum Ganztag eine wesentliche Rolle spielt:
  Wenn beide Eltern erwerbstätig sind (bzw. bei Alleinerziehenden ein Elternteil), dann sinkt der Stellenwert der Kind- und Förderorientierung
  bei der Anmeldung, während die Erwerbsdimension im Erwartungshorizont der Eltern einen größeren Raum einnimmt. Die stärkere Akzentuierung der Berufstätigkeit gilt für Alleinerziehende gleichermaßen.

Tab. 3.18: Gruppenmittelwerte der Indikatoren zu den Anmeldegründen der Eltern nach Schulleistung, Erwerbsstatus, Migrationshintergrund sowie
sozio-ökonomischem Status (1= gar nicht wichtig, 4 = sehr wichtig)

Variable	Gruppe	Kindorien-tierte Mo-tivation	Index Förderung	Erwerbs-tätigkeit
Schulleistungen des Kindes (Eltern-einschätzung)	Beste	2,7	2,8	3,7
	Oberes Mittel	2,9	3,1	3,7
	Unteres Mittel	3,1	3,3	3,6
	Schwierigkeiten	3,3	3,6	3,4
Beide Partner erwerbstä-tig (bei Alleinerziehen-den: erwerbstätig)	Nein	3,3	3,4	3,2
	Ja	2,8	2,9	3,8
Migrationshintergrund der Eltern	Nein	2,8	2,9	3,7
	Ja	3,3	3,5	3,5
Sozio-ökonomischer Status der Eltern	Niedrig	3,3	3,5	3,4
	Mittel	2,9	3,1	3,8
	hoch	2,7	2,7	3,7

Quelle: Wissenschaftlicher Kooperationsverbund – Elternbefragung

- Ein äußerst interessantes Ergebnis ist demgegenüber, dass es auch sehr
  deutliche Unterschiede hinsichtlich des sozio-ökonomischem Status und
  des Migrationshintergrundes gibt: Eltern mit Migrationshintergrund betonen wesentlich stärker kindorientierte Anmeldegründe und darunter
  wiederum vor allem jene Ansprüche im Bereich der Förderung. Diese
  spielen ebenso eine umso wichtigere Rolle, je niedriger der sozio-
  ökonomische Status der Eltern ist. Umgekehrt bewerten Eltern mit niedrigem sozio-ökonomischem Status die Frage der Erwerbstätigkeit als
  schwächeres Motiv, ihr Kind im Ganztag anzumelden.

Im Unterschied zu den Variablen auf der Ebene der Kinder und der Haushalte differiert die Bedeutung der verschiedenen Motive nur in sehr geringem Umfang, wenn nach Differenzen zwischen den Schulen gefragt wird. So ist von den Schulvariablen lediglich ein schwacher positiver Effekt beim Gründungsjahr der OGS in Bezug auf die Motivation „Förderung" festzustellen: In „jüngeren" Ganztagstagsschulen scheint dieser Aspekt für Eltern eine etwas größere Rolle zu spielen. Ansonsten zeigen sich hier weder signifikante Effekte, noch ist die Varianz auf dieser Ebene so stark, dass nach weiteren Einflussfaktoren gesucht werden müsste.

Zusammenfassend lässt sich festhalten, dass sich die Erwartungen der meisten Eltern bei der Anmeldung der Kinder zum Ganztag primär auf die Verlässlichkeit dieses Betreuungsangebots richten, dessen Rahmenvorgaben vor allem die Ausübung einer Berufstätigkeit ermöglichen sollen. Daneben spiegelt sich in den Vorstellungen ein Bildungs- und Erziehungsverständnis, in das unterschiedliche Aspekte kindorientierter Entwicklungs- und Lernförderung einfließen, denen der Ganztag Rechnung tragen soll. Unter diesen sind es vor allem die attraktiven Freizeitangebote und die Sozialkontakte der Kinder untereinander, die bei den Eltern auf positive Resonanz stoßen. Unterrichtsbezogene Aspekte kindlicher Förderung haben demgegenüber unter den Anmeldegründen den geringsten Stellenwert.

Dies sieht allerdings anders aus, wenn zwischen verschiedenen Subgruppen differenziert wird. Hierbei sind es vor allem die Eltern mit niedrigem sozioökonomischem Status sowie Eltern mit Migrationshintergrund, für die die Förderung ihres Kindes in seinen verschiedenen Facetten einen besonderen Stellenwert hat. Für Eltern mit mittlerem oder höherem Status spielen demgegenüber erwerbs- und betreuungsorientierte Motivationen eine größere Rolle. Die ausgeprägtere Kind- und Förderorientierung, die Eltern mit leistungsschwächeren Kindern, geringerem sozio-ökonomischen Status und Migrationshintergrund an die offene Ganztagsschule herantragen, bietet potenziell eine gute Voraussetzung zur Realisierung der bildungspolitischen Intentionen des Ganztags. Diese qualitativen Ansprüche, die diese Elterngruppen formulieren, bilden zugleich eine zentrale Herausforderung für die OGS. Aus dieser Perspektive besteht eine wichtige Anschlussfrage darin, inwieweit es dem offenen Ganztag vor dem Hintergrund des vorgestellten Erwartungshorizonts und dem hierin anklingenden Qualitätsbewusstsein gelingt, die von den Ganztagseltern formulierten Motivationslagen aufzugreifen und sie aus Sicht dieser Gruppe in zufriedenstellender Form im Alltag der OGS zu verwirklichen.

3.3.2 Akzeptanz und Zufriedenheit der Eltern mit dem Ganztag

In der Pilotstudie wurde eine vergleichsweise hohe Elternzufriedenheit mit dem Betreuungsrahmen der Ganztagsschule bei deutlicher Kritik an einzelnen Angebotskomponenten ermittelt. Ein Teil der Probleme konnte u.a.

auch darauf zurückgeführt werden, dass sich die befragten Schulen noch in der Start- und Erprobungsphase befanden und mit zahlreichen Anfangsschwierigkeiten konfrontiert waren (vgl. Beher u.a. 2005). Um die Akzeptanz und Zufriedenheit der Eltern mit dem Ganztag nach Abschluss der Etablierungsphase der OGS zu ermitteln, wurden in der Hauptstudie zwei verschiedene Wege beschritten: Zum einen wurden die Eltern im Anschluss an die vorgestellten Anmeldegründe um eine Gesamtbewertung des Ganztags gebeten. Hierzu wurden sie pauschal dazu befragt, in welchem Umfang sich ihre Erwartungen an den offenen Ganztag erfüllt bzw. nicht erfüllt haben. Aus dieser Perspektive werden die Ansprüche, die die Eltern im Vorfeld an den Ganztag herantragen, mit den konkreten Erfahrungen, die sie mit diesem Angebot während des Schuljahrs gemacht haben, in Verbindung gesetzt. Zum anderen wurden die Eltern differenziert um Auskunft darüber gebeten, wie zufrieden sie mit einzelnen Rahmenbedingungen und Gestaltungselementen des Ganztags sind. Bei dieser Herangehensweise rücken die Bewertungen der Eltern stärker ins Blickfeld.

Wird zunächst der allgemeine Zustimmungsgrad der Eltern in den Blick genommen (vgl. Tab. 3.19), dann antwortet mehr als die Hälfte der Eltern (56%), dass sich ihre Erwartungen eher erfüllt haben, für ein weiteres Drittel sind sie sogar vollkommen eingetreten. Im Vergleich zu den zusammengenommen rund 11% der Befragten, die sich ablehnend geäußert haben, spiegelt sich hierin mit einem Anteil von 89% (sehr und eher) zufriedener Eltern insgesamt ein sehr positives Bild des Ganztags.

Tab. 3.19: Gesamtbewertung des offenen Ganztags durch die Eltern (in Spalten-%)

Wenn Sie Ihre bisherigen Erfahrungen mit der Ganztagsbetreuung betrachten, wie sehr haben sich dann zusammengenommen ihre Erwartungen erfüllt?	%
vollkommen erfüllt	33,5
eher erfüllt	55,7
eher nicht erfüllt	9,6
überhaupt nicht erfüllt	1,3
Anzahl der Haushalte	1.476

Quelle: Wissenschaftlicher Kooperationsverbund – Elternbefragung

Allerdings wird an den Antworten der Eltern auch deutlich, dass der hohe Zufriedenheitsgrad der Eltern mit Abstrichen am Ganztag einhergeht. Worauf die Kritik der Eltern im Detail basiert, wird ersichtlich, wenn die einzelnen Bereiche und Angebotskomponenten des Ganztags näher betrachtet werden. Bei diesem Zugang zeigt sich – bei einer allgemein guten Bewertung – ein differenziertes Bild (vgl. Tab. 3.20):

Tab. 3.20: Bewertung der Angebotselemente des Ganztags seitens der Eltern, geordnet nach Zufriedenheit[1] (in Zeilen-%)

Item	gar nicht	eher nicht	eher zufr.	sehr zufr.	Anzahl	eher u. sehr[1]
Betreuungszeiten i. d. Schulzeit	1,1	3,7	29,7	65,6	1.417	95,3
Zeitlicher Ablauf des Schultages	0,8	5,7	49,4	44,1	1.409	93,5
Allg.: Freizeitangebote/Kurse	1,6	8,4	43,4	46,6	1.297	90,0
Ausstattung mit Spiel-, Lern- u. Unterrichtsmaterial	2,0	8,8	46,0	43,2	1.339	89,2
Kontakt zu den Mitarbeiter(inne)n der Ganztagsbetreuung	2,1	9,2	40,1	48,6	1.410	88,7
Speziell: Angebote im Bereich Sport u. Bewegung	2,1	10,7	39,6	47,6	1.392	87,2
Qualifikation der Mitarbeiter	3,8	14,6	42,6	39,0	1.228	81,6
Information. über G.-betreuung	4,1	14,4	47,1	34,4	1.401	81,5
Platzangebot für G.-betreuung	6,1	14,4	39,9	39,6	1.302	79,5
Mittagessen/Mittagsimbiss	5,6	16,1	43,1	35,2	1.375	78,3
Anzahl der Mitarbeiter(innen)	5,0	19,3	43,1	32,7	1.340	75,8
Betreuungsangeb. in Schulferien	11,8	12,9	31,1	44,1	1.124	75,2
Beaufsichtig. d. Hausaufgaben	6,7	19,8	41,4	32,1	1.399	73,5
Spez.: Angebote i. Musikbereich	6,8	23,0	38,6	31,5	1.224	70,1
Gezielte Hilfe bei Hausaufgaben	11,0	26,2	35,2	27,6	1.239	62,8
Ruhe- und Entspannungsmöglichkeiten für das Kind	13,7	29,5	37,3	19,5	1.237	56,8
Gezielte Förderungsangebote (z.B. Sprachförderung, Förderung leistungsstarker Kinder)	20,3	32,6	27,5	19,7	1.041	47,2

1 Zufriedenheit definiert als Summe der Anteile „eher zufrieden" und „sehr zufrieden"
Quelle: Wissenschaftlicher Kooperationsverbund – Elternbefragung

Sehr und eher zufrieden sind die Eltern vor allem mit den organisatorischen Rahmenbedingungen wie den Betreuungszeiten außerhalb der Ferienzeiten oder dem zeitlichen Ablauf des ganzen Schultags. Etwa kritischer wird hier allerdings das Betreuungsangebot während der Ferienzeiten gesehen. Eine starke positive Resonanz erzielen darüber hinaus die Freizeitangebote und Kurse, wobei – wie schon in der Pilotstudie – die speziellen Angebote im Bereich „Bewegung und Musik" besser abschneiden als jene im Musikbereich. Sehr positiv bewerten die Eltern darüber hinaus die Materialausstattung des offenen Ganztags sowie den Kontakt zu den Ganztagsmitarbeiter(inne)n. Das Mittelfeld bilden Items wie die Qualifikation des Personals, das Platzangebot, das Mittagessen oder die Anzahl der Mitarbeiter(innen).

Am unteren Ende der Zufriedenheitsskala rangieren vor allem zwei Bereiche: Zum einen waren die Eltern mit der Förderung der Kinder relativ unzufrieden – sei es durch gezielte Angebote oder in Form der Hausarbeitshilfe. Zum anderen schnitten die Ruhe- und Entspannungsmöglichkeiten für das Kind im Elternurteil vergleichsweise schlecht ab.[28]

Um die Daten zum Zufriedenheitsgrad der Eltern genauer zu analysieren, wurden – wie bereits bei der Auswertung der Motivationslagen – auch bei diesem Themenbereich zunächst Indikatoren gebildet, die die Zufriedenheit auf vier übergreifenden Ebenen zusammenfassen (vgl. den Anhang). Diese vier Summenindizes umfassen jeweils eine Skala zur Zufriedenheit mit der Dimension

- „praktischer Ablauf des Ganztags", unter die Items zur zeitlichen Organisation des Schultags, zu den Öffnungszeiten während des Schuljahrs, zur Informationspolitik der Schule und zum Kontakt mit den Eltern subsumiert wurden,

- „Kurse und Freizeitangebote" als Index, der den Zustimmungsgrad zu den „allgemeinen Freizeitangeboten und Kursen" sowie zu den speziellen Angeboten in den Bereichen „Musik" und „Sport/Bewegung" zusammenfasst.

- „personelle und materielle Ausstattung des Ganztags", die die Items zur „Anzahl der Mitarbeiter(innen)", zum „Platzangebot für die Ganztagsbetreuung", zur Materialausstattung und zu den „Ruhe und Entspannungsmöglichkeiten" beinhaltet.

- einen Index zur „Förderung", der auf den Items „Qualifikation der Mitarbeiter(innen)", „gezielte Förderangebote" sowie den Kategorien „Aufsicht" und „Hilfe bei den Hausaufgaben" basiert.

Der Wertebereich der Indikatoren reicht von 1 (gar nicht zufrieden) bis 4 (sehr zufrieden). Tabelle 3.21 veranschaulicht in diesem Zusammenhang die Mittelwerte der vier Indizes. Auch aus dieser Perspektive wird zunächst wiederum deutlich, dass die Eltern dem Ganztag insgesamt eine positive Bewertung geben, denn alle Indizes haben Mittelwerte, die sich um den Wert 3 (=eher gut) herum bewegen. Dabei schätzen die Befragten den praktischen Ablauf des Ganztags sowie die Kursangebote am besten ein, während sie mit der personellen und materiellen Ausstattung sowie vor allem dem Aspekt der Förderung weniger zufrieden sind.

---

28 Werden diese Ergebnisse im Horizont der bundesweiten Studie zur Entwicklung der Ganztagsschulen betrachtet (vgl. StEG 2007), dann zeigen sich in der Tendenz deutliche Parallelen im Hinblick auf den hohen Zufriedenheitsgrad der Eltern mit dem Strukturrahmen der Ganztagsschule (d.h. bei der Organisationsform, den Zeitstrukturen sowie der Verlässlichkeit des Angebots). In beiden Studien wird darüber hinaus Kritik der Eltern an der Hausaufgabenbetreuung und -hilfe ersichtlich. Im Unterschied zu den Bundesergebnissen stoßen jedoch die Freizeitangebote in NRW bei den befragten Eltern auf eine positivere Resonanz.

Tab. 3.21: Mittelwerte der Zufriedenheitsindizes der Eltern (1 = gar nicht wichtig, 4 = sehr wichtig)

Index „Zufriedenheit mit ...“	Mittelwert
... dem praktischem Ablauf	3,4
... den Freizeitangeboten/Kursen	3,2
... der personellen und materiellen Ausstattung	3,0
... der Förderung des Kindes	2,9

Quelle: Wissenschaftlicher Kooperationsverbund – Elternbefragung

Um auch bei dieser Frage multivariat prüfen zu können, inwieweit sich der Zufriedenheitsgrad in Bezug auf die vorgestellten Dimensionen nach verschiedenen Elterngruppen oder zwischen einzelnen Schulkonstellationen unterscheidet, wurde für jede der vier Skalen ein lineares Mehrebenenmodell mit den bereits im vorherigen Kapitel beschriebenen Kovariablen (Gemeindegröße, Anfangsjahr, Erwerbsstatus, sozio-ökonomischer Status, Migrationshintergrund, Familienform sowie Einschätzung der Schulleistungen) geschätzt (vgl. Tab. 3.22).

Ebenso wie bei der Analyse der Motivationslagen zeigt sich, dass der Zufriedenheitsgrad mit einzelnen Angebotskomponenten zwischen einzelnen Elterngruppen auf der Haushaltsebene unterschiedlich ausfällt. So veranschaulichen die errechneten Mittelwerte (vgl. Tab. 3.23), dass Eltern mit niedrigerem sozio-ökonomischem Status grundsätzlich zufriedener mit allen Aspekten des Ganztags sind als Eltern mit mittlerer und hoher Schichtzugehörigkeit. Gleiches gilt auch für die Familien mit Migrationshintergrund in Relation zu den übrigen Eltern. Ob sich hierin die unterschiedlichen Erwartungshaltungen der einzelnen Gruppen spiegeln oder ob dieses Ergebnis als Folge eines höheren Anspruchsniveaus der Eltern mittlerer und höherer Schichten (und damit auch derjenigen ohne Migrationshintergrund, vgl. Kap. 3.2.1) zu interpretieren ist, bleibt auf der Grundlage der Daten allerdings weitgehend unbeantwortet.[29]

---

[29] Im Mehrebenenmodell wurde darüber hinaus ein weiterer signifikanter Effekt deutlich, der in bivariater Form jedoch nicht darstellbar ist. Hiernach scheint die Einschätzung der Schulleistung des Kindes bei der Beurteilung der Aspekte „Förderung" und „Kurse" eine Rolle zu spielen (wobei hier nicht differenziert werden kann, welchen Anteil die Schulleistung hat und welchen die Beurteilung durch die Eltern): Eltern, die Schulschwierigkeiten bei ihrem Kind wahrnehmen, sind mit dem Förderaspekt des Ganztags weniger zufrieden als Eltern, die den Leistungsstand ihres Kindes besser beurteilen. Demgegenüber sehen Befragte, die ihre Kinder im Mittelfeld ansiedeln, die Kursangebote positiver als Eltern, die ihre Kinder zu den besten Schüler(inne)n der Klasse zählen.

Tab. 3.22: Lineare Regressionsmodelle zur Zufriedenheit der Eltern mit der Ganztagsschule (Mehrebenenmodelle)

| Variable (R Referenzkategorie) | Index Zufriedenheit mit ... | | | |
	Förderung b	Kursen b	praktischem Ablauf b	Ausstattung b
Gemeindegröße (R >100000 EW)				
- <50.000 EW	0,38 **	0,36 **	0,29 ***	0,37 **
- 50–100.000 EW	0,12	0,14	0,05	0,07
Anfangsjahr OGS 2004 (R 2003)	-0,14	-0,15	-0,14 *	-0,11
beide Partner erwerbstätig	0,01	0,02	-0,04	0,05
sozio-ökonomischer Status (R hoch)				
- niedrig	0,30 ***	0,27 ***	0,17 ***	0,30 ***
- mittel	-0,03	0,03	0,02	0,05
Migrationshintergrund	0,16 *	0,12 *	0,03	0,20 ***
Alleinerziehend	0,05	0,04	-0,01	0,00
Schulleistung Elternein-schätzung (R beste)				
- Schwierigkeiten	-0,18 +	0,13	-0,04	0,05
- untere Mitte	-0,20 *	0,20 *	-0,04	0,00
- obere Mitte	0,05	0,12 *	0,02	0,07
Konstante	2,73 ***	2,92 ***	3,31 ***	2,76 ***
σ_u	0,22	0,24	0,12	0,22
Intraklassen-Korrelation	0,09	0,13	0,06	0,12

*** $p<0,001$ ** $p<0,01$ * $p<0,05$ + $p<0,1$ (jeweils zweiseitig).
Quelle: Wissenschaftlicher Kooperationsverbund – Elternbefragung

Auf der Ebene der Schulen ergibt die Analyse darüber hinaus zwei weitere Effekte:

- Mit Blick auf die Siedlungsstrukturen wird deutlich, dass in kleineren Gemeinden der Zufriedenheitsgrad der Eltern mit dem Ganztag bei allen vier Dimensionen höher ist als in größeren, wobei insbesondere die Förderung der Kinder sowie die personelle und materielle Ausstattung bei den Eltern besser abschneiden (vgl. Tab. 3.23). Inwieweit die positivere Resonanz der Eltern damit zusammenhängt, dass sich soziale Problemlagen häufig eher in Städten ballen oder ob dies mit strukturellen Charakteristika des Ganztags in ländlichen Gebieten zusammenhängt, bedarf allerdings einer weiteren Prüfung.

- Ein weiterer, wenngleich schwacher Effekt, der nur für die Skala „praktischer Ablauf" signifikant ist (vgl. Tab. 3.23), betrifft das Gründungsjahr des Ganztags: Bei Schulen, die zu einem späteren Zeitpunkt in offene Ganztagstagsschulen umgewandelt wurden, ist die Zufriedenheit der Eltern geringer. Dies deutet darauf hin, dass ältere Schulen einen Entwicklungsprozess durchlaufen, der insbesondere zu einer Verbesserung der Organisationsabläufe im offenen Ganztags führt, die von den Eltern positiv wahrgenommen wird.

Im Unterschied zu den Analysen, die zu den Motivationslagen der Eltern bei der Anmeldung des Kindes zum Ganztag durchgeführt wurden, differiert der Zufriedenheitsgrad der Befragten auf der Ebene der Schulen in weit höherem Maße. Hier zeigt der Blick auf das Mehrebenenmodell (vgl. Tab. 3.22), dass bei zwei der vier Modelle die Intraklassen-Korrelation deutlich über 0.1 liegt, d.h. unter Kontrolle aller Kovariablen verbleibt im Hinblick auf die Zufriedenheit mit den Kursen und Freizeitangeboten sowie der personellen und materiellen Ausstattung ein Varianzanteil auf Schulebene von über 10%. Hierin – so lässt sich vermuten – spiegeln sich die unterschiedlichen Konzepte, Qualitäten und Bedingungen bei der Umsetzung des offenen Ganztags vor Ort (vgl. Kap. 1), die sich auf den Zufriedenheitsgrad der Eltern auswirken.

Tab. 3.23: Gruppenmittelwerte der Indikatoren zur Zufriedenheit der Eltern nach Schulleistung, Erwerbsstatus, Migrationshintergrund, sozioökonomischem Status und Gemeindegröße (1=gar nicht zufrieden, 4=sehr zufrieden)

Variable	Gruppe	Index Zufriedenheit mit …			
		Förderung	Kursen	praktischem Ablauf	Ausstattung
Migrationshintergrund der Eltern	Nein	2,8	3,2	3,3	3,0
	Ja	3,1	3,3	3,4	3,2
Sozioökonomischer Status der Eltern	Niedrig	3,2	3,5	3,5	3,2
	Mittel	2,8	3,2	3,3	3,0
	Hoch	2,8	3,1	3,3	2,9
Gemeindegröße (in Einwohnern)	über 100.000	2,8	3,2	3,3	3,0
	50.000 – 100.000	2,9	3,3	3,4	3,0
	Weniger als 50.000	3,1	3,4	3,5	3,3
Anfangsjahr OGS	2003	2,9	3,2	3,4	3,0
	2004	2,9	3,2	3,3	3,1

Quelle: Wissenschaftlicher Kooperationsverbund – Elternbefragung

Zusammenfassend lässt sich festhalten, dass die Akzeptanz und Zufriedenheit der Eltern gegenüber dem offenen Ganztag sehr hoch ist. Dies betrifft insbesondere den praktisch-organisatorischen Ablauf des Ganztagsbetriebs.

Unter den Einzelnennungen sind es vor allem die Betreuungszeiten, die neben der Gestaltung des Schultages bei den Eltern auf breite Zustimmung stoßen.[30] Speziell im Hinblick auf die Regelung der Betreuungszeiten während der Schulferien scheint – wie schon in der Pilotstudie – allerdings weiterhin Handlungsbedarf zu bestehen. Neben den organisatorisch-praktischen Rahmenbedingungen sind die Eltern auf konzeptioneller Ebene mit den Freizeitangeboten und Kursen sehr zufrieden. Negativer fällt das Elternurteil auf der anderen Seite bei der personellen und materiellen Ausstattung des Ganztags sowie bei der Förderung der Kinder aus. Mit Blick auf den sozialen und kulturellen Background der Eltern sind Befragte aus Haushalten mit mittlerem und hohem Sozialstatus sowie ohne Migrationshintergrund grundsätzlich kritischer gegenüber den einzelnen Angebotselementen der OGS als diejenigen aus niedrigen Schichten und Eltern mit Migrationshintergrund. Dieses Ergebnis legt nahe, dass bei den befragten Eltern unterschiedliche Förderverständnisse vorliegen, die schicht- und kulturspezifisch geformt das Anspruchsniveau und damit den Zufriedenheitsgrad mit diesem Bereich beeinflussen. Welche Konzepte die Eltern bei ihrem Urteil jeweils zugrunde legen und welche Strategien sich hieraus entwickeln lassen, bleibt auf der Grundlage der standardisierten Befragung jedoch weitgehend unklar und wird daher in der vom wissenschaftlichen Kooperationsverbund geplanten Vertiefungsstudie genauer untersucht werden.

3.3.3 Die Wirkungen des offenen Ganztags

Als die beiden Bereiche, in denen sich die stärksten Effekte des Ganztags bei den Kindern bemerkbar machen, beschreiben die Fach- und Lehrkräfte die Verbesserung der Hausaufgabensituation durch die regelmäßigere Bearbeitung der Aufgaben sowie die Sozialkontakte zwischen den Kindern, die durch Freude am Spiel und Freundschaften geprägt sind. Werden die Veränderungen in der Schule in den Mittelpunkt gerückt, dann scheinen aus Sicht dieser Akteursgruppe eine stärkere Kindorientierung in Form häufigerer Gespräche über einzelne Kinder sowie ein bewussteres Eingehen auf die Schüler(innen) und eine stärkere Wahrnehmung des sozialen Umfeldes zu den positiven Einflüssen der OGS zu zählen. Auch die Eltern wurden danach gefragt, welche Auswirkungen sie mit dem Ganztag verbinden. Ebenso wie die Lehr- und Fachkräfte wurden sie zum einen zu denjenigen Erträgen des Ganztages um Auskunft gebeten, die sie in Bezug auf ihre Kinder

---

30 Dieses Ergebnis entspricht zugleich einem Befund, der an anderer Stelle der Erhebung ermittelt werden konnte. So bejahen drei Viertel der Ganztagsschuleltern die Frage, ob der derzeitige Umfang der von ihnen praktizierten Betreuungslösungen dem tatsächlichen Betreuungsbedarf der Familien entspricht, wobei über den Ganztag hinaus andere Betreuungssettings (etwa durch Verwandte) nur bei einem sehr geringen Teil der Eltern eine Rolle spielen. 15% der Eltern schätzen ihren Betreuungsbedarf allerdings höher ein, weitere 7,4% demgegenüber niedriger.

wahrnehmen. Zum anderen sollten sie zu den möglichen Auswirkungen auf Ausbildung und Beruf sowie Familie und Partnerschaft Stellung beziehen.

Wahrgenommene Effekte auf die Kinder

Mit Blick auf die Schülerinnen und Schüler sollte zunächst grundsätzlich das allgemeine Wohlbefinden der Heranwachsenden aus der Perspektive der Eltern erfasst werden. Hierzu wurden sie gefragt, ob ihr Kind gerne den Ganztag besucht oder nicht gerne dort hin geht. Dies bejahte mit 64% die Mehrzahl der Befragten, ein weiteres Drittel sah dies ambivalent und nur 3% der Eltern gaben an, dass ihr Kind nicht gerne in den Ganztag geht. Zusammengenommen fühlen sich die Kinder nach Einschätzung ihrer Eltern im Ganztag demzufolge mehrheitlich wohl. Damit entsprechen die Einschätzungen der Eltern weitgehend den Bewertungen der Kinder zum subjektiven Wohlbefinden im Ganztag (vgl. Kap. 4.2). Dass die Einschätzungen von Eltern und Kindern im Hinblick auf die Einschätzungen zur Schule, zum Schulleben sowie zur Leistungsfähigkeit der Kinder weitgehend übereinstimmen, konte auch im DJI-Kinderpanel für Grundschüler(innen) im Alter von 8 und 9 Jahren ermittelt werden (vgl. Stecher 2005). Aus dieser Perspektive wird zugleich die These vom Expertenstatus der Eltern für ihr Kind bzw. ihre Kinder nachhaltig gestützt.

In diesem Zusammenhang wurde den Eltern zur detaillierten Erfassung der Wirkungen des offenen Ganztags die Frage vorgelegt, wovon ihr Kind beim offenen Ganztag am meisten profitiert. Hierbei sollten sie die drei für sie wichtigsten Bereiche ankreuzen. Werden die in Tabelle 3.24 aufgeführten Einzelnennungen näher betrachtet, dann wird insgesamt deutlich, dass die Eltern eine klare Hierarchie der Bereiche sehen: So benennt der größte Teil der Eltern den „Gewinn an Sozialkontakten" als Ertrag des Ganztags. Damit teilen sie in hohem Maße die Meinung der Lehr- und Fachkräfte zu diesem Thema (vgl. Kap. 2). Diesem Item folgen die attraktiven Angebote und Kurse, die immer noch von 60% der Befragten als positiver Effekt auf die Kinder ins Feld geführt werden. Etwa ein Drittel der Eltern sieht einen Gewinn darin, dass das Kind dort mehr Selbstvertrauen entwickelt und viel Neues kennenlernt. Die geringsten Effekte auf die Kinder nehmen die Eltern im Hinblick auf eine positivere Einstellung zu den Hausaufgaben und zur Schule sowie bezüglich des Nutzens für den Unterricht wahr. Hiermit unterscheidet sich die Meinung der Eltern insbesondere mit Blick auf die Hausaufgaben deutlich von der Bewertung der Fach- und Lehrkräfte, wobei auch die Meinungen der Kinder auf Reibungsverluste in diesem Handlungsfeld der OGS hindeuten (vgl. hierzu Kap. 4).

Aus Sicht der Eltern profitieren die Grundschüler(innen) durch den Ganztagsbesuch somit hauptsächlich von den Sozialkontakten und Freizeitangeboten und am wenigsten von den schul- und unterrichtsbezogenen Angebotselementen. Inwieweit sich der Ganztag in der Wahrnehmung der Eltern damit überhaupt von außerschulischen Freizeitangeboten am Nachmittag unterscheidet, kann auf der Grundlage der Elternbefragung nicht beantwortet werden. Unklar bleibt auch, auf welchem Lern- und Bildungsverständnis die Aussagen der Eltern beruhen und wie sie die Zusammenhänge zwischen Angeboten und Unterricht einschätzen. Werden allerdings die drei Items zum Unterrichts, zu den Hausaufgaben sowie zur Schule zusammengenommen[31], d.h. der Anteil der Befragten betrachtet, die von diesen mindestens eine Antwortvorgabe angekreuzt haben, dann steigt der entsprechende Prozentwert auf knapp 44%. Aus dieser Perspektive wird ersichtlich, dass die Eltern dem Ganztag durchaus positive Wirkungen auf Unterricht, Hausaufgaben und Schule zurechnen – allerdings im Vergleich zu den übrigen Effekten mit nachrangigem Stellenwert.

Tab. 3.24: Nennungen der drei wichtigste Erträge des Ganztags für die Kinder nach Elternauskunft, sortiert nach Häufigkeit (Nennungen in %)[1]

Das Kind ...	Anteil genannt (%)	Anzahl gesamt
hat viele Kontakte zu anderen Kindern.	82,1	1.583
kann an attraktiven Angeboten und Kursen teilnehmen.	60,1	1.583
entwickelt mehr Selbstvertrauen	33,7	1.582
lernt viel Neues kennen.	33,1	1.583
macht seine Hausarbeiten lieber.	22,9	1.582
geht gerne zur Schule.	21,4	1.582
profitiert von der Ganztagsbetreuung im Unterricht.	6,2	1.582
kann ich nicht beurteilen.	2,9	1.582

1   Bei dieser Frage sollten die Eltern die drei Bereiche ankreuzen, die aus ihrer Sicht am wichtigsten sind.
Quelle: Wissenschaftlicher Kooperationsverbund – Elternbefragung

Um zu prüfen, welche Elterngruppen vehementer der Meinung sind, dass ihre Kinder von den schulischen Effekten des Ganztags profitieren (d.h. im Hinblick auf die Einstellungen zu den Hausaufgaben und zur Schule sowie bezüglich des Nutzens für den Unterricht), wurde ein logistisches Regressionsmodell mit den o.g. Kontrollvariablen geschätzt (vgl. Anhang). In diesem Modell erwies sich nur ein Parameter statistisch signifikant, und zwar der sozio-ökonomische Status (vgl. Tab. 3.25). Hiernach bescheinigen Eltern mit niedrigerem sozio-ökonomischem Status dem Ganztag häufiger positive Erträge in diesen drei Bereichen als Befragte mit mittlerem und hohem Status. Dieses Ergebnis korrespondiert mit dem höheren Zufriedenheitsgrad dieser Elterngruppe im Hinblick auf die Förderung der Kinder

---

31 Bei der Auswertung der Frage „Was glauben Sie, wovon Ihr Kind beim offenen Ganztag am meisten profitiert?" wurden die Items „macht seine Hausaufgaben lieber", „profitiert vom offenen Ganztag im Unterricht" und „geht gern zur Schule" als „schulische Auswirkung" zusammengefasst, d.h. als zutreffend kodiert, wenn mindestens eins der Items bejaht wurde.

(vgl. Kap 3.3.2), wobei wiederum das Spannungsfeld zwischen dem erzielten Grad der Zielerreichung sowie dem Anspruchsniveau und Förderverständnis der Eltern näher zu beleuchten wäre. Der Ganztag hat allerdings nicht nur Auswirkungen auf die Kinder, sondern verändert zugleich den Alltag der Eltern und der anderen Familienmitglieder.

Tab. 3.25: Auswirkung des Ganztagsbesuchs auf den Unterricht nach sozioökonomischem Status (in Spalten-%)

Auswirkung auf Schule	Sozio-ökonomischer Status		
	niedrig	mittel	hoch
Nein	48,2	59,6	57,0
Ja	51,8	40,4	43,1
Anzahl	284	591	525

Quelle: Wissenschaftlicher Kooperationsverbund – Elternbefragung

Wahrgenommene Effekte auf Partnerschaft und Familie
Bei der Analyse der Auswirkungen auf Partnerschaft und Familie wurde zunächst unterschieden, ob ein Effekt des Ganztags die Mutter oder den Vater des Kindes betrifft (vgl. Tab. 3.26). Hierbei fällt als erstes auf, dass bei allen Items der Ganztag für die Frauen öfter Auswirkungen hat als für Männer. Er kommt somit vor allem den Müttern zu Gute. Werden die Items nach der Häufigkeit der Nennungen sortiert, so ist – abgesehen vom etwas höheren Stellenwert der Aus- und Weiterbildung für die Väter – bei beiden Geschlechtern jedoch die Reihenfolge identisch:

Die stärksten Auswirkungen des Ganztags nehmen die Befragten im Hinblick auf den Arbeitsmarkt wahr, indem er insbesondere den Frauen erlaubt, eine Berufstätigkeit aufzunehmen oder in größerem Umfang erwerbstätig zu sein. Den beiden Items zur Erwerbstätigkeit folgen jene Statements, in denen die Auswirkungen auf die Beziehung zum Kind und innerhalb der Familie thematisiert werden, wobei die entlastenden Wirkungen bei den Hausaufgaben im Familienalltag im Unterschied zu den Effekten dieses Angebotselements auf die Kinder von den Eltern an dritter Stelle und damit relativ hoch angesiedelt werden. Allerdings betrifft dies nicht – wie an anderer Stelle der Erhebung deutlich wird – das Konfliktpotenzial zwischen Eltern und Kindern, das den Hausaufgaben potenziell innewohnt.[32] An diesem Punkt werden zugleich die größten Differenzen zwischen Müttern und Vätern ersichtlich. Hausarbeitenbetreuung – so lässt sich schlussfolgern – ist eine Domäne der Frauen, die bei dieser Aufgabe somit durch den Ganz-

---

32 Auf die Frage nach der Häufigkeit von Auseinandersetzungen über die Hausaufgaben antworteten fast 66% der OGS-Eltern, dass sie (fast) niemals oder selten mit ihren Kindern Auseinandersetzungen zu diesem Thema haben. Bei den Nicht-OGS-Eltern fällt dieser Wert mit rund 71% etwas höher aus. Umgekehrt bedeutet dies, dass immerhin 34% der OGS- und rund 29% der Nicht-OGS-Eltern angeben, dass schon in der Grundschule in den Familien „häufig" und „sehr oft" Spannungen bei den Hausaufgaben entstehen.

tag auch stärker unterstützt werden. Dies gilt – in abgeschwächter Form – auch für die Begleitung bei erzieherischen Problemen und beim Zeitgewinn für andere Familienmitglieder. Am geringsten sind aus Sicht der Eltern schließlich die Wirkungen des Ganztags auf die Bereiche Bildung und Freizeit i.w.S. ausgeprägt.

Tab. 3.26: Die Effekte des offenen Ganztags auf die Eltern nach Geschlecht
(Anteil der Ja-Nennungen in %)

Auswirkungen des Ganztagsbesuchs auf die Eltern	Mutter des Kindes[1]		Vater des Kindes[2]	
	Anteil genannt (%)	Anzahl gesamt	Anteil genannt (%)	Anzahl gesamt
kann dadurch berufstätig sein bzw. eine Arbeit suchen	92,5	1.286	78,2	988
kann dadurch länger arbeiten gehen	67,1	1.188	55,1	952
wird dadurch bei der Hausaufgabenbetreuung des Kindes entlastet	63,0	1.176	46,4	926
wird dadurch bei erzieherischen Problemen unterstützt	34,2	1.126	28,6	906
hat dadurch mehr Zeit für die anderen Familienmitglieder	33,6	1.114	22,4	901
hat dadurch eine intensiv. Beziehung z. Kind	23,9	1.094	18,9	891
kann dadurch eine berufliche Aus- und Weiterbildung oder ein Studium absolvieren	22,3	1.086	19,1	889
kann dadurch an kulturellen, politischen, sportlichen Aktivitäten teilnehmen	21,0	1.087	19,8	888
beide können dadurch mehr Zeit miteinander verbringen	27,8	1.004		

1 Befragte bzw. Partnerin des Befragten; 2 Befragter bzw. Partner der Befragten.
Quelle: Wissenschaftlicher Kooperationsverbund – Elternbefragung

Um über die Grundauswertung hinaus weitere Analysen durchzuführen, wurden die Items zu den Bereichen „Erwerbstätigkeit", „Familie und Beziehung" sowie „Bildung und Freizeit" in einem nächsten Schritt zu drei Indizes zusammengefasst.[33] Anschließend wurden sodann unter Einbeziehung der Kovariablen Gemeindegröße, Anfangsjahr, Erwerbsstatus, sozioökonomischer Status, Migrationshintergrund, Familienform und Einschät-

---

33 Hierbei umfasst die Subskala „Erwerbstätigkeit" die Items „kann berufstätig sein bzw. eine Arbeit suchen" sowie „kann hierdurch länger arbeiten gehen" jeweils für die Frauen und Männer. Die Teilskala „Bildung und Freizeit" beinhaltet die Kategorien kann „eine berufliche Aus- und Weiterbildung oder ein Studium absolvieren" sowie an „kulturellen, politischen oder sportlichen Aktivitäten teilnehmen" bezogen auf Frauen und Männer. Die Skala „Auswirkungen auf Familie und Beziehung" basiert für Frauen und Männer auf den Dimensionen „intensivere Beziehung zum Kind", „mehr Zeit für andere Familienmitglieder", Entlastung bei der Hausaufgabenbetreuung" sowie „Unterstützung bei erzieherischen Problemen".

zung der Schulleistungen multivariat untersucht, inwieweit sich die Einschätzungen der Effekte des Ganztags zwischen den verschiedenen Gruppen und Konstellationen unterscheiden (vgl. Anhang). Die Ergebnisse der Regressionsschätzungen verdeutlichen – gewendet in Mittelwertberechnungen (vgl. Tab. 3.27) –, dass

- von Eltern, die beide berufstätig sind, häufiger Effekte im Bereich der Erwerbstätigkeit beschrieben werden als von den Befragten mit anderen Erwerbsprofilen. Ein vergleichbares Ergebnis lässt sich auch auf Alleinerziehende übertragen, die die Effekte des Ganztags stärker im Bereich der Erwerbstätigkeit positionieren.

- von Befragten aus Haushalten mit niedrigem sozio-ökonomischem Status stärkere Wirkungen des Ganztags auf die Beziehungsgestaltung zwischen den einzelnen Familienmitgliedern sowie Bildung und Freizeit konstatiert werden. Diese Einschätzung korrespondiert mit den Ergebnissen für die Gruppe der Eltern mit Migrationshintergrund.

Tab. 3.27: Gruppenmittelwerte zu den Effekten des offenen Ganztags nach Schulleistung, Erwerbsstatus, Migrationshintergrund und sozio-ökonomischem Status (0 = kein Effekt, 1 = Effekt)

Variable	Gruppe	Erwerbstätigkeit	Familie und Beziehung	Ausbildung oder Freizeit
Beide Partner erwerbstätig (bei Alleinerziehenden ein Elternteil)	Nein	0,64	0,52	0,32
	Ja	0,80	0,35	0,19
Migrationshintergrund der Eltern	Nein	0,78	0,35	0,19
	Ja	0,74	0,50	0,32
Sozio-ökonomischer Status der Eltern	Niedrig	0,77	0,57	0,30
	Mittel	0,79	0,36	0,20
	Hoch	0,75	0,31	0,21

Quelle: Wissenschaftlicher Kooperationsverbund – Elternbefragung

Bilanzierend lässt sich festhalten, dass die arbeitsmarktpolitischen Zielsetzungen, die die Landesregierung, insbesondere mit Blick auf die Förderung der Frauenerwerbstätigkeit, mit dem Ganztag verbindet, aus Sicht der Befragten in hohem Maße erfüllt werden. Dieser Effekt, der sich bereits im Kontext der Zufriedenheit der Eltern mit einzelnen Angebotselementen angedeutet hat, wird aus dieser Perspektive noch einmal nachdrücklich untermauert. Zugleich wird ersichtlich, dass es insbesondere Befragte aus Haushalten, in denen beide Elternteile erwerbstätig sind, sowie Alleinerziehende sind, die die größten Effekte des Ganztags bei der Vereinbarkeit von Kindererziehung und Berufsleben wahrnehmen. Demzufolge sind es zugleich Befragte mit niedrigem Sozialstatus sowie Migrantenfamilien, die dem Ganztag stärkere Auswirkungen auf den Familienalltag, die innerfamilialen Beziehungen sowie Bildung und Freizeit bescheinigen. Über die Frage der

Wirkungen hinaus wurden die Ganztagseltern speziell zum Weiterentwicklungsbedarf des offenen Ganztags befragt.

3.3.4 Verbesserungsbedarf des offenen Ganztags

Erste Hinweise auf den zukünftigen Entwicklungsbedarf des Ganztags liefert bereits die Bewertung der Eltern zu einzelnen Bereichen des Ganztags.
Darüber hinaus wurden die Eltern auch direkt danach befragt, ob Handlungsbedarf zur Veränderung des Ganztags besteht und an welchen Punkten
Verbesserungen erforderlich sind. Dass sich der Ganztag grundsätzlich weiterentwickeln sollte, dieser Meinung ist mit einem Anteil von gut 81% die
Mehrzahl der Eltern. Allerdings zeigen sich Unterschiede in der Reichweite
der angestrebten Veränderungen: So sehen 55% der Eltern wenig und weitere 26% viel Verbesserungsbedarf. Für die Beibehaltung des Status Quo
plädieren rund 19% der Befragten. Wird auf der Grundlage eines Regressionsmodells zwischen einzelnen Elterngruppen und unterschiedlichen
Schulkontexten differenziert (vgl. Tab. 3.28), dann sind es vor allem Eltern
mit hohem Sozialstatus, die dem Ganztag den größten Weiterentwicklungsbedarf bescheinigen bzw. erneut Befragte mit niedrigem Status, die seltener
Verbesserungen einfordern.[34] Darüber hinaus sind es häufiger Befragte aus
größeren als aus kleineren Kommunen, die Veränderungen des Ganztags
für notwendig erachten.[35/36]

Die Analysen zu Zufriedenheit und Verbesserungsbedarf liefern damit kon-
sistente Ergebnisse. Noch stärker als in den Analysen zur Zufriedenheit der
Eltern ist allerdings die Intraklassenkorrelation mit einem Wert von 0.22.
Dies bedeutet, dass es auch unter Kontrolle der hier eingeführten Kontrollvariablen Unterschiede zwischen den Schulen hinsichtlich ihres Verände-
rungsbedarfs gibt, die bei der Weiterentwicklung des Ganztags vor Ort zu
berücksichtigen sind. Allerdings ergeben sich auch aus der Elternbefragung
weitere Anhaltspunkte, welchen Weg die Schulen in Richtung Qualitätsverbesserung weiter beschreiten sollten.

---

34 So sehen rund 47% bzw. 23% der Eltern mit niedrigem sozio-ökonomischem Status
   wenig bzw. hohen Verbesserungsbedarf des Ganztags gegenüber 56% und 30% bei
   den Eltern mit hohem Status.

35 In Gemeinden unter 50.000 Einwohnern formulieren rund 56% wenig und nur 19%
   der Eltern einen hohen Verbesserungsbedarf des Ganztags, in Städten mit über
   100.000 Einwohnern sind dies 55% und 30%.

36 Im Modell zeigte sich darüber hinaus ein weiterer signifikanter Effekt, der bei bivariater Darstellung jedoch sehr schwach ausfällt. Hiernach bewerten Eltern den Veränderungsbedarf in Ganztagsschulen, die noch nicht so lange bestehen, mit einem
   Anteil von 28% höher als Befragte in Schulen der ersten Generation (mit 26%). Wie
   bereits an anderen Stellen der Auswertung deutlich wurde, zeigt sich auch aus dieser
   Perspektive, dass Schulen offensichtlich einige Zeit brauchen, um den Ganztagsbetrieb zufriedenstellend zu gestalten.

Tab. 3.28: Ordinales Regressionsmodell zur Einschätzung des „Verbesserungsbedarfs der Ganztagsbetreuung" durch die Eltern,
Mehrebenenmodell

Variable (R Referenzkategorie)	β
Gemeindegröße (R >100000 EW)	
- <50.000 EW	-1,28 ***
- 50–100.000 EW	-0,28
Anfangsjahr OGS 2004 (R 2003)	0,61 *
beide Partner erwerbstätig	0,15
sozio-ökonomischer Status (R hoch)	
- niedrig	-0,87 ***
- mittel	-0,21
Migrationshintergrund	-0,29
Alleinerziehend	0,11
Schulleistung Elterneinschätzung (R beste)	
- Schwierigkeiten	0,29
- untere Mitte	0,36
- obere Mitte	-0,36 *
Schwelle 1	-2,20 ***
Schwelle 2	0,82 **
σ_u	0,54
Intraklassen-Korrelation	0,22

*** p<0,001 ** p<0,01 * p<0,05 + p<0,1 (jeweils zweiseitig)
Quelle: Wissenschaftlicher Kooperationsverbund – Elternbefragung

So wurden die Eltern über die allgemeine Frage zum Verbesserungsbedarf
hinaus konkret um ihr Votum zu einzelnen Handlungsbereichen des Ganztags gebeten (vgl. Tab. 3.29). Hierbei korrespondieren die Aussagen der Eltern zum Veränderungsbedarf mit den abgegebenen Bewertungen bei der
Frage nach der Zufriedenheit mit einzelnen Angebotselementen: Den größten Veränderungsbedarf sehen Eltern – mit einem Anteil von 85% – offensichtlich bei der Förderung ihrer Kinder. Bei diesem Punkt sieht mehr als
die Hälfte der Eltern sogar dringenden Handlungsbedarf. An zweiter Stelle
fordern 76% eine bessere Personalausstattung des Ganztags. Dies entspricht
den Analysen zur Zufriedenheit, bei denen die Indizes „personelle und materielle Ausstattung" sowie „Förderung" die niedrigsten Werte hatten. Anders als dort wird an dritter Stelle mit einem Anteil von 75% allerdings die
Optimierung des Informationsflusses zwischen Elternhaus und Schule genannt. Danach erst folgt eine Reihe von Items zur Verbesserung unterschiedlicher Aspekte des Kursangebots. Dies entspricht der hohen Zufriedenheit der Eltern mit diesem Bereich. Den geringsten Handlungsbedarf
konstatieren die Eltern bei der Elternbeteiligung sowie den Öffnungszeiten,
wobei sich eine etwas größere Anzahl der Eltern hierbei eine flexiblere
Handhabung wünscht. Wesentlich kleiner ist die Gruppe der Befragten, die

im Hinblick auf die Verlängerung oder Verringerung der Öffnungszeiten Handlungsbedarf anmeldet.

Tab. 3.29: Bewertung des Handlungsbedarf zur Verbesserung der Ganztagsbetreuung durch die Eltern (in Zeilen-%)

Item	Handlungsbedarf			An-zahl	Be-darf[1]
	kein	wenig	viel		
Individuellere Förderung der Kinder	14,6	32,4	53,0	1.361	85,4
Verbesserung der Personalausstattung	23,6	37,1	39,2	1.338	76,3
Verbesserung des Informationsflusses zwischen Schule und Elternhaus	25,5	40,1	34,4	1.367	74,5
Erhöhung der Vielfalt der Angebote/Kurse	27,4	40,9	31,7	1.362	72,6
Qualitätsverbesserung d. Angebote/Kurse	32,8	42,6	24,6	1.334	67,2
Erhöhung der Zahl der Angebote/Kurse	33,0	40,7	26,3	1.361	67,0
Flexibl. Handhabung der Betreuungszeiten	44,2	30,6	25,2	1.348	55,8
Verstärkte Beteiligung der Eltern	42,9	42,2	14,9	1.343	57,1
Verlängerung der Öffnungszeiten	56,5	26,6	16,9	1.372	43,5
Verringerung der Öffnungszeiten	86,1	12,0	1,9	1.317	13,9

1 Bedarf wird hier definiert als Summe der Anteile „wenig" und „viel" Handlungsbedarf.
Quelle: Wissenschaftlicher Kooperationsverbund – Elternbefragung

Auch zur Frage des Verbesserungsbedarfs wurde, wie schon in den vorangegangenen Abschnitten, eine multivariate Analyse von Gruppenunterschieden durchgeführt. Hierzu wurden auf der Grundlage einer Hauptkomponentenanalyse aus den verschiedenen Einzelitems Summenindizes gebildet, die den Verbesserungsbedarf in drei Dimensionen beschreiben:

- Bestandteil der Subskala „Angebote und Kurse" sind die Items „Erhöhung der Zahl", und „Vielfalt" sowie „Qualitätsverbesserung der Angebote/Kurse".

- Zu „Förderung und Partizipation" wurden die Kategorien „verstärkte Beteiligung der Eltern", „Verbesserung des Informationsflusses zwischen Schule und Elternhaus", „individuellere Förderung der Kinder" sowie „Verbesserung der Personalausstattung" gezählt.

- Die Teilskala „Öffnungszeiten" beinhaltet die verschiedenen Items zu den gewünschten Veränderungen bei den Öffnungszeiten. Sie kann jedoch im Unterschied zu den vorangegangenen Skalen nicht als hinreichend reliabel angesehen werden (vgl. Anhang).

Wird die Verteilung der Indizes miteinander verglichen, so zeigt sich auch aus dieser Perspektive für den Index „Förderung und Partizipation", gefolgt vom Index „Angebote und Kurse", der größte Veränderungsbedarf, für den Index „Öffnungszeiten" demgegenüber der geringste (vgl. Abb. 3.2). Die Summenindizes bilden damit die Tendenzen der Einzelitems ab.

Abb. 3.2: Verteilung (Kerndichteschätzer) der Indizes „Angebote und Kurse",
„Förderung und Partizipation" sowie „Öffnungszeiten"

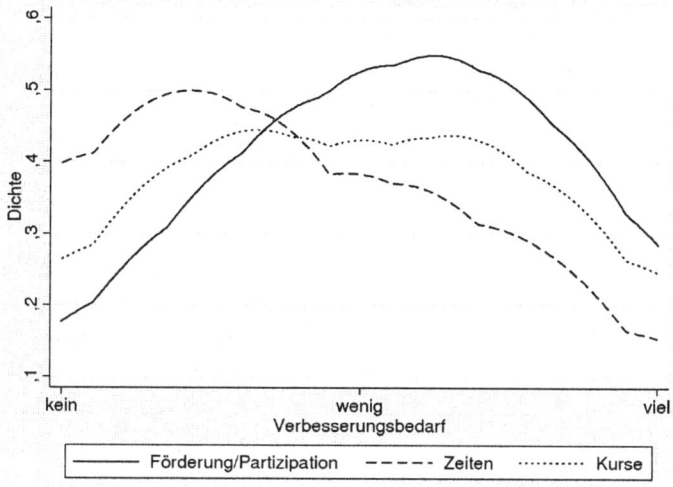

Quelle: Wissenschaftlicher Kooperationsverbund – Elternbefragung

Für die Indizes sowie Einzelvariablen zu den Öffnungszeiten wurden darüber hinaus Regressionsmodelle geschätzt (vgl. Anhang), wobei die multivariate Analyse nur in wenigen Bereichen signifikante Unterschiede zwischen Schulkontexten und Elterngruppen ergibt:

- So wird der Verbesserungsbedarf bei den „Angeboten und Kursen" seltener von Eltern aus Schulen in kleineren Gemeinden artikuliert, dementsprechend häufiger in größeren Kommunen. Auch in offenen Ganztagsschulen, die später den Betrieb aufgenommen haben, fordern die Eltern öfter Veränderungen.[37] Hier scheinen sich die längeren Erfahrungen
  der Schulen mit der Programmgestaltung positiv auszuwirken und über
  die Kinder an die Eltern transportiert zu werden.

- Auch mit Blick auf den Index „Förderung und Partizipation" signalisieren Eltern aus kleineren Gemeinden weniger Handlungsbedarf zur Verbesserung des Ganztags als Befragte in größeren Kommunen.[38] Höheren

---

37 Die Indizes haben einen Wertebereich von 1 (kein Verbesserungsbedarf) bis 3 (viel
    Verbesserungsbedarf). In Gemeinden unter 50.000 Einwohnern liegt der Mittelwert
    bei 1,88, in Städten über 100.000 Einwohnern bei 2,01. Während Eltern aus Schu-
    len, in denen der OGS-Betrieb 2003 begonnen hat, den Verbesserungsbedarf bei An-
    geboten und Kursen durchschnittlich mit 1,97 bewerten, liegt der Wert für jüngere
    Ganztagsschulen geringfügig höher bei 1,99.
38 In Gemeinden unter 50.000 liegt der Mittelwert für diesen Index bei 1,96, in Städten
    über 100.000 Einwohner bei 2,12.

Bedarf sehen demgegenüber öfter Eltern, die die Schulleistungen ihrer Kinder im unteren Mittelfeld verorten.[39]

- Und schließlich fordern Erwerbstätige und Alleinerziehende sowie Eltern mit mittlerem und höherem sozio-ökonomischem Status häufiger eine Verlängerung der Öffnungszeiten (vgl. Tab. 3.30).[40] Ein vergleichbares Ergebnis veranschaulichen die Daten im Hinblick auf die Flexibilisierung der Betreuungszeiten. Beide Anliegen werden somit von den Eltern stärker vertreten, für die die Erwerbsdimension und damit Fragen der Kompatibilität zwischen Betreuungs- und Arbeitszeiten einen höheren Stellenwert haben.

Tab. 3.30: Handlungsbedarf im Hinblick auf die Verlängerung und Flexibilisierung der Öffnungszeiten (Zeilen-%)

Item		Bedarf zur Verlängerung der Öffnungszeiten				Bedarf nach flexibleren Öffnungszeiten			
		Kein	Wenig	Viel	Anz.	Kein	Wen.	Viel	Anz.
Beide Partner erwerbst. (bei Alleinerz. ein Elternteil)	nein	66,0	23,9	10,1	268	49,8	30,7	19,5	267
	ja	53,2	27,9	18,9	976	42,8	30,7	26,5	958
Alleinerziehend	nein	58,8	26,8	14,3	976	44,8	30,6	24,6	964
	ja	49,7	25,7	24,6	346	42,2	30,8	27,0	334
Sozio-ökonomischer Status der Eltern	nied.	63,4	24,1	12,5	232	51,4	29,3	19,4	222
	mittl.	53,2	29,5	17,3	526	41,8	30,5	27,6	521
	hoch	54,8	26,0	19,2	484	42,8	31,6	25,6	481

Quelle: Wissenschaftlicher Kooperationsverbund – Elternbefragung

Zusammengenommen bescheinigen die OGS-Eltern dem Ganztag in hohem Maße die Notwendigkeit, sich weiter zu entwickeln. Die benannten Handlungsbedarfe korrespondieren zu großen Teilen mit jenen Aspekten, die bereits beim Zufriedenheitsgrad mit einzelnen Angebotselementen ersichtlich wurden. Allerdings werden die Verbesserungsbedarfe im Vergleich zu den Zufriedenheitsmessungen wesentlich homogener beurteilt, d.h. die Eltern stimmen im Hinblick auf die Stoßrichtung der angestrebten Veränderungen weitaus stärker überein. An den Stellen, an denen zwischen dem ermittelten Zufriedenheitsgrad und dem konstatierten Verbesserungsbedarf signifikante Unterschiede bestehen, weisen sie allerdings in dieselbe Richtung.

---

39 So zeigen sich folgende Differenzen der Elternbewertungen nach Einschätzung der Schulleistung des Kindes: Wenn das Kind als eines der Klassenbesten eingeschätzt wird, liegt der Wert bei 2,11, im oberen Mittelfeld bei 2,09, im unteren Mittelfeld bei 2,24, wenn es nach Elternangaben Schwierigkeiten in der Schule hat bei 2,22.

40 So sehen rund 19% der Befragten aus Haushalten, in denen beide Partner erwerbstätig sind, einen hohen Verbesserungsbedarf gegenüber nur 10% in den übrigen Haushalten. Bei Alleinerziehenden liegt der Anteil dieser Nennungen bei 25% gegenüber 14% in Partnerhaushalten. Und Befragte mit hohem sozio-ökonomischem Status sehen dies zu 19% als wichtigen Bereich für Verbesserungen gegenüber knapp 13% aus niedrigen Schichten.

3.4 Mitwirkung und Akzeptanz auf Seiten der Eltern

Mit dem offenen Ganztag ist die Hoffnung verbunden, dass er das Sozialklima und die Lernkultur fördert sowie zu einer Verbesserung der Schulqualität in der gesamten Grundschule beiträgt. Die Kooperation zwischen Schule und Elterhaus bietet hierzu – auch aus Sicht der Landesregierung – vielfältige Ansatzpunkte. Hierzu soll in Kapitel 3.4.1 zunächst die Beteiligung der Eltern am Schulleben näher betrachtet werden. Im Anschluss hieran wird der Zufriedenheitsgrad der Eltern mit der OGS ins Blickfeld gerückt (vgl. Kap. 3.4.2). Den Abschluss bilden die Zusammenfassung der bisherigen Ausführungen sowie die Ableitung von Konsequenzen zur Weiterentwicklung der offenen Ganztagsschule (vgl. Kap. 3.4.3).

3.4.1 Die Partizipation der Eltern

Die Kooperation der Eltern mit der Schule und ihre Bereitschaft, sich für schulische Belange zu engagieren, stellt eine zentrale Variable in punkto Schulqualität dar (vgl. Fend 1998). Elternhaus und Schule bilden allerdings strukturell ein Spannungsfeld, innerhalb dessen die Zusammenarbeit nicht immer zur Zufriedenheit der beteiligten Akteure verläuft (vgl. Krumm 2001). Im Vergleich der verschiedenen Schulformen ist die Bereitschaft der Eltern, sich für schulische Belange zu engagieren, an Grundschulen besonders hoch (vgl. Rosenbladt/Thebis 2003; Witjes/Zimmermann 2000). Diese Schulform bietet insofern grundsätzlich gute Voraussetzungen, Eltern in das Schulleben und die Bildungsprozesse der Kinder einzubinden. Zur Zusammenarbeit zwischen Elternhaus und Schule liegen vielfältige Konzepte vor, in denen unterschiedliche Beteiligungsformen und Möglichkeiten der Elternarbeit aufgezeigt werden (vgl. z.B. Bernitzke 2006).

Unter empirischen Aspekten differiert der Umfang der Elternbeteiligung nach Art der Kooperationsform, wobei die Zahlen für die einzelnen Beteiligungsarten schwanken (vgl. Melzer 1987; Rosenbaldt/Thebis 2003). Hierbei scheinen Eltern sich weniger bei unterrichtsbezogenen Beteiligungsformen zu beteiligen, sondern sich eher bei außerschulischen Aktivitäten zu engagieren. Mit Blick auf die Merkmale engagierter Eltern ist Elternmitwirkung und Elternengagement Frauensache und wird hauptsächlich von den Müttern getragen. Die Intensität der Mitarbeit korrespondiert mit dem Sozialstatus der Familien (gemessen am Bildungs- und Berufsabschluss) sowie in Abhängigkeit von der sozialräumlichen Lage der Schule (vgl. Witjes/Zimmermann 2000).

In den vorliegenden Veröffentlichungen steht jedoch primär die Halbtagsschule im Vordergrund. Im Vergleich hierzu resultieren aus dem erweiterten Zeitrahmen der Ganztagsschule Strukturen, die potenziell eine verstärkte Einbeziehung der Eltern in den Schulalltag begünstigen. Allerdings dokumentieren die Aussagen der Schulleitungen im ersten Kapitel dieser Untersuchung, dass die Beteiligungsmöglichkeiten der Eltern im offenen

Ganztag vergleichsweise gering sind. Entgegen der de facto eher schwach ausgeprägten Partizipationskultur legen die Einschätzungen der Schulleitungen zugleich nahe, dass in der Ausweitung der Mitwirkungsmöglichkeiten für Eltern ein ernstzunehmendes Veränderungspotenzial der OGS liegt. Positive Effekte sehen sie zum einen im Hinblick auf die Zufriedenheit der Eltern mit dem Ganztag und zum anderen bezüglich der Weiterentwicklung der gesamten Schule.

Um über den Ganztag hinaus das Engagement und die Beteiligung der Eltern am Schulleben der OGS zu erfassen, wurden im Fragebogen verschiedene Dimensionen vorgegeben, zu denen sowohl die Eltern mit als auch ohne Ganztagskinder befragt wurden. Sie beziehen sich einerseits auf Fragen zum freiwilligen Engagement für und in der Ganztagsschule. Dieses kann über die reine Mitgliedschaft im Eltern- oder auch im Förderverein der Schule erfolgen, die aktive Übernahme von Ämtern im Rahmen der Schul- und Klassenpflegschaft sowie die hiermit verbundene Gremienarbeit umfassen oder ganz andere ehrenamtliche Tätigkeiten beinhalten. Andererseits wurde die Teilnahme an Schulaktivitäten und Veranstaltungen untersucht, um die Einbindung und Mitwirkungspraxen der Eltern zu erfassen. Während bei der ersten Dimension der Fokus eher auf Aspekten zivil- und bürgerschaftlichen Engagements liegt, stehen beim zweiten Punkt einzelne Kooperationsformen im Vordergrund. Im Hinblick auf das freiwillige Engagement würde eine differenziertere Auseinandersetzung mit dieser Thematik allerdings den Rahmen der vorliegenden Untersuchung sprengen.

Freiwilliges Engagement der Eltern
Wird das freiwillige Engagement der Eltern in der OGS betrachtet, dann wird deutlich, dass immerhin fast die Hälfte der Eltern sich aktiv oder in Form der Mitgliedschaft direkt oder indirekt in punkto Ganztagsschule engagiert (vgl. Tab. 3.31).

Tab. 3.31: Ehrenamtl. Engagement der Eltern in Schulgremien und Mitgliedschaft in Schulvereinen (in Zeilen-%, Mehrfachnennungen möglich)

Item	Nein	Ja	Anz. ungew.
Engagement in Schulgremien	83,8	16,2	3.677
Mitgliedschaft im Elternverein	96,2	3,8	3.677
Mitgliedschaft im Förderverein	71,9	28,1	3.677
Anderweitige ehrenamtl. Mitarbeit in der Schule	85,0	15,0	3.677
Engagement in mindestens einem Bereich	51,1	48,9	3.677

Quelle: Wissenschaftlicher Kooperationsverbund – Elternbefragung

Werden die vier ausgewiesenen Bereiche näher betrachtet, dann sind die Eltern mit einem Anteil von 28% der Nennungen am häufigsten Mitglied in Fördervereinen, etwa 16% engagieren sich in Schulgremien, 15% arbeiten in anderer Weise ehrenamtlich in der Schule mit und nur etwa 4% sind Mitglied in Elternvereinen. Das freiwillige Engagement für die OGS speist sich somit nahezu gleich häufig aus der reinen Mitgliedschaft, sei es in Förder- oder Elternvereinen, sowie aus dem ehrenamtlichen Engagement im Rahmen der Gremienarbeit oder durch andere Formen ehrenamtlicher Tätigkeit.

Ob Eltern sich für die OGS engagieren oder nicht, kann unterschiedliche Gründe haben. Wird auf der Grundlage einer multivariaten Analyse danach gefragt, welche Faktoren das Engagement von Eltern begünstigen, dann ist – wie auch in anderen empirischen Untersuchungen deutlich wird – freiwilliges Engagement vor allem eine Frage der Schichtzugehörigkeit. Es steigt mit dem sozio-ökonomischen Status.

Tab. 3.32: Logistische Regression Engagement der Eltern in Schulgremien und Mitgliedschaft in Schulvereinen (Engagement in mindestens einem der Bereiche), Mehrebenenmodell

	Modell 1	Modell 2
Variable (R Referenzkategorie)	β	β
Ganztagsträger (R: Jugendhilfeträger)		
- Elternverein		0,21
- öffentlicher Träger		0,01
- sonstiger Träger		-0,09
Gemeindegröße (R >100000 EW)		
- <50.000 EW	0,20	0,18
- 50–100.000 EW	-0,07	-0,08
Anfangsjahr OGS 2004 (R 2003)	0,08	0,12
beide Partner erwerbstätig	0,16	0,16
sozio-ökonomischer Status (R hoch)		
- niedrig	-1,47 ***	-1,47 ***
- mittel	-0,52 ***	-0,52 ***
Migrationshintergrund	-0,96 ***	-0,96 ***
Alleinerziehend	-0,67 ***	-0,68 ***
Schulleistung Elterneinschätzung (R beste)		
- Schwierigkeiten	-1,07 ***	-1,07 ***
- untere Mitte	-0,63 ***	-0,63 ***
- obere Mitte	-0,20 *	-0,20 *
Kind in der OGS	-0,26 +	-0,26 +
Konstante	1,13 ***	1,10 ***
σ_u	0,53	0,52
Intraklassen-Korrelation	0,21	0,20

*** p<0,001 ** p<0,01 * p<0,05 + p<0,1 (jeweils zweiseitig)
Quelle: Wissenschaftlicher Kooperationsverbund – Elternbefragung

Umgekehrt ist es bei Eltern mit Migrationshintergrund und Alleinerziehenden schwächer ausgeprägt. Darüber hinaus engagieren sich Eltern wiederum umso weniger, je schlechter sie die Leistungen ihrer Kinder einschätzen. Schließlich engagieren sich auch die Eltern von Kindern, die den Ganztag besuchen, in geringerem Maße. Dieses Ergebnis gilt auch dann, wenn der Aspekt der Erwerbstätigkeit kontrolliert wird, der bei diesem Thema nicht signifikant ist (vgl. Tab. 3.32, Modell 1). In diesem Modell verbleibt allerdings eine starke Varianz auf Schulebene, d.h. das Ausmaß freiwilligen Engagements variiert stark zwischen verschiedenen Schulen. Dies ist – wie die bivariate Auswertung verdeutlicht – zu einem geringen Teil auf die unterschiedlichen Träger des offenen Ganztags zurückzuführen. Allerdings ist dieser Parameter – bei statistischer Kontrolle der anderen Variablen – ebenfalls nicht signifikant (vgl. Tab. 3.32, Modell 2), so dass er letztlich nicht zur Klärung dieser Differenzen beiträgt. Somit kann an dieser Stelle zunächst nur festgehalten werden, dass es offensichtlich unterschiedliche Kulturen der Freiwilligenarbeit in den Ganztagsschulen gibt, die möglicherweise konzeptionell begründet sind.

Einbeziehung der Eltern in das Schulleben
Um den Partizipationsgrad der Eltern zu erfassen, wurden sie danach gefragt, wie häufig sie sich an einzelnen Aktivitäten ihrer Schule beteiligen (vgl. Tab. 3.33). Wie zu erwarten und empirisch bereits in anderen Studien ermittelt (vgl. Krumm 2001), wurden von den Befragten am häufigsten die traditionellen Formen der Elternbeteiligung, wie die Teilnahme an Elternabenden, Elternsprechtagen und Schulfesten, aufgeführt.

Tab. 3.33: Teilnahme von Eltern am Schulleben (in Zeilen-%)

Item	noch nie	selten	gele- gent- lich	re- gelmä ßig	An- zahl ge- samt	Teil- nahme- grad[1]
Elternsprechtage	3,0	1,6	5,1	90,2	3.298	95,3
Elternnachmittage, -abende	3,2	4,7	9,6	82,5	3.516	92,1
Schulfeste, -veranstaltungen	6,2	5,8	14,4	73,5	3.442	87,9
Gespräche mit Betreuer(inne)n im Ganztag (nur OGS-Eltern)	4,0	17,1	42,7	36,2	1.409	78,9
Gespräche mit den Lehrkräften außerhalb der Sprechtage	14,1	19,9	42,2	23,8	3.414	66,0
Informelle Treffen m. and. Eltern (Stammtisch, Elterncafe etc.)	31,6	14,0	20,3	34,1	3.286	54,4
Ausflüge mit den Kindern	40,9	14,6	25,9	18,6	3.403	44,5
Mitarbeit i. Kursen, Projekten	39,8	17,7	25,3	17,2	3.313	42,5
Gespräche mit Betreuer(inne)n im Ganztag (nur Nicht-OGS-E.)	49,8	12,5	19,9	17,7	2.757	37,6
Mitarbeit bei Unterrichtsgestalt.	58,3	19,3	15,0	7,5	3.297	22,5
Elterngruppen/-kurse zu Erziehungsfragen	71,8	12,7	8,7	6,8	3.167	15,5

1 Hier definiert als gelegentliche und regelmäßige Teilnahme.
Quelle: Wissenschaftlicher Kooperationsverbund – Elternbefragung

Außerhalb der Sprechtage sind Gespräche mit den Lehrkräften für die Mehrzahl der Eltern nicht die Regel. Nur etwa 24% der Eltern geben an, dies regelmäßig zu praktizieren, allerdings etwa weitere zwei Drittel gelegentlich. Gespräche mit dem Ganztagspersonal führt zwar nur eine deutliche Minderheit der Eltern. Werden allerdings nur die Eltern betrachtet, die auch Kinder im Ganztagsbetrieb haben, so trifft dies auf 79% gelegentlich bzw. häufig zu. Hierbei verdeutlichen die Ergebnisse der Fach- und Lehrkräftebefragung, dass es sich zumeist um Tür- und Angelgespräche handelt (vgl. Kap. 2). Etwa ein Drittel der Eltern besucht regelmäßig Elternstammtische, ein weiteres Fünftel gelegentlich. Deutlich seltener findet die Beteiligung im Schulalltag über die Mitarbeit in Kursen oder Projekten, die Teilnahme an Ausflügen oder die Mitarbeit bei der Unterrichtsgestaltung statt – wenngleich auch hier die Beteiligungsquoten auffällig hoch sind. Am seltensten nehmen Eltern an Kursen zu Erziehungsfragen teil. Dies mag allerdings auch am oftmals fehlenden Angebot in diesem Bereich liegen.

Insgesamt werden also institutionelle Beteiligungsformen von Eltern am stärksten wahrgenommen. Hier zeigen sich – wie die Mittelwerte noch einmal prägnant verdeutlichen (vgl. Tab. 3.34) – auch keine nennenswerten Unterschiede zwischen OGS- und Nicht-OGS-Eltern. Allein bei den Schulfesten und bei den Lehrergesprächen wird eine Differenz im Teilnahmeverhalten zwischen beiden Gruppen zu Gunsten der OGS-Eltern ersichtlich. Letzteres ist unter anderem darauf zurückzuführen, dass OGS-Eltern mit niedrigerem sozialen Status häufiger Lehrergespräche führen als Nicht-OGS-Eltern in der entsprechenden Vergleichsgruppe (vgl. Tab. 3.36).

Tab. 3.34: Teilnahme der Eltern am Schulleben nach OGS-Zugehörigkeit (Mittelwerte)

Eltern-gruppe	Teilnahme am Schulleben									
	Spr.-tag	El-tern-abend	Schul-feste	Leh.-ge-sprä-che	Bet.-ge-sprä-che	Stamm-tisch	Aus flü-ge	MA Kurse	MA Unter-richts-gest.	Erz.-kurse
Nicht-OGS-E.	3,8	3,7	3,5	2,7	1,6	2,7	2,3	2,3	1,8	1,5
OGS-E.	3,8	3,7	3,6	2,9	3,1	2,3	1,9	2,0	1,5	1,4
Gesamt	3,8	3,7	3,6	2,8	2,1	2,6	2,2	2,2	1,7	1,5

Quelle: Wissenschaftlicher Kooperationsverbund – Elternbefragung

Zusammengenommen ist die Teilnahme an derartigen Angeboten institutioneller Elternbeteiligung jedoch dermaßen hoch, dass differenzierte Analysen nur wenig sinnvoll sind, da sie sich auf sehr kleine Gruppen beschränken würden. Anders sieht dies jedoch bei den informellen Formen der Elternmitwirkung aus. Hier zeigen sich deutliche und zum Teil erstaunliche Differenzen zwischen einzelnen Elterngruppen. Deshalb wurde in einer weiteren Analyse auf der Grundlage der Ergebnisse einer Hauptkomponentenanalyse zunächst ein Index aus den Items „Mitarbeit in Kursen oder Projekten", „Mitarbeit bei der Unterrichtsgestaltung", „Ausflüge mit den Kindern", „Informelle Treffen mit anderen Eltern" und „Elterngruppen/-kurse zu Erziehungsfragen" gebildet, der alle Aspekte nicht oder gering institutionalisierter Elternbeteiligung erfasst. Dieser Index variiert von 1 („noch nie") bis 4 (regelmäßig"). Tabelle 3.35 zeigt ein Regressionsmodell für diesen Index, der – neben den bereits oben genutzten Kontrollvariablen – die Teilnahme des Kindes am offenen Ganztag einbezieht.

Tab. 3.35: Lineares Regressionsmodell zur nicht-institutionellen Elternbeteiligung im Schulleben, Mehrebenenmodell

Variable (R Referenzkategorie)	b
Gemeindegröße (R >100000 EW)	
- <50.000 EW	0,03
- 50–100.000 EW	-0,03
Anfangsjahr OGS 2004 (R 2003)	0,07
beide Partner erwerbstätig	0,02
sozio-ökonomischer Status (R hoch)	
- niedrig	-0,27 ***
- mittel	-0,08 *
Migrationshintergrund	-0,13 **
Alleinerziehend	-0,21 ***
Schulleistung Elterneinschätzung (R beste)	
- Schwierigkeiten	-0,30 ***
- untere Mitte	-0,21 ***
- obere Mitte	-0,10 *
Kind in der OGS	-0,27 ***
Konstante	2,37 ***
σ_u	0,03
Intraklassen-Korrelation	0,05

*** $p<0,001$ ** $p<0,01$ * $p<0,05$ + $p<0,1$ (jeweils zweiseitig).
Quelle: Wissenschaftlicher Kooperationsverbund – Elternbefragung

Auf dieser Grundlage werden hier wiederum die bereits bekannten soziostrukturellen Effekte ersichtlich: Die Partizipation der Eltern im Schulleben ist bei den informellen Formen umso geringer, je niedriger der sozio-ökonomische Status ist. Ebenso ist die Beteiligung von Eltern mit Migrationshintergrund sowie von Alleinerziehenden schwächer ausgeprägt. Auch die Beurteilung der Schulleistungen spielt eine Rolle: Je schlechter Eltern die Leistungen ihrer Kinder einschätzen, desto weniger beteiligen sie sich am Schulleben. Unter Kontrolle all dieser Variablen sowie der Erwerbstätigkeit der Eltern, verbleibt ein signifikanter Effekt des Ganztagsbesuchs: Wenn Kinder den Ganztag besuchen, so beteiligen sich Eltern in geringerem Maße an den weniger institutionalisierten Formen des Schullebens als wenn die Kinder dies nicht tun. Dies verdeutlichen auch die ausgewiesenen Mittelwerte in Tabelle 3.34 für die informelleren Kooperationsformen zwischen Elternhaus und Schule.

Zusammenfassend lässt sich festhalten, dass bei den institutionellen Kooperationsmöglichkeiten bei insgesamt hohem Beteiligungsgrad kaum Unterschiede zwischen OGS- und Nicht-OGS-Eltern bestehen. Insbesondere die Teilnahme an Sprechtagen, Elternabenden und Schulveranstaltungen ist den Eltern wichtig und wird von der großen Mehrheit der Eltern regelmäßig praktiziert. Im Vergleich hierzu sind die Eltern bei den informelleren Partizipationsformen weitaus seltener und weniger regelmäßig aktiv. Dies gilt sowohl für die Nicht-OGS als auch die OGS-Eltern, wobei der Beteiligungsgrad bei letzteren durchweg niedriger ausfällt. Bei beiden Gruppen wird der Kooperationsgrad jedoch durch vergleichbare Faktoren und Mechanismen beeinflusst. So sind Eltern mit mittlerem und höherem Sozialstatus, Haushalte ohne Migrationshintergrund sowie Ehe- und Partnerschaftsgemeinschaften häufiger engagiert. Auch Eltern, die die Schulleistungen ihrer Kinder besser einschätzen, beteiligen sich intensiver als die übrigen Eltern, möglicherweise aufgrund einer hierdurch bedingten positiveren Grundeinstellung gegenüber der Schule.

Tab. 3.36: Teilnahme der Eltern am Schulleben nach sozio-ökonomischem Status und Elterngruppe (Mittelwerte von 1= bislang noch nie bis 4 = regelmäßig)

Teilnahme am Schulleben durch	sozio-ökonomischer Status					
	Nicht-OGS-Eltern			OGS-Eltern		
	niedrig	mittel	hoch	niedrig	mittel	hoch
Elternnachmittage/-abende	3,5	3,8	3,9	3,5	3,8	3,9
Elternsprechtage	3,8	3,9	3,8	3,8	3,8	3,8
Schulfeste und -veranstaltungen	3,3	3,6	3,7	3,3	3,7	3,7
Betreuergespräche	1,4	1,5	1,6	3,0	3,1	3,2
Lehrergespräche	2,5	2,8	2,8	2,9	2,8	2,9
Elternstammtisch	2,2	2,8	3,0	1,9	2,3	2,5
Ausflüge mit den Kindern	2,0	2,4	2,5	1,9	1,9	2,0
Mitarbeit in Kursen u. Projekten	2,0	2,3	2,5	2,0	2,0	2,0
Mitarb. bei Unterrichtsgestalt.	1,6	1,8	1,9	1,6	1,5	1,5
Elterngruppen/-kurse zu Erziehungsfragen	1,4	1,5	1,6	1,4	1,4	1,4

Quelle: Wissenschaftlicher Kooperationsverbund – Elternbefragung

Aus dieser Perspektive lässt sich folgern, dass beim Ausbau der Teilhabemöglichkeiten am Schulleben Kooperationsformen zwischen Elternhaus und Schule gefunden werden müssen, die gezielt auf die Belange von Eltern unterer Sozialschichten und mit Migrationshintergrund abgestimmt sind sowie den zeitlichen Restriktionen und besonderen Belastungen Alleinerziehender Rechnung tragen, so dass es auch diesen Gruppen ermöglicht wird, ihre spezifischen Potentiale in die Gestaltung der OGS einzubringen. Hierbei sollten die Freiräume, die speziell der Ganztag bietet, nicht zuletzt aufgrund des geringeren Partizipationsgrades der OGS-Eltern, offensiv genutzt werden. Dies setzt allerdings voraus, dass – wie im Spiegel der Strukturerhebung ersichtlich wurde – spezielle formale und informelle Partizipationsmöglichkeiten für den Ganztag entwickelt und in den Schulen auf breiterer Ebene etabliert werden müssen. Hierzu zählen auch Angebote zur Unterstützung der Eltern in ihrer Erziehungsarbeit. Anhaltspunkte, in welcher Form die Zusammenarbeit zwischen Schule und Elternhaus intensiviert werden kann, bieten hierzu die vielfältigen Beiträge zur Elternarbeit.

3.4.2 Zufriedenheitsgrad mit der OGS

Über die Frage der Partizipation hinaus wurden OGS- und Nicht-OGS-Eltern gleichermaßen zu verschiedenen Dimensionen und Bereichen ihrer Schule befragt, um den Zufriedenheitsgrad mit der offenen Ganztagsschule als Ganzes zu ermitteln. Unabhängig davon, ob die Kinder den Ganztag besuchen oder nicht, schneiden die offenen Ganztagsgrundschulen im Elternurteil insgesamt relativ gut ab: Fast 80% der befragten Eltern sind zusammengenommen „sehr" oder „eher" mit der Grundschule ihres Kindes zufrieden, nur ein sehr geringer Anteil von unter 4% der Befragten äußert sich insgesamt unzufrieden (vgl. Tab. 3.37).

Tab. 3.37: Zufriedenheit der Eltern mit der OGS (in Spalten-%)

Zufriedenheit der Eltern mit der Schule	Anteil in %
Sehr zufrieden	35,8
Eher zufrieden	42,3
Teils/teils	18,3
Eher unzufrieden	2,8
Sehr unzufrieden	0,8
Anzahl	3.578

Quelle: Wissenschaftlicher Kooperationsverbund – Elternbefragung

Auch im Hinblick auf einzelne Bereiche der Schule vergibt die überwältigende Mehrheit der Eltern in fast allen Bereichen „gute" oder „sehr gute" Noten – sei es für die Qualität des Unterrichts, die Stimmung an der Schule, das Engagement der Lehr- und Ganztagskräfte oder die Art der Hausaufgaben. Lediglich die Bereiche „Möglichkeiten der Mitbestimmung" sowie die „Förderung des einzelnen Kindes in der Schule" erzielen einen etwas geringeren Zustimmungsgrad – bei immer noch etwa drei Viertel mindestens „eher guten" Bewertungen (vgl. Tab. 3.38).

Tab. 3.38: Zufriedenheit der Eltern mit der OGS, differenziert (in Zeilen-%)

Item: Zufriedenheit mit ...	Bewertung				Anzahl unge-wichtet	Zufrie-den-heit[1]
	sehr schlecht	eher schlecht	eher gut	sehr gut		
Qualität des Unterrichts	0,6	5,8	61,9	31,7	3.150	93,6
Engagement der Lehrkräfte	1,0	6,1	54,0	38,9	3.156	92,9
Stimmung an der Schule	0,8	7,9	70,5	20,8	3.084	91,3
Engagement d. Mitarbeit-er(innen) im Ganztag	1,5	8,5	52,1	37,9	1.738	90,0
Art der Hausaufgaben	0,9	10,3	68,6	20,2	3.292	88,8
Möglichkeiten der Eltern-mitbestimmung	2,6	20,2	57,3	19,9	2.846	77,2
Förderung der einzelnen Kinder in der Schule	3,0	24,5	52,0	20,5	2.859	72,5

Zufriedenheit wird hier definiert als „eher" und „sehr gut".
Quelle: Wissenschaftlicher Kooperationsverbund – Elternbefragung

Werden die Daten nach OGS- und Nicht-OGS-Eltern ausgewiesen, dann zeigen sich auch hierbei große Übereinstimmungen im Zufriedenheitsgrad (vgl. Tab. 3.39). Nennenswerte Differenzen zwischen beiden Gruppen werden lediglich bei den Möglichkeiten der Elternmitbestimmung sowie bei der Förderung der Kinder ersichtlich, die von den Ganztagseltern etwas kritischer betrachtet werden.

Tab. 3.39: Zufriedenheit der Eltern mit einzelnen Bereichen der OGS nach El-terngruppe (jeweils Anteile „eher gut" und „sehr gut"; in %)

Bereiche	OGS-Eltern	Nicht-OGS-Eltern
Qualität des Unterrichts	93,2	93,6
Stimmung an der Schule	92,4	90,9
Engagement der Lehrkräfte	91,6	93,3
Art der Hausaufgaben	87,1	89,4
Möglichkeiten der Elternmitbestimmung	74,2	78,1
Förderung der einzelnen Kinder in der Schule	67,1	74,1

Quelle: Wissenschaftlicher Kooperationsverbund – Elternbefragung

Bildet man aus allen Items einen Summenindex, so erstaunt nicht, dass die-ser mit einem Alpha von 0.85 in hohem Maße reliabel ist, da nahezu sämt-liche Befragten auf fast alle Items positive Bewertungen abgeben. Auch korreliert dieser Index mit einem Wert von 0.62 (Spearman's rho) mit der einleitend vorgestellten Gesamtbewertung der Schule. Auf der Suche nach Unterschieden in der Bewertung wurden dieser Index, die Variable mit der Gesamtbewertung der OGS sowie die Items zur Förderung des Kindes so-wie zur Elternmitbestimmung, die von den Befragten weniger positiv be-wertet wurden, multivariat analysiert. Die Ergebnisse der entsprechenden Modellschätzungen ergeben lediglich zwei – in anderen Analysen z.T. be-reits dargestellte – Unterschiede:

- Zum einen bewerten Eltern, die die Leistung ihrer Kinder schlechter einschätzen, die offene Ganztagsschule insgesamt sowie speziell die Förderung der Kinder negativer.

- Zum anderen sind Eltern mit niedrigem sozio-ökonomischem Status mit der gesamten OGS, dem Förderaspekt sowie den Möglichkeiten der Elternmitbestimmung zufriedener als die anderen Eltern. Dieses Ergebnis entspricht den Befunden, die bereits in den voranstehenden Zufriedenheitsanalysen sichtbar wurden.

Auffällig ist allerdings, dass es ansonsten keine Bewertungsunterschiede zwischen einzelnen Elterngruppen gibt. Hierbei scheint insbesondere die Teilnahme des Kindes am Ganztag keinerlei Einfluss auf den Zustimmungsgrad der Eltern bezüglich der OGS zu haben. Bilanzierend lässt sich somit festhalten, dass beide Elterngruppen mit den verschiedenen Teilbereichen der OGS als Organisationseinheit ausgesprochen zufrieden sind. Dies gilt auch für jene Dimensionen, die, wie der Unterricht oder die Lehrkräfte, in Kapitel 3.3.2 nicht in die Analyse einbezogen wurden. Ebenso wie bei der Auseinandersetzung mit den einzelnen Angebotselementen des Ganztags wird im Hinblick auf die gesamte Schule allerdings auch deutlich, dass die intensivere Förderung einzelner Kinder eine zentrale Herausforderung für alle Aufgaben- und Handlungsfelder der offenen Ganztagsschule darstellt – einschließlich der primär schulisch definierten. Neben den verbesserten Fördermöglichkeiten ergibt die Analyse einen geringeren Zustimmungsgrad der Eltern hinsichtlich der Mitbestimmungsmöglichkeiten, der bei den Nicht-OGS-Eltern etwas höher ausfällt als bei den OGS-Eltern und somit wie schon die Ergebnisse im vorangegangenen Kapitel auf Ausbaubedarfe in diesem Bereich hinweist.

3.4.3 Entwicklungsbedarfe und Gelingensbedingungen der OGS

Werden die Ergebnisse der Elternbefragung in der Zusammenschau betrachtet, dann ergibt sich in mehrfacher Hinsicht ein konsistentes Bild, auf dessen Grundlage gezielte Hinweise auf den Weiterentwicklungsbedarf der OGS abgeleitet werden können. Wesentliche Entwicklungsbedarfe der OGS lassen sich vor allem in neun Bereichen aufzeigen.

(1) Hierzu gehört vor allem die Notwendigkeit einer verstärkten Einbeziehung sozial benachteiligter und einkommensschwächerer Elterngruppen sowie bildungsfernerer und kinderreicherer Haushalte in den offenen Ganztag, um die Passgenauigkeit zwischen den formulierten förderpolitischen Intentionen der Kinder, die aus Sicht der Landesregierung mit der OGS verknüpft werden, und den ermittelten Nachfrage- und Teilnahmestrukturen auf Seiten der Eltern zu verbessern. Im Hinblick auf die Inanspruchnahme des Ganztags konnten erfreulicherweise nur graduelle Unterschiede zwischen Eltern mit und ohne Migrationshintergrund ermittelt werden, die primär auf den Schichteffekt zurückzuführen sind. Insofern kann die Anspra-

che von Migrantenfamilien als Bestandteil einer umfassenden Handlungsoffensive zur verstärkten Einbeziehung von Familien mit geringerem sozioökonomischen Status in den Ganztag betrachtet werden.

(2) Unter strukturellen Aspekten erweisen sich weniger das vorhandene Platzangebot oder der zeitliche Rahmen des Betreuungsangebots als Zugangsschwelle zum Ganztag, sondern vor allem die zu hohen Kosten als wesentliche Einflussgröße bei der Nicht-Inanspruchnahme dieses Angebots insbesondere bei jenen Elterngruppen, für die eine angespanntere ökonomische Lage der Haushalte zu vermuten ist. Aus dieser Perspektive erscheint unter verteilungs- und bildungspolitischen Aspekten eine intensivere Auseinandersetzung mit der Kostenfrage, d.h. sowohl mit den Beiträgen für den Ganztag als auch für das Mittagessen, unumgänglich, damit jenseits herkunftsbedingter Unterschiede potenziell alle Kinder die Möglichkeit haben, vom öffentlichen Gut der „Ganztagsbildung" zu partizipieren.

(3) Bei der Gestaltung des Betreuungsangebots sollten die Schulen den differenzierten Bedarfslagen der Eltern vor Ort stärker Rechnung tragen. Dies betrifft zum einen jene Eltern, deren Betreuungsbedarf aufgrund individueller Präferenzen (und nicht ökonomischer Notwendigkeiten) geringer ist und die deshalb auf zeitlich begrenztere schulische Betreuungsangebote zurückgreifen möchten. Zum anderen sollten für die Gruppe der Ganztagseltern Modelle entwickelt werden, die – bei verbindlichen Mindestanwesenheitszeiten – eine geringere wöchentliche Teilnahme am Ganztagsangebot ermöglichen. Hierbei handelt es sich allerdings um einen Balanceakt zwischen den Vorstellungen eines Teils der Eltern, den Bildungsansprüchen des offenen Ganztags sowie den hiermit einhergehenden organisatorischen Anforderungen an die Grundschulen, insbesondere dann, wenn – im Interesse der Kinder – eine Rhythmisierung zwischen unterrichtsbezogenen und außerunterrichtlichen Angeboten angestrebt wird. Möglicherweise trägt jedoch auch eine verbesserte Informationspolitik der Schulen über die mit dem Ganztagsprojekt verbundenen Bildungsintentionen dazu bei, bei dieser Elterngruppe ein Verständnis zu fördern, das über die Betreuungsdimension hinaus stärker als bisher kind- und förderorientierte Aspekte integriert und sie auf diese Weise zur vollständigen Inanspruchnahme des Ganztagsangebots motiviert.

(4) Dass die Eltern allerdings auch bisher keine homogene Gruppe darstellen und differenzierte Anspruchsprofile haben, wird bei den Erwartungen an den Ganztag ersichtlich. So besteht zwar die Hauptmotivationslage der Eltern ihr Kind dort anzumelden, im Wunsch nach einem verlässlichen Betreuungsangebot, das die Vereinbarkeit von Familien- und Berufsleben erlaubt und primär von berufstätigen Eltern mit mittlerem und hohem Sozialstatus formuliert wird. Daneben sind für die Eltern bei der Anmeldung des Kindes im Ganztag jedoch auch unterschiedliche Facetten kindorientierter Entwicklungs- und Lernförderung von Bedeutung, wobei unterrichtsbezo-

gene Aspekte unter den Anmeldegründen den geringsten Stellenwert haben. Auch aus dieser Perspektive scheinen eine bessere Informationspolitik der Schulen über das zugrunde liegende Bildungs- und Erziehungskonzept des Ganztags, aber auch eine konsequentere Orientierung der Schulen an diesen Erwartungen bei der Gestaltung des Angebots erforderlich zu sein (s.u.). Hierbei werden die qualitativen Ansprüche an den Ganztag insbesondere von den Eltern mit leistungsschwächeren Kindern, geringerem sozio-ökonomischen Status und Migrationshintergrund an die OGS herantragen, die im Vergleich zu den Eltern mit hohem Sozialstatus nicht zuletzt aufgrund der unterschiedlichen Ausgangssituation der Haushalte eine ausgeprägtere Kind- und Förderorientierung haben.

(5) Im Hinblick auf die Umsetzung dieser Erwartungen in den Schulalltag erteilen die Eltern dem Ganztag überwiegend gute Noten. Damit steht auch der vom wissenschaftlichen Kooperationsverbund durchgeführte Elternsurvey in der Tradition von Zufriedenheitsmessungen im Kindertages- und Schulbereich, die in der Regel bei dieser Befragtengruppe überwiegend positive Ergebnisse ausweisen (vgl. hierzu Beher u.a. 2005; Fendrich/Pothmann 2006; StEG 2007). Über die messtheoretischen Implikationen hinaus, die hiermit verbunden sind, bedeutet dies jedoch zugleich, jene Differenzen besonders herauszustreichen, bei denen sich ein geringerer Zustimmungsgrad der Eltern ablesen lässt. Aus dieser Perspektive stellen die Eltern – mit Ausnahme der Betreuungszeiten während der Ferienzeiten – wie schon in der Pilotstudie weniger die praktisch-organisatorischen Abläufe des Ganztagsbetriebs in Frage. Handlungsbedarf im Hinblick auf die Weiterentwicklung des Ganztags signalisieren sie vor allem bei der personellen Ausstattung sowie der Lern- und Förderfunktion des Ganztags (z.B. im Hinblick auf die Hausaufgaben, gezielte Förderangebote, aber auch die Qualifikation der Mitarbeiter(innen) als Voraussetzung optimierter Bildungsprozesse).

(6) Dass die Eltern über die formulierte Kritik hinaus mit dem Ganztag auch positive Wirkungen verbinden, wird deutlich, wenn die Effekte auf das Kind und den Familienalltag beleuchtet werden. Der Gewinn an Sozialkontakten und die attraktiven Freizeitangebote und Kurse werden hierbei von den Eltern als Stärken des Ganztags betrachtet, von denen die Kinder profitieren. Die geringsten Effekte auf die Kinder nehmen die Eltern im Hinblick auf eine positivere Einstellung zu den Hausaufgaben, zum subjektiven Wohlbefinden in der Schule sowie bezüglich des Nutzens für den Unterricht wahr. Auch aus dieser Perspektive wird somit den Lern- und Förderarrangements im Ganztag größere Aufmerksamkeit zu widmen sein. Wird der Familienalltag in das Blickfeld gerückt, dann werden aus Sicht der Eltern die arbeitsmarkt- und frauenpolitischen Zielsetzungen in hohem Maße erfüllt, dies gilt insbesondere aus der Sicht von Alleinerziehenden sowie Familien, in denen beide Elternteile erwerbstätig sind. Demzufolge sind es – bei insgesamt geringerem Zustimmungsgrad – zugleich Befragte mit niedrigem Sozialstatus sowie Migrantenfamilien, die dem Ganztag stärkere

Auswirkungen auf die innerfamilialen Beziehungen sowie mit deutlichem Abstand auf Bildung und Freizeit bescheinigen.

(7) Die bei der Zufriedenheitsmessung ermittelten Ergebnisse korrespondieren weitgehend mit den von den Eltern formulierten Verbesserungsvorschlägen des Ganztags. Die individuellere Förderung der Kinder und eine verbesserte personelle Ausgangslage bilden aus Sicht dieser Akteursgruppe wesentliche Bereiche, die im Ganztag verändert werden sollten. Anders als bei den Aussagen der Eltern zur Zufriedenheit mit einzelnen Handlungsbereichen unterstreichen die Befragten an dieser Stelle jedoch zugleich die Notwendigkeit, den Informationsfluss zwischen Elternhaus und Schule zu optimieren. Mehr Transparenz für die Eltern und ein verbesserter Kommunikationsprozess zwischen den unterschiedlichen Akteursgruppen stellt somit eine weitere Gelingensbedingung der OGS dar. Aus dieser Perspektive sollten die Schulen ihre Informationspolitik und -kanäle auf den Prüfstand stellen, um einen umfassenden und systematischen Zugang der Eltern zu ganztagsrelevanten und möglicherweise auch zu kindbezogenen Fragen zu ermöglichen.

(8) Dies lenkt den Blick auf die Partizipationsmöglichkeiten in der offenen Ganztagsschule, zu denen sowohl OGS- als auch Nicht-OGS-Eltern befragt wurden. Zwischen beiden Gruppen bestehen hinsichtlich der institutionellen Kooperationsformen (Elternsprechtage, -abende, Schulveranstaltungen) – bei insgesamt hohem Beteiligungsgrad – kaum Unterschiede, wobei OGS-Eltern etwas häufiger Gespräche mit den Lehrkräften führen. Dies gilt jedoch nicht für den Bereich der informelleren Partizipationsformen, bei denen der Aktivitätsgrad der Eltern mit Kindern in der OGS geringer ist, wobei bei beiden Gruppen vergleichbare Faktoren die Beteiligung am Schulleben beeinflussen. Partizipations- und Kooperationsformen, die gezielt den Belangen von Alleinerziehenden, Eltern unterer Sozialschichten und Migrantenfamilien Rechnung tragen sowie die Anforderungen von Eltern mit leistungsschwächeren Kindern berücksichtigen, bilden in diesem Bereich wesentliche Bausteine auf dem Weg zur Qualitätsverbesserung der OGS. Dies beinhaltet auch den Ausbau der Teilhabemöglichkeiten im offenen Ganztag. Der gemeinsame Erziehungsauftrag von Schule und Elternhaus kann nur in Form einer intensiven Zusammenarbeit zwischen den verschiedenen Akteuren aus beiden Institutionen verwirklicht werden.

(9) Dass die Weiterentwicklung der OGS jedoch kein alleiniges Ganztagsprojekt darstellt, sondern die gesamte Grundschule betrifft, dies verdeutlicht die Abschlussfrage an beide Elterngruppen. Bei hoher Zufriedenheit mit der offenen Ganztagsschule, bei der keine nennenswerten Unterschiede zwischen OGS- und Nicht-OGS-Eltern ermittelt werden konnten, bezieht sich die Kritik der Eltern wiederum vor allem auf zwei Punkte: Die Möglichkeiten der Elternmitbestimmung sowie die individuellere Förderung der Kinder. Reformbestrebungen sollten deshalb konsequent auf die Optimierung

der Organisationseinheit „offene Ganztagsschule" als Ganzes ausgerichtet sein und im Rahmen dieses Schulentwicklungsprozesses insbesondere die Förderung der Kinder und die Partizipation der Eltern berücksichtigen.

Mit Blick auf die eingangs formulierten Zielsetzungen des offenen Ganztags gelingt es der OGS somit – so lässt sich bilanzierend festhalten – in hohem Maße den arbeitsmarktpolitischen Leitvorstellungen durch die Gestaltung der Angebotsstrukturen Rechnung zu tragen. Im Hinblick auf die Bildungsintentionen sind jedoch verstärkte konzeptionelle Anstrengungen erforderlich, um die hiermit verbundenen Ansprüche im Schulalltag umzusetzen. Ein verstärkter Dialog mit den Eltern bietet hierzu gute Voraussetzungen. Allerdings ist es in diesem Zusammenhang auch notwendig, die Interessen der verschiedenen Elterngruppen zu ermitteln und zu klären. So wurden an verschiedenen Stellen der Auswertung insbesondere im Hinblick auf den Bildungs-, Sozial- und Erwerbsstatus sowie den Migrationshintergrund der Familien Wahrnehmungsunterschiede zwischen den Eltern ersichtlich. Diese Ergebnisse lassen vermuten, dass bei den befragten Eltern unterschiedliche Förderverständnisse vorliegen, die schicht- und kulturspezifisch geformt das Anspruchsniveau und damit den Zufriedenheitsgrad sowie die als notwendig erachteten Veränderungen der OGS bestimmen. Dass sich ein Teil der Schulen bereits auf den Weg in Richtung Qualitätsverbesserung gemacht hat, verdeutlichen darüber hinaus die an verschiedenen Stellen ermittelten Differenzen zwischen Ganztagsschulen der ersten und der zweiten Generation. Worauf es allerdings in schulstrukturellen Kontexten zurückzuführen ist, dass Befragte in kleineren Gemeinden eher mit der OGS zufrieden sind als in größeren Kommunen, kann im Spiegel des Elternsurveys nicht zufriedenstellend beantwortet werden.

4. Die OGS aus Sicht der Kinder

Die Erstellung eines umfassenden Gesamtbildes zur offenen Ganztagsschule wäre ohne Berücksichtigung der kindlichen Perspektive nur unvollständig. Deshalb wurden im Unterschied zur explorativen Erkundungsstudie in der Haupterhebung auch die Kinder, die den offenen Ganztag besuchen, im Untersuchungsprogramm berücksichtigt. Gegenstand der folgenden Ausführungen ist eine kindorientierte Nutzeranalyse, die auf schriftlichen und mündlichen Kinderbefragungen basiert. Um den altersbedingten Entwicklungsunterschieden zwischen den Grundschüler(inne)n im Hinblick auf die Gestaltung der OGS Rechnung zu tragen, wird bei der Ergebnisdarstellung wird zwischen älteren und jüngeren Kindern differenziert (vgl. Kap. 4.2 und 4.3). Vor der Präsentation der Forschungsbefunde werden jedoch ausgewählte Aspekte der zugrunde liegenden Untersuchungskonzeption skizziert (vgl. Kap. 4.1)

4.1 Ziel und Rahmen der Kinderbefragung

Für die inhaltliche Konzeption der Kinderbefragungen waren zum einen neuere Ansätze und Methoden der Kindheitsforschung richtungsweisend, wie sie seit den 80er-Jahren in diesem Forschungsfeld diskutiert werden und ebenfalls in der Grundschulforschung Eingang gefunden haben (vgl. u.a. Behnke/Zinnecker 2001; Heinzel 2002, 2005; Honig/Lange/Leu 1999; Krüger/Grunert 2002). Zum anderen waren für die Anlage der Untersuchung die Ergebnisse der vom wissenschaftlichen Forschungsverbund durchgeführten qualitativen Explorationsstudie leitend, die in Richtung einer stärkeren Berücksichtigung der kindlichen Bedürfnisse in Konzept und Alltag der Ganztagsschule weisen (vgl. Beher u.a. 2005).

4.1.1 Der Forschungskontext

Lange Zeit bildeten Kinder als Gegenstand sozialwissenschaftlicher Forschung eine stark vernachlässigte Gruppe. Erst zu Beginn der 80er-Jahre kam es in der Kindheitsforschung zu einer erziehungswissenschaftlichen Wende, durch die die bis dato bestehende einseitige Dominanz entwicklungspsychologischer Ansätze überwunden wurde sowie eine theoretische und methodische Neuorientierung erfolgte. Im Zuge einer sozialwissenschaftlich orientierten Erziehungswissenschaft veränderte sich sukzessive der Blick auf die Lebensphase „Kindheit", indem Kinder nicht mehr als werdende Erwachsene und zukünftige Mitglieder der Gesellschaft betrachtet wurden. Stattdessen setzte sich zunehmend eine Sichtweise durch, bei der die Eigenständigkeit dieser Phase betont und Kindheit als spezifisch definiertes, kulturelles Muster begriffen wurde (vgl. Krüger/Grunert 2002). Kinder galten nunmehr nicht mehr als bloße Objekte, sondern als „produktiv realitätsverarbeitende" Subjekte (Hurrelmann 1983), die in wahrnehmender und handelnder Auseinandersetzung mit ihrer sozialen Umwelt stehen (vgl. Baacke 1999).

Dem neuen Verständnis von Kindheit und Kindern als sozialen Akteuren sollte durch eine stärkere Berücksichtigung der kindlichen Alltagserfahrungen, Sozialbeziehungen und Lebensbedingungen in der Soziologie und Erziehungswissenschaft Rechnung getragen werden (vgl. Krüger/Grunert 2002). Mit dem gewandelten Kindheitsbild erlangten zugleich Methoden empirischer Sozialforschung an Gewicht, in denen die Kinder als Informant(inn)en über ihre Lebenssituation einbezogen wurden. Im Unterschied zur Forschung über Kinder sollten durch den direkten Einbezug der kindlichen Sichtweise die Stimmen der Kinder hörbar gemacht und ihre erlebte Wirklichkeit erfasst werden. Hiermit gewannen auch Fragen zu den Möglichkeiten und Grenzen eines derartigen methodischen Vorgehens an Stellenwert in der Literatur (vgl. Honig/Lange/Leu 1999; Mey 2006). Auf dieser inhaltlichen und methodologischen Grundlage formierte sich in den 80er- und 90er- Jahren sukzessive eine interdisziplinär ausgerichtete „neue Kindheitsforschung" unter Federführung einer sozialwissenschaftlich orientierten Erziehungswissenschaft, die mit einem wachsenden Differenzierungsgrad der Diskurse und einem Aufschwung empirischer Studien zu den verschiedenen Bereichen der kindlichen Alltagswelt einherging (vgl. z.B. Alt 2005a,b; Lang 1985; Wilk/Bücher 1994; Zinnecker/Silbereisen 1996).

So wurden etwa in sozialökologischen Ansätzen im Anschluss an Bronfenbrenner die Dimensionen der kindlichen Lebenswelt bzw. die Formen der Raumaneignung von Kindern beleuchtet (vgl. Urban 1997; Wissenschaftlicher Beirat 1998). Auch wurde im Modernisierungsdiskurs auf die veränderten Sozialisationsbedingungen von Kindern, die verschiedenen Facetten einer Kindheit im Wandel sowie die pluralen Lebenslagen von Kindern hingewiesen. Im Rahmen der Sozialstrukturanalyse wurden Kinder als „soziale Kategorie" entdeckt und zum Gegenstand der Sozialberichterstattung gemacht. Darüber hinaus erlangten konstruktivistische und biographietheoretische Perspektiven zunehmend an Bedeutung (vgl. Krüger/Grunert 2002). Auch in den pädagogischen Reflexionen über die Grundschule wurden in den 90er-Jahren die Herausforderungen einer veränderten Kindheit aufgegriffen und auf normativer Ebene mit Fragen der inneren Schulreform in Verbindung gesetzt (vgl. Heinzel 2002). Auf empirischer Ebene blieben insbesondere mit Blick auf die Gruppe der Grundschüler(innen) jedoch wesentliche Fragen unbeantwortet.

Mit dem Beginn des neuen Jahrzehnts erlangten im Zuge der Diskussion um die Defizite des deutschen Schulsystems bildungspolitische Fragestellungen zunehmend an Stellenwert. Wesentliche Ansatzpunkte der Debatte bildeten die Auseinandersetzung mit den Lern- und Bildungsprozessen von Kindern sowie die hiermit korrespondierende Suche nach einem erweiterten Bildungsbegriff, bei der neben der Ganztagsschule auch die vielfältigen Lerngelegenheiten und -orte außerhalb und neben der Schule ins Blickfeld gerieten (vgl. BMFSFJ 2006). Im Hauptstrom der (Ganztags-)Schulforschung werden die Grundschüler(innen) als unmittelbare Informant(inn)en über die schulische Lebens- und Lernwelt jedoch weitgehend ausgeklammert. Durch die einseitige Orientierung an den Einstellungen der Erwachsenen, d.h. der Schulleitungen, Eltern, Lehr- und Fachkräfte, bleiben die Meinungen und Bewertungen somit gerader jener Akteursgruppe unberücksichtigt, auf die sich wesentliche Intentionen der Ganztagsschulreform im Primarbereich richten (vgl. Röhner 2006). Insbesondere dann, wenn Kindheit als soziale Konstruktion begriffen wird, d.h. diese nicht nur durch die Gesellschaft geformt, sondern von den Kindern auch selbst gestaltet wird, muss über Konsequenzen für ein entsprechendes Forschungsparadigma nachgedacht werden (vgl. Behnken/Zinnecker 2001, S. 53).

4.1.2 Themenkomplexe der Befragung

Vor diesem Hintergrund bestand die zentrale Zielsetzung der Kindererhebung im Rahmen der wissenschaftlichen Begleitung der OGS in der Erstellung einer Bestandsaufnahme und Analyse zum Wohlbefinden und Alltagserleben der Schüler(innen) im offenen Ganztag, die auf dem direkten Einbezug der kindlichen Perspektive beruht. Die Untersuchung soll dazu beitragen, zentrale Anforderungen an die Gestaltung des Alltags im Ganztag aus den Einschätzungen der Schüler(innen) abzuleiten und Empfehlungen zur Weiterentwicklung der OGS zu entwickeln. Hierzu wurden im Vorfeld der Befragung sechs Themenblöcke herausgearbeitet, anhand derer das Erhebungsinstrumentarium entwickelt wurde. Hierzu zählen im Einzelnen:

- der Tagesablauf und das Zeiterleben der Kinder in der OGS im Hinblick auf die Übergänge und Passagen zwischen den einzelnen Angeboten und das Wechselverhältnis zwischen selbstbestimmten Aktivitäten und strukturierten Angeboten;
- die räumlichen Bedingungen in der OGS mit Blick auf das Raumerleben der Schüler(innen) und ihren Zufriedenheitsgrad mit dem Raumangebot;
- die einzelnen Handlungsfelder und Angebotselemente, d.h. die Einschätzungen und Bewertungen der Kinder zu den Bildungs- und Lernangeboten, den Hausaufgaben, der Mittagspause und dem Mittagessen sowie zu den Möglichkeiten selbstbestimmter Aktivitäten:

- die Partizipationserfahrungen und -möglichkeiten der Kinder, einschließlich der Optionen zur eigenverantwortlichen und selbstständigen Gestaltung ihres Alltags in der OGS;
- das soziale Klima in der offenen Ganztagsschule auf der Grundlage der Kinderantworten zur Art und Qualität ihrer Beziehungen zu anderen Kindern und zu den pädagogischen Mitarbeiterinnen und Mitarbeitern im Ganztag;
- sowie die Verbesserungsmöglichkeiten und der Weiterentwicklungsbedarf der OGS.

Auf der Auswertungsebene wurden darüber hinaus die Einstellungs- und Wahrnehmungsunterschiede zwischen Mädchen und Jungen sowie Kindern mit und ohne Migrationshintergrund berücksichtigt, die als übergreifende inhaltliche Dimensionen in die einzelnen Kapitel eingearbeitet wurden, sofern genderbezogene oder kulturelle Differenzen erkennbar waren. Darüber hinaus wurde auf dieser Ebene den Unterschieden zwischen älteren und jüngeren Kindern Rechnung getragen.

4.1.3 Differenzen zwischen älteren und jüngeren Kindern

Kinder im Grundschulalter bilden aus entwicklungspsychologischer Sicht keine einheitliche Gruppe. Zwischen der Einschulung und dem Übergang zur Sekundarstufe I liegt ein großer Zeitraum, in dem sich die Schüler(innen) weiterentwickeln und neue Kompetenzen erwerben. Besonders sensible Abschnitte in der kindlichen Entwicklung bilden die Übergangszeiten, die immer Umbruchzeiten sind, die Entwicklungschancen und -risiken beherbergen. Dies gilt sowohl für die Erstklässler(innen) in der Schuleingangsphase als auch die Viertklässler(innen) im Hinblick auf den sich anbahnenden Schulwechsel. So zeichnet sich bei den Erstklässler(innen) „die Einschulungszeit durch Widersprüche und durch eine Ungleichzeitigkeit des Gleichzeitigen in den kindlichen Fähigkeitsprofilen aus". (Opp/Speck-Hamdan 2001, S. 176) Es sind für die Kinder eine Reihe von Veränderungen zu bewältigen: Zeit ist ein dominierender Faktor des Ganztags, Räume bieten weniger Rückzugsmöglichkeiten, die Bezugsperson „Lehrerin" unterscheidet sich von der Rolle der Erzieherin und der Nachmittag bietet weitere Bezugspersonen mit unterschiedlichen Rollen. Die Entwicklungsaufgaben dieser Phase bestehen für die Kinder unter anderem darin, Erwartungsfahrpläne auf die Gestaltung des Tages und Wochenablaufes auszubuchstabieren, die Rollen zu den Pädagog(inn)en des Unterrichts und des Nachmittags zu gestalten sowie Beziehungen und Freundschaften aufzubauen und einen Platz in der Gruppe der Gleichaltrigen zu finden (vgl. Nittel 2001, S. 446; Petillon 1993, S. 28.). Wie den Erst- und Zweitklässler(inne)n die Bewältigung dieser Entwicklungsaufgaben gelingt, hat entscheidenden Einfluss darauf, ob sie sich in der Schule wohlfühlen, die gestellten Anforderungen bewältigen und die Bildungsangebote optimal für sich nutzen können.

Für die älteren Grundschulkinder bildet demgegenüber die Ausweitung der Lebensbereiche einen zentralen Entwicklungsschritt. Lesen, schreiben, rechnen sowie etwas Richtiges tun wollen bzw. etwas genau kennen lernen, dies sind ihre zentralen Bestrebungen. Sie haben Interesse daran, selber Bescheid zu wissen, sich selber helfen zu können und sich möglichst viele Informationen aus den verschiedensten Quellen zu besorgen. Hierbei werden Lehrer(innen), Fachleute, Eltern oder Hilfsmittel wie Medien hinzugezogen. Für die Drittklässler(innen) ist nun eine Kulturtechnikvermittlung zu einem wesentlichen Teil abgeschlossen, sie können lesen. Jetzt geht es zum einen darum, die Wissensgrundlage zu erweitern und mehr fachbezogene Fähigkeiten zu erwerben. Die Kinder bilden darüber hinaus ein Bewusstsein über ihre Leistungsfähigkeit heraus. Zum anderen differenziert sich bis zum Ende der Grundschulzeit ihr soziales Beziehungsgefüge (vgl. Baacke 1999).

4.1.4 Untersuchungsmethoden und Stichproben

Die Befragung von Grundschulkindern bildet eine große methodologische und methodische Herausforderung, bei deren Bewältigung besondere Anforderungen erforderlich sind (Heinzel 1997; Fuhs 2000; Petillion 1993). Wenn Kinder analog zu den Paradigmen der neueren Kindheitsforschung als Akteure und Subjekte ihrer Lebenswelt begriffen werden, sind solche Forschungsmethoden einzusetzen, die die Perspektive der Kinder aufgreifen und auf Formen der Selbstäußerung beruhen. Sie erlauben die Erhebung objektiv-verhaltensbezogener und subjekt-erfahrungsorientierter Daten über den Alltag in der offenen Ganztagsschule in einer Art und Tiefe, die auf der Grundlage von Fremdauskünften seitens der Eltern, Fach- und Lehrkräfte nicht oder nur begrenzt zu ermitteln wären. Hierbei ist zu berücksichtigen, dass diese Ansätze vergleichsweise neu sind und bislang insbesondere mit Blick auf die jüngeren Kinder noch viele Fragen unbeantwortet lassen (vgl. Walper/Tippelt 2002; Grunert 2002).

Vor diesem Hintergrund wurde die Perspektive der Kinder auch im Untersuchungsprogramm der wissenschaftlichen Begleitung berücksichtigt, indem die Schüler(innen) zur OGS befragt wurden. Für die Kindererhebungen wurde ein methodischer Weg beschritten, bei dem unterschiedliche Zugänge miteinander kombiniert wurden. Hierbei handelt es sich zum einen um eine qualitative Herangehensweise mittels unterschiedlicher Interviewformen (Kinder der Klassen 1 bis 4), zum anderen um einen standardisierten Zugang auf der Basis einer schriftlichen Befragung (Kinder der Klassen 3 und 4). Durch die Methodentriangulation sollte der Gegenstandsbereich mehrperspektivisch erschlossen sowie die in der Literatur aufgeführten Vor- und Nachteile der jeweiligen Instrumente ausgeglichen werden.

Standardisierte Befragung

Die schriftliche Befragung wurde bei Grundschüler(innen) der Klassen drei und vier durchgeführt, die am offenen Ganztag teilnehmen. Hierzu wurde in Anlehnung an die Empfehlungen in der Literatur zur kindorientierten Gestaltung von Fragebögen – wie direkter Bezug zur Erfahrungswelt, verständliche und konkrete Frageformulierung, konkreter zeitlicher Bezug, ansprechende Gestaltung (vgl. Mey 2006; Petillion 1993) – ein standardisierter Erhebungsbogen erstellt, der nur wenige offene Fragen enthielt. Methodisch wurden die Kinderfragebögen mit den Elternfragebögen gekoppelt, d.h. Kind und Eltern erhielten einen doppelten Fragebogensatz. Hierdurch war es möglich, auch solche Daten zu erheben, die sich bei den Kindern nicht zuverlässig abfragen lassen. Darüber hinaus bildete diese Vorgehensweise zugleich eine Entlastung des Kinderfragebogens. Auf inhaltlicher Ebene resultieren aus dem Matching-Verfahren vielfältige Verknüpfungs- und Auswertungsmöglichkeiten zwischen beiden Erhebungen.

Bei der Durchführung der Befragung wurde auf die Einbindung schulinterner Mitarbeiter(innen) verzichtet, um möglichen Verzerrungen durch sozial erwünschte Antworten der Kinder entgegenzuwirken (vgl. Kränzl-Nagl/ Wilk 2000). Um die Validität der Befragungsergebnisse zu erhöhen, wurde die Befragung infolgedessen von externen, geschulten Begleiter(inne)n unterstützt.[41] Der Fragebogen wurde in Kindergruppen ausgefüllt, die im Idealfall 25 Kinder umfassen sollten, de facto aber häufig wesentlich kleiner waren. Die Befragung wurde an 62 offenen Ganztagsschulen durchgeführt. Nach Rückmeldung der beteiligten Schulen besuchten zum Zeitpunkt der Erhebung knapp 1.500 Schüler(innen) der Klassen drei und vier den offenen Ganztag. An der Befragung beteiligten sich 655 Kinder, für die eine Einverständniserklärung der Eltern vorlag. Dies entspricht einer geschätzten Rücklaufquote in Höhe von 44%. Hierbei lässt sich der Kreis der Kinder in der Stichprobe im Spiegel der Sozio-Demographie wie folgt beschreiben:

Unter den 650 Kindern, die die Frage nach ihrem Geschlecht beantwortet haben, sind knapp 53% Mädchen und 47% Jungen. Beide Geschlechter sind somit in der Stichprobe in etwa gleich verteilt. Mit Blick auf den Migrationshintergrund gaben 92% der Kinder als Geburtsort Deutschland an. Bei knapp 8% war dies nicht der Fall. Um den kulturellen Hintergrund der Kinder detaillierter zu ermitteln, wurden sie zusätzlich zur Familiensprache um Auskunft gebeten. Auf die Frage, welche Sprachen zu Hause in der Familie

---

41 Die Schulbegleiter(innen) hatten vor allem die Aufgabe, (1) eine vertrauensvolle, auf gegenseitiger Anerkennung beruhende Befragungssituation zu schaffen, in der sich die Kinder wohlfühlen und als Expert(inn)en ihrer Schule betrachten; (2) den Kindern die Fragen vorzulesen, um auch Ganztagsschüler(inne)n mit geringerer Lesekompetenz das Textverständnis zu erleichtern; (3) die Fragen der Schüler(innen) zu beantworten und Verständnisschwierigkeiten – etwa zu einzelnen Begriffen – zu klären; (4) technisch-organisatorische Probleme vor und während der Befragung zu lösen und (5) zugleich einen kontrollierten Ablauf der Erhebung zu ermöglichen.

gesprochen werden, gaben 64,1% der Kinder an, dass Deutsch die alleinige Familiensprache ist. Weitere 27,3% der Kinder antworteten, dass zu Hause sowohl Deutsch als auch eine oder mehrere andere Sprachen gesprochen werden. Bei 8,5% der befragten Kinder wurde unter den Familienmitgliedern nicht in Deutsch kommuniziert. Aus den Angaben der Kinder zum Geburtsort und zur Familiensprache wurde eine neue Variable zum Migrationshintergrund generiert. Hierbei wurden bei fehlenden Werten in den Kinderfragebögen die Angaben der Eltern zum Migrationshintergrund der Familien genutzt und die Kinderdaten nachkodiert. Auf dieser Grundlage konnte ermittelt werden, dass rund 37% der Kinder in der Stichprobe im weiteren Sinne einen Migrationshintergrund haben.

Angesichts des Auswahlmodus für die Befragung ist die Altersverteilung in der Untersuchung wenig überraschend. Die größte Altersgruppe bilden die Neunjährigen (41%), gefolgt von den Kindern im Alter von acht Jahren und jünger (36%) sowie der Gruppe der Zehnjährigen und älteren (21%). Der Alterzusammensetzung entsprechend geht mit rund 62% die Mehrheit der befragten Kinder in die dritte Klasse, weitere 38% besuchen die vierte Jahrgangsstufe. Wird die Frage in den Mittelpunkt gestellt, wie lange die Kinder bereits den Ganztag besuchen, dann nimmt mehr als die Hälfte der Kinder (54,7%) dieses Angebot bereits seit zwei und mehr Jahren in Anspruch. 30% der Kinder sind zwischen einem und weniger als zwei Jahren Ganztagsschüler(innen). Weniger als ein Jahr besuchen 16% der Kinder den Ganztag. Die Mehrzahl der Kinder verfügte zum Zeitpunkt der Erhebung also bereits über längere Ganztagserfahrungen.

Über die Grundauswertung hinaus wurden bei den statistischen Auswertungen alle Zusammenhänge im Rahmen eines mehrebenenanalytischen Ansatzes untersucht. Dies bedeutet, dass auch dort, wo im folgenden Text Ergebnisse durch Kreuztabellen dargestellt sind, die beschriebenen Effekte multivariat durch entsprechende Regressionsverfahren überprüft wurden. Dabei wurden folgende Variablen kontrolliert:

Auf der Ebene der Schulen wurde die Gemeindegröße in die Analyse einbezogen, da erwartet wurde, dass sich soziale Problemkonstellationen und das Ausmaß informeller sozialer Netze zwischen Land- und Stadtregionen unterscheiden. Darüber hinaus wurde kontrolliert, wie lange die jeweilige Schule schon im Ganztagsbetrieb arbeitet, da vermutet werden kann, dass es bei relativ „neuen" Ganztagsschulen eine Phase geben kann, in der einerseits Anlaufprobleme, andererseits aber auch größere Gestaltungsspielräume bestehen. Auf der Ebene der Schülerinnen und Schüler wurde auf der Basis der Angaben der Kinderbefragung als zentrale Variable das Geschlecht kontrolliert. Ferner wurden Angaben zum Migrationshintergrund und zum Alter des Kindes einbezogen, da diese zentrale Variablen darstellen, um soziodemographische Unterschiede in der Wahrnehmung und Bewertung des Ganztags zu beschreiben. Darüber hinaus wurden standardmä-

ßig zwei Konstrukte analysiert, die die Erfahrungen und Interaktionsmög-
lichkeiten der Kinder im Ganztag repräsentieren. Dies sind zum einen die
Anzahl der Jahre, die ein Kind bereits in der OGS angemeldet ist. Hiermit
sollte einerseits erfasst werden, ob die Schülerinnen und Schüler mit länge-
rer „OGS-Erfahrung" möglicherweise einen besseren Einblick in Strukturen
und Möglichkeiten des Ganztags haben, anderseits sich bei ihnen aber auch
der „Reiz des Neuen" abgenutzt haben könnte. Schließlich wurde die Variable „Kind ist vor dem Unterricht in der OGS" einbezogen, da damit die
Hypothese verbunden ist, dass diese Kinder – beispielsweise aufgrund der
stärkeren informellen Kontakte mit dem Personal – eine größere Bindung
an und eine stärkere Einflussmöglichkeit auf den Ganztag haben könnten.

In separaten Modellen wurde jeweils zusätzlich zu den o.g. Variablen der
Einfluss von zwei Konstrukten kontrolliert, die aus der Elternbefragung
dem Schüler(innen)datensatz zugespielt wurden. Die Schätzungen erfolgten
getrennt, da sich hierdurch die nutzbare Fallzahl deutlich verminderte. Bei
diesen Variablen handelt es sich um die Elterneinschätzung der Schulleistungen des Kindes sowie den sozioökonomischen Status der Eltern (vgl.
hierzu auch Kapitel 3). Da aufgrund der zur Verfügung stehenden Seiten-
zahl nicht alle Analysen berücksichtigt werden konnten, können Interessierte die entsprechenden Modelle auf der Homepage des Forschungsverbundes
abrufen (http://www.fb12.uni-dortmund.de/einrichtungen/dji/).

Qualitative Interviews (Gabriele Nordt)
Die qualitativen Interviews wurden mit Kindern des ersten bis vierten
Schuljahres durchgeführt. Eine besondere Herausforderung lag in dem Anspruch, adäquate Zugänge zu den Jüngsten im Ganztag herzustellen. Die
Einbeziehung auch der Sechsjährigen wurde nicht zuletzt deshalb für möglich erachtet, da auch diese Kinder bereits als Experten für den Alltag in
den Handlungs- und Erfahrungsfeldern des Ganztags betrachtet werden
können. Zudem weisen Erfahrungen aus anderen Untersuchungen daraufhin, dass die Kinder meist gerne an den Interviews teilnehmen und sehr motiviert und konzentriert mitarbeiten (vgl. Heinzel 1997, S. 405).

„Fokussierte" Interviewformen, die zumindest teilweise strukturiert sind,
entsprechen den Strukturierungs- und Verbalisierungsfähigkeiten dieser Altersgruppe mehr als offene, insbesondere narrative Interviewformen (vgl.
Heinzel 1997, S. 402ff.).[42] Vor diesem Hintergrund und mit Blick auf die
breit gefächerten Inhalte und Themen fiel eine Entscheidung für drei Interviewformen, die sich nach Fuhs durch die „Art des Erinnerns" unterscheiden (Fuhs 2000, S. 94): (1) das „Situationsnahe Interview", das auf unmit-
telbares Erinnern abzielt; (2) das „Sequenzinterview", das sich auf zusam-

---

42 Weiter hat sich gezeigt, dass in besonderer Weise auf eine Haltung der Forscherin-
    nen geachtet werden sollte, die durch Empathie, Wertschätzung der kindlichen
    Wahrnehmungen und Gefühle sowie einem Interesse daran, die Perspektive der
    Kinder zu verstehen, gekennzeichnet ist (Heinzel 1997, S. 406).

menhängende Handlungsketten bezieht (ebd., S. 97) und (3) das „Symbolische Interview", das sich nonverbaler Mittel bedient, um die (Welt- und Selbst-)Sicht von Kindern zu erheben (ebd., S. 99). Werden solche Formen miteinander kombiniert, so kann die Wahrscheinlichkeit erhöht werden, dass es sich bei den Ergebnissen um „gültige" Aussagen handelt (vgl. Lutz/ Behnken/Zinnecker 1997, S. 432).

(1) Das „Situationsnahe Interview" zeichnet sich dadurch aus, dass die Kinder zu Geschehnissen, Situationen und Handlungen befragt werden, die unmittelbar vergangen oder noch im Vollzug beobachtet werden (vgl. Fuhs 2000, S. 95). Dies hat unter anderem zur Folge, dass sich auch jüngere Kinder sehr gut an das zuvor Erlebte erinnern und detailliert Auskunft geben können. Mit der Beobachtung der Situation ist ein unmittelbarer und zeitlicher Zusammenhang mit der Lebenswelt der Kinder gegeben, der als Gedächtnisstütze bzw. Erzählhilfe während des Interviews genutzt wird. Die Person, die die Kinder interviewt, hält sich während des Mittagessens, der Hausaufgabenbetreuung oder der Freizeitangebote bei den Kindern auf, beobachtet sie über den Verlauf hinweg und befragt sie – möglichst unmittelbar nach der Aktivität – zu ihrem Erleben, ihren Einschätzungen und Bedürfnissen.

(2) Das „Sequenz-Interview" bezieht sich – im Unterschied zum unmittelbaren Erinnern – auf Situationsketten und komplexere Handlungsverläufe und dient vor allem der Erfassung von Abläufen innerhalb eines Tages oder einer Woche (vgl. Fischer 1997). Dazu werden die Kinder gebeten, an einem bestimmten Tag ein Tagesprotokoll von ihrem Tagesablauf anzufertigen und erhalten dazu einen Protokollbogen sowie Material zur Bearbeitung[43]. In einem ausführlichen Gespräch werden die Kinder auf die Herstellung des Protokolls und auf das Interview vorbereitet und nach dem Ende ihres Tages in der OGS (gegebenenfalls am folgenden Tag) ausgehend von dem Protokollbogen zu den Sequenzen in ihrem Tag befragt. Dabei dienen die Symbole und/oder Notizen, die die Kinder gemacht haben, als Einstieg und Erinnerungshilfe.

(3) Beim „Symbolischen Interview" (vgl. Projektgruppe WANJA 2000/Spiegel 1997) wird nicht unmittelbar mit den Kindern über ihre Lebenswelt gesprochen, sondern das Interview erfolgt mittels einer Zeichnung, die zuvor von den einzelnen Kindern über die (räumliche) Situation in der OGS angefertigt wurde. Diese Interviewform eröffnet besondere Gelegenheiten, um die eigene Weltsicht zu reflektieren (vgl. Heinzel 1997) und scheint besonders geeignet, Vorstellungen zum Raumerleben sowie zu Aktivitäts- und Handlungsspielräumen von Kindern in der OGS zu erhalten.

---

43 Im Hinblick auf die Fähigkeiten und Bedürfnisse der jüngeren Kinder wird der Bogen so gestaltet, dass für die Auswahl der Sequenzen Symbole aufgeklebt bzw. gemalt werden.

Die Kinder werden aufgefordert, ihre bedeutungsvollen (Spiel-) Orte zu zeichnen. Im Anschluss daran werden Interviews mit den Kindern über ihre Bilder und ihr inneres Erleben zu den von ihnen dargestellten Orten geführt.

Während bei den „Situationsnahen Interviews" jeweils vier Kinder befragt wurden, waren es bei den „Sequenz-" und „Symbolischen Interviews" jeweils zwei Kinder. Dies geschah unter methodischen Gesichtspunkten, denn leichter als beim Einzelinterview kann mit der gemeinsamen Teilnahme eine Situation geschaffen werden, in der die Kinder sich gestärkt und sicher fühlen und die Interviewsituation weniger als Testsituation begreifen, in welcher gewünschte Antworten erspürt werden (vgl. Brooker 2001, S. 168).[44]

Alle Interviews wurden auf Tonband aufgezeichnet und zu jedem Interview ein Erlebnisprotokoll angefertigt. Nach der Transkription in einen vollständigen Fließtext wurden die Interviews in ein Qualitative Data Analysis-Programm (MAXqda2) importiert. Als Variablen wurden Alter (jüngere und ältere Kinder) sowie Geschlecht eingesetzt. Das Programm erlaubt eine elektronische Zuordnung der Variablen und Textstellen zu den Kategorien (Codes) und eine anschließende vergleichende Analyse. Zusätzlich wurden Aussagen von Kindern mit Migrationshintergrund in den gebildeten Codes markiert. Die Auswertung erfolgte mittels inhaltsanalytischem Vorgehen auf der Grundlage des Modells von Mayring (vgl. Mayring 2003). Die qualitative Inhaltsanalyse dient der Interpretation symbolisch-vermittelter Interaktion in einem wissenschaftlichen Diskurs und zeigt ihre Güte im Bemühen um möglichst adäquates Verstehen und Deuten der „sprachlichen Produkte" der Kinder (vgl. Heinzel 2000, S. 31).

Im ersten Auswertungsschritt wurde auf der Grundlage der Leitfäden ein vorläufiges Kategoriensystem entwickelt und in das System eingegeben. In dessen Generierung gingen theoretische Überlegungen, Erfahrungen und Beobachtungen aus den Interviews sowie erste Interpretationen zu den Interviews ein (vgl. Schmidt 1996). Die Analyse der einzelnen Texte erfolgte als Detailanalyse vor dem Hintergrund des jeweiligen Gesamttextes. Es schloss sich ein Prozess einer systematischen Codierung der Interviews an. Dazu wurden zunächst bestimmte Interviews ausgewählt und von zwei Codiererinnen bearbeitet, die sich in einem gemeinsamen Aushandlungsprozess über Kernaussagen der Texte und Ausdifferenzierung des Kategoriensystems einigten. Wie in der Forschungspraxis häufig praktiziert, geschah die Kategorienbildung durch die Verzahnung deduktiver und induktiver Vorgehensweisen (vgl. Kuckartz 2005, S. 186). Im zweiten Codierungsdurchgang wurden alle Interviews nochmals codiert, wobei thematische

---

44 Vor dem Einsatz dieser Instrumente wurde ein Pretest durchgeführt, um das methodische Vorgehen bei den einzelnen Interviewformen und die Eignung der Leitfäden zu überprüfen.

Oberkategorien gesucht und weitere Differenzierungen auf den unterschiedlichen Abstraktionsebenen erfolgten.

Mit Blick auf die Konstruktion der Stichprobe handelt es sich um theoriegeleitet ausgewählte Städte, Schulen und Kinder[45]. Aus den 62 Schulen der quantitativen Kinderbefragung, wurden acht Schulen nach bestimmten Kriterien für die qualitative Erhebung selektiert (vgl. Tab. 4.1): Auf der Ebene der Schulen wurde die Gemeindegröße, die Schulgröße sowie die Anzahl der Kinder im Ganztag einbezogen. Aus der Gesamtheit der Kinder im offenen Ganztag an den ausgewählten Schulen wurden jeweils 16 Kinder pro Schule nach den Kriterien „Geschlecht" (Junge/Mädchen) und „Alter" (jüngeres Kind im ersten und zweiten Schuljahr sowie älteres Kind im dritten und viertem Schuljahr) ausgewählt. Um auch die Kategorie „Migrationshintergrund" nach der tatsächlichen Verteilung an den Schulen einzubeziehen, wurden die Schulen gebeten, eine entsprechende Anzahl von Kindern mit einem solchen Hintergrund zu benennen. Insgesamt wurden 47 Interviews mit 139 Kindern geführt (vgl. Tab. 4.2).

Tab. 4.1: Auswahl der Schulen in den Interviews

Schule	Größe der Kommune	Schüler (an Schule) gesamt	Schüler in OGS	Migrations-hintergrund
A	> 50.000	212	75	2%
B	> 100.000	180	125	40%
C	> 100.000	455	80	9%
D	> 100.000	150	50	80%
E	< 50.000	350	65	6%
F	> 50.000	202	111	k. A.
G	> 100.000	292	53	20%
H	> 100.000	183	101	40%

1 Nach Angaben der Schulen.
Quelle: Wissenschaftlicher Kooperationsverbund – qualitative Kinderbefragung

---

45 Allerdings erfuhr unsere Stichprobenauswahl auch Begrenzungen: Die Rückläufe der Einverständniserklärungen machte eine höheren Anteil jüngerer Kinder erforderlich, da nur für diese Gruppe ausreichend Einverständniserklärungen vorlagen. Zudem reduzierte sich die Anzahl der Kinder durch Krankheit u. andere Ereignisse.

Tab. 4.2: Anzahl der Kinder in den Interviews

Kinder	In-terv.	Kind	Sit.	Seq.	Symb.	Mäd.	Jun-gen	Migra-tionsh[46].	
\multicolumn{10}{l}{47 INTERVIEWS mit insgesamt 139 Kindern}									
Jüngere	28	84	19	5	4	43	41	11 M	16 J
Ältere	19	55	12	3	4	25	30	5 M	5 J

Quelle: Wissenschaftlicher Kooperationsverbund – qualitative Kinderbefragung

4.2 Die älteren Kinder
(Karin Beher, Claudia Hermens, Gerald Prein)

Wie die Dritt- und Viertklässler(innen) ihren Alltag im Ganztag wahrnehmen und ob sie sich dort wohlfühlen, bildet in der schriftlichen und mündlichen Befragung einen zentralen Ansatzpunkt. Die Untersuchung orientiert sich damit am Konzept des „subjektiven Wohlbefindens", das in der Literatur als Bewertungsmaßstab für die Qualität von Schulen gilt.[47] Das subjektive Wohlbefinden von Kindern im Grundschulalter kann dabei im Spannungsfeld zwischen „Glücksempfinden", verstanden als emotionale Grundbefindlichkeit, und „kognitiv-bewertender Bilanz der Zufriedenheit" der Kinder mit ihrer Situation in den verschiedenen Bereichen ihrer Lebenswelt angesiedelt werden (vgl. Beisenherz 2005).[48] Die Notwendigkeit einer vertieften Auseinandersetzung mit den individuellen Einschätzungen der Schüler(innen) zur OGS resultiert aus den vielfältigen Interdependenzen zwischen dem Wohlbefinden der Kinder und gelingenden Lern- und Bildungsprozessen.[49] Der positive Zusammenhang zwischen Zufriedenheit und Bildungserfolg wurde dabei vielfach belegt (vgl. Eder 1995; Schneider 2005).

Mit der Ganztagsschule ist dabei im besonderen Maße die Hoffnung verbunden, dass die Mischung von Möglichkeiten, Angeboten und Anforderungen fachlichen und sozialen Lernens, „die über den gesamten Tag verteilt in unterschiedlicher Intensität und Folge Kinder und Jugendliche in ihrem gesamten Wahrnehmungsspektrum ansprechen" eine gute Grundlage

---

46 Analysen zur Bedeutung des Migrationshintergrunds unterblieben in der Auswertung der qualitativen Interviews, da aufgrund der Datenlage in den Interviews keine differenzierten Ergebnisse im Hinblick auf die Migrantenkinder der dritten und vierten Klasse ermittelt werden konnten.
47 Vgl. zum Konzept des „subjektiven Wohlbefindens" zusammenfassend Beisenherz (2005) sowie Schneider (2005) im Kontext des DJI-Kinderpanels.
48 Je nach dem, welche Aspekte konzeptionell stärker im Vordergrund stehen, werden bezüglich des kindlichen Wohlbefindens entweder Aspekte akzentuiert, bei denen dieses mit Erfüllung durch Anerkennung und sinnvolle Aktivitäten einhergeht, oder Gesichtspunkte, bei denen die Befindlichkeit von objektiven Randbedingungen der Lebenswelt abhängt (vgl. Beisenherz 2005).
49 So gelten etwa Glücksempfinden (als Gegenteil von Stress) und sinnvolle Aktivitäten als Bedingung für effektives Lernen und eine kreative Entwicklung der Kinder innerhalb und außerhalb der Schule (vgl. Beisenherz 2005).

darstellt, um „die Motivation und Aufnahmebereitschaft sowohl für unterrichtliche wie für außerunterrichtliche Bildungsprozesse zu erhöhen" sowie einem „schleichenden Prozess des Schulversagens" entgegenzuwirken (JMK/KMK 2004, S. 5f.). Wie zufrieden die Kinder in diesem Zusammenhang mit der offenen Ganztagsschule in Nordrhein-Westfalen sind, wie sie die einzelnen Gestaltungselemente und Handlungsfelder bewerten und welche Rückschlüsse sich hieraus auf die (Lern-)Interessen und Bedürfnisse der Kinder ableiten lassen, sind deshalb zentrale Fragestellungen, denen im Folgenden nachgegangen wird (vgl. Kap. 4.2.1. bis 4.2.6). In Kapitel 4.2.7 werden die bereichsbezogenen Einschätzungen der Kinder im Kontext mit dem Weiterentwicklungsbedarf der OGS noch einmal aufgegriffen und im Vergleich betrachtet.

4.2.1 Das subjektive Wohlbefinden der Kinder

Beim Konzept des „subjektiven Wohlbefindens" handelt es sich um ein Forschungsparadigma, das in den 70er Jahren im Zuge der „Sozialindikatorenbewegung" entwickelt wurde, um eine bis dato überwiegend auf „objektive" Daten gestützte Sozialberichterstattung durch die Einbeziehung der subjektiven Dimension zu ergänzen. Über die Darstellung reiner Fakten hinaus sollte die Erfassung der individuellen Zufriedenheit einen Parameter zur Ermittlung der Lebensqualität bilden. Dieser Ansatz wurde ab Mitte der 80er-Jahre auch von der Kindheitsforschung aufgegriffen und in verschiedenen Studien verwendet (vgl. u.a. Lang 1985; Wilk/Bacher 1994; LBS-Initiative versch. Jg.). Hierzu wurde das Wohlbefinden der Kinder in einzelnen Bereichen ihrer Lebenswelt – Familie, Schule, Freundeskreis etc. – erfasst. Ein einheitliches inhaltliches oder methodisches Untersuchungskonzept liegt diesen Untersuchungen allerdings nicht zugrunde. Konzeptionelle Differenzen zeigen sich etwa bei der kategorial-definitorischen Bestimmung des Begriffs „Wohlbefinden", der Abgrenzung der Alltags- und Lebensbereiche, der Operationalisierung des theoretischen Konstrukts sowie der Erstellung von Subskalen zu den einzelnen Dimensionen kindlicher Zufriedenheit (vgl. Beisenherz 2005).

Auch im Konzept der wissenschaftlichen Begleitung bildet der Ansatz des „subjektiven Wohlbefindens" eine zentrale Bezugskategorie, die in der standardisierten Befragung primär über „Zufriedenheit" erhoben wurde. Zur Erfassung der Einschätzungen der Kinder wurde ein zweifacher Weg beschritten. Zum einen sollten die Kinder selbst ihr Wohlbefinden im Ganztag bilanzierend bewerten. Hierzu wurden sie einleitend direkt danach gefragt, wie es ihnen im offenen Ganztag gefällt. Darüber hinaus wurden sie, in der Regel zu Beginn eines jeden neuen Themenbereichs in der Erhebung, zu ihrem Zufriedenheitsgrad in den einzelnen Handlungsfeldern um Auskunft gebeten. Zum anderen wurden die in den verschiedenen Themenfeldern verwendeten Einzelfragen, sofern dies sinnvoll und möglich war, zu Skalen aggregiert und in Form bereichsbezogener Gesamtbewertungen zusammengefasst. Auf die Etablierung eines bereichsübergreifenden Indikators wurde demgegenüber verzichtet.

Auch die qualitativen Interviews basieren auf dem Ansatz des „subjektiven Wohlbefindens". Daneben wurde als Interpretationsfolie für die Auswertung der Lernerfahrungen in den Kinderinterviews (Bildungsangebote, Hausaufgabenbetreuung, Mittagessen sowie selbstbestimmte Aktivitäten) Aspekte wie Engagement (Motivation) und Interesse unterlegt (vgl. Laevers 1997). Eine engagierte Beschäftigung mit einem Thema und das damit verbundene Wohlbefinden sind wesentliche Voraussetzungen für erfolgreiche Lernprozesse. Weitere Aspekte, die Lernprozesse unterstützen, sind u.a. die Bereitschaft und Fähigkeit sich für eine gewisse Zeit einem bestimmten Thema zu widmen sowie bei Schwierigkeiten und Unsicherheiten die Aktivitäten fortzusetzen. Der Austausch mit anderen Kindern über Ideen und die Übernahme von Verantwortung können ebenso als tragende soziale Bestandteile des Lernens betrachtet werden (vgl. Leu 2002).

Werden jenseits der konzeptionellen Ebene ausgewählte empirische Ergebnisse zur Kontextualisierung der vom wissenschaftlichen Kooperationsverbund durchgeführten mündlichen und schriftlichen Kinderbefragung herangezogen, dann gehen Kinder im Grundschulalter mehrheitlich gern in die Schule und fühlen sich dort überwiegend wohl. Dies ist das übergreifende Ergebnis von Studien zum subjektiven Wohlbefinden von Heranwachsenden, in denen Kinder ab acht Jahren befragt wurden.[50] Mädchen und Jungen erleben dabei die Schule unterschiedlich, wobei sich die Mädchen dort etwas besser als die Jungen fühlen (Schneider 2005; LBS-Initiative 2005). Allerdings ist die Schule aus Sicht der Kinder zugleich derjenige Bereich, der – auf hohem Zufriedenheitsniveau – im Vergleich zu anderen Alltagskontexten (wie Familie, Freundeskreis, Freizeit, Wohnumfeld, Spielen) am schlechtesten abschneidet (vgl. LBS-Initative 2005[51]; Lang 1985). Hierbei ist die Zufriedenheit mit der Grundschule altersabhängig. Je älter die Kinder sind, desto distanzierter stehen sie der Schule gegenüber. So ist die Schulfreude in den ersten Grundschuljahren am größten und nimmt im Verlauf der Grundschulzeit im Durchschnitt eher ab (vgl. Schneider 2005). Der Trend eines sinkenden schulischen Wohlbefindens setzt sich – laut LBS-

50 Vgl. die regelmäßig durchgeführten Kinderbefragungen im Rahmen des LBS-Kinderbarometers in NRW, das sich an Neun- bis Vierzehnjährige der Klassen vier bis sieben richtet (vgl. zuletzt LBS-Initiative 2005, 2006). Vgl. ferner Lang (1985) für Grundschulkinder der Klassen zwei bis vier; Eder/Felhofer (1994) für zehnjährige Grundschüler(innen) in Österreich; Schneider (2005) und Krok (2006) jeweils für acht- und neunjährige Grundschüler(innen) auf der Grundlage des DJI-Kinderpanels.

51 Im Kinderbarometer wurde das subjektive Wohlbefinden der Kinder in den Bereichen Freundeskreis/Freizeit, Wohnumfeld, Familie und Schule erfasst, wobei es im Freundeskreis am höchsten und in der Schule am niedrigsten ausfällt, die jedoch auch noch sehr positiv bewertet wird (LBS-Initiative 2005). Lang (1985) erhebt dagegen Schule, Schulweg, Familie, Wohn- und Spielsituation.

Kinderbarometer – von der vierten Klasse bis in die siebte Klasse der Sekundarstufe I kontinuierlich fort. Diese Verschlechterung gilt – mit Ausnahme des Freundeskreises – auch für die anderen Lebensbereiche, ist in der Schule aber deutlich ausgeprägter (vgl. LBS-Initiative 2005).

Für die OGS liegen zum „subjektiven Wohlbefinden" bislang nur singuläre Ergebnisse vor.[52] Welche Einstellungen die älteren Schüler(innen) der Klassen drei und vier gegenüber der Ganztagsschule in Nordrhein-Westfalen haben, bildet eine weitgehend offene Frage, der deshalb in den Kindererhebungen zur OGS (d.h. auf breiterer Ebene in der standardisierten Befragung und in explorativer Form in den qualitativen Interviews) anhand eines umfangreichen Fragekatalogs nachgegangen wird. Zur Ermittlung des „subjektiven Wohlbefindens" wurde den Schüler(inne)n zu Beginn der standardisierten Erhebung zunächst die allgemeine Frage gestellt, wie es ihnen im offenen Ganztag gefällt. Mehrheitlich wird der Ganztag von den Kindern in der Befragung gut beurteilt: Rund 58% geben ein positives, 39% ein neutrales und lediglich 3,5% ein negatives Votum ab. Aus dieser Perspektive stößt der Ganztag bei den Kindern überwiegend auf positive Resonanz. Allerdings ist bei der Interpretation dieses Ergebnisses – wie in den vorgestellten Studien deutlich wurde – zu berücksichtigen, dass ein affirmatives Antwortverhalten in Befragungen für Grundschüler(innen) alterstypisch ist (vgl. Beisenherz 2005). Unter diesem Aspekt ist vor allem jene Kindergruppe von Interesse, die mit einem Anteil von fast 40% ein neutrales Urteil zum Ganztag abgegeben hat. Worauf die Gesamtbewertung der Kinder im Einzelnen zurückzuführen ist und an welchen Punkten ein geringerer oder höherer Zustimmungsgrad ersichtlich wird, ist Gegenstand der folgenden Kapitel.

4.2.2 Die Tages- und Zeitstrukturierung

„Die Grundschule", so Duncker (2007, S. 54), „stiftet im Leben und Aufwachsen der Kinder in vieler Hinsicht ein neues Verhältnis zur Zeit." Der tägliche Schulbesuch und die Schulpflicht, die Aneignung der zeitlichen Ordnung sowie die Gewöhnung an die Regeln, Prinzipien und Rhythmen der Schule bilden einen weitreichenden Eingriff in die Alltagswelt der Kinder. Die Konfrontation mit einem Zeitverständnis und einer Organisationsstruktur, die durch die Zerstückelung und Linearität von Lernprozessen als Verfahren zur Optimierung von Bildungszeiten gekennzeichnet sind, die einer anderen Logik als der des kindlichen Lernens unterliegen, erfordert

---

52 In diesem Kontext lässt sich etwa die Befragung von Erst- bis Viertklässler(inne)n an sechs offenen Ganztagsschulen einer Kommune in NRW benennen, in der die Binnenstrukturen der OGS beleuchtet werden: Befragt zu den Aspekten, die den Kindern an ihrer OGS besonders gut gefallen, erreicht die Nachmittagsbetreuung unter neun Items nach „Sport und Schwimmen" und „Spielen in der Pause" den dritten Platz. Hierbei fühlen sich die Kinder im Ganztagsangebot überwiegend wohl (vgl. Röhner/Hausmann o.J.; Röhner 2006).

von den Schüler(inne)n beträchtliche Anpassungsleistungen sowie eine Weiterentwicklung ihres Zeitbewusstseins (vgl. ebd.).

Die Zeitstrukturen sind zugleich Ansatzpunkt für vielfältige Reformansätze, die sich auf die Ausbalancierung der strukturellen Bedingungen mit den individuellen Lernvoraussetzungen der Schüler(innen) richten und in denen die zeitlich-organisatorischen, inhaltlichen und didaktischen Konsequenzen einer Flexibilisierung der Zeitverhältnisse aufgezeigt werden (vgl. Duncker 2007; Kolbe/Rabenstein/Reh 2006). Sie spiegeln sich darüber hinaus in den Leitvorstellungen der nordrhein-westfälischen Landesregierung zur offenen Ganztagsschule: Mehr Zeit für Bildung und Erziehung und eine bessere Rhythmisierung des Schultages durch die Verzahnung des unterrichtlichen und außerunterrichtlichen Bereichs bilden aus dieser Perspektive wesentliche Merkmale und Anforderungen der OGS, um die individuelle Förderung der Kinder zu intensivieren (vgl. RdErl. MSW, Nr. 4, 1.1 sowie Institut für Soziale Arbeit 2007).

Um den Ansprüchen und Bedürfnissen der Kinder stärker Rechnung zu tragen und zur Entzerrung schulischen Lernens beizutragen, steht den Schulen ein erweiterter Zeitrahmen zur Verfügung. Im Spiegel der Struktur- und Profilerhebung hat sich seit der Einführung der OGS im Jahr 2003 in der Mehrheit der Schulen ein additives Zeit- und Taktmodell herausgebildet, dessen Strukturen durch Unterricht am Vormittag und sich anschließendem Ganztag am Nachmittag geprägt sind. Vor diesem Hintergrund wurde in den Kindererhebungen danach gefragt, wie die Kinder das vorhandene Zeitbudget ausschöpfen und welcher Zusammenhang zwischen Tagesstrukturierung und Zufriedenheit besteht.

Zeitausschöpfung der Kinder im Wochen- und Tagesverlauf der OGS

Ganztagsschulen stellen einen zentralen Lebens- und Erfahrungsbereich für Kinder dar, der in Relation zur Halbtagsschule mehr Zeit und Raum im Kinderalltag einnimmt. Mit rechtlich fixierten Öffnungszeiten von fünf Tagen pro Woche und einem vorgegebenen Zeitrahmen, der im Kern von spätestens 8.00 Uhr am Morgen bis 16.00 Uhr (bzw. frühestens 15.00 Uhr) am Nachmittag reicht (vgl. RdErl. MSW Nr. 4, 2.6), bindet die OGS potenziell einen erheblichen Teil des Zeitbudgets der Kinder. Werden die Kinder im Hinblick auf die tatsächliche Zeitnutzung in der OGS befragt, dann besuchen 69% von ihnen an fünf Tagen in der Woche den Ganztag der Schule. Weitere 12% nehmen an vier und 20% an drei und weniger Tagen das Ganztagsangebot in Anspruch.[53] Für die Mehrzahl der Kinder bildet die

---

53 Bei der Berechnung der Wochentage im Ganztag muss berücksichtigt werden, dass Kinder, die nur an wenigen Tagen die OGS besuchen, eine geringere Wahrscheinlichkeit haben in das Sample zu kommen, als Kinder, die öfter dort sind. So haben Schüler(innen), die an allen Tagen in die OGS kommen, eine fünfmal so große Inklusionswahrscheinlichkeit als Kinder, die nur an einem Tag dort sind. Die Prozentwerte im Text sind deshalb gewichtet. Wird demgegenüber allein der Anteil im

OGS somit einen festen Bestandteil ihres Wochenprogramms. Das von den Schulen mehrheitlich praktizierte additive Angebotsmodell mit Unterricht am Vormittag und sich anschließenden Aktivitäten am Nachmittag dominiert auch den Erfahrungshorizont der Kinder. Mit einem Anteil von rund 58% beginnt für die meisten Schüler(innen) der Ganztag nach dem Unterricht. Allerdings besuchen weitere 33% der Befragten den Ganztag zum Teil schon vor Unterrichtsbeginn. Mit einem Prozentwert von knapp 9% gibt nur ein geringer Teil der Kinder an, täglich vor dem Unterricht in den offenen Ganztag zu gehen.

In der Tendenz endet für die Mehrzahl der Kinder die offene Ganztagsschule zwischen 15.00 und 16.00 Uhr. Nur ein geringer Teil der Kinder äußert sich dahingehend, dass sie den Ganztag am Vortag nach 16.00 Uhr verlassen haben. Etwas größer ist demgegenüber der Anteil derjenigen Schüler(innen), für die der Ganztag um 15.00 Uhr und früher zu Ende war. Hiermit ist für die große Mehrheit der Kinder „nach Hause gehen" verbunden. Dies antworten 71% der Kinder auf die Frage, wohin sie nach Schulschluss gegangen sind. Nennenswerte Anteile erzielten darüber hinaus lediglich die Kategorien „habe draußen gespielt" (mit 15%), bin „zu einer Freundin/einem Freund" (11%) bzw. in einen „Sportverein" (10%) gegangen. Alle anderen Items (wie andere Einrichtungen oder informelle Betreuungssettings, Nachhilfeunterricht und sonstiges) spielen aus Sicht der Kinder eine geringe Rolle. Dies bestätigen auch die Ganztagschuleltern (vgl. Kap. 3.2). Diese Ergebnisse lassen allerdings – wie an anderer Stelle der Befragung deutlich wurde – keine Rückschlüsse auf das Freizeitverhalten der Kinder außerhalb der Schule zu.

Zusammengenommen sind die Angaben der Kinder in der schriftlichen Befragung zum Wochen- und Tagesablauf insbesondere dort, wo nach konkreten Zeitangaben gefragt wurde, eher ungenau und teilweise auch widersprüchlich. In den Beschreibungen der Interviews geben die Kinder demgegenüber jedoch sehr spontan Auskunft über ihre Tagesgestaltung – mit zum Teil exakten Zeitangaben. Sie erläutern sehr anschaulich, welchen Tätigkeiten sie während der verschiedenen Tageszeiten nachgehen, skizzieren die Organisation des jeweiligen Ganztags, beschreiben ihre Aufenthaltsorte während des Tagesverlaufs sowie die Koordinationsaufgaben der Mitarbeiter(innen). Darüber hinaus orientieren sich die Mädchen und Jungen auch an den Tages- bzw. Wochenplänen, die als Übersicht in den Einrichtungen aushängen. Aufgrund der Äußerungen der Kinder zu den Tagesprofilen ist zu vermuten, dass es sich um straffe Zeitvorgaben handelt, denen sich die Kinder entsprechend anpassen. Dies wird insbesondere dann ersichtlich, wenn die Aussagen der Kinder zu den Übergängen vor und nach der Mittagszeit herangezogen werden. So ist der Zeitkorridor zwischen Unterrichts-

---

Sample betrachtet, dann besuchen 79% der Kinder den Ganztag an fünf Tagen, 11% an vier Tagen und 10% an drei Tagen und weniger.

ende und dem frühen Nachmittag durch strenge Zeitvorgaben reglementiert. In dieser Zeit gehen die Kinder zum Essen und erledigen ihre Hausaufgaben. Selten berichten ältere Kinder, dass sie während dieser Tagesphase über ihre Zeit verfügen (können). Die Kinder äußern ihre Kritik eher zurückhaltend bzw. sie stellen die Zeitvorgaben nicht Frage. Auch der Übergang von der Hausaufgabenbetreuung zu den Nachmittagsangeboten erfolgt meist ohne Zeitpuffer. Manche Kinder berichten in den Interviews, dass sie Spielzeit gewinnen, wenn sie sich beim Essen beeilen oder nicht daran teilnehmen: *„Ja, wenn wir nicht essen, dann haben wir da Zeit zum Toben."* *(Junge, 4. Klasse)* Wenn es der Tagesplan erfordert, stellen die Kinder auch ihr Ruhebedürfnis zurück: *„Hätte ich gestern keine Gruppe gehabt, hätte ich mich nach den Hausaufgaben in die Puppenecke ins Bett gelegt."* *(Junge, 4. Klasse)*

Tagesablaufmuster im Ganztag aus Sicht der Kinder
Mit Blick auf die Zeitnutzung im Ganztag wurden die Kinder im Rahmen der schriftlichen Befragung gebeten, den Ablauf des Nachmittags für den Tag vor der Erhebung in Stichworten zu beschreiben. Die offenen Angaben der Kinder wurden in vier Kategorien eingeteilt. Hierzu zählen (1) die Teilnahme an unterrichtsbezogenen Angeboten wie Hausaufgabenbetreuung, Förderangeboten und ggf. Unterricht in rhythmisierten Schulen, (2) der Besuch von Arbeitsgemeinschaften, Projekten und Kursen, (3) explizite Angaben zu spielerischen Aktivitäten (z.B. draußen oder drinnen gespielt, mit Freundinnen und Freunden …) sowie (4) sonstige Nennungen (wie gewartet, Abschlusskreis gemacht etc.).[54] Auf dieser Grundlage wurde eine Clusteranalyse zur Tagesstrukturierung durchgeführt, bei der einzelne Typen von Tagesabläufen identifiziert werden konnten. In weiteren Analysen wurden die Kategorien „Spiel" und „Sonstiges" zusammengefasst, da sie weitgehend (aber nicht immer) unstrukturierte Elemente umfassen.

Dabei ist zu beachten, dass diese offenen Angaben mehr noch als viele andere der erhobenen Daten als Mischung aus „faktischen" Beschreibungen des Betriebsablaufs am Nachmittag und subjektiven Interpretationen des Tages seitens der Kinder gesehen werden müssen. Unter dieser Prämisse zeigt die Klassifikation der Tagesverläufe deutlich unterschiedliche Ablaufstrukturen (vgl. Tab. 4.3): In der Wahrnehmung von rund 30% der Kinder spielen Arbeitsgemeinschaften, Kurse und Projekte im Tagesablauf eine herausragende Rolle. Weitere 10% erleben den Ganztag hauptsächlich unterrichtsbezogen (d.h. über Hausaufgabenbetreuung, Förderung und ggf. Unterricht in rhythmisierten Schulen). Von einer dritten Kindergruppe mit einem Anteil von rund 22% wird er vor allem als „Spielen" wahrgenom-

---

54 Aus Gründen der sprachlichen Vereinfachung werden im folgenden Text vereinfachend die Bezeichnungen „Schule" (für Hausaufgabenbetreuung, Förderangebote und Unterricht), „AGs" (Arbeitsgemeinschaften, Kurse, Projekte), „Spielen" (spielerische Aktivitäten) sowie „Sonstiges" (sonstige Nennungen) verwendet.

men. Dazwischen liegen alle möglichen Mischungen zwischen den drei Elementen, unter denen die Kombination „Schule, Spielen/Sonstiges" mit einem Anteil von 37% am stärksten ausgeprägt ist. Der jeweilige Anteil dieser Verlaufsformen variiert in den einzelnen Schulen sehr stark.

Wird die Verteilung der Tagesablaufcluster auf einzelne Schulen betrachtet, so zeigen sich zum Teil deutliche Klumpungen. Damit können die Ergebnisse der Kinderbefragung als Hinweis auf schulspezifische Formen des Tagesablaufs im Ganztag gewertet werden. Es kann somit davon ausgegangen werden, dass es in den Ganztagsschulen unterschiedliche Schwerpunktsetzungen gibt: Eine Extremgruppe, die stärker unterrichtsorientiert ist, eine weitere, die organisierte Freizeitaktivitäten in den Vordergrund stellt und eine letzte, in der freie Aktivitäten der Kinder den Hauptanteil ausmachen.

Tab. 4.3: Anteil und Bewertung der Tagesablaufcluster im offenen Ganztag

Tagesablaufcluster	Häufigkeit		Bewertung			
	%	Anz.	positiv	neutral	negativ	Anz.
Schule, Spielen/Sonstiges	37,0	218	64,5	32,5	3,0	200
AGs plus ggf. weiteres Element	29,5	173	60,0	37,6	2,4	170
AGs, Spielen/Sonstiges, keine Schule	4,8	28	50,0	50,0	0,0	28
AGs, Spielen/Sonstiges, mit Schule	15,1	89	62,5	35,2	2,3	88
AGs ohne Spielen/Sonstiges, ohne Schule	3,1	18	44,4	50,0	5,6	18
AGs ohne Spielen/Sonstiges, mit Schule	6,5	38	69,4	27,8	2,8	36
Nur Spielen/Sonstiges	21,7	128	56,7	40,2	3,1	127
Nur Schule	10,0	59	47,4	40,4	12,3	57
Keine Angabe	1,9	11	36,4	63,6	0,0	11
Gesamt	100,0	589	59,1	37,2	3,7	565

Quelle: Wissenschaftlicher Kooperationsverbund – standardisierte Kinderbefragung

Die Zufriedenheit der Kinder mit den Zeitstrukturen

Über die Erfassung des Wochen- und Tagesablaufs in der OGS hinaus wurden die ermittelten Zeitstrukturen mit dem Wohlbefinden der Kinder im Ganztag in Verbindung gesetzt. Hier zeigt sich auf der Grundlage der standardisierten Befragung, dass die vorgestellten Verlaufstypen zugleich ein wesentliches Unterscheidungsmerkmal für die Gesamtbewertung des Ganztags darstellen (vgl. Tab. 4.3): Von Kindern, in deren Wahrnehmung im Tagesablauf eine Angebotskomponente dominiert – sei dies nun „Spiel", „Arbeitsgemeinschaften" oder Angebote mit Unterrichtsbezug – wird der Ganztag insgesamt deutlich schlechter bewertet als von Schüler(inne)n, in deren Tagesabläufen sich unterrichtsbezogene Anteile mit Arbeitsgemeinschaften und/oder freier Zeit mischen. Mit anderen Worten: Alle Formen, bei denen im Wahrnehmungshorizont der Kinder nur eine Komponente im

Tagesablauf dominiert, erhalten ein schlechteres Votum als Tagesabläufe, in denen sich unterrichtsbezogene Anteile mit AGs und/oder freier Zeit mischen. Aus dieser Perspektive bietet der Wechsel zwischen formalen, formellen und informellen Lerngelegenheiten die besten Voraussetzungen zum kindlichen Wohlbefinden beizutragen.

Weitere Hinweise darauf, in welchen Situationen die Kinder sich besonders wohl bzw. unwohl fühlen, lassen sich aus den Interviews ableiten. So finden sich in den Berichten der Kinder deutliche Äußerungen ihres Wohlbefindens, wenn sie insgesamt nach der Einschätzung ihrer Wochengestaltung gefragt werden. In diesem Zusammenhang heben Kinder insbesondere die gemeinschaftlichen Aktivitäten hervor, bei denen gefeiert wird oder bei denen sie sich über ihre Aktivitäten der Woche austauschen können: *„Ja, da machen wir immer freitags so einen Stuhlkreis oder feiern Geburtstag. [...] Man kann erzählen, was man in der Woche gemacht hat." (Junge, 3. Klasse)* Neben diesen Gemeinschaftserfahrungen konnotieren die Kinder Abwechselungen im Tagesablauf positiv, die aus unvorhergesehenen Veränderungen resultieren. Hiervon berichten sie meist im Zusammenhang mit Verabredungen, spontanen Aktivitäten oder besonderen Tagesereignissen.

Zusammenfassung und Folgerungen
Bilanzierend lässt sich festhalten, dass abwechselungsreiche Tagesabläufe, die verschiedene Gestaltungselemente des Ganztags integrieren, die besten Voraussetzungen bieten, um zum kindlichen Wohlbefinden beizutragen. Die Zufriedenheit, die die Kinder in Bezug auf variationsreiche Tagesabläufe formulieren, kann auch als Hinweis darauf interpretiert werden, dass zielorientierte, spontane und wiederkehrende Elemente, die für die Entwicklung eines Zeitbewusstseins maßgeblich sind, in diesen Tagesprofilen bereits zum Tragen kommen.[55] Deutlich wurde allerdings auch, dass sich die älteren Schulkinder in ein straffes Zeitkorsett einfügen müssen. Hierbei stellt sich vor allem die Zeitpassage vor und nach dem Mittagessen, insbesondere in Verbindung mit den Hausaufgaben, als zeitlicher Engpass dar, der bei einem Teil der interviewten Kinder mit Einschränkungen beim Mittagessen und Abstrichen bei ihren Ruhe- und Entspannungsbedürfnissen verbunden ist.

---

55 Die Anpassung der Kinder an lineare Zeitkonzepte erfolgt u.a. durch die Einteilung in stark gegliederte Zeitphasen und organisatorische Maßnahmen (vgl. Duncker 2007, S. 58f.). Gleichzeitig ist es für die Ausbildung des Zeitbewusstseins von Bedeutung, Zeitfenster zu öffnen, in denen sich das sogenannte horizontale Zeitbewusstsein bilden kann, d.h. Zeit für Unvorhergesehenes. Dort ergeben sich Gelegenheiten für überraschende Ereignisse und spontane Einfälle. Duncker spricht vom „Raum der Zeitlosigkeit" (Duncker 1996, S. 162). Das zyklische Zeitelement im Sinne von wiederkehrenden Ereignissen oder Ritualen vermittelt Orientierung sowie überschaubare Ordnung und sollte ebenso seinen Stellenwert im Ganztag haben.

Die enge Zeitplanung während dieses Zeitabschnitts ist dabei auch auf den im Vergleich zu den Erst- und Zweitklässler(inne)n höheren Unterrichtsanteil der Dritt- und Viertklässler(innen) zurückzuführen. Aus dieser Perspektive bildet ein rhythmisierter Schultag, der die unterschiedlichen Bedürfnisse und Lerninteressen der Kinder im Wechsel der einzelnen Settings berücksichtigt und in seiner Abfolge zu einer Entzerrung von unterrichtlichen und außerunterrichtlichen Angeboten beiträgt, einen wesentlichen Gelingensfaktor der OGS. Welche Bedeutung hierbei die Relation zwischen strukturierten Angeboten und frei verfügbarer Zeit für selbstbestimmte Aktivitäten im Tagesablauf im Hinblick auf den Zufriedenheitsgrad der Kinder hat, wird in Kapitel 4.2.4.4 im Kontext der einzelnen Gestaltungselemente des Ganztags noch einmal aufgegriffen. Aufgrund des engen Zusammenhangs zwischen Zeit und Raum als wesentliche Dimensionen in der kindlichen Lebenswelt werden im Folgenden zunächst die Raumstrukturen in der OGS und das Raumerleben der Kinder ins Blickfeld gerückt.

4.2.3 Raumstrukturen und Raumerleben

Im Anschluss an sozial- und erziehungswissenschaftliche Zugänge der Kindheitsforschung wird der Raum als wichtiger Faktor pädagogischer Qualität gewertet. Auch für die Ganztagskräfte bildet die Frage der „Räumlichkeiten" ein zentrales Thema, das für sie in unterschiedlichen Handlungsfeldern im Hinblick auf das Wohlbefinden und die Förderung der Ganztagsschüler(innen) von Bedeutung ist. Wesentliche Aspekte der Raumsituation im Ganztag sind aus der Perspektive der Mitarbeiter(innen) eine kindgerechte, d.h. farbenfrohe und freundliche Gestaltung der Räumlichkeiten, zusätzliche Räume als Ausweichmöglichkeit für Kleingruppenarbeit sowie die Schaffung von Ruhezonen, Spielräumen und Rückzugsmöglichkeiten für die Schüler(innen) (vgl. Haenisch 2007). Wie erleben demgegenüber die Kinder die Räume und Spielsachen im Ganztag und welche Gestaltungsmöglichkeiten nehmen sie wahr?

Bei der Auseinandersetzung mit den Räumlichkeiten im Ganztag ist zu berücksichtigen, dass zwischen Raum und Zeit vielfältige Wechselwirkungen bestehen. Dies veranschaulichen vor allem die Interviews, in denen der enge Zusammenhang zwischen der Art der Tagesstrukturierung im Ganztag und der Raumnutzung seitens der Kinder ersichtlich wird. In den Beschreibungen der Mädchen und Jungen, wo sie sich in der Regel nach dem Unterricht aufhalten, werden bestimmte Alltagsroutinen in Bezug auf die Raumnutzung sichtbar. Die Aufenthaltsorte der Kinder werden u.a. durch die Tagesstruktur vorgegeben. Ist es Zeit zum Mittagessen oder für die Erledigung der Hausaufgaben, so suchen sie diese Räume auf. Haben die Kinder Zeit für bestimmte Spielaktivitäten oder Angebote, so treffen sie sich im Werk- oder Gemeinschaftsraum bzw. verabreden sich im Außengelände: *„Also erstmal, wenn wir Mittag essen, dann gehen wir erstmal in den Mittagsraum. Und danach gehen wir eigentlich immer sofort in Hausaufgaben-*

raum. [...] Dann spielen wir meistens unten in dem Gemeinschaftsraum. [...] Oder manchmal, wenn gutes Wetter ist, dann gehen wir auch oft raus." (Mädchen, 4. Klasse)

Die Zufriedenheit der Kinder mit der Raumsituation

Um die Qualität der Räumlichkeiten im Hinblick auf eine kindgerechte Gestaltung auszuleuchten und eine differenziertere Einschätzung der Kinder zur Raumsituation zu erhalten, wurden die Schüler(innen) in der standardisierten Befragung um Auskunft darüber gebeten, ob die Räume ihren Bedürfnissen nach Ruhe und Toben, Spiel und Außenaktivität entsprechen. Neben der Funktionalität der Räume wurden sie darüber hinaus zur Attraktivität des Spielzeugs sowie den Möglichkeiten, ihr räumliches Umfeld aktiv mit zu gestalten, befragt. Die Eingangsfrage, ob sie sich in den Ganztagsräumen wohl fühlen, bejahen rund 63% der befragten 571 Kinder, weitere 29% geben eine neutrale Antwort und nur 8% formulieren ein negatives Votum. Im Vergleich zum allgemeinen Wohlbefinden der Kinder im Ganztag schneiden die Räumlichkeiten damit etwas besser ab. Sowohl in der schriftlichen als auch in der mündlichen Befragung lässt sich zwischen Aspekten der Raumsituation differenzieren, die von den Kindern besser oder schlechter eingeschätzt werden. In den Interviews unterscheiden die Kinder darüber hinaus zwischen beliebten und weniger beliebten Orten.

Eher positiv bewertete Aspekte der Raumsituation

Im Spiegel der schriftlichen Befragung werden drei Dimensionen ersichtlich, die von den Kindern ausgesprochen gut bewertet werden (vgl. Tab. 4.4) und zum Teil von ihnen auch in den Interviews aufgegriffen werden:

(1) So erleben die Kinder das Außengelände der Schule – mit einem Anteil von knapp 80% positiver Nennungen – als Raum, an dem sie „viel machen" können und der ihnen Anregung für unterschiedliche Aktivitäten bietet. Dies spiegelt sich auch in den Interviews, in denen von den Kindern das Außengelände mit zu den beliebten Orten der OGS gerechnet wird. Deutlich wird, dass speziell die Bewegungsaktivitäten im Außenbereich für Mädchen und Jungen eine besonders hohe Attraktivität besitzen: „*Am liebsten spiele ich an der Schaukel [...] und ich laufe halt auch sehr gerne auf Stelzen. [...] Wir haben da so Trampoline."* (Mädchen, 3. Klasse)

(2) Ebenso zufrieden wie mit dem Außengelände sind die Schüler(innen) mit den Entspannungs- und Rückzugsmöglichkeiten innerhalb des Ganztags. So geben 8 von 10 Schüler(innen) in der schriftlichen Befragung an, dass ihnen dort ein „Platz zum Ausruhen" zur Verfügung steht. In der Detailauswertung veranschaulichen die Daten darüber hinaus, dass die Existenz von Entspannungs- und Rückzugsmöglichkeiten unter anderem von einer Kindergruppe signifikant häufiger beschrieben wird (vgl. Tab. 4.5): Je schlechter die Schulleistungen der Kinder seitens der Eltern bewertet werden, desto öfter verweisen die Schüler(innen) auf gute Rückzugsmöglichkeiten in der Schule. Die Differenz zwischen den Kindern im oberen Leis-

tungsbereich und den Kindern mit Schwierigkeiten in der Schule beträgt hier mehr als 20%.

Tab. 4.4: Räume und Spielsachen im Ganztag aus Sicht der Kinder (Zeilen-%)

Items	Bewertung			Anz.
	Positiv	Neutral	Negativ	
Fühlst du dich in den Ganztagsräumen wohl?	63,2	28,9	7,9	571
Wir haben genügend Platz zum Spielen.	71,2	20,2	8,6	629
Wir haben Platz zum Toben.	54,6	22,1	23,2	624
Wir haben einen Platz zum Ausruhen.	79,4	9,9	10,7	616
Wir haben tolle Spielsachen.	62,0	28,2	9,8	624
Wir können auch draußen viel machen.	79,3	16,2	4,5	618

Quelle: Wissenschaftlicher Kooperationsverbund – standardisierte Kinderbefragung

Dies könnte darauf hindeuten, dass der Ganztag gerade von den schwächeren Schüler(inne)n als alternativer Raum zum – vermutlich oft belastend erlebten – Unterrichtsgeschehen wahrgenommen wird und damit eine wichtige Kompensationsfunktion für diese Gruppe besitzt. Auf Nachfrage der Interviewerinnen in der qualitativen Erhebung zu den bei den Kindern beliebten Rückzugs- und Entspannungsorten nennen die Jungen und Mädchen meist ihren Ruheraum oder eine „Kuschelecke" im Ganztag. Es werden auch sog. „Hochebenen" beschrieben, in die sich die Kinder zurückziehen und gleichzeitig das Geschehen im Raum weiter beobachten (können).

Tab. 4.5: Bewertung der Ruhemöglichkeiten nach Schulleistungen des Kindes (Spalten-%)

Platz zum Ausruhen	Schulleistungen des Kindes (Elterneinschätzung)			
	beste	oberes Mittel	unteres Mittel	Schwierigkeiten
positiv	72,2	77,4	87,5	93,3
neutral	13,4	9,7	4,2	3,3
negativ	14,4	12,9	8,3	3,3
Anzahl	97	217	48	30

Quelle: Wissenschaftlicher Kooperationsverbund – standardisierte Kinderbefragung

(3) Neben dem Außengelände und den Rückzugsorten vermitteln die Kinder auch zur Größe der Spielräume in der OGS ein positives Bild (vgl. Tab. 4.6). So sind gut sieben von zehn der befragten Kinder der Meinung, dass sie „genügend Platz zum Spielen" haben. Dieser Auffassung sind allerdings eher Kinder, die erst relativ kurz den Ganztag besuchen. Mit wachsender Ganztagserfahrung steigt der Anteil derjenigen, die dies weniger positiv sehen, wobei sich das Alter der Kinder nicht als signifikant erweist.

Tab. 4.6: Platzangebot zum Spielen nach OGS-Erfahrung der Kinder
(Spalten-%)

Wir haben genügend Platz zum Spielen	OGS-Erfahrung der Kinder (in Jahren)		
	< 1	1 bis < 2	2 u. mehr
Positiv	82,4	72,2	67,1
Neutral	12,1	18,2	23,6
Negativ	5,5	9,6	9,4
Anzahl	91	187	331

Quelle: Wissenschaftlicher Kooperationsverbund – standardisierte Kinderbefragung

Eher negativ bewertete Aspekte der Raumsituation

Einen geringeren Zustimmungsgrad der Kinder vermitteln die Daten, wenn es um die Attraktivität der Spielsachen geht, obgleich die Mehrheit der Kinder damit zufrieden ist. So meinen 60% der Schüler(innen), dass sie im Ganztag „tolle Spielsachen" haben. Hierbei zeigen sich bei zwei Kindergruppen graduelle Unterschiede: Schüler(innen) mit Migrationshintergrund bewerten das Spielzeugangebot geringfügig besser (bei einem Zuspruch von 64%) als die übrigen Schüler(innen) (mit einem positiven Votum von 61%).[56] Hierbei ist die Beurteilung des Spielmaterials auch im Zusammenhang mit der Schichtzugehörigkeit zu betrachten: Je niedriger der Berufsstatus der Eltern ist, desto positiver schätzen die Kinder die Spielsachen ein (vgl. Tab. 4.7).

Tab. 4.7: Bewertung der Spielsachen nach OGS-Erfahrung, Alter und
Schichtzugehörigkeit (Spalten-%)

Tolle Spielsa-chen	OGS-Erfahrung (Jahre)			Alter (Jahre)			Sozioökonomischer Status der Eltern		
	< 1	1- <2	2 +	≤ 8	9	≥ 10	niedrig	mittel	hoch
Positiv	70,7	66,1	57,0	68,3	61,9	50,7	63,8	62,9	56,7
Neutral	21,7	26,2	32,0	22,3	28,8	37,3	30,4	25,8	29,8
Negativ	7,6	7,7	11,0	9,4	9,2	11,9	5,8	11,3	13,5
Anzahl	92	183	328	224	260	134	69	159	141

Quelle: Wissenschaftlicher Kooperationsverbund – standardisierte Kinderbefragung

Weitaus stärkere Differenzen zwischen den Schüler(inne)n werden jedoch bei zwei weiteren Variablen ersichtlich: So beurteilen die jüngeren Kinder das Spielzeugangebot wesentlich positiver als die älteren. Während unter den Achtjährigen noch 68% der Kinder meinen, „tolles Spielzeug" im Ganztag zu haben, liegt der Zustimmungsgrad bei den Zehnjährigen nur bei etwa 50%. Auch Kinder, die erst relativ kurz den Ganztag besuchen, haben

---

56 Von den Kindern mit Migrationshintergrund geben zum Spielzeug 63,8% eine positive, 27,2% eine neutrale und 10,2% eine negative Bewertung ab. In der Vergleichsgruppe sind dies 61,0% der Kinder mit positivem, 28,8% der Befragten mit neutralem und 10,2% mit negativem Votum.

eine positivere Einstellung zu den Spielsachen als Kinder, die schon länger dort sind.

Im Vergleich zu den vorherigen Aussagen machen die Schüler(innen) deutliche Abstriche am Raumangebot, wenn es um das Bedürfnis zu toben geht. Hier vertritt in der schriftlichen Befragung nur etwas mehr als die Hälfte der Kinder die Auffassung, dass der Ganztag hierzu genügend Möglichkeiten bietet. Dies sehen Kinder, die bereits vor dem Unterricht den Ganztag besuchen, jedoch signifikant positiver.[57] Interessant ist bei dieser Frage darüber hinaus, dass die Jungen mehr Platz zum Toben wahrnehmen als die Mädchen.[58] Bei diesem Thema wird in den Interviews ersichtlich, dass die Frage der Bewegungs- und Tobemöglichkeiten mit der Regelsetzung korrespondiert. Im Zusammenhang mit den verschiedenen Regeln, die die Kinder bezogen auf die Raumnutzung benennen, zeigt sich, dass die Kinder in einzelnen Einrichtungen nur im Außengelände rennen dürfen. Andere Kinder berichten, dass ihre raumgreifenden Bewegungsspiele nur im dafür vorgesehenen Toberaum erlaubt sind und immer ein Erwachsener anwesend sein muss. Dies lässt darauf schließen, dass die bewegungsintensiven Aktivitäten bestimmte Einschränkungen erfahren, sei es aufgrund der räumlichen Voraussetzungen oder aber auch aufgrund von Sicherheitsaspekten: *„Wir dürfen hier nicht rennen, wir dürfen nur draußen rennen." (Junge, 3. Klasse).* Eine Möglichkeit, den Bewegungsbedürfnissen der Kinder Rechnung zu tragen, bilden dabei Bewegungsräume, die von den Kindern – sofern an den Schulen vorhanden – als beliebte Orten im Innenbereich des Ganztags beschrieben werden, in denen die befragten Jungen sowie Mädchen gerne „toben".

Partizipationsmöglichkeiten der Kinder
Werden die Gestaltungsmöglichkeiten im Ganztag näher betrachtet, dann lässt sich die Kritik der Kinder an der Ausstattung mit Spielmaterialien auch darauf zurückführen, dass ihre Einflussmöglichkeiten begrenzt sind, wenn es darum geht, welche Spielsachen für den Ganztag angeschafft werden (vgl. Tab. 4.8). Hier ist lediglich ein Fünftel der Kinder der Meinung, dass sie mitentscheiden dürfen, welche Spielsachen gekauft werden. Mit Blick auf das Wohlbefinden in den Räumlichkeiten wurden die Kinder darüber hinaus gefragt, ob sie ihr räumliches Umfeld aktiv durch die Dekoration der Räume gestalten und sich damit stärker aneignen können. Hierzu meinen nur rund 55% der Kinder, dass sie „Gebasteltes, Bilder und Poster

---

57 Kinder, die vor dem Unterricht in den Ganztag gehen, sind zu 62,1% der Meinung „Platz zum Toben" zu haben, 17,2% antworten ambivalent und 20,7% verneinen dies. Demgegenüber bewerten Schüler(innen), die erst nach Unterrichtsende im Ganztag sind, die Tobemöglichkeiten zu 49,5% positiv, zu 25,5% neutral und zu 25% negativ.

58 Die Aussage „wir haben Platz zum Toben" wird von 58,4% der Jungen positiv, von 19,2% neutral und von 22,3% negativ bewertet. Bei den Mädchen bejahen 51,5% dieses Item, weitere 14, 7% äußern sich neutral und 23,8% ablehnend.

aufhängen" dürfen. Jeweils gut ein Fünftel der Schüler(innen) gibt demgegenüber ein neutrales oder negatives Urteil ab. Welche Aktivitäten die Kinder im Hinblick auf die Aneignung der Räume praktizieren, wird in den Interviews ersichtlich, in denen sie auf Nachfrage beschreiben, wie sie ihre Räume gestalten und verändern. Dazu gehören Initiativen, die Räume zu dekorieren sowie Mobiliar in den Räumen umzustellen, wenn dies ihre spontanen Spielbedürfnisse erfordern. Diese Mitgestaltungs- bzw. Veränderungsmöglichkeiten scheinen allerdings eher sporadisch zu erfolgen, da die Kinder auf Nachfrage der Interviewerinnen nur ab und zu mit einbezogen werden oder wenn sie unmittelbar diesen Wunsch äußern.

Tab. 4.8: Beteiligungsmöglichkeiten bei der Raumgestaltung im Ganztag aus Sicht der Kinder (Zeilen-%)

Item	Positiv	Neutral	Negativ	Anz.
Wir können in den Ganztagsräumen Gebasteltes, Bilder, Poster aufhängen.	55,3	22,8	21,9	613
Wir dürfen mitentscheiden, welche Spielsachen gekauft werden.	19,6	21,0	59,4	362

Quelle: Wissenschaftlicher Kooperationsverbund – standardisierte Kinderbefragung

Zusammenfassung und Folgerungen

Bei den Kindern stoßen die Räumlichkeiten in der OGS überwiegend auf positive Resonanz. Dies vermittelt auch die Gesamtbewertung, bei der aus den verschiedenen Variablen zur Einschätzung der Raumsituation ein Summenindex gebildet wurde[59], der Werte zwischen 1 (positive Einschätzung der Räume) und 3 (negative Einschätzung) annehmen kann. Mit einem Mittelwert von 1,4 und einer Standardabweichung von 0,47 neigt dieser Index deutlich in Richtung einer eher positiven Bewertung. Dies macht deutlich, dass auch in der Gesamtschau das Raumangebot im Ganztag von den Schüler(inne)n ausgesprochen gut bewertet wird. Im Detail wurde bei der Auswertung der Einzelfragen deutlich, dass der vergleichsweise hohe Zustimmungsgrad der Kinder vor allem auf das Außengelände, das Platzangebot zum Spielen sowie die Entspannungs- und Rückzugsmöglichkeiten zurückzuführen ist. Weit weniger zufrieden sind die Kinder demgegenüber mit den Spielsachen sowie den Bewegungs- und Tobemöglichkeiten in der offenen Ganztagsschule.

Aus den vorgestellten Ergebnissen lassen sich vor allem zwei Anhaltspunkte Im Hinblick auf die Weiterentwicklung der OGS ableiten: (1) Aus der Perspektive der Kinder bildet die Ausweitung der Bewegungs- und Tobemöglichkeiten eine wesentliche Gelingensbedingung der OGS. Spezielle

---

59 Die innere Konsistenz des Index ist zufrieden stellend (Cronbachs Alpha = 0,75). Auch eine faktorenanalytische Überprüfung legt die Annahme der Eindimensionalität des Index nahe.

Bewegungsräume können, wie in den Interviews deutlich wurde, hierzu einen wichtigen Beitrag leisten. Bei der Raumnutzung sind die Interessen der Mädchen in ausreichendem Umfang zu berücksichtigen. Darüber hinaus sind die Regeln und Rahmenbedingungen im Ganztag generell so zu gestalten, dass sie den kindlichen Bedürfnissen nach Bewegung stärker Rechnung tragen. (2) Eine Optimierung der Raumsituation korrespondiert darüber hinaus mit der Ausweitung der Gestaltungsmöglichkeiten der Kinder im Ganztag. Eine stärkere Beteiligung bei der Auswahl der Spielmöglichkeiten und bei der Raumgestaltung bilden hierbei wesentliche Voraussetzungen, um die Attraktivität des Ganztags für die Schüler(innen) zu erhöhen und zu ihrem Wohlbefinden beizutragen.

4.2.4 Die Gestaltungs- und Lernmöglichkeiten

„Bildung ist mehr als Schule", so heißt es prägnant in den „Leipziger Thesen zur aktuellen bildungspolitischen Debatte" aus dem Jahr 2002 als gemeinsamer Erklärung des Bundesjugendkuratoriums (BJK), der Sachverständigenkommission des Elften Kinder- und Jugendberichts und der Arbeitsgemeinschaft für Jugendhilfe (AGJ). Im Sinne einer gelingenden Lebensführung und sozialen Integration ist Bildung als umfassender „Prozess der Entwicklung und Entfaltung derjenigen Fähigkeiten [zu verstehen], die Menschen in die Lage versetzen, zu lernen, Leistungspotenziale zu entwickeln, zu handeln, Probleme zu lösen und Beziehungen zu gestalten" (Leipziger Thesen 2002, S. 1). Aus diesem Verständnis resultiert ein schulisches Bildungskonzept, dass in Ergänzung der unterrichtsbezogenen Kompetenzen durch außerunterrichtliche Gestaltungselemente sowie nonformale und informelle Lernsettings komplettiert wird, die freiwillig und unzensiert, geplant und ungeplant Vorgänge des Lernens unterstützen. Im Rahmen der offenen Ganztagsschule hat sich eine Handlungsstruktur herausgebildet, bei der zwischen (1) den Lernangeboten in Arbeitsgemeinschaften, Kursen und Projekten, (2) den Hausaufgaben, (3) dem Mittagessen sowie (4) den selbstbestimmten Aktivitäten differenziert werden kann.

Bildungs- und Lernangebote[60]
Die Bildungsangebote in der offenen Ganztagsschule sind ein zentraler Baustein des pädagogischen Konzepts und sollen den Kindern Möglichkeiten zu einer altersgerechten Freizeitgestaltung sowie zusätzliche Bildungschancen eröffnen. Die Altersgruppe der Dritt- und Viertklässler(innen) hat aufgrund ihrer Entwicklungsstufe besondere Lernbedürfnisse und sucht nach Gelegenheiten, ihre Selbstständigkeit zu erproben, Neues zu erfahren, Risiken einzugehen und Verantwortung zu übernehmen. Erwachsene sind Vorbilder, deren Handlungen und Haltungen sie einerseits kritisch hinter-

---

60 Zu den Bildungs- und Lernangeboten zählen hier Arbeitsgemeinschaften, Kurse und Projekte. Das Lernangebot „Hausaufgabenbetreuung" wird in diesem Kapitel gesondert betrachtet.

fragen und denen sie anderseits auch nacheifern wollen. Mit der zunehmenden Befähigung der Kinder, sich z.B. im Spiel oder bei einem Experiment aufgrund ihrer kognitiven Leistungen etwas selbst zu erarbeiten, ist gleichzeitig die Forderung an den offenen Ganztag verbunden, einen anregenden pädagogischen Rahmen zu gestalten, der diese Lernchancen auch entsprechend bereithält (vgl. Baacke 1999, S. 167f.). Darüber hinaus erweitern Dritt- und Viertklässler(innen) zunehmend die Fähigkeit, ihre Lernprozesse zu reflektieren sowie zu kontrollieren und damit die Steuerung des Lerngeschehens selbst zu übernehmen. Diese beiden Aspekte der Selbstbeobachtung sowie der Selbstbewertung gelten als wesentliche Voraussetzung für erfolgreiche Lernprozesse. „Letztendlich führt diese Komponente der Metakognitionen zur Initiierung, Kontrolle und Regulation von Lernstrategien" (Konrad 1999, S. 15).

Besuch und Bewertung der Arbeitsgemeinschaften, Kurse und Projekte

Die verschiedenen Ganztagsakteure schenken den außerunterrichtlichen Bildungs- und Lernangeboten besondere Aufmerksamkeit. Dies zeigt sich etwa auf der Ebene der Zielvorstellungen, auf der sowohl die Schulleitungen als auch die Fach- und Lehrkräfte der pädagogischen Freizeitgestaltung eine hohe Bedeutung zumessen. Auch für die Eltern bilden – neben dem Wunsch nach einem verlässlichen Betreuungsangebot, das ihnen eine Berufstätigkeit ermöglicht – die „interessanten Kurse" einen zentralen Beweggrund, ihr Kind im Ganztag anzumelden (vgl. Kap. 3.3). Welche Angebote besuchen die Kinder und wie bewerten sie diese?

Innerhalb der Angebotspalette der OGS haben „Sport und Bewegung" sowie „kulturelle Bildung" einen hohen Stellenwert. Dies spiegelt sich auch in den Antworten der Kinder zur Teilnahme an den Arbeitsgemeinschaften, Kursen und Projekten wider (vgl. Tab. 4.9). So besuchen fast alle Kinder Sport- und Bewegungsangebote (92%). Im Bereich der kulturellen Bildung nehmen knapp 50% der Kinder an künstlerisch-kreativen Angeboten sowie weitere 44% an Musik- und Tanz-AGs teil. Alle anderen Angebote machen demgegenüber maximal ein Fünftel der Fälle aus – wie etwa Neue Medien und Naturwissenschaft (21%) oder Lernförderung (19%). Im Hinblick auf die Teilnahmestrukturen zeigen sich zum Teil geschlechtsspezifische Muster: So entscheiden sich Jungen häufiger für Sport- und Bewegungsangebote. Mädchen bevorzugen demgegenüber öfter künstlerisch-kreative Angebote, Musik- und Tanz- sowie Koch-, Entspannungs- und Therapie-Angebote.[61] Letztere werden darüber hinaus häufiger von Schüler(inne)n mit Schulschwierigkeiten benannt. Zusammengenommen stehen die ermittelten Ergebnisse im Einklang mit empirischen Befunden aus anderen Bereichen –

---

61 Diese Kategorie umfasst Nennungen wie „Entspannungs-AG", „Ergotherapie", „Meditation", „Musiktherapie", „Psychomotorik", „Sinneswahrnehmung", „Traumreise" oder „Yoga".

zum Beispiel im Hinblick auf den hohen Stellenwert von Sport und Bewegung für diese Altersgruppe oder die Unterschiede in den sportiven Praxen von Mädchen und Jungen (vgl. Duncker 2007; Robert-Koch-Institut 2006).

Tab. 4.9:　Teilnahme an Arbeitsgemeinschaften und Bewertung der AGs

| AG | Teilnahme[1] | | Bewertung[2] | | | |
	Abs.	% der Fälle (549)	Positiv	Neutral	Negativ	Anz.
Sport, Bewegung	501	91,3	82,9	12,4	4,7	485
Kunst, Kreativität, Basteln, Werken	273	49,7	80,6	16,0	3,4	263
Musik, Tanz	241	43,9	71,9	19,6	8,5	235
Computer, Technik, Naturwissenschaft	113	20,6	80,2	16,2	3,6	111
Lernförderung, Schule	106	19,3	61,0	23,0	16,0	100
Spielen	81	14,8	76,3	21,1	2,6	76
Sonstiges	59	10,7	81,0	13,8	5,2	58
Kochen	41	7,5	89,7	5,1	5,1	39
Entspannung, Therapie	29	5,3	53,6	35,7	10,7	28

1 Mehrfachnennungen möglich. 2 Zeilen-%
Quelle: Wissenschaftlicher Kooperationsverbund – standardisierte Kinderbefragung

Wird der Zufriedenheitsgrad der Kinder ins Blickfeld gerückt, dann teilen die Ganztagsschüler(innen) in hohem Maße die Meinung der Erwachsenen zu den Angeboten, die für die Kinder ausgesprochen attraktiv sind. So geben 78% der Ganztagsschüler(innen) auf die Frage, wie ihnen die Angebote, die sie besuchen, durchschnittlich gefallen, eine positive Einschätzung ab. Lediglich 16% bewerten die Angebote neutral und 5,9% negativ. Die hohe Zufriedenheit der Kinder mit diesem Handlungsfeld spiegelt sich in allen Themenbereichen wider. Ausnahmen bilden allenfalls Angebote zur „Lernförderung bzw. zum Unterricht" sowie zur „Entspannung/Therapie", obgleich auch dort mehr als die Hälfte der Kinder ein positives Votum abgibt (mit Anteilen von jeweils 61% und 54%). Einen mit Werten von über 80% besonders hohen Zustimmungsgrad erzielen Koch-, Sport-, Kunst- und Technik- bzw. naturwissenschaftliche Angebote.

Werden die Daten weiter ausdifferenziert, dann gibt es bei der Bewertung der Angebote keine stark ausgeprägten Unterschiede zwischen einzelnen Gruppen oder Kontextfaktoren. Unter dieser Prämisse werden unter Genderaspekten die Angebote im Bereich kultureller Bildung (Musik, Tanz, Kunst, Basteln und Werken) von den Jungen signifikant schlechter bewertet als die übrigen Angebote. Mädchen beurteilen sie demgegenüber gleich oder besser. Im Bereich „Sport und Bewegung" werden keine nennenswerten Bewertungsunterschiede zwischen Mädchen und Jungen ersichtlich. Zusammengenommen stoßen die Arbeitsgemeinschaften, Kurse und Projekte bei den Kindern auf eine ausgesprochen positive Resonanz. Dies verdeutlicht auch der aus den Bewertungen der Einzelangebote errechnete Mittelwert (Kerndichteschätzer). Hiernach liegt der größte Teil der Rückmeldungen seitens der Kinder im positiven Bereich.

Die große Zufriedenheit der Kinder mit den Angeboten sowie die vergleichsweise geringen Bewertungsunterschiede sind hierbei vermutlich auf zwei Gründe zurückzuführen. Zum einen zeichnen sich Grundschüler(innen) durch ein hohes und breites Interesse an unterschiedlichen Themen, Interessen und Aktivitäten aus. Dies verdeutlicht etwa die Studie von Pruisken (2005) zu den Freizeitinteressen von Grundschüler(inne)n der vierten Klasse. Zum anderen ist der hohe Zustimmungsgrad der Kinder auch dadurch bedingt, dass sich die Mehrzahl von ihnen die Angebote aussuchen kann. Dies bestätigen fast drei Viertel (73%) der Ganztagsschüler(innen) auf Nachfrage. Rund 17% waren hierbei allerdings anderer Meinung. Interessant ist in diesem Zusammenhang, dass die Angebote von denjenigen Schüler(inne)n signifikant schlechter bewertet werden, die nur eingeschränkte Wahloptionen haben.

Lernerfahrungen in Arbeitsgemeinschaften, Kursen und Projekten
In den Interviews schildern die älteren Kinder ausführlich ihre gesammelten Erfahrungen in den verschiedenen Bildungsangeboten am Nachmittag sowie ihre Lernerlebnisse im Zusammenhang mit diesen Situationen. Wohlbefinden und Spaß sowie Begeisterung an diesen Aktivitäten ziehen sich kontinuierlich durch die Äußerungen der Kinder. Exemplarisch lassen sich die Beschreibungen und Bewertungen der Lernerfahrungen besonders an einem Interview[62] sehr eindrucksvoll nachzuvollziehen. Da sich das Interview wie ein Gespräch entwickelt, werden hier sehr viele Aussagen über Interessen und Vorlieben geäußert, ohne dass die Interviewerin direkt danach gefragt hatte. Das Thema Tiere begeistert die Kinder: *„Auch weil ich sehr gerne Tiere mag, ich habe auch ein Haustier und auch einfach weil's mir Spaß macht." (Mädchen, 3. Klasse)* Sie erfahren viel über Tiere (z.B. über Tiere wie Eichhörnchen, die sie aus ihrer Umgebung kennen); sie sehen sich Fotos an; es werden Tiere von der Pädagogin mitgebracht und es wird in Büchern nachgeschlagen, um weitere Fragen zu klären. Des Weiteren beschreiben die Mädchen und Jungen ihr Wohlbefinden insbesondere im Zusammenhang mit Sport- und Bewegungsaktivitäten: *„[...], das heißt Abenteuerturnen, [...], da haben wir dann irgendetwas cooles aufgebaut mit Seilen und so [...]." (Junge, 4. Klasse)* Diese positive Einschätzung richtet sich auf die Auseinandersetzung mit den Inhalten der jeweiligen Angebote sowie mit den damit verbundenen Herausforderungen.

Bei der Darstellung ihrer Lernerfahrungen in den Angeboten bringen die Kinder prägnant zum Ausdruck, dass gerade hier Chancen liegen, an ihrer Lebenswelt anzuknüpfen (wie z.B. ihr Interesse an Tieren und deren Lebensraum). Ihr Wunsch nach kontinuierlicher Teilnahme zeigt ihr Engage-

---

62 Interview über das Angebot – Tierbeobachtung

ment, auch über einen längeren Zeitraum beim Thema zu verweilen. Wie bereits zuvor in den Äußerungen der Kinder zum Ausdruck kommt, werden in den Angeboten wichtige Lernvoraussetzungen geschaffen, um weitere Lernprozesse in Gang zu setzen. Die Kinder sind sehr motiviert bei der Sache, sie verknüpfen ihr Wissen über Tiere mit den neu hinzugewonnenen Erkenntnissen, sie lernen durch aktives Miterleben und haben den Eindruck, dass sie in den Angeboten etwas lernen können und ihre Möglichkeiten dadurch vergrößern: *"[...] und das find ich ja dann auch schön, wenn da ganz viele Tiere kommen, dann kann man über die was lernen. Da schreiben dann auch immer ein paar Kinder und ich hab über den Tarass [Hund] geschrieben."* (Mädchen, 3. Klasse) Die Eroberung neuer Wissensgebiete wird durch intensive Auseinandersetzungen mit ausgewählten Themenfeldern weiter angeregt. Darüber hinaus wird das Wissen der Kinder ergänzt bzw. vernetzt: *„Ich möchte da weitermachen, weil ich noch nicht alles über Tiere weiß. Über Eisbären hatten wir zum Beispiel auch noch nichts und über Füchse."* (Mädchen, 3. Klasse)

Ebenso berichten Kinder stolz von den Aufführungen, die geplant sind, und dass sie trotz der Aufregung, die für sie damit einhergeht, gerne daran teilnehmen. Sie möchten das Gelernte und die neu erworbenen Fähigkeiten auch anderen präsentieren, auch wenn sie selbstkritisch ihre eigene Leistungsfähigkeit betrachten: *„Wir haben schon eine [Aufführung der Zirkus-AG] gemacht, und die ist relativ gut ausgefallen. Hm -- ich bin aufgeregt und ein bisschen ängstlich, weil, das meiste kann ich nicht so gut, manchmal."* (Junge, 4. Klasse) Im Zusammenhang mit der Einschätzung der Angebote formulieren die Kinder sehr prägnant, dass sie noch länger das Angebot besuchen möchten bzw. sie immer am Angebot teilnehmen, denn sie möchten auf gar keinen Fall etwas verpassen: *„Weil manchmal --, ja, wie soll ich es erklären, [...] da spielen die manchmal Spiele, immer neue Spiele, die ich noch nicht kenne. Da müssen die mir das immer nächstes Mal erklären."* (Junge, 4. Klasse) Diese Hinweise können als weitere Belege gelten, dass das Interesse der Kinder an den Angeboten sehr nachhaltig ist. Darüber hinaus gewinnt der Aspekt des Wettbewerbs und des Herausfindens der eigenen Möglichkeiten und Grenzen an Bedeutung. Solche Erfahrungen werden meist im Zusammenhang mit Bewegungs- und Sportangeboten geschildert.

Die Kinder benennen auch im Zusammenhang mit den Angeboten ihre Lernerwartungen und beschreiben, welche neuen Erfahrungen sie bereits machen konnten und welche weiteren sie zukünftig erwarten. Indem Kinder ihre Erwartungen in Bezug auf diese Angebote begründen, zeigen sie, was sie bereits gelernt haben und welche Bedeutung diese spezifischen Aktivitäten im Ganztag für ihre Zukunft haben werden: *„Hm -- ja, dass man so vieles lernt [Akrobatik-AG], was man gebrauchen kann."* (Mädchen, 4. Klasse) Das konkrete Ziel *„[...] gut trommeln zu können"* (Junge 3. Klasse) zeigt, dass dieser Schüler eine Vorstellung darüber entwickelt hat, dass er seine Kenntnisse weiter ausbauen möchte. Die Dritt- und Viertklässler(innen) haben somit eine Form der Selbstbeobachtung und Selbstreflexion ihrer Lernerfahrungen vorgenommen, die ihre weiteren Lernaktivitäten stützen und stärken. „Will man selbstgesteuerte Lernende fördern, gilt es hier anzusetzen: Selbstgesteuerte Lernende zeichnen sich gerade dadurch aus, dass sie ihr Lernen mehr und mehr ohne fremde Hilfe planen, überwachen, steuern und bewerten." (Konrad 1999, S. 16) Die zuvor beschriebenen Ergebnisse aus den Interviews decken sich u.a mit Befunden aus anderen Untersuchungen mit älteren Schulkindern (vgl. Furtner-Kallmünzer u.a. 2002), in denen das Durchhaltevermögen, die Eigeninitiative und die Leistungsbereitschaft im Bereich der Freizeitaktivitäten festgestellt wurden. Gleichzeitig veranschaulichen die Interviews, welche Lernchancen im Bereich der Bildungsangebote liegen.

Partizipation in Arbeitsgemeinschaften, Kursen und Projekten
Sollen Eigenaktivität und Selbststeuerung im Rahmen der Angebote gestärkt und unterstützt werden, so ist der Grad der Teilhabemöglichkeiten eine wesentliche Voraussetzung für gelingende Lernsituationen. Aufgrund der Daten aus der schriftlichen und mündlichen Befragung der Kinder kommen unterschiedlich ausgeprägte Partizipationsmöglichkeiten in diesem Handlungsfeld zum Tragen (vgl. Tab. 4.10):

- Die geringsten Einflussmöglichkeiten sehen die Kinder bei der Programmplanung. So werden fast zwei Drittel der Kinder nicht gefragt, welche Angebote es im Ganztag geben soll, bei einem guten Drittel war dies der Fall. In Ganztagsschulen, die ihren Betrieb früher aufgenommen haben, bewerten sie die Mitsprachemöglichkeiten bei der Planung etwas besser. Ein vergleichbares Ergebnis zeigt sich auch für Kinder mit Migrationshintergrund sowie Schüler(innen), deren Leistungen nach Einschätzung der Eltern eher im unteren Mittelfeld liegen bzw. die Schwierigkeiten in der Schule haben.[63]

- Im Vergleich zur konzeptionellen benennen die Kinder auf der organisatorischen Ebene etwas größere Freiräume als bei der Programmplanung. 41% der Kinder dürfen bei Nichtgefallen das Angebot wechseln, 59% können dies jedoch nicht.

---

63 Die bivariate Darstellung dieser im Mehrebenenmodell signifikanten Effekte zeigt im Detail: Von den Kindern, deren OGS im Jahr 2003 den Betrieb aufgenommen hat, sind 33,7% der Meinung, bei der Programmplanung mitzuwirken. Kinder an Schulen, die im Jahr 2004 umgewandelt wurden, bestätigen dies mit einem Anteil von 39,7%. Von den Migrantenkindern bejahen 43,8% die Beteiligung an der Programmplanung, unter den übrigen waren es 31,8%. Unter den Kindern, die zu den Besten und zum oberen Mittelfeld in der Klasse zählen, nehmen 24,4% und 36,4% Mitsprachemöglichkeiten wahr. Unter den Schüler(inne)n im Mittelfeld und mit Schulproblemen sind es jeweils 46,3% und 41,7%.

- Unter inhaltlichen Aspekten zeigt sich ein differenzierteres Bild. Hier geben zwar lediglich 29% der Schüler(innen) an, dass sie gefragt werden, was sie in den Angeboten machen möchten. Allerdings sehen weitere 37% der Kinder eingeschränkte Mitsprachemöglichkeiten bei der Gestaltung der Angebote. 34% nehmen überhaupt keine Einflussmöglichkeiten bei der Auswahl der Inhalte wahr.
- Die größten Teilhabemöglichkeiten sehen die Kinder bei der Auswahl der Angebote. Je länger die Kinder bereits im Ganztag sind, desto höher fällt dabei der Zustimmungsgrad aus. Ein vergleichbares Ergebnis konnte auch für diejenigen Schüler(innen) ermittelt werden, die bereits vor Unterrichtsbeginn im Ganztag sind.

Tab. 4.10: Partizipation in den Angeboten (Zeilen-%)

| Item | Partizipation | | | |
	Ja	Teil-weise	Nein	Anz.
Werdet ihr Kinder gefragt, welche Angebote es im Ganztag geben soll?	36,4	/	63,6	539
Dürft ihr Kinder euch aussuchen, in welche Angebote ihr gehen wollt?	72,7	16,6	10,6	601
Werdet ihr gefragt, was ihr in den Angeboten machen wollt?	29,1	37,1	33,8	556
Wenn euch Kindern ein Angebot nicht gefällt, dürft ihr dann in ein and. wechseln?	41,2	/	58,8	510

Quelle: Wissenschaftlicher Kooperationsverbund – standardisierte Kinderbefragung

Wird auf der Grundlage der vorgestellten Fragen zur Beteiligung bei der Programm- bzw. Angebotsplanung, zur Wahlfreiheit der Angebote, zur inhaltlichen Gestaltung der Angebote sowie zur Wechseloption eine Clusteranalyse[64] durchgeführt, dann lassen sich vier Gruppen identifizieren. Sie beschreiben das Ausmaß der Partizipationsmöglichkeiten im AG-Bereich (vgl. Tab. 4.11). Hiernach entfallen allein rund 51% der Kinderbewertungen auf das vierte Cluster mit niedrigem Beteiligungsgrad. Das heißt: Gut die Hälfte der Kinder sieht kaum bzw. keine Partizipationsmöglichkeiten bei der Programmgestaltung, beschreibt nur geringe Freiheiten bei der Auswahl der Angebote sowie äußerst begrenzte Einflussmöglichkeiten auf die inhaltliche Gestaltung und verneint die Wechseloption zwischen den Angeboten. Demgegenüber liegt der Anteil der Kinder, die den Partizipationsgrad und die eigenen Gestaltungsspielräume als hoch bewerteten (Cluster 1), lediglich bei 8%. Diese Gruppe kann bei der Programmgestaltung mitwirken, sich die Angebote aussuchen, zwischen ihnen wechseln sowie sich inhaltlich in den AGs beteiligen. Dazwischen liegen zwei weitere Cluster,

---

64 Durchgeführt wurde eine Clusteranalyse nach Ward mit vorgeschalteter Hauptkomponentenanalyse.

die sich mit Anteilen um die 20% jeweils dem oberen und unteren Mittelfeld zuordnen lassen.

Tab. 4.11: Partizipationsgrad in den Arbeitsgemeinschaften, Kursen und Projekten (rekodierte Daten[1]; Spalten-%)

Cluster	Beschreibung des Clusters	%
1	Programmgestaltung, Wahlfreiheit, inhaltliche Gestaltung, Wechseloption	8,2
2	Programmgestaltung, mittlere Wahlfreiheit, mittlere inhaltliche Gestaltung, keine Wechseloption	20,2
3	Keine Partizipation bei Programmgestaltung, Wahlfreiheit, mittlere inhaltliche Gestaltung, Wechseloption.	20,8
4	Kaum/keine Partizipation bei Programmgestaltung, geringe Wahlfreiheit, geringe inhaltliche Gestaltung, keine Wechseloption	50,8
Anz.		655

1 Die Items wurden wie folgt umkodiert: fehlende Werte oder „weiß nicht" wurden als „nein" interpretiert (Werte 0), hohe Werte bezeichnen Zustimmung zu Items.
Quelle: Wissenschaftlicher Kooperationsverbund – standardisierte Kinderbefragung

Hinsichtlich der Partizipationsmöglichkeiten zeigt sich in den Interviews ein ähnliches Bild. Wie die Entscheidung über die Zusammenstellung der verschiedenen Angebote im Ganztag erfolgt, darüber treffen die Kinder in den Interviews keine Aussagen. Es liegt die Vermutung nahe, dass die Angebotspalette von den Mitarbeiter(inne)n erstellt wird, ohne dass die Kinder den Eindruck haben, sie hätten dort entscheidend Einfluss nehmen können. Nach Aussagen der Dritt- und Viertklässler(innen) erhalten sie in den Schulen meist eine Liste mit den möglichen Angeboten, die sie vor ihrer Entscheidung mit nach Hause nehmen und danach ihre Entscheidung treffen: *„Da gibt's so eine Liste, wo dann die [Mitarbeiterin] fragt: „Wer will sich anmelden?" für Schach-AG oder Computer-AG oder Fußball-AG oder Musik-AG oder Kunst-AG. Ja, das war's." (Junge, 4. Klasse)*

Die Möglichkeit, autonom die Entscheidung für ein Angebot zu treffen, scheint manchmal auch nicht gegeben zu sein. Ein Mädchen berichtet, dass sie ohne ihre Zustimmung in die Zirkus–AG aufgenommen worden sei, allerdings gefalle es ihr. Eine Begründung für diese Aufnahme nennt sie nicht. Da sie auch im weiteren Gespräch keinen grundsätzlichen Protest gegen diese Entscheidung äußert, ist zu vermuten, dass ihr diese Handlungsweise im offenen Ganztag bekannt ist und die Mitarbeiter(innen) für sie die richtige Wahl getroffen haben: *„Ich war da, äh, -- die haben mich so auf den Liste gesetzt." (Mädchen, 3. Klasse)*

Bezogen auf die Anmeldemodalitäten und den Verpflichtungsgrad für die Teilnahme an den Angeboten nennen die Kinder unterschiedliche Vorgehensweisen. In der Regel melden sich die Kinder für die Angebote an, die sie sich ausgesucht haben. Meist verpflichten sie sich für einen gewissen Zeitraum zur regelmäßigen Teilnahme. Jedoch berichten die Kinder auch von Ausnahmen bezüglich dieser Regelung. Möchten sie länger als ein halbes Jahr an dem Angebot teilnehmen, so müssen sie dies manchmal erneut bestätigen. Gleichzeitig beschreiben sie offene Angebote, zu denen sie sich nicht anmelden müssen und die sie spontan besuchen können: *„Zum Lesen muss man auch nicht hingehen, da kann man nur freiwillig hingehen, [...] Entspannung, da muss man hingehen, wenn man angemeldet ist. Werken, das ist freiwillig, dann Musik ist, glaub ich, nicht freiwillig."* (Mädchen, 4. Klasse)

Bezüglich der aktiven Mitgestaltung an den Angeboten gibt es Äußerungen, die darauf schließen lassen, dass die Kinder sehr selten an der Gestaltung der Angebote beteiligt werden: *„Ja, schon, -- aber die [Mitarbeiterin] sagt, was gemacht wird."* (Mädchen, 4. Klasse) Auf Fragen der Interviewerin nach einer inhaltlichen Beteiligung im Angebot wirken die Kinder verunsichert (*„manchmal"*, *„weiß ich nicht"*), antworten widersprüchlich oder die Frage wird mit Erstaunen zur Kenntnis genommen, da sie die Möglichkeit der Einflussnahme bisher überhaupt nicht in Betracht gezogen haben.

Hinsichtlich der Auswertung der Umgangs- und Verhaltensregeln in den Angeboten ist festzustellen, dass diese nach Aussagen der Kinder überwiegend von den Ganztagskräften eingeführt werden. Sie sind es auch, welche vorrangig, auf die Einhaltung der Regeln achten. Die Rückfragen der Interviewerinnen zur Mitgestaltung an den Umgangsregeln werden von den Kindern sehr einsilbig beantwortet oder sie weichen auf ein anderes Thema aus. Eine Einflussnahme auf das Regelwerk im Ganztag scheint für sie nicht vorstellbar zu sein. Bei der Gestaltung von Umgangsregeln in den Angeboten akzeptieren die Kinder die vorgegebenen Reglements: *„Also die [Mitarbeiterin] bestimmt die [Regeln]."* (Mädchen, 4. Klasse)

Bei älteren Kindern scheint die Wahl für ein Angebot nicht mehr unbedingt von der Teilnahme der Freunde abhängig zu sein. Das Interesse am Angebot selbst ist maßgeblicher für ihre Entscheidung als die Beteiligung ihrer Freunde. Dies belegen die Äußerungen hinsichtlich ihrer Interessen an den Angeboten. Die Wahl der Kinder ist u.a. davon bestimmt, wer das Angebot begleitet: *„Mir macht's Spaß und ich bin froh, so einen netten Trommellehrer zu haben."* (Junge, 3. Klasse) Die Dritt- und Viertklässlerinnen sehen auch die Chance, durch die Teilnahme an Angeboten neue Freunde zu gewinnen. Allerdings können sie sich nicht vorstellen, als einziges Mädchen an einem Angebot teilzunehmen, das ansonsten nur von Jungen besucht wird. Dies wäre ein Grund für Mädchen auf die Teilnahme am Angebot zu verzichten: *„[...] weil dann wird man auch andere Kinder kennen lernen. [...] weil man weiß ja auch nie, wer da ist. Es kann ja auch sein, dass man das einzige Mädchen ist."* (Mädchen, 3. Klasse) Für Jungen gilt dies in gleicher Weise.

Kritik äußern die Dritt- und Viertklässler(innen) an der zeitlichen Gestaltung der Angebote. Hier wünschen sie sich mehr zeitliche Flexibilität. Diese Bemerkungen der Kinder verdeutlichen, dass sie sich mit ihren gewähl-

ten Themen intensiv beschäftigen (wollen) und ihre Interessen weiter ausbauen möchten: *„Ja, beim Zirkus, ja da hatten wir früher freies Training."*
*(Junge, 4. Klasse) „Also ich find's -- so doof manchmal, wenn wir nicht so-
viel Zeit haben." (Mädchen, 3. Klasse)*

Bezogen auf die Beteiligungsmöglichkeiten zeigen die Kinder ihre Zufriedenheit über die Möglichkeiten der Auswahl der Angebote. Bei der Entscheidung über die Zusammenstellung der Angebotspalette scheinen sie nur
im geringen Maße einbezogen zu sein, ebenso wie bei der Mitgestaltung der
Angebote sowie bei den damit verbundenen Reglements. Dies belegen sowohl die spontanen Äußerungen als auch die Antworten der Schüler(innen)
auf konkrete Nachfragen der Interviewerinnen.

Zusammenfassung und Folgerungen

Betrachtet man insgesamt das Handlungsfeld „Bildungs- und Lernangebote", so vermitteln die Kinder – wie die anderen Akteure des offenen Ganztags – ein sehr positives Bild über dieses Ganztagselement. Diese affirmati-
ve Grundeinstellung der Schüler(innen) zu den Angeboten ist in Teilen
auch darauf zurückzuführen, dass über die für die Mehrzahl der Kinder gegebenen Wahlmöglichkeiten in diesem Bereich bereits eine erste Selektion
stattfindet. Dies bestätigen auch die Interviews, da den Kindern ermöglicht
wird, aus einer Angebotsliste nach den eigenen Interessen auszuwählen.
Diese Form der „Mitbestimmung mit den Füßen" ist den Kindern bewusst,
wenn sie davon Gebrauch machen. Die wenigen kritischen Anmerkungen
der Kinder lassen darauf schließen, dass sich die Mitarbeiter(innen) in den
Angeboten auf die Bedürfnisse und Interessen der Kinder einstellen. Die
Einflussnahme auf die inhaltliche Gestaltung der Angebote wird von den
Kindern nur selten erwähnt. Kinder bedauern, dass die Zeit für die Angebo-
te manchmal zu knapp ist. Das Verweilen in einer Tätigkeit bzw. das weitere Üben sind wichtige Voraussetzungen für zufriedenstellende Tätigkeiten.
Aus den Schilderungen der Schüler(innen) geht hervor, dass sie den Be-
reich der Angebote im Ganztag als nachhaltiges Lernfeld erleben. Hier kor-
respondieren die Ergebnisse aus den Interviews mit den Befunden aus einer
DJI-Studie zu den Freizeitinteressen der Kinder: „Kinder verfolgen in ihrer
Freizeit Projekte, die sowohl durch gegenwärtige Interessen wie auch Vor-
stellungen über ihre (berufliche) Zukunft bestimmt sind. Lernen findet im
Rahmen dieser Projekte, das heißt: nach dem jeweils aktuellen Bedarf statt.
Spaß und Leistung gehen dabei Hand in Hand." (Lipski 2004, S. 4)

Mit Blick auf das pädagogische Handeln scheint ein wichtiges Merkmal erfolgreicher Bildungs- und Lernangebote darin zu liegen, dass die Mitarbei-
ter(innen) individuell auf die Kinder eingehen und ihnen entsprechend ihrer
Möglichkeiten und Interessen gezielt Herausforderungen stellen. Hierzu
gehört auch – so lässt sich auf der Grundlage der Kinderdaten für dieses
Handlungsfeld ergänzen – die Erweiterung der Partizipationsmöglichkeiten
der Schüler(innen) – und zwar auf allen Ebenen: Von der Planung, über die

Auswahl- und Wechseloptionen bis hin zur inhaltlichen Gestaltung. Durch die Ausweitung der Teilhabemöglichkeiten kann dieses, von den Kindern äußerst positiv bewertete Handlungsfeld im Hinblick auf das Wohlbefinden und die Lernerfolge der Schüler(innen) weiter optimiert werden.

Hausaufgabenbetreuung

Die Hausaufgaben sind fester, wenn auch nicht unumstrittener Bestandteil von Schule. In der gegenwärtigen Diskussion um den Stellenwert der Hausaufgaben spricht man auch vermehrt von (individuellen) Lernzeiten anstatt von Hausaufgaben. Fokussiert man die derzeitigen Zielsetzungen, die die Grundschule mit den Hausaufgaben verknüpft, so kristallisieren sich vier zentrale Zielperspektiven heraus, die bei den Kindern gestärkt und unterstützt werden sollen: (1) Die selbstständige Bewältigung von Arbeitsaufträgen, (2) die Einübung und das Training der Arbeitshaltung, (3) die Vertiefung von Unterrichtsinhalten sowie (4) die Vorbereitung neuer Unterrichtsinhalte. „Hausaufgaben werden von der Schule als zusätzliche Lernmöglichkeit eingeplant; sie sollen Gelerntes üben und wiederholen oder zu neuem Lernstoff hinführen. Neben ihrer methodisch-didaktischen Funktion werden Hausaufgaben auch mit erzieherischen Funktionen versehen. Sie sollen die Entwicklung einer positiven Arbeitshaltung fördern und ein Übungsfeld für die Übernahme von Verantwortung und die Förderung selbständiger Arbeitshaltungen sein." (Rekow 1999, S. 270) Hierzu sollen die Hausaufgaben – laut Runderlass zu diesem Thema – in den Klassen 3 und 4 so zugeschnitten sein, dass sie innerhalb einer Arbeitszeit von 60 Minuten pro Tag bewältigt werden können (vgl. BASS 12-31 Nr. 3.3). In Ganztagsschulen beinhaltet das Ganztagskonzept, das von der Schulkonferenz beschlossen wird, auch Vorgaben dazu, wann die Hausaufgaben innerhalb des Tagesablaufs erledigt und wie Phasen selbständigen Lernens in der Schule und zu Hause gestaltet und bemessen werden (vgl. BASS 12-63 Nr. 2).

Auch aus Sicht der im Rahmen der wissenschaftlichen Begleitung befragten Ganztagsakteure haben die Hausaufgaben einen hohen Stellenwert. So positionieren die Schulleitungen die Hausaufgabenbetreuung unter den programmatischen Schwerpunkten der OGS – nach der Förderung sozialer Kompetenzen bei den Kindern – an die zweite Stelle der vorgelegten Rangliste. Den Fach- und Lehrkräften ist dieses Handlungsfeld sogar das wichtigste Gestaltungselement des Ganztags, von dem sie sich – jenseits handlungsfeldübergreifender Zielsetzungen, die das Wohlbefinden der Kinder, persönliche Zuwendung und selbständiges Arbeiten betreffen – vor allem die Vermittlung einer guten schulischen Arbeitshaltung und positiven Einstellung zu den Hausaufgaben versprechen. Und schließlich war es für knapp 80% der Eltern bei der Anmeldung zum Ganztag „sehr wichtig" und „wichtig", dass ihr Kind „bei den Hausaufgaben betreut und unterstützt" wird. Aus der Perspektive der Schulleitungen, Lehr- und Fachkräfte sowie der Eltern zählt das Handlungsfeld „Hausaufgaben" somit zum programmatischen Kern der offenen Ganztagsschule. Wie beschreiben und bewerten demgegenüber die Kinder dieses Gestaltungselement?

Lernerfahrungen in der Hausaufgabenbetreuung
In den Interviews eröffnet sich ebenso ein sehr vielschichtiges und heterogenes Bild hinsichtlich der Lernsituation in der Hausaufgabenbetreuung. Die älteren Kinder äußern einerseits ihre Lernmotivation, indem sie darlegen, was sie tun, wenn sie schwierige Aufgaben lösen sollen. Eine prägnante Äußerung ist u.a.: *„[...] dann muss ich es weiter versuchen!"*(Junge 3. Klasse). Hier bleibt ein Kind bei der Sache und möchte etwas zu Ende führen, trotz der Hindernisse, die sich ihm stellen. Andererseits belegen ihre Schilderungen, dass sie sich mit der Erledigung der Hausaufgaben eher abfinden: *„[...] dann muss man sich halt dran gewöhnen, wenn es dann mehr ist, dann muss man halt, ähm, bisschen schneller machen oder man --- oder man hat dann halt weniger Zeit zum Spielen"*. (Mädchen, 3. Klasse). Bei diesem Kind scheint dann die Motivation entsprechend geringer zu sein, da in der Aussage deutlich wird, dass es diese Aufgaben möglichst schnell beenden möchte, da ansonsten die Spielzeit verkürzt wird. Hausaufgaben gehören zum Alltag der offenen Ganztagsschule und sind „Pflichtaufgaben", denen man sich nicht entziehen kann.

Bei Betrachtung der Äußerungen zu den Hausaufgaben beschreiben die Kinder interessante sowie weniger interessante Hausaufgaben, wobei ihr inhaltliches Interesse von spezifischen Vorlieben und Neigungen gekennzeichnet ist. Ihre Einschätzung bezüglich der Hausaufgaben ist darüber hinaus davon geprägt, wie sehr sie hinsichtlich ihrer Leistungsfähigkeit gefordert werden. So beurteilen sie sowohl einfach zu lösende Aufgaben als auch für sie schwierige Aufgaben als uninteressant. Die als einfach eingeschätzten Arbeiten werden als eher nutzlos oder lästig betrachtet. Die schwierigen Aufgaben sind von geringerem Interesse, da diese mehr Mühen und Ausdauer bei der Bearbeitung erfordern oder bereits mit Misserfolgen verknüpft sind. Darüber hinaus werden zusätzliche Aufgaben auch als Sanktionsmittel eingesetzt, was wiederum weder die Motivation noch das Interesse an der Sache unterstützt: *„So das Schreiben, wenn man hier immer so lange sitzt, zu Hause, das nachholen muss oder ich mag Hausaufgaben nicht, die man jetzt aufbekommen hat, weil man in der Schule, was nicht fertig hat --- oder nachsitzen muss."* (Junge, 3. Klasse)

Demgegenüber berichten die Dritt- und Viertklässler(innen) auch über Themen, die sie gerne im Ganztag bearbeiten. Dies legt die Vermutung nahe, dass die Bearbeitung von Aufgaben für den Unterricht nicht grundsätzlich von ihnen abgelehnt wird. Wenn sie etwas selbst gestalten können und diese Tätigkeit nicht immer unmittelbar mit Schreiben in Verbindung gebracht wird, äußern sie deutlich ihr Interesse: *„Äh ja, meistens Lesen. Ja manchmal sind's spannende Geschichten, also meistens. Ich lese auch gerne und nachts auch."* (Junge, 3. Klasse)

Eine zentrale Zielsetzung der Kinder im Zusammenhang mit der Hausaufgabenbetreuung ist, ihre Hausaufgaben möglichst in dem vorgegebenen Zeitfenster fertig zu stellen: *„Also ich bin immer ganz vorsichtig mit dem, was ich nachmittags mache, weil ich manchmal auch nicht bei den Hausaufgaben fertig werde, aber sonst werde ich eigentlich fast immer fertig."* *(Junge, 3. Klasse)* Blickt man auf die Zielperspektiven, die die Fach- und Lehrkräfte mit der Hausaufgabenbetreuung verknüpfen, so kann man feststellen, dass die Kinder sehr wohl Verantwortung für die Erledigung der gestellten Aufgaben übernehmen, allerdings das inhaltliche Interesse an den Aufgaben und das Engagement, sich intensiver mit diesen auseinander zu setzen, für sie eher nachrangig ist.

Unterstützung der Kinder
Wird die Frage, in welcher Form und Qualität die Kinder bei der Hausaufgabenbetreuung begleitet werden, ins Blickfeld gerückt, dann sind die pädagogischen Kräfte zu 70% der Meinung, dass ihnen von allen Anforderungen im Ganztag die Unterstützung der Kinder bei den Hausaufgaben mit am besten gelingt. Als weitgehend umgesetzte Praktiken in der Hausaufgabenbetreuung beschreiben sie am häufigsten die Kontrolle der Hausaufgaben auf Vollständigkeit sowie die Etablierung verbindlicher Bearbeitungsregeln. Auch die Kinder beschreiben die Unterstützung durch die Hausaufgabenkräfte als positiv. So sind 96% der Schüler(innen) der Meinung, dass ihnen die Betreuerin hilft, wenn sie etwas nicht verstehen. Auch den Kontrollaspekt nehmen sie stark wahr. Hier vertreten 92% der Kinder die Auffassung, dass die Hausaufgabenkraft aufpasst, dass sie ihre Hausaufgaben machen. Im Hinblick auf die Qualität der Hausaufgaben bestätigen 94% der Kinder, dass die Lehrkräfte meistens mit den Hausaufgaben zufrieden sind.

Die Unterstützung bei der Hausaufgabenbetreuung wird von den Kindern auch in den Interviews als hilfreich betrachtet. Die Hausaufgabenkräfte stehen ihnen als Ansprechpartner zur Verfügung und sie können sich mit ihren Fragen und Problemen an sie wenden. Die Kinder beschreiben in ihren Ausführungen allerdings auch die Belastung der Mitarbeiter(innen), allen Kindern gerecht zu werden und ihnen entsprechende Hilfen anzubieten: *„[...] also wenn jemand mal was nicht weiß, dann zeigt der auf und dann beeilt die [Mitarbeiterin] sich, damit die das auch hinkriegt, also bei jedem."* *(Junge, 4. Klasse)* Dieses Engagement wird von den Kindern positiv hervorgehoben, indem sie schildern, in welcher Form sie Hilfen von den Fachkräften erhalten (z.B. nennen diese verschiedene Beispiele für Aufgaben, geben kleine Tipps bezogen auf Arbeitstechniken oder vereinfachen Aufgaben): *„[...] wenn wir was nicht wissen, dann versucht die [Mitarbeiterin] auch möglichst schnell, das herauszufinden und uns zu helfen, wenn wir was nicht verstehen. [...] Dann gibt sie mir immer Tipps, wie ich das herausfinden kann."* *(Junge, 3. Klasse)*

Als zusätzliche Unterstützung gibt es bestimmte Rituale, die mit der Hausaufgabensituation verknüpft werden, um die Kinder auf diese Arbeitsphase vorzubereiten. Hier werden dann bestimmte Konzentrations- bzw. Ruheübungen angeboten, von denen die Schüler(innen) berichten. Einige Kinder nutzen diese Übungen auch dann, wenn sie keine Aufgaben erledigen müssen. Diese Übungen scheinen für sie dann zusätzlich eine Möglichkeit zu sein, nach einem Schulvormittag in einer gestalteten Atmosphäre Ruhe zu finden, um sich danach wieder anderen Tätigkeiten widmen zu können: *„Ich bin schon, also als ich mal keine Hausaufgaben hatte, bin ich trotzdem gegangen und habe die Übungen mitgemacht. Nur wegen der Übungen."* *(Junge, 3. Klasse)*

Allerdings dokumentieren die Kinderdaten im Spiegel der schriftlichen Befragung auch, dass Umfang und Zeitrahmen der Hausaufgaben in der Schule bei einem Teil der Kinder nicht miteinander in Einklang stehen. So gibt immerhin ein Drittel der Kinder an, die Hausaufgaben häufig zu Hause fertig machen zu müssen. Dies sind öfter Schüler(innen), die sich nach Angaben der Eltern im unteren Mittel des Leistungsfeldes bewegen oder Schwierigkeiten in der Schule haben. In diesen Ergebnissen spiegeln sich zugleich die von den Fach- und Lehrkräften skizzierten Kooperationsdefizite im Hinblick auf die Förderung einzelner Schüler(innen). Aus diesem Blickwinkel erscheint eine Binnendifferenzierung der Hausaufgabenbetreuung erforderlich, um insbesondere die leistungsschwächeren Kinder mit Blick auf den Unterricht gezielter zu fördern und unter zeitlichen Aspekten eine Überforderung zu vermeiden.

Subjektives Wohlbefinden der Kinder in der Hausaufgabenbetreuung
Damit Hausaufgaben die ihnen zugewiesenen Funktionen erfüllen können, sind ein angenehmes Arbeitsklima und eine motivierende Lernatmosphäre erforderlich, die dazu beitragen, dass sich die Kinder in der Hausaufgabensituation wohl fühlen. Wird im Hinblick auf das Wohlbefinden der Ganztagsschüler(innen) danach gefragt, ob die Kinder gern in die Hausaufgabenbetreuung gehen, äußert sich mit 47% fast die Hälfte von ihnen positiv. 34% geben ein neutrales Urteil ab und 19% der 627 Schüler(innen) verneinen diese Frage. Damit fällt der Zustimmungsgrad der Kinder zur Hausaufgabenbetreuung geringer als bei der Eingangsfrage zum allgemeinen Wohlbefinden in der OGS aus. Die Antworten der Kinder verdeutlichen allerdings auch, dass sie dieses Angebot nicht generell ablehnen, weil sie keine Hausaufgaben mögen. Werden die Daten bivariat aufgeschlüsselt, dann fällt das Votum pro Hausaufgabenbetreuung bei drei Kindergruppen sogar signifikant besser aus (vgl. Tab.4.12). Hierzu zählen

- Mädchen, von denen nur 13% angaben, nicht gerne in die Hausaufgabenbetreuung zu gehen. Unter den Jungen fiel dieser Anteil mit rund 26% wesentlich höher aus.[65]

- Kinder mit Migrationshintergrund, die mit einem Prozentwert von 55% weitaus öfter ein positives Urteil abgeben als ihre Mitschüler(innen) in der Vergleichsgruppe (mit 43%).

- Schüler(innen) aus Familien der niedrigsten Sozialschicht, deren Zustimmungsgrad mit einem Anteil von 57% höher ausfällt als bei den Kindern aus mittleren und höheren Schichten (mit 38% und 40%).

Der Hausaufgabenbetreuung stehen also vor allem diejenigen Kinder aufgeschlossener gegenüber, deren Eltern ein stärker ausgeprägtes Förderverständnis des Ganztags haben. Mögliche Gründe hierfür sind eingeschränkte Bildungsressourcen in den Haushalten oder Strukturen der häuslichen Lernumgebung in größeren Familien, da diese selbst nicht die Unterstützung im gewünschten Umfang leisten können. Für eine systematische Qualitätsentwicklung im Handlungsfeld „Hausaufgaben" signalisieren diese Ergebnisse Erfolg versprechende Ansatzpunkte in Richtung individueller Lernbegleitung. Allerdings müssen bei der Weiterentwicklung der Hausaufgabenbetreuung verstärkt die Interessen und Bedürfnisse der Jungen berücksichtigt werden, die diesem Handlungsbereich ablehnender gegenüber stehen.

Tab. 4.12: Das Handlungsfeld „Hausaufgaben" aus Sicht der Kinder (Zeilen-%)

	Nein	Ja	Anz.
Machst du deine Hausaufgaben gern mit anderen Kindern zusammen?	29,0	71,0	604
Wirst du bei den Hausaufgaben oft durch andere Kinder gestört?	28,3	71,7	604
Passt die Betreuerin auf, dass du deine Hausaufgaben machst?	8,5	91,5	590
Hilft Dir die Betreuerin, wenn du bei den Hausaufgaben etwas nicht verstehst?	3,8	96,2	625
Sind deine Lehrerinnen und Lehrer meistens mit den Hausaufgaben zufrieden?	5,9	94,1	581
Musst du häufig noch Aufgaben zu Hause fertig machen?	67,0	33,0	591

Quelle: Wissenschaftlicher Kooperationsverbund – standardisierte Kinderbefragung

Verbesserungsbedarf zeigt sich darüber hinaus bei drei weiteren Zusammenhängen. (1) Je jünger die Kinder sind, desto unwohler fühlen sie sich in der Hausaufgabenbetreuung. Während der Anteil der Kinder, die mit der

---

65 Bei der Detailauswertung zeigt sich, dass die Jungen vor allem in ihrem Negativurteil wesentlich entschiedener sind als die Mädchen. Bei diesen ist dafür der Anteil derjenigen mit neutraler Haltung (39%) größer als bei den Jungen (28%). Beide Gruppen geben hingegen fast gleich häufig an, dass sie gerne in die Hausaufgabenbetreuung gehen (mit 47,7% bei den Mädchen und 46,1% bei den Jungen).

Hausaufgabenbetreuung zufrieden sind und gerne dort hingehen, unter den Zehnjährigen und älteren 57% beträgt, sind es bei den Neunjährigen lediglich 47% und bei den Achtjährigen und jüngeren sogar nur noch 40%. (2) Gleichzeitig sinkt jedoch mit wachsender Ganztagserfahrung die Akzeptanz der Hausaufgabenbetreuung. Während von den Kindern, die weniger als ein Jahr den Ganztag besuchen, fast 56% ein positives Urteil abgeben, sind es bei denjenigen, die bereits zwei oder mehr Jahre dort sind, nur noch 41%.

Zusammenarbeit und Störungen
Weitere Anhaltspunkte für eine Qualifizierung der Hausaufgabenbetreuung ergeben sich auch daraus, dass 71% der Kinder ihre Hausaufgaben gerne mit anderen Kindern zusammen machen (vgl. Tab. 4.12). Hieraus lässt sich schlussfolgern, dass ein Organisationsmodell der Hausaufgabenbetreuung, das auf einem kooperativen Ansatz beruht, bei den Kindern auf gute Voraussetzungen stoßen würde. Obwohl die Zusammenarbeit der Kinder untereinander nicht ausdrücklich gefördert und teilweise durch ein Sprechverbot sogar unterbunden wird, berichten die Kinder in den Interviews trotzdem vielfach von Situationen und Gelegenheiten, in denen sie sich gegenseitig helfen und unterstützen. Die gegenseitige Hilfe scheint für sie selbstverständlich zu sein, auch wenn diese nicht erwünscht bzw. nicht erlaubt ist: *„Ja, aber man darf das eigentlich nicht [gegenseitige Hilfe]." (Junge, 3. Klasse) „Weil die [Mitarbeiterin] auch nicht dabei war, da haben wir uns geholfen, weil mein Freund wusste eine Aufgabe nicht, und ich wusste die, da hab ich die ihm gesagt." (Junge, 3. Klasse)* Diese Initiativen gehen von den Schüler(inne)n aus. In den Ausführungen der Dritt- und Viertklässler(innen), wie sie mit ihren Mitschüler(inne)n zusammenarbeiten, fällt weiterhin auf, dass sie sehr nachdrücklich ihre Initiativen zur Zusammenarbeit verteidigen und damit sehr deutlich ihr Interesse an Teamarbeit zeigen. Die gezielte Anleitung der Kinder zu Kooperation als Unterstützungsmoment (gegenseitiges Erklären von Sachverhalten, Suche nach neuen Lösungswegen, etc.) scheint in der Regel nicht konzeptionell verankert zu sein.

Um die Lernumgebung während der Hausaufgabenzeit entsprechend zu gestalten, werden bestimmte Regeln von den Mitarbeiter(inne)n aufgestellt, die zu einer verstärkten Aufmerksamkeit während dieser Arbeitsphase der Kinder führen soll. Diese Regeln werden von den Dritt- und Viertklässler(inne)n spontan aufgezählt:*„[...] leise sein, [...], zügig arbeiten, [...] nicht ablenken lassen, [...] keine Scherze." (Mädchen, 3. Klasse)* Zum Teil scheint es allerdings auch Regelungen zu geben, die den Kindern untersagen, während der Arbeitsphase miteinander zu sprechen: *„Wir sollen am besten überhaupt nicht reden. Wenn wir nicht weiterkommen, sollen wir uns -- sollen wir der [Mitarbeiterin] das sagen." (Junge, 3. Klasse)* Bei den Äußerungen der Kinder wird eine grundsätzliche Akzeptanz der Regeln deutlich. Allerdings berichten die Kinder im Zusammenhang mit den Hausaufgaben immer wieder von Regelverletzungen und dementsprechenden Sanktionen der pädagogischen Kräfte. So werden die Kinder aufgefordert, den Hausaufgabenraum zu verlassen und die Aufgaben zu Hause zu erledigen oder die Kinder erhalten eine so genannte Auszeit und sitzen vor dem Raum. Die Hausaufgabensituation scheint ein Feld zu sein, indem es häufig zu Störungen kommt. Hierzu verdeutlicht die schriftliche Kinderbefragung, dass sich immerhin rund 72% der Schüler(innen) bei den Hausaufgaben häufig durch andere Kinder gestört fühlen (vgl. Tab. 4.12). Dies wird auch durch die Aussagen der Kinder in Interviews bestätigt, da die Kinder sich durch die Lautstärke in ihrer Konzentration beeinträchtigt fühlen. Weiterhin berichten Mädchen und Jungen, dass sie oft warten müssen, bis sie ihre Fragen vortragen können. Hier korrespondieren die Aussagen der Kinder mit ihren Erläuterungen, dass die pädagogischen Kräfte vielen Kindern helfen müssen. Über das Verhalten der anderen Kinder beklagen sich in der schriftlichen Befragung öfter Schüler(innen) aus Familien der unteren Sozialschicht sowie Kinder an Schulen mit kürzerem OGS-Betrieb. Bei beiden Gruppen gibt es deutliche Unterschiede auf der Schulebene, denen allerdings noch weiter nachgegangen werden muss.

Zusammenfassung und Folgerungen
Die Suche nach neuen Wegen in Richtung zeitgemäßer Hausaufgabenkonzepte hat innerhalb der Ganztagsschuldebatte einen neuerlichen Aufschwung erlebt. „Hausaufgaben, die Sinn machen", so Rademacker, „müssen sich – auch wenn der Zweck der Förderung schulischen Lernens erhalten bleibt – aus dem Zusammenhang eines Gesamtkonzepts von Bildung, Erziehung und Betreuung legitimieren" (Rademacker 2005, S. 32). Aus Sicht der Kinder ist das Handlungsfeld „Hausaufgabenbetreuung" grundsätzlich durch ihr Interesse und Engagement geprägt. Jedoch scheint das Wohlbefinden während der Hausaufgabenzeit häufig beeinträchtigt zu sein und es herrscht eine angespannte Atmosphäre, da von Seiten der Mitarbeiter(innen) und der Kinder immer wieder Störungen vermindert und Streitigkeiten geschlichtet werden müssen. Folgende Faktoren behindern eine konstruktive Lernsituation während der Hausaufgabenbetreuung: (1) Es kommt häufig zu Störungen (Lautstärke) und die Kinder halten die Arbeitsatmosphäre für verbesserungswürdig. (2) Die Motivation zur inhaltlichen Auseinandersetzung mit den Themen ist gering ausgeprägt, dafür wird das Engagement, mit den zeitlichen Vorgaben zu Recht zu kommen, entsprechend stärker hervorgehoben. (3) Insgesamt bindet die Bearbeitung der Aufgaben auf Seiten der Kinder erhebliche zeitliche Ressourcen, die insbesondere bei den Leistungsschwächeren über die Schule hinausgehen. Um bei dieser Gruppe die Lernfreude nicht zu beeinträchtigen und ihr Lernpotential zu entfalten, ist eine stärkere Individualisierung der Hausaufgabenbetreuung einzufordern. (4) Die Formulierung spezifischer Interessen im Zusammenhang mit den Hausaufgaben wird von den Kindern eher beiläufig erwähnt oder diese ergeben sich als Antworten auf direkte Fragen der Interviewerinnen. Ob ihre Lernfreude auf Dauer erhalten bzw. weiter angeregt wird, ist zu bezweifeln. (5) Das ausgeprägte Kooperationsbedürfnis der

Dritt- und Viertklässler(innen) wird nicht zum Anlass genommen, Kinder zur Teamarbeit weiter anzuleiten und das gemeinsame Lernen in altersgemischten bzw. heterogenen Lerngruppen zu fördern. (6) Die Unterstützung durch die Mitarbeiter(innen) wird von den Kindern positiv herausgestellt. Da die Möglichkeiten zur persönlichen Unterstützung durch das pädagogisch tätige Personal begrenzt sind, ist eine Vielzahl von Regeln notwendig, um diese Hilfen zu koordinieren.

Wird demgegenüber die zukunftsorientierte Gestaltung dieses Handlungsbereichs in den Vordergrund gerückt, dann wäre eine Gruppensituation zu schaffen, deren organisatorische und soziale Rahmenbedingungen kooperationsfreundlich gestaltet sind, den Kindern mehr Flexibilität ermöglicht und ihnen zugleich konzentriertes Arbeiten erlaubt. Ein innovatives Hausaufgabenkonzept sollte demnach Formen gemeinsamen Lernens beinhalten, die Vorlieben und Stärken der Kinder erfragen und bei der Gestaltung der Arbeitszeit berücksichtigen. Hierbei scheint über die derzeitige Beaufsichtigungs- und Kontrollpraxis hinaus eine Entwicklung in Richtung selbst verantworteter Lernzeiten der Kinder nahe zu liegen. Dies impliziert eine systematische Rückkopplung zu den kindlichen Lernerfahrungen und die intensive Begleitung der Lernzeiten. Hierzu bildet die enge Zusammenarbeit zwischen den Lehrkräften im Unterricht und den Mitarbeiter(inne)n im offenen Ganztag eine unabdingbare Voraussetzung.

Mittagessen
Das Handlungsfeld „Mittagessen" hat unter den verschiedenen Ganztagselementen eine eigenständige Funktion. Es umfasst zum einen die Betreuung und Versorgung der Kinder. In diesem Kontext lässt sich die aktuelle ernährungswissenschaftliche Debatte zum Gesundheitszustand und zur Gesundheitsförderung der Kinder in der Grundschule einordnen. Neben präventiven Aspekten schulischer Gesundheitserziehung und der Notwendigkeit einer verstärkten Einbeziehung der Eltern in diesen Bereich werden im Rahmen der Auseinandersetzung zur Zeit in Nordrhein-Westfalen auch sozial- und bildungspolitisch motivierte Befürchtungen zur kostenbedingten Abmeldung der Kinder vom Mittagessen durch einkommensschwächere Eltern vom Mittagessen im Ganztag formuliert.[66] Zum anderen können wesentliche Aspekte der Mittagssituation mit Begriffen wie Sorge, Unterstützung, Zuwendung, Beziehungsarbeit oder Hilfe umschrieben werden, die auf ein Verständnis dieses Angebotselements als sozialpädagogisches Gestaltungsmittel hindeuten. Eine derartige Sichtweise wird in den Statements der pädagogischen Kräfte ansatzweise deutlich, die mit diesem Angebotsbereich das Ziel verbinden, eine kommunikative und familiennahe Situation

---

66 Vgl. zum Gesundheitszustand den Kinder- und Jugendsurvey KIGGS des Robert-Koch-Instituts (www.kiggs.de), zur Einbeziehung der Eltern in die schulische Ernährungserziehung im Rahmen der Elternbildung (Molderings/Eissing (2006) sowie zur Essensproblematik in der OGS (Die Antwort der Landesregierung 2007).

herzustellen, in der sich die Kinder wohl fühlen und die Betreuungskräfte als Ansprechpartner/-innen verstehen. Die Förderung sozialer Lernprozesse bei den Kindern und ihre Einführung in Tischsitten, Ordnungs- und Umgangsregeln bilden dabei wichtige Teilziele (vgl. Kap. 2). Die Mittagszeit bildet für Kinder zugleich Ort und Gelegenheit, andere Kinder zu treffen und Kontakte herzustellen.

Rahmenbedingungen des Mittagessens
In den Schulen stellt das Mittagessen einen festen Bestandteil der Angebotspalette dar. Die Organisation des Mittagessens erfolgt nach Aussage der Schulleitungen in der Mehrheit der Schulen in mehreren Gruppen im Schichtbetrieb und findet außerhalb der Gruppenräume in eigens hierfür vorgesehenen Räumlichkeiten statt. In den meisten Schulen wird das Mittagessen tischfertig angeliefert und von den Familien mehrheitlich in Anspruch genommen. Dies spiegelt sich auch in den Antworten der Kinder, nach denen knapp 82% der befragten Schüler(innen) angeben, dass sie in der Schule etwas zu Essen bekommen. Weitere 14% bringen ihr Mittagessen in die Schule mit, um es dort zu verzehren. Eine mit 4% zwar kleine, unter ernährungsphysiologischen Aspekten jedoch nicht zu vernachlässigende Gruppe der Kinder stimmt darüber hinaus der Aussage „ich esse gar kein Mittagessen" zu.

Mit Blick auf die Passung des Ernährungsangebots mit den Bedürfnissen der Kinder dürfen rund 74% der Kinder alles essen, was es in der OGS zu Mittag gibt. Bei gut einem Viertel der Schüler(innen) ist dies aufgrund kultureller Normen, gesundheitlicher Einschränkungen oder aus anderen Gründen nicht der Fall. Von den Kindern, die darauf hinweisen, dass es manchmal Essen gibt, das für sie nicht erlaubt ist, geben 26% an, dass für sie ein Ersatzangebot bereitgestellt wird. Wesentlich größer ist mit 74% jedoch die Gruppe, die keine Alternative zum Regelangebot wahrnimmt. Die Zeitspanne, die den Kindern zur Einnahme der Mahlzeit zur Verfügung steht, ist für die meisten Schüler(innen) ausreichend. So geben insgesamt 83% der Kinder an, dass sie genug Zeit haben, um in Ruhe essen zu können.

Die Bewertung des Mittagessens
Auf Fragen der Interviewerinnen, was die Kinder besonders gerne im Ganztag essen, beschreiben sie ausführlich ihre Lieblingsspeisen und zählen sehr verschiedene Gerichte auf, die zu ihren Favoriten gehören. Gleichzeitig drücken sie ihre Freude *(„meine Leckerli-Fleischbällchen"*, Junge, 3. Klasse) aus, wenn es diese Speisen gibt. Die Mittagsmahlzeit ist für sie nicht nur reine Nahrungsaufnahme, sondern sie genießen ihre Mahlzeit insbesondere dann, wenn sie etwas gerne mögen. Dies trägt dann unmittelbar zu ihrem Wohlbefinden bei. In der standardisierten Erhebung wurden die Kinder in diesem Zusammenhang danach gefragt, wie sie ihr Mittagessen finden. Rund 39% der Kinder bewerten das Mittagessen als „meistens gut". Gut 48% – und damit die größte Gruppe unter den Ganztagsschüler(inne)n –

bezeichnet es als „manchmal gut, manchmal schlecht". Für 13% ist es demgegenüber „meistens schlecht". In diesen Antworten spiegelt sich bei einer nicht unerheblichen Anzahl der befragten Kinder deutliche Kritik. Allerdings schneidet das Mittagessen bei Kindern mit Migrationshintergrund bei einem Zustimmungsgrad von 46% signifikant besser ab als bei den übrigen Schüler(inne)n, von denen rund 34% eine positive Bewertung abgeben (vgl. Tab. 4.13). Darüber hinaus zeigen sich bei der Ausdifferenzierung der Daten der schriftlichen Befragung zwei weitere zentrale Ergebnisse: (1) Je jünger die Kinder sind, desto besser bewerten sie das Mittagessen. Während 41% der Schüler(innen) im Alter von 8 und weniger Jahren dieses meistens gut finden, sind es bei den Zehnjährigen und älteren nur noch 37%. (2) Je länger die Kinder in der OGS sind, umso größer wird die Zahl der derjenigen Schüler(innen), die das Mittagessen kritischer bewerten. Inwieweit sich hinter dieser Haltung der älteren und ganztagserprobteren Kinder der Wunsch nach mehr Abwechselung bei den Mahlzeiten verbirgt, ist den Daten nicht zu entnehmen.

Tab. 4.13: Die Bewertung des Mittagessens nach Alter und OGS-Erfahrung der Kinder (Spalten-%)

Wie findest du dein Mittagessen?	Migrations- hintergrund		Alter in Jahren			OGS-Erfahrung in Jahren		
	Nein	Ja	≤ 8	9	≥ 10	< 1	1–<2	≥2
meistens gut	34,3	45,5	41,4	36,3	35,6	44,1	44,4	33,1
manchmal gut, manchmal schlecht	51,9	42,5	44,8	53,4	46,7	48,4	44,4	50,9
meistens schlecht	13,8	12,0	13,8	10,4	17,8	7,5	11,1	16,0
Anzahl	391	233	232	251	135	93	180	332

Quelle: Wissenschaftlicher Kooperationsverbund – standardisierte Kinderbefragung

Wird allerdings im Vergleich zur Mittagssituation im engeren Sinne die Mittagspause in den Fokus gestellt, dann zeigt sich, dass diese von den Kindern etwas positiver eingeschätzt wird. So geben 58% der Kinder, die sich zur Frage, wie sie die Mittagspause insgesamt erleben, ein positives, weitere 34% ein neutrales und 8% ein negatives Urteil ab. Wie schon beim Mittagessen sind es vor allem Schüler(innen) mit Migrationshintergrund und jüngere Kinder, die eine bessere Bewertung abgeben.[67]

---

67 Von den 229 Kindern mit Migrationshintergrund bewerteten 61,6% die Mittagspause positiv, 32,8% neutral und 5,7% negativ. Unter den übrigen Kindern betragen die Anteile derjenigen mit hohem und mittlerem Zustimmungsgrad 56,3% und 34,4%. 9,3% äußerten sich ablehnend. Wird das Alter der Kinder berücksichtigt, dann schätzen 60,7% der befragten Achtjährigen und jüngeren die Mittagspause positiv ein. Unter den Neunjährigen sowie den Zehnjährigen und älteren betragen die entsprechenden Werte 57,3% und 55,3%. Besonders kritisch äußern sich in den drei Altersgruppen 7% der Jüngsten, 7,7% der Neunjährigen und 10,6% der Ältesten.

Mitgestaltung der Kinder im Rahmen des Mittagessens
Allerdings verweisen die Antworten der Kinder auf einen anderen Zusammenhang, auf den die relativ zurückhaltende Bewertung des Mittagessens möglicherweise zurückzuführen ist. So gibt nur ein Drittel der Kinder an, dass sie manchmal danach gefragt werden, was sie zu Mittag essen möchten. Bei zwei Dritteln ist dies nicht der Fall. Allerdings geben Kinder, die vor dem Unterricht in der OGS sind, öfter an, nach Essenswünschen gefragt zu werden: In dieser Gruppe, die eher Gelegenheit zu informellen Gesprächen mit dem Personal hat, bejahen immerhin mehr als 40% diese Frage. Zusammengenommen bestehen somit – wie schon bei den Bildungs- und Lernangeboten – auch in diesem Bereich deutliche Beteiligungsdefizite der Kinder – insbesondere, wenn Möglichkeiten jenseits informeller Kontakte betrachtet werden.

Richtet man den Blick auf weitere Möglichkeiten der Einflussnahme der Kinder, so wird auf besondere Essensgewohnheiten von Seiten der Einrichtung in der Regel Rücksicht genommen und sie können auch spontan ihre Wunschmahlzeiten an die Mitarbeiter(innen) weitergeben: *„Ich hab' mir zu Beispiel einmal Lasagne gewünscht und da hat die [Mitarbeiterin] das auch wirklich gemacht."* *(Junge, 3. Klasse)* Allerdings kommt es auch vor, dass bestimmte Speisen versehentlich vergessen werden und Kinder dann etwas Anderes essen müssen. Dies führt zu Unmutsäußerungen der Kinder, zumal wenn dies häufiger vorkommt: *„Und -- ich hab' das vegetarische Essen bestellt und manchmal vergessen die das --- dann muss ich einfach das nehmen so und das find ich beschi... ."* *(Junge, 3. Klasse)* Grundsätzlich sehen die Kinder jedoch nur wenige Mitsprachemöglichkeiten auf die Zusammenstellung des Speiseplans und ihre Aussagen lassen auf keine regelmäßigen Abfragen zu den Essenswünschen schließen. Allerdings wenden sich die Kinder aus eigener Initiative an die Mitarbeiter(innen) und benennen ihre Vorlieben. Über diese Strategie nehmen sie – zum Teil mit Erfolg – Einfluss auf den Speiseplan. Aussagen der Kinder über die gemeinsame Zubereitung von Mahlzeiten finden sich äußerst selten (z.B. Pfannkuchen backen in den Ferien).

Bei den Aussagen der Kinder über die Aufgabenverteilung während des Mittagessens fällt auf, dass die Kinder hier nur vereinzelt Aufgaben übernehmen (müssen). Für die Kinder scheint es üblich zu sein, dass die hauswirtschaftlichen Aufgaben von den Mitarbeiter(inne)n im Ganztag übernommen werden. Sie werden nur sporadisch und punktuell zur Übernahme von Aufgaben herangezogen. Werden Aufgaben vergeben, so bemerken die Kinder, dass diese Verteilung von den Ganztagskräften bestimmt wird. Es gibt nur vereinzelt Hinweise, die für die Kinder transparent sind, welche Aufgaben von wem regelmäßig übernommen werden sollen. Meist werden die Aufgaben von den Mitarbeiter(inne)n spontan verteilt: *„Ah, das ist -- wer mit uns essen geht, der sagt immer, ja du machst Tischdienst und du und du."* *(Mädchen, 3. Klasse)* Möchte man kooperatives Handeln der Kinder fördern und stützen, so ist die Übernahme von Aufgaben ein Baustein, damit Kinder für ihre Belange wie die Gestaltung und Vorbereitung des Mittagessens Verantwortung übernehmen (vgl. Strätz 2003, S. 95f.). Eine gezielte Einbindung der Kinder in diese Tätigkeiten wäre sinnvoll. Gleichzeitig wären die Aufgaben gemeinsam mit den Kindern zu verabreden, um Verbindlichkeit und Transparenz herzustellen.

Die Mittagspause als Kommunikationsraum
Werden die kommunikativen Funktionen des Mittagessens im Spiegel der schriftlichen Befragung ins Blickfeld gerückt, dann bewerten die Kinder das gemeinsame Essen mit anderen Schülerinnen und Schülern äußerst positiv (vgl. Tab. 4.14). Hier antworten rund 88% der Befragten, dass sie gern mit anderen Kindern zusammen Mittag essen. Während des Mittagessens unterhalten sich – wie 71% der Kinder feststellen – die Betreuungskräfte häufig mit ihnen. Rund 29% der Schüler(innen) sind allerdings nicht dieser Meinung.

Tab. 4.14: Das Handlungsfeld „Mittagessen" in der OGS aus Sicht der Kinder (Zeilen-%)

Item	Ja	Nein	Anz.
Hast du genug Zeit, um in Ruhe Mittag zu essen?	82,7	17,3	578
Wenn du aufgegessen hast, darfst du dann aufstehen und gehen?	35,9	64,1	616
Werdet ihr Kinder manchmal gefragt, was ihr zu Mittag essen möchtet?	35,3	64,7	589
Isst du gern mit d. anderen Kindern zusammen Mittag?	87,7	12,3	575
Wirst du beim Essen häufig durch andere Kinder gestört?	47,1	52,9	594
Ist es dir beim Mittagessen häufig zu laut?	52,9	47,1	567
Unterhalten sich die Betreuerinnen beim Mittagessen häufig mit euch Kindern?	70,8	29,2	593
Schimpfen die Betreuerinnen beim Mittagessen häufig mit euch Kindern?	51,4	48,6	566

Quelle: Wissenschaftlicher Kooperationsverbund – standardisierte Kinderbefragung

Ein zentraler Faktor für das Wohlbefinden der Kinder während der Mittagszeit ist, wenn sie mit ihren Freunden zusammensitzen können. Der Austausch mit Freunden ist ihnen sehr wichtig. Sie möchten möglichst gemeinsam mit ihren Vertrauten diese Mittagspause gestalten und es gibt Tischgruppen, die sich regelmäßig mittags verabreden. Das Mittagessen ist damit auch ein zentraler Ort, an dem die Kinder ihre Freundschaftsbeziehungen pflegen können:[68] *„Wir sitzen oft zusammen, weil wir Freundinnen sind." (Mädchen, 3. Klasse)* Darüber hinaus kann das gemeinsame Mittagessen

---

68 Ihr Bedürfnis ist es, ihren Freunden und anderen Spielkameraden auch körperlich nah zu sein. In dieser Altersphase sind die Kontakte der Schulkinder auch besonders stark durch körperliche Nähe geprägt (vgl. Duncker u.a. 2004, S. 139f.).

auch ein Ort werden, um weitere Kontakte mit anderen Kindern zu knüpfen und diese dadurch besser kennen zu lernen. Auch diesen Aspekt benennen die Kinder in den Interviews. Das Mittagessen ist für sie nicht nur ein zentraler kommunikativer Treffpunkt, sondern auch ein Forum, an dem Kinder Gemeinschaft erleben möchten. Die gemeinsamen Tischgespräche sind ihnen äußerst wichtig: *„Ja, das Essen ist auch lecker. -- Äh -- Und dann sitzt man mal zusammen -- einfach". (Junge, 3. Klasse)* Dieses Bedürfnis unterstreichen sie auch mit dem Wunsch, gemeinsam mit dem Essen zu beginnen. Es gibt allerdings auch Situationen, in denen die Schüler(innen) darlegen, warum das Zusammensein mit ihren Freunden beim Mittagstisch nicht möglich ist, weil ihre Freunde andere Unterrichtszeiten haben, sie früher oder später ihre Mittagsmahlzeit einnehmen oder sie im Essensraum keinen Platz mehr finden: *„Weil da manchmal einfach kein Platz ist [sie kann nicht mit ihren Freundinnen zusammen essen]." (Mädchen, 3. Klasse)* Für sie ist diese Situation nicht optimal, aber sie arrangieren sich dann mit den Gegebenheiten.

Neben diesen weitgehend als positiv wahrgenommenen Aspekten beschreiben die Schüler(innen) zugleich eine Reihe von Störerlebnissen, die sich zum einen auf die Lautstärke während des Essens und zum anderen auf das Verhalten anderer Kinder beziehen. (1) So ist es 53% der Kinder im Vergleich zu den übrigen Schüler(inne)n häufig zu laut. Hierbei haben die Jungen eine größere Toleranzschwelle als die Mädchen: Von ihnen fühlen sich kapp 64% durch die Lautstärke belästigt, für 33% stellt dies kein Problem dar. Unter den Mädchen sind es immerhin 78%, die über die Lautstärke klagen, 22% sind hierdurch nicht beeinträchtigt. (2) 47% der Kinder fühlen sich darüber hinaus öfter durch andere Kinder beim Mittagessen gestört.

Auf diese von den Kindern beschriebenen Bedingungen in der Mittagspause ist vermutlich auch zurückzuführen, dass rund 51% der Schüler(innen) angeben, dass die Betreuer(innen) beim Mittagessen häufig mit ihnen schimpfen. Etwas weniger als die Hälfte der Kinder sind nicht dieser Meinung. Nahezu erwartungsgemäß sind es mit einem Anteil von 59% öfter die Jungen, die diesen Aspekt kritisieren. Unter den Mädchen sind 45% der Auffassung, dass die Betreuungskräfte häufig mit ihnen schimpfen. Im Hinblick auf weitere Regeln beim Mittagessen darf gut ein Drittel der Kinder nach Beendigung der Mahlzeit aufstehen und gehen. Knapp zwei Drittel müssen, nach dem sie aufgegessen haben, noch sitzen bleiben und warten. In einem großen Teil der Schulen wird somit darauf geachtet, dass beim Mittagessen basale traditionelle Umgangsregeln eingehalten werden. Diese scheinen in ländlicheren Gebieten noch eine größere Rolle zu spielen als Städten, zeigt sich doch, dass ein vorzeitiges Verlassen des Mittagessens hier seltener erlaubt ist als in größeren Kommunen. So verweisen nur rund 25% der Kinder in Kommunen unter 50.000 Einwohner(innen) darauf, dass sie unmittelbar nach dem Aufessen gehen dürfen. In Großstädten über 100.000 Einwohner sind es demgegenüber 38%.

Dass es sich beim Mittagessen insgesamt um einen stark regulierten Bereich handelt, wird im Spiegel der mündlichen Befragung ersichtlich. Auf die Frage der Interviewerinnen, welche Regeln und Absprachen es während der Mittagsmahlzeit gibt, nennen die Kinder eine Vielzahl von Reglements. Diese geben Anlass zur Vermutung, dass der Zeitraum des Mittagessens sehr störanfällig ist und die Mitarbeiter(innen) hier entsprechenden Regelungsbedarf sehen. Die Tisch- und Essensregeln sind den Kindern sehr präsent: *„[...] sich melden, [...] nicht mit dem Essen spielen, [...] nicht brüllen, [...] nicht durch den Raum rennen."* (Mädchen, 3. Klasse). Bei Tisch nicht reden zu dürfen, wird von den Dritt- und Viertklässler(inne)n als erhebliche Einschränkung empfunden. Ein Drittklässler stellt in diesem Zusammenhang mit Bedauern fest, dass bei Tisch die *„schönsten Dinge [reden] nicht erlaubt sind"*. Rituale wie Hände waschen oder die Absprache, das Essen probieren zu müssen, erscheinen den Kindern grundsätzlich nachvollziehbar. Sofern sie allerdings bestimmte Mengen probieren sollen, zeigen sie Unverständnis und würden sich lieber dem Mittagessen entziehen. Ebenso würden Kinder, die nicht essen möchten oder mit dem Essen fertig sind, gerne den Raum verlassen und anderen Aktivitäten nachgehen. Dies ist jedoch oft nicht erlaubt: *„Das Essen ist langweilig, weil ich das sowieso nicht mag."* (Mädchen, 3. Klasse) Das Thema „Regeln" scheint ein zentrales Moment im Zusammenhang mit dem Mittagessen zu sein. Dies wird auch dadurch gestützt, dass die Kinder auf die Frage, was passiert, wenn sie sich nicht an die Regeln halten, sehr präzise Angaben zu verschiedenen Sanktionen machen. Zu den Maßnahmen bei Regelverstößen gehören, dass die Ganztagsmitarbeiter(innen) die Kinder auf einen anderen Platz verweisen oder die Kinder alleine an einem Tisch Platz nehmen müssen. Diese Situationen führen auch häufig zu Auseinandersetzung mit den Mitarbeiter(innen). Um Kinder an die Regeln zu erinnern, hängen diese zum Teil auch in Einrichtungen für alle sichtbar aus. Eine Maßnahme auf Verstöße zu reagieren ist u.a., dass die Kinder dann diese Regeln abschreiben müssen: *„Wenn wir viel Quatsch machen, [...] dann müssen wir das [die Regeln] immer abschreiben."* (Mädchen, 3. Klasse)

Die Situation beim Mittagessen ist nach Schilderungen der älteren Kinder auch eine Zeit, in der es immer wieder zu Auseinandersetzungen zwischen einzelnen Kindern kommt. Sich körperlich nah sein, so wie am Tisch beim Mittagessen, kann auch Anreiz sein, die Grenzen der anderen zu überschreiten (vgl. Duncker 2004, S. 140f.). Mädchen beschreiben, dass sie ungern neben Jungen sitzen, da es immer wieder zu Streitigkeiten kommt. In ihren Beschreibungen scheint es sich um das Verhaltensmuster des Ärgerns zu handeln. Dieses Verhalten hat neben der emotionalen Dimension auch eine leibliche Seite, da es häufig zu Übergriffen kommt, die als grenzverletzend erlebt werden. Sofern die Mädchen neben ihren Freundinnen sitzen, ist diese Situation beim Mittagessen für sie angenehmer und entspannter[69]: *Also, wenn der neben oder gegenüber von mir sitzt, dann tritt der mich immer und [...] da fühl ich mich nicht so wohl. Aber wenn ich neben meinen Freundinnen sitze, -- dann fühl ich mich eigentlich sehr wohl." (Mädchen, 3. Klasse)*

Zusammenfassung und Folgerungen
Nach den Schilderungen der Kinder ist das Mittagessen für sie nicht nur eine Station zwischen dem Vormittag und ihren Aktivitäten am Nachmittag, sondern sie skizzieren detailliert, was ihnen wichtig ist. Man könnte das Mittagessen als zentralen Treffpunkt ihres Tages bezeichnen, da die Schüler(innen) nicht nur ihre Freunde treffen wollen, sondern auch die Kontakte mit anderen Kindern schätzen. Das gemeinsame Essen stärkt damit unmittelbar die soziale Gemeinschaft. Die Regeln sind den Kindern vertraut und werden von ihnen im Großen und Ganzen akzeptiert. Doch dort, wo diese als sehr einschränkend wahrgenommen werden, lehnen sie sich entweder dagegen auf oder versuchen sich zu entziehen. Die Möglichkeiten der Mitgestaltung (z.B. Erstellung des Speiseplans) sehen die Kinder nur, wenn sie persönlich ihre Wünsche an die Mitarbeiter(innen) weitergeben. Für die Übernahme von Aufgaben fühlen sie sich nur verantwortlich, wenn sie direkt dazu aufgefordert werden. Im Handlungsfeld „Mittagessen" sollte nach Ansatzpunkten gesucht werden, wie die Situation während der Mittagszeit für alle Beteiligten entspannter gestaltet werden könnte. Die gemeinsame Planung und die Mitwirkung der Kinder am Alltagsgeschehen wären wesentliche Schritte in diese Richtung. Weiterhin sollten die Lernchancen in diesem Handlungsfeld wie die Sensibilisierung für Ernährungsfragen und Erweiterung hauswirtschaftlicher Kenntnisse nicht ungenutzt bleiben (vgl. Simshäuser 2006).

Selbstbestimmte Aktivitäten
Für ein gelingendes Aufwachsen benötigen Kinder eine von der Erwachsenenwelt relativ unabhängige und unkontrollierte Kinderwelt, in der sie Freiräume für selbstbestimmte Aktivitäten haben, damit sie ihren Bedürfnissen und Interessen selbstbestimmt nachgehen, Beziehungen zu Gleichaltrigen knüpfen und eigene Regeln aufstellen können. Das Bedürfnis nach Erlebens- und Orientierungsräumen ohne unmittelbare Einflussnahme der Pädagog(inn)en ist nicht nur ein drängendes Bedürfnis der Dritt- und Viertklässler(innen), sondern zugleich auch ein Lebensbereich, der vielfältige Lernmöglichkeiten bereithalten kann. Solche Freiräume werden im Alltag der Kinder seltener und müssen im Spannungsfeld zwischen Institutionalisierung und Individualisierung vielfach eigens hergestellt werden (vgl. Fölling-Albers 2004). Dies gilt auch für die Institution „offene Ganztagsschule", deren Strukturen, Spielregeln und Zwängen sich die Kinder stark anpassen müssen.

---

69 Vgl. zum Thema „Interaktionen der Kinder untereinander" Kapitel 4.2.5.1.

In diesem Zusammenhang wurde in den Kinderbefragungen danach gefragt, wie viel freie Zeit, d.h. nicht durch strukturierte Angebote verplante Freiräume, die Schüler(innen) im Ganztag haben, die sie für selbstbestimmte Aktivitäten nutzen können. Unter dem Begriff „selbstbestimmte Aktivitäten" werden solche Aktivitäten gefasst, in denen die Kinder ihre Spielpartner (u.a. auch die pädagogisch tätigen Kräfte im Ganztag), Spielorte, Inhalte und die Dauer der Aktivitäten frei wählen können. Dazu gehören einerseits Aktivitäten des Rückzugs wie Entspannung und Ruhe oder der Wunsch alleine zu spielen. Anderseits geht es um das Bedürfnis nach (spontanen) Spielkontakten mit Kindern aus dem Ganztag. Selbstbestimmte Aktivitäten der Kinder sind daher geprägt von Phasen des Alleinseins sowie gruppenbezogener Aktivitäten (vgl. Furtner-Kallmünzer 2002, S. 215f.).

Umfang und Gestaltung der freien Zeit
Um die Freiräume der Kinder für selbstbestimmte Aktivitäten zu erfassen, wurden sie in der standardisierten Erhebung danach gefragt, ob sie insgesamt genügend freie Zeit im Ganztag haben, in der sie tun können, was sie möchten. Von den 624 Kindern, die diese Frage beantwortet haben, bewerten mit 47% knapp die Hälfte das Zeitbudget für selbstbestimmte Aktivitäten positiv. Weitere 36% äußern sich zum Umfang freier Zeit neutral und 17% verneinen dies explizit. Im Vergleich zur allgemeinen Frage zum subjektiven Wohlbefinden im Ganztag handelt es sich somit um eine Dimension, die bei den Kindern schlechter abschneidet. Um dieses Ergebnis weiter auszuloten, wurde im Anschluss hieran untersucht, wie die Schüler(innen) ihre freie Zeit ausschöpfen (vgl. Tab. 4.15).

Tab. 4.15: Gestaltung der freien Zeit (Mehrfachnennungen möglich; Zeilen-%; „Sonstiges" wurde rekodiert, n=641)

In meiner freien Zeit habe ich ...	Nein	Ja
- mich ausgeruht	87,7	12,3
- etwas mit Freunden gemacht	39,2	60,8
- etwas allein gemacht	83,9	16,1
- mich mit anderen Kindern gestritten	93,9	6,1
- mich gelangweilt	87,5	12,5
- etwas mit der Betreuerin gemacht	88,9	11,1
- mich ausgetobt	79,4	20,6
Ich hatte gestern keine freie Zeit	84,4	15,6

Quelle: Wissenschaftlicher Kooperationsverbund – standardisierte Kinderbefragung

Hierzu wurden die Kinder um Auskunft gebeten, was sie am Tag vor der Erhebung während dieser Zeit getan haben. Mit einem Anteil von 61% benennen sie am häufigsten gemeinsame Aktivitäten mit Freund(inn)en, wodurch der hohe Stellenwert der Gleichaltrigenbeziehung für die Kinder ersichtlich wird. Ein gutes Fünftel der Kinder nutzt die freie Zeit, um sich auszutoben. Jeweils gut 12% haben sich gelangweilt oder ausgeruht. 16% hatten am Vortag keine freie Zeit für selbstbestimmte Aktivitäten.

Um unterschiedliche Typen der Zeitgestaltung herauszuarbeiten, wurde auf der Grundlage der o.g. Items eine Clusteranalyse durchgeführt.[70] Als sinnvolle Lösung stellten sich sechs Cluster heraus, die jeweils unterschiedliche Mischungen der einzelnen Items zu dem Thema enthalten (vgl. Tab. 4.16). Mit Blick auf die Verteilung der verschiedenen Gruppen erzielt das Cluster „etwas mit Freunden unternommen" mit 41% den höchsten Anteil. Am zweithäufigsten ist mit 16% der Typus „etwas mit Freunden unternommen und getobt" vertreten. Mit Prozentwerten um die 12% haben die drei Cluster „etwas allein gemacht und mich gelangweilt", „keine freie Zeit gehabt" sowie „etwas mit der Betreuerin gemacht" in etwa vergleichbar große Anteile. Den geringsten Stellenwert hat die Gruppe „etwa mit Freunden gemacht, mich mit anderen Kindern gestritten".

Tab. 4.16: Anteile der Cluster zur Zeitgestaltung (Spalten-%)

Cluster „freie Zeit der Kinder"	Verteilung		Alter in Jahren (rekodiert)		
	Abs.	%	8 oder jünger	9	10 oder älter
alleine, Langeweile	81	12,6	13,5	13,5	10,2
mit Freunden	263	41,0	39,7	41,9	41,6
keine freie Zeit	78	12,2	11,4	9,6	19,0
mit Betreuerin	78	12,2	9,3	13,8	13,1
mit Freunden, getobt	103	16,1	16,9	17,3	11,7
mit Freunden, Streit	38	5,9	9,3	3,8	4,4
Anzahl	641	100,0	237	260	137

Quelle: Wissenschaftlicher Kooperationsverbund – standardisierte Kinderbefragung

Signifikante Unterschiede zwischen einzelnen Kindergruppen zeigen sich lediglich im Hinblick auf das Alter der Kinder. Bei vergleichbarer Gesamtverteilung der einzelnen Cluster veranschaulichen die Daten sowohl bei den Achtjährigen und jüngeren als auch bei den Neunjährigen, dass diese eher „etwas alleine gemacht oder sich gelangweilt" sowie „etwas mit Freunden gemacht und getobt" haben. Die Jüngsten verweisen darüber hinaus mit einem Anteil von 9% weniger oft als die anderen Schüler(innen) auf Aktivitäten mit den Betreuungskräften. „Keine freie Zeit" haben mit einem Anteil von 19% überdurchschnittlich häufig die Kinder im Alter von 10 Jahren und älter, für die die frei verfügbaren Passagen durch den dichteren Stundenplan begrenzt werden.

Bei der Auswertung der Interviews wurden sowohl Antworten der Kinder auf die Frage der Interviewerinnen: „Was machst du, wenn du an keinem

---

70 Da in den Aussagen der Kinder zum Teil mehrere Aktivitäten enthalten sind, wurden zur Frage der Zeitverwendung zunächst eine Hauptkomponentenanalyse und anschließend eine Clusteranalyse nach dem Ward-Verfahren durchgeführt.

Angebot teilnimmst?" als auch Beschreibungen der Kinder zu ihren Aktivitäten während des Nachmittags einbezogen. Die Kinder schildern ausführlich ihre Aktivitäten, wenn sie nicht an Angeboten teilnehmen oder in sonstige Tätigkeiten wie Mittagessen oder Hausaufgaben eingebunden sind. Hierzu wählen sie spontan ihre Aufenthaltsorte im Innen- und Außenbereich des offenen Ganztags. In den Darstellungen der Kinder wird sichtbar, dass sie diesen Freiraum nutzen und sehr bewusst gestalten. Sie beschreiben, was sie regelmäßig spielen, mit wem sie die Zeit verbringen oder welche Orte sie gerne aufsuchen. Bewegungsspiele und verschiedene Sportarten sind die bevorzugten Aktivitäten der Kinder, um ihren Bewegungsdrang auszuleben. Sofern es möglich ist, halten sie sich hierzu auch gerne im Außengelände auf. Bewegungsaktivitäten sind sowohl bei Jungen als auch bei Mädchen sehr beliebt: *„Da kann man schaukeln, da gibt es auch ein Kettcar, da kann man mit fahren, einen Roller und ein Fahrrad und man kann Trampolin springen und Seilchen und Stelzen laufen und Ball spielen, man kann ganz viele Sachen machen." (Mädchen, 3. Klasse)*

Fußball oder Basketball sowie Konstruktionsspiele werden besonders von Jungen favorisiert. Mädchen benennen vorrangig Stelzenlaufen, Seil springen sowie kreative Tätigkeiten. Spiele wie Tischtennis oder Tischfußball werden von älteren Mädchen und Jungen gleichermaßen als beliebte Freizeitbeschäftigungen hervorgehoben. Das besondere Interesse an diesen o.a. sportlichen Aktivitäten liegt u.a. darin, dass die Zuschauer hier eine wichtige Rolle spielen (vgl. Baacke 1999, S. 336f.) Diese Spielaktivitäten erhalten damit einen öffentlichem Status, wodurch der Wettbewerbscharakter entsprechend unterstrichen wird: *„Aber meistens kommen dann die Jungs und gucken uns zu und dann kann sich nur meine Freundin konzentrieren und dann schießt die tausend Tore." (Mädchen, 4. Klasse)* Es werden auch ruhige Spiele wie Malen und Scheiben von Jungen wie Mädchen erwähnt. Diese Tätigkeiten können Hinweise auf Formen des Rückzugs im Ganztag sein, da Kinder für diese Tätigkeiten nicht unbedingt Spielpartner benötigen. Es gibt auch Kinder, die sich sehr gezielt in ihrer freien Zeit zurückziehen möchten. Sie beschreiben, dass sie sich dann einen ruhigen Ort im Außengelände oder in den Räumen des Ganztags suchen, um alleine zu spielen oder um sich auszuruhen. Die frei verfügbare Zeit ist damit eine Phase innerhalb des Tages, die die Kinder für den Rückzug aus der Gruppensituation und für ihre persönliche Entspannung nutzen (wollen). Ebenso sind diese freien Spielphasen ein zentrales Feld für soziales Lernen, da gleichzeitig Formen der Selbstorganisation erprobt und eingeübt werden wie z.B. Absprache von Spielregeln, Erprobung spezifischer Spielvarianten, etc.: *„Das Fußballspielen hat mir sehr viel Spaß gemacht, [...] Äh ja, und ich habe fair gespielt und [...] alle haben fair gespielt und keiner hat gegrätscht. (Junge, 4. Klasse)*

In den Interviews erläutern die Kinder darüber hinaus prägnant, welche Aktivitäten sie in ihrer frei verfügbaren Zeit in ihren Mädchen- /bzw. Jungengruppen favorisieren. Dazu gehören insbesondere Rollenspiele sowie sportliche Aktivitäten wie Fußball. Ebenso lassen ihre Ausführungen erkennen, dass es sich um Spielaktivitäten handelt, zu denen sich die Mädchen und Jungen auch regelmäßig verabreden. Diese gemeinsamen Erlebnisse haben einen hohen Stellenwert, da die Mädchen und Jungen ihre spezifischen Interessen mit ihrem Bedürfnis nach sozialer Einbindung verknüpfen (vgl. Furtner-Kallmünzer 2002, S. 217f.): *„Also ich spiele dann auch immer mit Freundinnen im Garten Pferd oder wir gehen rein und holen uns da ein paar Spiele."* (Mädchen, 3. Klasse) *„Dienstags und freitags, da hab' ich mit meinem Freund, da hab' ich Spionagetag."* (Junge, 3. Klasse) Die gemeinsamen und regelmäßigen Aktivitäten mit Freunden stehen im Zentrum der frei verfügbaren Zeit und tragen unmittelbar zum Wohlbefinden im Ganztag bei.

Bewertung der selbstbestimmten Aktivitäten

Werden die Ergebnisse der schriftlichen Befragung zum Umfang der freien Zeit sowie dem Zufriedenheitsgrad der Kinder über die Verwendung dieses Freiraums miteinander verschränkt, dann zeigen sich folgende Zusammenhänge (vgl. Tab. 4.17): Mit Blick auf die einzelnen Aktivitäten während dieses Zeitraums sind die Kinder am häufigsten mit der Umfang ihrer freien Zeit zufrieden, wenn sie mit Freund(inn)en zusammen waren und getobt oder etwas gemeinsam mit der Betreuungskraft unternommen haben. In beiden Clustern wird von etwa 61% der Kinder der Umfang freier Zeit positiv bewertet. Am schlechtesten schnitten bei den Kindern die Typen „etwas alleine gemacht in Kombination mit Langeweile" und vor allem „keine freie Zeit gehabt" ab. Hier sind es lediglich 34% und 21% der Kinder, die hierzu ein positives Votum abgeben.

Ein vergleichbares Ergebnis ergibt sich, wenn die freie Zeit der Kinder mit dem Gesamtwohlbefinden im Ganztag in Verbindung gesetzt wird (vgl. Tab. 4.17). Auch bei dieser Frage wird der Ganztag von den Gruppen „etwas mit Freunden gemacht und getobt" sowie Aktivitäten „mit der Betreuerin" unternommen zu 79% bzw. 73% positiv bewertet. Haben die Kinder demgegenüber keine Zeit oder langweilen sich allein, fällt die Bewertung des Ganztags weitaus schlechter aus. Wie Kinder in der OGS mit der freien Zeit umgehen können, wirkt sich also deutlich darauf aus, wie sie den Ganztag erleben. Hierbei hängen freie Zeit und Anzahl besuchter AGs nicht miteinander zusammen, d.h. die Schlussfolgerung „keine freie Zeit – alles durch AGs verplant" ist nicht richtig. Die Kinder, die „keine freie Zeit" angeben, besuchen – mit Ausnahme des Clusters „alleine, Langeweile" – im Durchschnitt weniger AGs als all diejenigen Schüler(innen), die anderweitige Aktivitäten ausüben.

Tab. 4.17: Bewertung der freien Zeit nach Umfang und Wohlbefinden im Ganztag (Spalten-%)

Bewertung	Cluster „freie Zeit der Kinder"					
	alleine, Langeweile	mit Freunden	keine freie Zeit	mit Betreuerin	mit Freunden, getobt	mit Freunden, Streit
	Hast du insgesamt genügend freie Zeit im Ganztag, in der du tun kannst, was du willst?					
positiv	33,8	48,6	21,4	61,0	60,8	54,1
neutral	48,8	38,5	38,6	24,7	27,8	24,3
negativ	17,5	12,8	40,0	14,3	11,3	21,6
Anzahl	80	257	70	77	97	37
	Wie gefällt es dir im Ganztag?					
positiv	48,7	54,1	36,0	73,0	78,6	55,9
neutral	46,1	42,5	56,0	27,0	21,4	38,2
negativ	5,3	3,5	8,0	0,0	0,0	5,9
Anzahl	76	259	75	74	98	34

Quelle: Wissenschaftlicher Kooperationsverbund – standardisierte Kinderbefragung

Zusammenfassung und Folgerungen

Die gemeinsamen Erfahrungen mit anderen Kindern in ihrer freien Spielzeit sind für die befragten Mädchen und Jungen von besonderer Wichtigkeit und werden von ihnen besonders positiv eingeschätzt. Die Möglichkeiten der individuellen Gestaltung und des Wählens nach eigenen Bedürfnissen stehen für sie während dieser Zeit unmittelbar im Vordergrund. In den Äußerungen der Kinder kommt zum Ausdruck, dass sie individuell versuchen, sich regelmäßig diese Freiräume zu schaffen. Das Zusammensein in geschlechtshomogenen Gruppen scheint während der freien Spielphasen eine besondere Attraktivität zu besitzen. In ganztägigen Schulkonzepten wie der OGS werden die Bedürfnisse der Kinder nach Freiräumen, Freundschaften und Zugehörigkeit zu Gruppen vermutlich eine besondere Bedeutung haben, da sie einen längeren Teil des Tages dort verbringen.

Wenn über die Gleichaltrigenkontakte hinaus die Betreuungskräfte im Rahmen der offenen Arbeit Zeit für die Kinder haben, dann wird dies von den Heranwachsenden geschätzt und wirkt sich stark auf die Zufriedenheit mit dem Ganztag aus. Allerdings haben derartige Aktivitäten bei der Nutzung der freien Zeit nur einen untergeordneten Stellenwert. Etwas größere Bedeutung hat das Toben mit Freunden im freien Zeitbudget der Kinder. Dass insbesondere mit Blick auf die Befriedigung des Bedürfnisses zu toben, allerdings die räumlichen Voraussetzungen verändert werden müssen, wurde in den voran stehenden Ausführungen bereits deutlich.

Aus der Perspektive der Kinder trägt eine pädagogisch anregende Ausstattung des Ganztags, die zu selbstgesteuerten Aktivitäten mit Gleichaltrigen einlädt, Langeweile und Unterforderungen entgegenwirkt und genügend Zeit für selbstbestimmtes Handeln der Schüler(innen) beinhaltet, zum Gelingen des Ganztags bei. Gleichzeitig ist bei der Gestaltung des Ganztags darauf zu achten, dass es den Mitarbeiter(innen) ermöglicht wird, sich einzelnen Kindern und Kleingruppen intensiver zuzuwenden. Da die Bedeutung dieser Aktivitätsphasen für Kinder unbestritten ist und sich hier Lernpotentiale eröffnen, können die selbstorganisierten Aktivitäten der Mädchen und Jungen Anregungen und Impulse für die Fachkräfte sein, um neue Angebote oder Projekte im Ganztag zu initiieren. Dieses Fazit lenkt den Blick zugleich auf das soziale Klima im Ganztag.

4.2.5 Das soziale Klima

Die OGS beansprucht ein umfassendes Lern- und Erfahrungsfeld für Kinder darzustellen. Hierzu zählt auch das soziale Leben der Kinder, das für ihre Persönlichkeitsentwicklung und gesellschaftliche Integration einen hohen Stellenwert hat. Kinder brauchen Gleichaltrige, damit sie ein soziales Selbst und eine soziale Identität entwickeln, soziale Erfahrungen machen sowie Kooperation und Solidarität untereinander, Sensibilität und Toleranz, den Umgang mit Regeln und andere soziale Kompetenzen erwerben können. Das Aushandeln gegenseitiger Ansprüche, die Durchsetzung oder Rückstellung eigener Bedürfnisse gilt als charakteristisches Merkmal für die Beziehungen zwischen Gleichaltrigen. Der Austausch und das Ausbalancieren unterschiedlicher Positionen stellen zugleich wichtige Anreize für die sozial-kognitive und sozialisatorische Entwicklung der Kinder dar (Fölling-Albers 2004; Petillion 1993, S. 100ff.). Aus dieser Perspektive wurden in den Kinderbefragungen die Interaktionsbeziehungen zwischen den Schüler(inne)n untersucht (vgl. Kap. 4.2.5.1).

Kinder brauchen für ein gelingendes Aufwachsen jedoch nicht nur andere Kinder, sondern auch Erwachsene, die sie anders als Gleichaltrige wahrnehmen und zu denen sie eine andere Beziehung aufbauen (Fölling-Albers 2004; Petillion 1993, S. 100ff.). Die Bedeutung entwicklungsfördernder Beziehungen kann insbesondere unter zwei Blickwinkeln betrachtet werden. Zum einen schaffen soziale Beziehungen die Grundlage für (Selbst-) Bildungsprozesse und zum anderen bietet das soziale Miteinander im Ganztag ein Modell für das Zusammenleben von Kindern und Erwachsenen.[71] Wendet man sich den Merkmalen entwicklungsfördernder Beziehungen zu, so sind hier verschiedene Aspekte hervorzuheben. Unter den Aspekten Sensitivität und Responsivität werden pädagogische Aktivitäten subsumiert, in

---

71 Aus der Perspektive der Erwachsenen ist damit zugleich die Frage der Erziehung angesprochen, bei der es auch um einen Prozess der Persönlichkeitsentwicklung geht, in dem eine eigene moralische Urteilskraft und soziale Identität, eine zivilgesellschaftlichen Haltung sowie die Verantwortung und Befähigung zu einer eigenständigen Lebensführung erworben werden können (vgl. Beher/Rauschenbach 2006).

denen die kontinuierliche Beobachtung und der fortlaufende Austausch mit Kindern sowie eine grundsätzliche Ermutigung der Kinder erfolgt, z.B. Stimmungen auszudrücken, Neues zu wagen oder Risiken einzugehen. Gleichzeitig motivieren Engagement und Interesse der Pädagog(inn)en die Kinder unmittelbar, sich ihren Aktivitäten in intensiver und explorativer Form zu widmen. Darüber hinaus stimuliert eine auf Wechselseitigkeit ausgerichtete Interaktion die Sozialkompetenz der Kinder. Weiterhin ist die Kontinuität und Verlässlichkeit der Ganztagsmitarbeiter(innen) eine wesentliche Voraussetzung für die Gestaltung entwicklungsfördernder Beziehungen (vgl. Gisbert 2004, S. 56f.). Im Vordergrund steht damit die Qualität pädagogischen Handelns, der aus der Perspektive der Kinder nachgegangen wird (vgl. 4.2.5.2).

Interaktionen der Kinder untereinander

Im Spiegel der Kindheitsforschung gewinnen die sozialen Interaktionserfahrungen in der Gleichaltrigengruppe für Grundschulkinder zunehmend an Bedeutung und werden im Verlauf dieser Altersphase zu einem eigenständigen Ort der Sozialisation. Die Herausforderung der Kinder, gemeinsam mit Gleichaltrigen Spielarrangements auszuhandeln und zu gestalten, bedarf der Entwicklung und Ausbildung spezifischer Kompetenzen auf dem Gebiet interpersonaler Kommunikation und sozialer Kooperation, die für ihre weitere soziale Entwicklung entscheidende Bedeutung haben. Somit wird die Gleichaltrigengruppe zu einem wichtigen sozialen Lernfeld. In den Kindergruppen sind die Beteiligten aufgrund ihrer Gleichwertigkeit dazu gezwungen, Regeln auszuhandeln sowie Spielaktivitäten zu koordinieren, ohne dass Erwachsene diese grundsätzlich vorgeben. Das Spiel mit Kameraden oder auch Freunden spiegelt soziale Realität; Sozialleben muss gemeinsam gestaltet und immer wieder reguliert werden (vgl. Krappmann 1991, S. 356f.).

Auch die verschiedenen Akteursgruppen in der OGS, d.h. Schulleitungen, Fach- und Lehrkräfte, verbinden mit dem Ganztag an erster Stelle soziale Lernprozesse. Die Eltern bescheinigen ihm im Hinblick auf die Sozialkontakte und das Sozialverhalten der Kinder positive Wirkungen. Wie nehmen die Kinder demgegenüber die soziale Welt in der OGS wahr und welchen Stellenwert hat dies im Hinblick auf ihr Wohlbefinden im Ganztag? Zur Erfassung der Beziehungen der Schüler(innen) untereinander wurden den Kindern in der Erhebung sowohl Fragen zu Freundschaften als auch zu sozialen Problemen im offenen Ganztag gestellt. Bei der Auswertung der Daten wurden zum Teil beträchtliche Unterschiede zwischen Mädchen und Jungen ersichtlich.

Gestaltung von Freundschaften und Beziehungen im Ganztag

In der mittleren Kindheit spielen Freundinnen und Freunde eine große Rolle. Im Spiegel des DJI-Kinderpanels haben die meisten der befragten Acht- und Neunjährigen Freundinnen und Freunde. Lediglich 10% der Kinder können in der Untersuchung keine einzige Freundschaft benennen. Mit Blick auf das Zustandekommen dieser Beziehungen bildet die Schule die wichtigste Kontaktbörse, in der rund 50% aller Freundschaften geknüpft werden. Für Kinder mit türkischem Migrationshintergrund ist der Stellenwert der Schule im Hinblick auf Gleichaltrigenkontakte sogar noch höher als für die übrigen Schüler(innen). Schulfreundschaften führen zu einer positiven Einstellung gegenüber der Schule und tragen zum Wohlbefinden der Kinder bei. Rund drei Viertel der Freundschaften haben die Kinder in dieser Altersphase ausschließlich innerhalb der eigenen Gendergruppe – bei den Jungen sind dies mit 77% sogar noch etwas mehr als bei den Mädchen mit 71% (vgl. Traub 2005, 2007).

Vergleichbare Ergebnisse lassen sich auch für die OGS beschreiben, wobei der Anteil der Freundschaften sogar noch höher ausfällt. So bejahen in der schriftlichen Befragung fast alle Kinder die Frage, ob sie Freundinnen und/oder Freunde im Ganztag haben. Nur knapp 2% der Schüler(innen) geben hierzu eine negative Antwort. Über die Gleichaltrigenkontakte hinaus stehen die befragten Dritt- und Viertklässler(innen) auch jüngeren Kindern überwiegend aufgeschlossen gegenüber. Auf die Frage, „wie findest du es, dass im Ganztag auch jüngere Kinder sind", geben 33% der Schüler(innen) ein positives, 33% ein neutrales und 14% ein negatives Votum ab, wobei die unterschiedlichen Organisationsmodelle des Ganztags bei der Interpretation der Daten zu berücksichtigen sind (vgl. Kap. 1).

Freundschaften zwischen den Kindern haben auch außerhalb des Ganztags einen hohen Stellenwert. 89% der Kinder geben an, auch zu Hause Freundinnen und Freunde zu haben. Auf hohem Niveau veranschaulichen die Daten hierbei geringe Unterschiede zwischen Jungen und Mädchen. So verweisen letztere mit einem Anteil von 91% etwas häufiger auf Freundschaften außerhalb der OGS als Jungen mit knapp 88%. Vergleichbare Ergebnisse wurden auch für Kinder ohne Migrationshintergrund (91%) ermittelt, die im Vergleich zu Kindern mit anderem kulturellen Hintergrund (86%) öfter angaben, dort Freundinnen und Freunde zu haben. Dieser Befund korrespondiert mit der Schichtzugehörigkeit, bei der die Differenzen etwas größer ausfallen: Je niedriger laut Elternangaben die Berufsschicht ist, desto weniger Freundinnen und Freunde haben die Kinder zu Hause. Während der entsprechende Prozentwert bei Schüler(inne)n aus Familien der niedrigsten Sozialschicht bei knapp 85% liegt, beträgt der Anteil bei Kindern aus der höchsten Sozialschicht 93%.

Beziehungen zwischen Mädchen und Jungen im Ganztag
Wird die Gestaltung der Freundschaftsbeziehungen in der OGS im Spiegel der Interviews betrachtet, dann zeigt sich ebenso wie im DJI-Kinderpanel, dass die Schüler(innen) ihre Freunde meist aus ihrer Geschlechtsgruppe wählen. Dies wird u.a. durch die Äußerungen der Kinder hinsichtlich ihrer selbstbestimmten Aktivitäten in den Interviews bestätigt. „In der mittleren Kindheit bewegen sich die Kinder meist in geschlechtshomogenen Gleichaltrigengruppen. Mädchen spielen mit Mädchen; Jungen mit Jungen" (Traub 2005, S. 33). Durch die Formulierung ihrer jeweiligen Spielbedürfnisse und die Wahl ihrer beliebten Spielpartner beschreiben die Mädchen bzw. Jungen ihre Zugehörigkeit zur jeweiligen Geschlechtsgruppe. Die nach Geschlecht getrennten Spielgruppen sind damit zentrale Übungsräume für die Ausprägung der jeweiligen Geschlechtsrolle. Umgangsstile, Spielformen sowie die Gesprächsthemen führen zu Differenzierungserfahrungen der Mädchen und Jungen (vgl. Baacke 1999, S. 244f.). Der Rückzug in die Mädchengruppe wird von den Schülerinnen in unterschiedlichsten Alltagssituationen genannt, so z.B. das gemeinsame Arbeiten in einer Hausaufgabengruppe. Ebenso suchen die Mädchen Räume im Ganztag auf, in die sie sich zurückziehen zu können: *„Dann gehen wir manchmal in die Ruheecke im Mittagsraum, oder fragen auch manchmal, ob nur Mädchen in den Raum dürfen."* (Mädchen 4. Klasse). Diese Möglichkeiten zu nutzen, scheint für die älteren Mädchen zur Stabilisierung ihrer sozialen Netze sowie ihrer Freundschaftsbeziehungen von zentraler Bedeutung zu sein. Bei den Schilderungen der Mädchen ist nicht immer deutlich, was für Aktivitäten sie gemeinsam unternehmen. Da sich die älteren Mädchen (wie auch die Jungen) in einer Entwicklungsphase befinden, in der sich ihre Freundschaftsbeziehungen qualitativ verändern, d.h. die sogenannten „Schönwetter-Kooperationen" im Sinne einer wechselseitigen Anpassung entwickeln sich sukzessiv zu intimen und gegenseitig gestützten Freundschaftsbeziehungen (vgl. Schmidt-Denter 2005, S. 102f.), suchen sie sich Räume, in denen sie diese neuen Freundschaftsbeziehungen leben und festigen können. Für sie scheint die Tatsache des Zusammenseins maßgebend zu sein und die jeweilige Aktivität spielt manchmal eine eher nachrangige Rolle: *„Wir sind immer zusammen."* (Mädchen, 4. Klasse) *„Manchmal spielen wir auch hier drinnen, und dann gehen wir auch nach draußen dann und da spielen wir das dann weiter."* (Mädchen, 3. Klasse) Darüber hinaus sprechen ältere Mädchen auch von ihrer „allerallerbesten" Freundin, der sie sich mit ihren Sorgen und Nöten anvertrauen können (vgl. Wagner 2003, S. 7). Diese Freundschaftspaare scheinen für ältere Mädchen ebenfalls eine besondere Bedeutung zu haben. Ob diese intensiven Freundschaftsbeziehungen aufgrund von ähnlichen Interessen oder Spielpräferenzen entstehen oder Mädchen eher zu exklusiven Beziehungen neigen, kann aufgrund der Schilderungen der Mädchen an dieser Stelle nicht eindeutig geklärt werden: *„Das mach ich eigentlich auch ganz selten mit meinen Freundinnen, das mach ich mehr mit meiner allerallerbesten Freundin."* (Mädchen, 3. Klasse)

Betrachtet man die Aussagen der Jungen über ihre Freundschaftsbeziehungen, so kann man an den Äußerungen erkennen, dass die Beschreibungen von Freundschaftsbeziehungen meist unmittelbar mit Aktivitäten verknüpft werden. Sie treffen sich zu spannenden und manchmal auch wilden Spielen und Aktionen. Jungen favorisieren in diesem Alter Gruppenaktivitäten, die – wenn möglich – im Freien stattfinden sollten (vgl. Rohlfs 2006, S. 218f.). Der Bewegungsdrang, der bei Mädchen im zunehmenden Alter etwas abnimmt, ist bei älteren Jungen nach wie vor stark ausgeprägt (vgl. Duncker u.a. 2004, S. 145f.): *"Ja, heute z.B. jetzt grad eben [...] bin ich Dreirad gefahren, weil das ist voll cool. Der Michael war ja am Lenkrad und [...] ich war hinten und die anderen haben richtig schnell angeschoben, hat der immer so gelenkt, sind wir runtergeflogen, das hat Spaß gemacht."* (*Junge, 4. Klasse; Namen wurden geändert*). Der Wunsch nach unmittelbarer – auch im Sinne körperlicher – Nähe zu den Freunden wird auch von älteren Jungen beschrieben, insbesondere dann, wenn es nicht möglich ist, diese Nähe herzustellen, z.B. beim Mittagessen, wenn Einschränkungen ausgesprochen wurden: *„In der Betreuung bin ich mit dem Tobias zusammen oder mit Jan oder mit meinem Bruder, aber hier ist ja niemand außer Tobias und Sven und neben Sven darf ich auf keinen Fall sitzen, weil wir zu laut sind. Neben Tobias auch nicht, aber ich wünschte, ich könnte neben dem sitzen."* (*Junge, 3. Klasse; Namen wurden geändert*) Der partielle Rückzug in die Geschlechtsgruppe ist ein wichtiges Lernfeld für Mädchen und Jungen, um eigene Regeln auszuhandeln und diese entsprechend auf ihre Brauchbarkeit hin zu prüfen. Mädchen äußern verstärkt den Wunsch nach räumlichem Rückzug mit ihren Freundinnen; Jungen wählen eher raumgreifende Bewegungsaktivitäten oder Wettspiele mit ihren Freunden – wenn möglich – im Außengelände.

Das Verhältnis zwischen Mädchen und Jungen wird von den Schüler(inne)n auf Nachfrage der Interviewerinnen häufig als spannungsgeladen beschrieben. Im Alltag des offenen Ganztags gibt es vermutlich Situationen, in denen Räume oder Spielbereiche von Jungen – aus Sicht der Mädchen – besetzt oder okkupiert sind. Die Beschreibungen der Mädchen sind davon geprägt, dass sie von den Jungen vertrieben oder von deren Lautstärke in ihren Aktivitäten gestört werden, so dass die Mädchen bestimmte Spielbereiche dann verlassen. Da die Grenze zwischen spielerischen Rangeleien, Kampf- bzw. Wettspielen bei Jungen schnell in aggressive Verhaltensweisen umschlagen kann, bewerten die älteren Mädchen dieses Verhalten als unangenehm und störend; sicherlich auch ein weiterer Grund, warum ihr Wunsch nach Rückzug im offenen Ganztag sehr ausgeprägt ist (vgl. Duncker u.a. 2004, S. 145f.). Betrachtet man die Schilderungen der Mädchen, so fällt auf, dass Beschwerden der Mädchen über die Jungen häufig im Zusammenhang mit der Erledigung der Hausaufgaben oder während des Mittagessens geschildert werden. Eine mögliche Begründung ist, dass sich Mädchen (wie Jungen) während dieser Phasen nicht immer ihre Freunde als

Tischnachbarn aussuchen können bzw. dürfen, obwohl dies – wie bereits an anderer Stelle dargelegt – von ihnen sehr favorisiert wird. Diese verordnete körperliche Nähe verstärkt möglicherweise Spannungen und Störungen: *„[...] dass die Jungs eben nicht mehr so viel schubsen, weil ich meine, die schubsen eigentlich sehr viel und quatschen auch sehr viel rum." (Mädchen, 3. Klasse)*

Allerdings gibt es auch Äußerungen, wo Mädchen den Kontakt mit Jungen als positiv und bereichernd beschreiben. So schildern sie beispielsweise Situationen, in denen ihrer Meinung nach die Jungen mutiger sind und sie als Mädchen davon profitieren, in dem sie durch die Anwesenheit der Jungen aufgefordert werden, ihren Mut zu beweisen und Neues wagen. Diese Schilderungen werden meist im Zusammenhang mit bestimmten Freizeitaktivitäten genannt. Dies lässt u.a. den Schluss zu, dass es sehr wohl Situationen im Ganztag für Mädchen gibt, in denen sie den Kontakt und den Austausch mit Jungen befürworten und ihrer Meinung nach auch davon profitieren: *„[...] ja das ist gut, weil die Jungs, die trauen sich, also die trauen sich manchmal was und wir machen das dann auch nach." (Mädchen, 3. Klasse)* Ebenso berichten sie von Unterrichtsformen, in denen sie gemeinsam mit Jungen arbeiten und sich in diesen Arrangements wohl fühlen.

Betrachtet man die Äußerungen der Jungen bezogen auf ihre Beziehungen zu den Mädchen, so gibt es auch Beschreibungen und Abgrenzungstendenzen wie *„Mädchen sind zickig"* oder *„die nerven"* (Jungen, 3. Klasse), die belegen, dass sie unter sich bleiben wollen. Differenzierte Erläuterungen, in welcher Form die Mädchen sie stören, fehlen allerdings in den Kommentaren. Sie formulieren eher allgemein ihre Kritik an den Mädchen und äußern sich insgesamt nur selten kritisch oder abwertend. Es gibt auch Beschreibungen von Jungen, aus denen hervorgeht, dass sie sich z.B. regelmäßig mit ihren Klassenkameradinnen zum Mittagessen verabreden. Somit werden Kontakte und Beziehungen zwischen Jungen und Mädchen durch gemeinsame Erlebnisse des Vormittags vertieft, ein positives Klassenklima vorausgesetzt. Diese Aussagen können auch als Hinweise gelten, dass Jungen die soziale Kompetenz der Mädchen im Schulalltag schätzen, wie z.B. die Gesprächskultur mit ihnen beim Mittagessen (vgl. Horstkemper 2002, S. 74f.): *„Äh, meistens sitze ich --- eben an dem so genannten 4c – Tisch, da sitzen immer alle Kinder, mm, aus der 4c, aus meiner Klasse." (Junge, 4. Klasse).* Als Tischgruppe benannt werden von dem befragten Jungen drei Mädchen und ein Junge.

Spannungen und Konflikte zwischen den Kindern
Neben dem Thema „Freundschaften" wurden die Ganztagsschüler(innen) in der schriftlichen Befragung auch zu Problemen zwischen den Kindern befragt. Hierbei wurde eine Verfahrensweise gewählt, bei der die Kinder in ihrer Funktion als Expertinnen und Experten für das soziale Klima im Ganztag um Auskunft gebeten wurden. In anderen Studien wird zum Teil

ein anderer Weg gewählt, in dem die Kinder aus der „Opfer-" und/oder der „Täterrolle" heraus befragt werden, d.h. als Betroffene oder Agierende bei konfliktträchtigen, aggressiven und gewalttätigen Interaktionen untereinander (vgl. u.a. Eder/Felhofer 1994; v. Salisch 2005; Wahl 2005; Zinnecker/ Silbereisen 1996). Während beim Zugang der wissenschaftlichen Begleitung durch die Beobachterperspektive eher von einer Überbetonung von Konflikten und Problemen ausgegangen werden kann, ist bei dem anderen Verfahren eine Untererfassung nahe liegender, da Kinder als Opfer möglicherweise Schwächen bzw. als Täter sozial unerwünschtes Verhalten beschreiben und öffentlich machen müssen. Bei beiden Methoden bilden soziale Probleme ein sensibles Thema. Dies zeigte sich in der schriftlichen Befragung des wissenschaftlichen Kooperationsverbundes u.a. daran, dass die Kinder bei den entsprechenden Fragen häufig die Antwort verweigerten. Allerdings wurde auch bei den abgegebenen Bewertungen ersichtlich, dass die Kinder derartige Beziehungsstörungen durchaus wahrnehmen. Die zugrunde liegenden Erkenntnisinteressen, Definitionen und Operationalisierungen dieser Probleme sind sehr unterschiedlich, so dass sich die Ergebnisse der einzelnen Studie kaum miteinander vergleichen lassen. Zusammengenommen wird in den vorliegenden Studien ein breites Spannungsfeld beschrieben, dass von „Hänseln" über Mobbing bis hin zu körperlicher Gewalt reicht (vgl. ebd.). Unter diesen Prämissen wurden die Ganztagsschüler(innen) in der Erhebung speziell zu möglichen Konflikten wie Streit, Schlagen und Ausgrenzung befragt, wobei es zwischen Mädchen und Jungen keine signifikanten Unterschiede gibt.

- In diesem Zusammenhang bejahen knapp zwei Drittel der Kinder (66%) die Aussage, dass es im Ganztag Kinder gibt, mit denen niemand gerne spielt; ein Drittel (34%) nimmt dies nicht als Problem wahr. Bei dieser Frage lag der Anteil der Antwortverweigerungen mit fast 25% am höchsten. Bei Kindern mit Migrationshintergrund ist der Anteil der Kinder, die auf das Problem ausgegrenzter Mitschüler(innen) verweisen, mit 72% höher als bei der Vergleichsgruppe mit 63%. Dies kann möglicherweise als Indikator für eine geschärfte Sensibilität der Migrantenkinder für Ausgrenzungsprozesse betrachtet werden.

- Mehr als drei Viertel (76%) der 529 Befragten, die hierzu geantwortet haben, stimmen darüber hinaus der Aussage zu, dass es im Ganztag häufig Streit unter den Kindern gibt, 24% von ihnen verneinen dies. Signifikant häufiger wird dieses Problem bei einem Anteil von 86% wiederum von Kindern aus Familien mit niedriger Schichtzughörigkeit genannt. Unter den Kindern aus mittleren und hohen Schichten sind dies jeweils 69% und 72%.

- Und schließlich berichten fast vier Fünftel (79%) der 553 Schüler(innen) von Kindern im Ganztag, die andere Kinder häufig schlagen, ein Fünftel (21%) ist nicht dieser Meinung.

Beim letzten Item scheinen sich die Schulen jedoch stark voneinander zu unterscheiden, obgleich Gewalterfahrungen unter den Kindern den meisten Schulen nicht fremd sind (vgl. Tab. 4.18). So machen Schulen, an denen weniger als die Hälfte der Schüler(innen) angibt, dass es Mitschüler(innen) gibt, die andere Kinder häufig schlagen, nur etwa 13% aus. Auf der anderen Seite geben an 55% der Schulen fast alle Kinder an, dass ihnen dieses Problem bekannt ist. Offensichtlich gibt es nur ganz wenige Schulen, in denen kaum über „Schlagen" berichtet wird und einen großen Anteil offener Ganztagsschulen, in denen dies von fast allen wahrgenommen wird – mit verschiedenen Ausprägungen dieses Phänomens zwischen den beiden skizzierten Polen.

Allerdings bezieht sich ein wichtiges Ergebnis hierzu auf das Gründungsdatum der offenen Ganztagsschulen: In Schulen, die bereits 2003 den Ganztagsbetrieb aufgenommen haben, verweisen die Kinder seltener auf Streit als in denjenigen, die ein Jahr später umgewandelt wurden. Während in den schon länger bestehenden Schulen 71% der befragten Schüler(innen) derartige Konflikte wahrnehmen, waren es in Schulen mit Gründungsjahr 2004 83%. In etwas abgeschwächter Form veranschaulichen die Daten diesen Zusammenhang auch im Hinblick auf den Anteil schlagender Kinder. Hier sind es 76% der Schüler(innen) in offenen Ganztagsschulen der ersten und 82% der Kinder in Schulen der zweiten Generation, die konstatieren, dass es im Ganztag Kinder gibt, die andere häufiger schlagen.

Tab. 4.18: Häufig schlagende Kinder nach Schulen

% der Schüler(innen) in Schule, die von häufig schlagenden Mitschüler(inne)n berichten	Anzahl der Schulen (abs.)	Anzahl der Schulen (%)
bis zu ca. 50%	8	13
> 50 bis ca. 80%	20	32
über 80%	34	55
Gesamt	62	100

Quelle: Wissenschaftlicher Kooperationsverbund – standardisierte Kinderbefragung

Dass in „älteren" Ganztagsschulen weniger von Streit und schlagenden Kindern berichtet wird, kann als Hinweis darauf gesehen werden, dass mit der Einführung des Ganztags soziale und organisationale Lern- und Gestaltungsprozesse in Gang gesetzt werden, die bereits nach einem Jahr erste Unterschiede zum Tragen bringen. Diese weitgehende Lesart der Ergebnisse muss allerdings erst durch vertiefende Analysen gestützt werden, da sich die beiden Gruppen von Schulen auch in anderen wesentlichen Merkmalen signifikant voneinander unterscheiden könnten. In diese Richtung weist auch das geschätzte Mehrebenenmodell (vgl. Tab. 4.19). So fällt im Rahmen einer mehrebenenanalytischen Auswertung der Items zu Freundschaften und zu Gewalterfahrungen auf, dass die so genannten „Intraklassenkorrelationen" mit Werten von 0,22 und 0,41 vergleichweise hoch ausfallen.[72] Dies bedeutet, dass es auf der Ebene der Schulen möglicherweise Unterschiede gibt, die durch die bislang einbezogenen Variablen nicht erfasst sind.[73]

Tab. 4.19: Logistische Regressionen zu sozialen Beziehungen unter Kindern („Hast Du Freundinnen oder Freunde im Ganztag" und „Gibt es Kinder, die andere häufig schlagen?"), Mehrebenenmodell

Parameter (R Referenzkategorie)	Freundinnen/Freunde β	Schlagen β
Geschlecht (R Junge)	-0,12	-0,11
Migrationshintergrund	-0,14	0,13
Anzahl der Jahre in der OGS	0,34	0,09
vor dem Unterricht in der OGS	1,11	-0,03
Alter des Kindes	0,21	-0,25
Gemeindegröße (R >100.000 EW)		
- <50.000 Einwohner	33,62	-1,45[+]
- 50–100.000 Einwohner	-1,36	0,19
Anfangsjahr OGS 2004 (R 2003)	0,63	-1,11[+]
Konstante	2,14	4,65[*]
σ_u	0,96	1,51
Intraklassen-Korrelation	0,22	0,41

+ p < 0,1 * p< 0,05 ** p<0,01 *** p<0,001

Quelle: Wissenschaftlicher Kooperationsverbund – standardisierte Kinderbefragung

In den Interviews wurden die Kinder nicht direkt zu ihren Streitigkeiten mit anderen Kindern im Ganztag befragt, sondern die geschilderten Schwierigkeiten benannten die Kinder in sehr unterschiedlichen Zusammenhängen:*„Normalerweise stört uns eigentlich immer nur der Andi, der macht dann so [in den Arm zwicken] bei uns."* (Mädchen, 4. Klasse; Name wurde geändert). Konfliktträchtige Ereignisse sowie handgreifliche Auseinandersetzungen zwischen Mädchen und Jungen treten zu bestimmten Tageszeiten

---

72 In linearen Mehrebenenmodellen bezeichnet die Intraklassenkorrelation den Anteil der aggregatspezifischen Fehlervarianz (hier: der Varianz zwischen den Schulen) an der Gesamtfehlervarianz. Sie schätzt, wie hoch der verbleibende Varianzanteil ist, der durch Aggregat- (hier: Schul-)Variablen zu erklären ist und wie hoch der Anteil der Varianz zwischen Individuen ist. Wenngleich dieses Modell der „Varianzerklärung" bei logistischen Regressionen möglicherweise nicht ganz angemessen ist, wurde diese Maßzahl aufgrund der relativen Verständlichkeit gewählt.

73 Aufgrund der z.T. geringen Fallzahlen innerhalb der Schulen muss dieser Befund allerdings vorsichtig bewertet werden. Allerdings erscheint es aufgrund der Stärke der Parameter legitim, in der Vertiefungsphase nach weiteren erklärenden Variablen zu suchen und damit die geschätzten Modelle zu verfeinern.

(Mittagessen, Hausaufgabenbetreuung) auf sowie in den Spielphasen, in denen sich die Schüler(innen) spontan zu Aktivitäten in ihrer Geschlechtsgruppe treffen oder verabreden. Bei den selbstbestimmten Spielaktivitäten werden vermutlich bestimmte Spielorte oder auch Spielmaterialien bei den Schüler(inne)n besonders bevorzugt. Unter diesen Bedingungen kommt es wahrscheinlich vermehrt zu Auseinandersetzungen zwischen Mädchen und Jungen – insbesondere dann, wenn sich Mädchen auch ihren Raum erobern wollen und der Konfrontation mit Jungen nicht ausweichen. Dies bedeutet, dass die Kinder um Ressourcen konkurrieren sowie dabei gefordert sind, selbst Regelungen zu treffen und dies nicht unbedingt gelingt.

Zusammenfassung und Folgerungen

Zusammengenommen wird bei der Betrachtung der Gleichaltrigenbeziehungen die große Bedeutung der Freundschaften für Kinder im Ganztag ersichtlich, unter denen gleichgeschlechtliche Beziehungen die größte Rolle spielen. Obwohl sie sich bei Wahlmöglichkeiten im Hinblick auf die Gruppenzusammensetzung eher ihrer Geschlechtsgruppe zuwenden, heben die Schüler(innen) gleichzeitig die Vorteile im Kontakt mit dem anderen Geschlecht hervor. Trotz der Kritik der Mädchen an Jungen wäre die Schule ohne Jungen langweilig und fade. Jungen scheinen damit einen Unterhaltungswert im Rahmen des Schullebens für die Mädchen zu haben. Umgekehrt äußern sich Jungen in ähnlicher Weise. Auch sie würden die Anwesenheit der Mädchen vermissen; sie hätten weniger Möglichkeiten für ihre Ärgerrituale oder sonstigen Späße (vgl. Horstkemper 2002, S. 73f.). Dies bedeutet für den offenen Ganztag, dass auch hier davon ausgegangen werden kann, dass Mädchen und Jungen gegenseitige Kontakte und Austauschmöglichkeiten suchen und bei aller Abgrenzung sehr wohl Bezug aufeinander nehmen (wollen) sowie das eigene Selbstbild, die Interessen und Bedürfnisse vor dieser Folie interpretieren. Die Weiterentwicklung der Beziehungsgestaltung – auch über die Geschlechtsgruppe hinaus – gibt Anstöße, die im Unterschied zu innigen Freundschaftsbeziehungen kollegiale und interessengeleitete Beziehungen ermöglichen, die insbesondere im Kontext des Unterrichts (bei Partner- und Gruppenarbeit) sowie bei der zukünftigen Gestaltung sozialer Beziehungen von besonderer Bedeutung sind (vgl. Krappmann 2002, S. 95).

Wird die Kehrseite der Medaille, d.h. die problematischen Aspekte im Umgang der Kinder miteinander, beleuchtet, dann zeigt sich ein erhebliches Konfliktpotenzial im Alltag der OGS. Inwieweit der hier berichtete „Streit" oder das „Schlagen" unter Kindern in dieser Altersphase als entwicklungsbedingt angesehen werden können, mag dahingestellt bleiben. Insgesamt erscheint im Bereich der Peer-Beziehungen innerhalb der OGS noch ein breites Entwicklungspotential zu liegen. Soziales Lernen sowie Konzepte und Strukturbedingungen, die dies befördern, stellen aus dieser Perspektive Bereiche dar, denen in Zukunft verstärkt Aufmerksamkeit geschenkt werden sollte. Dabei sollte auch über Raum- und Zeitkonzepte nachgedacht werden, die den Bedürfnissen der Kinder nach Kontakt und Freundschaft, Toben und Aktivität entsprechen (vgl. Kap. 4.2.2 und 4.2.3). Dies schließt die Organisation der Mittagspause ein, da die Kinder auch dort, wenn auch in abgeschwächter Form, Störungserlebnisse durch Mitschüler(innen) beschreiben, wobei in diesem Zusammenhang mit der Lautstärke auf einen weiteren Aspekt der sozialen Atmosphäre im Ganztag aufmerksam gemacht wird, aus dem Konflikte zwischen den Kindern und zu den Mitarbeiter(inne)n erwachsen können (vgl. Kap. 4.2.4.3). Damit rücken zugleich die Beziehungen der Kinder zu den Betreuungskräften ins Blickfeld.

Die pädagogischen Kräfte aus Sicht der Kinder
Ein Faktor für das Wohlbefinden der Kinder im Ganztag ist die Art und Qualität ihrer Beziehung zu den Ganztagskräften. Wie die Kinder diese wahrnehmen und bewerten ist Gegenstand der folgenden Ausführungen. Legt man den Maßstab einer vertrauensvollen Beziehungsgestaltung im Ganztag zu Grunde, so gilt es aus der Sicht der Dritt- und Viertklässler(innen) zu untersuchen, in welcher Form diese Beziehung zu den Mitarbeiter(inne)n im offenen Ganztag gelingt. Folgende Aspekte sollen zur Einschätzung der Beziehungsqualität aus Kindersicht herangezogen werden: Orientierung der Kinder im Ganztag (u.a. Ansprechpartner für Kinder sein), Aufmerksamkeit der pädagogisch tätigen Kräfte hinsichtlich der Anliegen und Bedürfnisse der Kinder (u.a. Unterstützung in Notsituationen), Aufbau vertrauensvoller Beziehungen zu den Kindern.

Zufriedenheit der Kinder mit den Ganztagsmitarbeiter(inne)n
Wie zufrieden sind die Kinder mit den Betreuungskräften im Ganztag und an welchen Stellen üben sie Kritik? Hierzu wurde den Schüler(inne)n in der standardisierten Erhebung die Frage gestellt, wie sie die Betreuer(innen) im Ganztag finden. Mit 60% stoßen die Betreuungskräfte bei der Mehrheit der Kinder auf positive Resonanz, weitere 33% der Schüler(innen) geben ein neutrales und knapp 8% ein negatives Urteil ab. Jenseits dieser Gesamteinschätzung werden in den Einzelfragen der schriftlichen Befragung sowie in den mündlichen Berichten der Kinder sowohl positiv als auch negativ konnotierte Zusammenhänge deutlich.

(1) Positiv bewertete Aspekte:

Werden zunächst auf der Grundlage der standardisierten Befragung, die Bereiche hervorgehoben, mit denen die Kinder zufrieden sind, dann beruht das vergleichsweise positive Bild der Ganztagsmitarbeiter(innen) vor allem auf drei Punkten (vgl. Tab. 4.20):

- Fast 91% der Kinder sind der Meinung, dass sie dann, wenn sie traurig sind, zu einer Betreuungskraft gehen können. Nur 9% der Schüler(innen) geben an, dass sie in diesem Fall nicht von einer Betreuungskraft getröstet werden.

- Mit 88% in vergleichbarem Umfang bestätigen die Kinder, dass es eine Betreuungskraft im Ganztag gibt, mit der sie bei Schwierigkeiten reden können. Lediglich rund 12% der Schüler(innen) antworten, dass keine Ansprechperson zur Verfügung steht.

- Mit Blick auf die Rolle der Mitarbeiter(innen) bei Konflikten zwischen den Kindern berichten 88% der Schüler(innen), dass der Streit gemeinsam mit der Betreuungskraft besprochen und diese mit ihnen zusammen überlegen, wie er gelöst werden kann.

Tab. 4.20: Die Betreuungskräfte aus Sicht der Kinder (Zeilen-%)

Item	Nein	Ja	Anz.
Gibt es zu viele Betreuerinnen im Ganztag?	77,5	22,5	591
Gibt es Betreuerinnen, mit denen du reden kannst, wenn du Schwierigkeiten hast?	11,8	88,2	595
Wenn du einmal traurig bist, kannst du dann zu einer Betreuerin gehen?	9,2	90,8	590
Sind die Betreuerinnen häufig zu streng?	66,5	33,5	567
Sind deine Betreuerinnen manchmal ungerecht zu dir?	52,5	47,5	566
Wenn es Streit gibt, besprecht ihr dann gemeinsam mit der Betreuerin, wie der gelöst werden kann?	11,8	88,2	568

Quelle: Wissenschaftlicher Kooperationsverbund – standardisierte Kinderbefragung

Im Spiegel der schriftlichen Befragung deuten die Ergebnisse somit darauf hin, dass im Ganztag Ansprechpersonen für die Kinder zur Verfügung stehen, die Unterstützung bei Problemen leisten, eine Schutzfunktion bei emotionalen Schwierigkeiten erfüllen sowie Strategien der Konfliktlösung thematisieren und praktizieren. Neben der Beziehungsqualität wurden die Kinder auch zu den personellen Rahmenbedingungen in der OGS befragt. Hier zeigt sich, dass der häufige Personalwechsel und die Konfrontation mit unterschiedlichen Bezugspersonen für die Dritt- und Viertklässler(innen) mehrheitlich kein Problem darstellt. Dieser Meinung sind knapp 78% der Kinder bei der Frage, ob es zu viele Betreuerinnen im Ganztag gibt. Ein gutes Fünftel der Schüler(innen) (23%) ist allerdings anderer Ansicht.[74]

Das positive Bild, das die Kinder über die Mitarbeiter(innen) im Ganztag in der standardisierten Erhebung vermitteln, spiegelt sich auch in der mündlichen Befragung. Dies zeigt sich etwa im Hinblick auf die Qualität der Beziehungen zu den Ganztagskräften. So nennen die befragten Schüler(innen) auf Nachfrage der Interviewerinnen verschiedene Ansprechpartner(innen), an die sie sich mit ihren spontanen Anliegen und Wünschen wenden können. Die Kinder unterscheiden, ob sie sich mit ihren Fragen oder Problemen an die Fachkräfte des Ganztags oder an die Mitarbeiter(innen) wenden, die die Angebote begleiten.

---

74 Eine mehrebenenanalytische Auswertung lässt die Vermutung aufkommen, dass an diesem Punkt möglicherweise Kontextfaktoren auf Schulebene eine Rolle spielen.

Darüber hinaus schildern sie die unterschiedlichsten Situationen im Alltag, in denen sie sich an die Betreuer(innen) wenden und eine entsprechende Unterstützung erhalten. Für die Schüler(innen) scheint es sehr wesentlich zu sein, dass sie ihre Anliegen auf jeden Fall vorbringen können, z.B. der Wunsch bei der Hausaufgabenbetreuung auf dem Lieblingsplatz sitzen zu können oder die Eltern anrufen zu dürfen: *„Und man kann auch mit der [Mitarbeiterin] gut reden. Also wir bauen jetzt im Moment Häuser für die erste Klasse. Und das kriegen wir halt nicht ganz so doll hin, und dann hilft die uns, die auszuschneiden."* (Junge, 3. Klasse)

Auf Fragen, wer ihnen in schwierigen Situationen zur Seite steht, berichten die älteren Kinder, dass ihnen meist unmittelbar die Unterstützung und Hilfe der Ganztagsmitarbeiter(innen) bei Unfällen oder körperlichem Unwohlsein zu Teil wird, so dass sie sich auf diese Hilfe immer verlassen können und benennen mindestens eine erwachsene Person, an die sie sich wenden, falls eine solche Situation eintritt. Die Äußerungen der Kinder lassen erkennen, dass sie entsprechenden Zuspruch, Ermutigung und Trost in diesen Situationen erfahren. Auch bei geistiger Erschöpfung stehen die pädagogisch tätigen Kräfte den Kindern zur Seite und notieren z.B. ins Hausaufgabenheft, dass das Kind die Hausaufgaben nicht erledigen konnte, wenn es an einem Tag erschöpft oder müde war. Die Unterstützung der Mitarbeiter(innen) in Konfliktsituationen mit anderen Schüler(inne)n wird in dem Zusammenhang ebenfalls von den Kindern positiv hervorgehoben: *„Einer hat mich so angeschubst und dann voll gegen das Bein getreten. Und dann hat die mich getröstet, aber dann ging es wieder."* (Junge, 4. Klasse)

Wird die Frage bezüglich der Unterstützung in schwierigen Situationen im Großen und Ganzen positiv beantwortet, so sieht dies bei der Frage nach einer Person im Ganztag, der man persönliche und wichtige vertrauliche Dinge erzählen kann, etwas anders aus. Hier geben die älteren Kinder sehr differenzierte Antworten und es scheinen sich in der qualitativen Teilstudie Unterschiede zwischen Jungen und Mädchen abzuzeichnen. Bezogen auf Fragen der Interviewerinnen, mit wem die Schüler(innen) über ihre Probleme oder ihren persönlichen Kummer reden, beschreiben insbesondere ältere Mädchen sehr ausführlich, wie sie von den Mitarbeiter(inne)n getröstet wurden und wen sie bei emotionalen Verstimmungen aufsuchen. In diesen Beschreibungen zeigt sich ein intensives Vertrauensverhältnis zwischen den Mädchen und ihren mehrheitlich weiblichen Betreuerinnen. Hier handelte es sich um Situationen, in denen die Schülerinnen bedrückt waren, weil ein Elternteil im Krankenhaus war oder sich auf Reisen befand. Berichten die Mädchen von diesen Ereignissen, so scheinen die Betreuerinnen aufmerksam zu sein und können die Signale entsprechend deuten: *„Ich finde, zu der kann man da wirklich gehen. Also bei solchen Sachen kann man wirklich gut zu der [Mitarbeiterin] gehen, finde ich. -- Ja, weil die tröstet einen dann auch richtig."* (Mädchen, 3. Klasse)

Die Antworten der Jungen auf die Frage, mit wem sie über ihre Probleme oder persönlichen Kummer reden, vermitteln tendenziell einen etwas anderen Eindruck. Einige Jungen erläutern ganz deutlich, dass sie persönliche Nöte nur mit ihrer Mutter besprechen oder sie sich einen Platz suchen, an dem sie ungestört sind. Einige nennen nur männliche Bezugspersonen. Vermutlich haben es die älteren Jungen nicht leicht, sich den meist weiblichen Bezugspersonen im Ganztag anzuvertrauen – wie die nachfolgenden Antworten der Jungen belegen, an wen sie sich wenden, wenn sie Kummer haben: *„Weiß ich nicht, aber dem [Mitarbeiter] kann ich es erzählen. -- Ja, den find ich gut. (Junge, 3. Klasse) „Äää -- zu gar keinem. Ich lass mich immer ausheulen." (Junge, 3. Klasse)*

Bemerkenswert ist, dass die Schüler(innen) auch die Dienstzeiten ihrer wichtigsten Ansprechpartner(innen) kennen. So berichten sie beispielsweise, dass Mitarbeiter(innen) an einzelnen Tagen den Ganztag früher verlassen, da sie sich um ihre eigenen Kindern kümmern müssen: *„Also, ja ... entweder zum Gruppenleiter, also es sind immer verschiedene. Hier ist es die [Mitarbeiterin]. ---Ja, nur manchmal geht sie früher." (Junge, 4. Klasse)*

Beleuchtet man die Einschätzung der Kinder bezogen auf das Verhalten der pädagogischen Kräfte, so formulieren sie als besonders positives Merkmal, wenn die Mitarbeiter(innen) „nicht so streng sind" und „nicht schimpfen". Für die Kinder steht es außer Frage, dass die Ganztagskräfte auf die Einhaltung der Regeln achten. Es ist für sie darüber hinaus wesentlich bedeutsamer, wie die Mitarbeiter(innen) die Umsetzung dieser Regeln handhaben und ob sie sich auch an die selbstgesetzten Regeln halten. Weiterhin schätzen die Schüler(innen) an den Pädagog(inn)en, wenn diese im Umgang mit ihnen Geduld zeigen und würdigen ihr Engagement in Bezug auf die vielfältigen Hilfen, die sie erhalten. Betrachtet man die Aussagen der Mädchen und Jungen, so fällt auf, dass die positiven Beschreibungen der Jungen insgesamt eher einsilbig ausfallen im Gegensatz zu denen der Mädchen: *„Ja, die sind ganz nett und die sind auch nicht streng und die sagen, so ich helfe dir jetzt nicht bei den Aufgaben, du musst das alleine machen." (Mädchen, 3. Klasse) „Und die ist ziemlich lieb bei den Hausaufgabenbetreuung und so." (Junge, 4. Klasse)*

(2) Negativ bewertete Aspekte:

Im Unterschied zu als positiv wahrgenommenen Verhaltensweisen benennen die Kinder in der standardisierten Befragung auch kritische Punkte im Hinblick auf das Ganztagspersonal, die sich vor allem auf den Erziehungsstil beziehen (vgl. Tab. 4.20).

- So erlebt ein Drittel der Kinder (34%) die Betreuer(innen) als zu streng. Bei zwei Dritteln ist dies nicht der Fall. Hierbei sind es insbesondere die Jungen, die das Personal öfter als zu streng beschreiben. Von ihnen vertreten 41% diese Meinung gegenüber 59%, die hierin kein Problem sehen. Bei den Mädchen sind es lediglich 26%, die die Betreuungskräfte als zu streng wahrnehmen, 74% sind nicht dieser Auffassung.

- Drastischer fällt das Urteil der Kinder aus, wenn es um die Frage der Gerechtigkeit geht. 48% der Schüler(innen) nehmen die Betreuungskräfte als zu ungerecht war. 53% der Kinder verneinen dies. Auch bei dieser Frage spielen genderbezogene Unterschiede eine Rolle, wenngleich die Differenz zwischen Jungen und Mädchen etwas geringer ausfällt: Ungerechter behandelt fühlen sich hier 52% der Jungen (gegenüber 48%, die dies nicht tun) und 44% der Mädchen (im Vergleich zu 56%). Als signifikant erweisen sich darüber hinaus die Schulleistungen der Kinder: Schüler(innen), deren Leistungen laut Einschätzung der Eltern im oberen und unteren Mittelfeld liegen, empfinden die Betreuungskräfte häufiger als ungerecht als Schüler(innen) mit sehr guten und sehr schlechten Leistungen. Auch auf Schulebene zeigen sich bei dieser Frage deutliche Effekte: So erleben die Kinder aus offenen Ganztagsschulen, die schon seit 2003 bestehen, weniger Ungerechtigkeit als Schüler(innen), die Schulen mit späterem Gründungsjahr besuchen. Je größer dabei die Kommune ist, in der die Schule liegt, desto ungerechter werden die Betreuungskräfte von den Kindern empfunden und bewertet. Dies ist möglicherweise auf die Größe des Ganztags zurückzuführen.

- Dass die Kritik der Kinder an den Ganztagskräften auch etwas mit der Regelsetzung zu tun hat, verdeutlicht eine weitere Frage, die weiter unten im Kontext mit den Partizipationsmöglichkeiten im Ganztag noch einmal aufgegriffen wird. So ist zwar die Mehrheit der Kinder (59%) der Meinung, dass die Regeln im Ganztag manchmal zusammen mit den Betreuungskräften verändert werden können; 41% der Schüler(innen) verneinen diese Option jedoch.

Entsprechend der positiven Voten kritisieren ältere Kinder in den Interviews Ganztagskräfte, die bei Auseinandersetzungen mit ihnen laut werden. In den Diskussionen über das Verhältnis zu den Mitarbeiter(inne)n fällt auf, dass die Kinder Ungeduld, Inkonsequenz bei der Einhaltung von Regeln sowie für sie als ungerecht empfundene Sanktionen als äußerst unangenehm beschreiben. Erleben sie solche Situationen mit den pädagogisch Tätigen häufiger, so betrachten sie diese nicht mehr als Vertrauenspersonen. Diese Reaktion entsteht auch, wenn Kinder diese Entgleisungen der Mitarbeiter(innen) bei anderen Kindern beobachten: *„Die hat einmal so geschimpft, das Kind hat danach geweint." (Mädchen, 3. Klasse)*. Betrachtet man die Äußerungen der Mädchen und Jungen, so scheint die Kritik an den Ganztagskräften bei Mädchen bzw. Jungen an verschiedenen Aspekten anzusetzen. Eine mögliche Unterscheidung in der Bewertung der Mitarbeiter(inn)en könnte man wie folgt vornehmen: Jungen bewerten das Verhalten der Ganztagskräfte negativ, wenn sie sich in ihrer Freiheit z.B. durch Redeverbot eingeschränkt sehen: *„Weil die dann immer meckern und man hat nie Zeit, einmal mit seinem Nachbarn zu reden." (Junge, 3. Klasse)* Mädchen hingegen verurteilen das Verhalten der Mitarbeiter(innen), wenn sie sich in ihrer persönlichen Integrität beeinträchtigt fühlen: *„Ich finde, die schreien immer so oft und das finde ich nicht so toll, weil ich nicht möchte, dass mich jemand anschreit."* *(Mädchen, 3. Klasse)*

Zusammenfassung und Folgerungen
Bilanzierend lässt sich festhalten, dass die Ganztagsmitarbeiter(innen) aus Sicht der befragten Schüler(innen) im Vergleich zu anderen Dimensionen des offenen Ganztags relativ gut abschneiden. Bei der Auswertung werden allerdings geschlechtsspezifische Unterschiede ersichtlich, die sich auch in einer Gesamtbewertung untermauern lassen. Um eine entsprechende Variable zu konstruieren, wurde aus den oben vorgestellten positiven sowie negativen Bewertungen ein Summenindex mit einem Wertebereich von 0 (schlechte Bewertung) bis 1 (gute Bewertung) gebildet.[75] Bei einem Mittelwertsvergleich zwischen Mädchen und Jungen wird deutlich, dass Mädchen mit einem Mittelwert von 0,80 die Betreuungskräfte besser bewerten als die Jungen mit einem Mittelwert von 0,74.[76]

Jenseits der Unterschiede zwischen den Mädchen und den Jungen gelingt es den Mitarbeiter(inne)n im Ganztag, den Schüler(inne)n entsprechende Orientierung zu bieten, an wen sie sich mit ihren unterschiedlichen Bedürfnissen wenden können. Auch in Notfällen wird unmittelbare Unterstützung geleistet. Der Aufbau einer Vertrauensbeziehung fällt den älteren Jungen sichtbar schwerer als den Mädchen, u.a. dadurch, dass ihnen nur begrenzt männliche Bezugspersonen im offenen Ganztag zur Verfügung stehen. Hinsichtlich des Wohlbefindens im Ganztag ist der Beziehung der Jungen zu den Mitarbeiter(inne)n zukünftig besondere Aufmerksamkeit zu widmen. Auseinandersetzungen zwischen Kindern und Mitarbeiter(innen) scheinen zum Teil davon geprägt zu sein, dass sich die Kinder ungerecht behandelt fühlen und sie die Form, wie mit ihnen in den Situationen umgegangen wird, als persönliche Missachtung erleben. Diese beschriebenen Reaktionen können auf eine Überforderung der Ganztagskräfte im Alltag oder auf schwierige Rahmenbedingungen verweisen. Da im offenen Ganztags eine Vielzahl von Situationen zu bewältigen ist, bei denen es zu Störungen und Auseinandersetzungen kommt, mit denen alle Beteiligten umgehen müssen, gilt es eine spezifische Kultur des Umgangs mit Konflikten zu entwickeln. Die Entwicklung einer konstruktiven Konfliktkultur käme unmittelbar dem

---

75 Dieser Index ist von der Reliabilität her (Alpha = 0,68) für eine explorative Studie durchaus akzeptabel. Eine faktorenanalytische Prüfung ergab allerdings, dass er nicht im strengen Sinne eindimensional ist, da die Fragen zur Strenge und Ungerechtigkeit auf einem eigenen Faktor laden.

76 Auch im Kontext eines Mehrebenenmodells zum Gesamtindex sowie zu den Einzelvariablen aus diesem Bereich ist dieser Effekt signifikant. Ferner wird in diesen Modellen deutlich, dass die Varianzen auf Schulebene und somit die Unterschiede zwischen den Schulen zum Teil sehr groß sind – insbesondere bei der Bewertung der Gerechtigkeit der Ganztagskräfte, aber auch bei der Frage der Streitlösung.

sozialen Klima im offenen Ganztag zugute. Gleichzeitig würden den Schü-ler(inne)n Wege aufgezeigt, wie sie in Auseinandersetzungen mit ihren Spielkameraden (re)agieren können.

4.2.6 Die Partizipationsmöglichkeiten

„Partizipation" (lateinisch: Teilhabe) stellt einen changierenden Begriff dar, der in der Fachöffentlichkeit auf verschiedenen Bezugsebenen thematisiert wird.[77] Die Beteiligung von Kindern und Jugendlichen an Entscheidungen und Entscheidungsprozessen in den einzelnen Bereichen ihrer Lebenswelt gilt dabei sowohl als Antwort auf sich wandelnde soziale und politische Anforderungen als auch als wesentliche Voraussetzung gelingender Entwicklungs- und Lernprozesse (vgl. Alt/Teubner/Winklhofer 2005). Bei der Realisierung der vielfältigen Zielsetzungen, die mit Partizipation verknüpft werden, wird der Schule als zentraler Instanz im Kinderalltag ein hoher Stellenwert zugeschrieben. So soll sie etwa im Kontext der politischen Sozialisation als Übungsfeld für Demokratie die Aneignung und Erprobung demokratischer und zivilgesellschaftlicher Grundhaltungen und Verhaltenweisen ermöglichen sowie zur sozialen und politischen Integration der Schüler(innen) beitragen. Unter dem Stichwort „Partizipations- bzw. Demokratiekompetenz" wird ein breites Spektrum verschiedener Wissens- und Könnensbestände beschrieben, zu denen Gemeinsinn und Solidarität, soziale Phantasie und Kreativität, Selbststeuerung und -bestimmung, Eigenverantwortlichkeit und Verantwortungsbewusstsein ebenso gerechnet werden wie Interessenwahrnehmung und -artikulation, Strategiefähigkeit und Toleranz sowie Kommunikations-, Konflikt-, Kompromiss- und Teamfähigkeit (vgl. BMFSFJ 1998; Sünker/Swiderek/Richter 2005).

Die Notwendigkeit einer stärkeren Verankerung von Teilhabemöglichkeiten im Schulalltag wird darüber hinaus mit unterschiedlichen pädagogischen Konzepten und didaktischen Methoden in Verbindung gebracht (wie „kooperativem", „sozialem" „selbstorganisiertem" oder „selbstgesteuertem" Lernen), die eine verstärkte Einbeziehung und Eigenaktivierung der Schüler(innen) voraussetzen und den Aufbau einer demokratischen und sozialen Lernkultur erfordern. Diese Ansätze korrespondieren in besonderem Maße mit dem Anspruch der offenen Ganztagsschule, eine neue Lernkultur und einen attraktiven Lebensraum für Kinder zu schaffen. Welche konkreten Formen (parlamentarische bzw. repräsentative, offene und/oder projektorientierte) der Kinderbeteiligung in der OGS im Einzelnen praktiziert werden, ist organisations-, situations- und altersabhängig, wobei Dritt- und

---

77 So werden im Fachdiskurs z.B. entwicklungspsychologische, bildungs-, modernisierungs-, demokratietheoretische und zivilgesellschaftliche Kontexte als Argumente für eine Ausweitung der Partizipationsmöglichkeiten von Heranwachsenden ins Feld geführt. Vgl. hierzu Alt/Teubner/Winklhofer (2005); Georgi (2006); Hartnuß/Maykus (2006); Sünker/Swiderek/Richter (2005); Sturzbecher/Großmann (2003).

Viertklässler(innen) aufgrund ihrer psychosozialen Entwicklung in dieser Altersphase potenziell aktiv und konstruktiv an der Mitgestaltung ihrer Lebensbereiche beteiligt werden können.

Die seitens der Ganztagsmitarbeiter(innen) an die Schüler(innen) gestellten Mitgestaltungsanforderungen stellen wiederum wesentliche Impulse dar, um die Kinder auf dem Weg zu einem positiven Selbstkonzept zu unterstützen und zu stärken. Wenn den Schüler(inne)n ausreichend Beteiligungs- und Einflussmöglichkeiten bei der Gestaltung von Situationen und Handlungen eingeräumt werden und sie diese wahrnehmen und nutzen, dann können sie die eigenen Kompetenzen im Vergleich zu den Fähigkeiten anderer Kinder einschätzen und beurteilen. Aus diesem Blickwinkel ist Partizipation „eine Form von Kontrolle und Wirksamkeit des Einzelnen in seinem Verhältnis zur Gruppe. Wer die soziale Partizipation von Kindern fördern will, muss sich demzufolge fragen: Wie schätzen Kinder ihre Wirksamkeit ein?" (Strätz 2003, S. 123) Erleben sich Kinder als „selbstwirksam", so stärkt dies ihre positive Erwartungshaltung hinsichtlich der zu bewältigenden Aufgaben und fördert ein positives Selbstkonzept. „Bezüglich der Bewertung der eigenen Anstrengungen und ihrer Ergebnisse führen positive Erwartungen schließlich zu selbstwertdienlichen und motivationsfördernden Attributionen". (Schwarzer/Jerusalem 2002, S. 30) Darüber hinaus stärkt ein positives Selbstkonzept zusätzlich Motivation, Anstrengung und Ausdauer in der Auseinandersetzung mit zukünftigen Aufgaben und gewährleistet zugleich einen konstruktiven Umgang mit Rückschlägen. Die Förderung kindlicher Teilhabe im pädagogischen Alltag der Schule korrespondiert somit in hohem Maße mit der selbsttätigen Aneignung von Wissen und Können.

Vor diesem Hintergrund wurden die Kinder in der schriftlichen und mündlichen Befragung um Auskunft darüber gebeten, welche Teilhabemöglichkeiten und Chancen der Einflussnahme sie im Hinblick auf verschiedene Aspekte der Alltagsgestaltung wahrnehmen. Neben dem Beteiligungsgrad im offenen Ganztag werden die Aussagen der Schüler(innen) auch unter dem Gesichtspunkt betrachtet, welche Erwartungshaltungen hinsichtlich ihrer Mitgestaltung zum Ausdruck kommen.

4.2.7 Partizipation im Alltag des offenen Ganztags

Die Beteiligung von Kindern soll primär in Alltagssituationen erfolgen, da nur das, was als Selbstverständlichkeit erlebt wird, auch als Kompetenz erworben und später wieder abgerufen werden kann (vgl. Knauer/Brand 1998). Die OGS bietet hierzu potenziell vielfältige Ansatzpunkte – sei es im Unterricht oder in den außerunterrichtlichen Angeboten des Ganztags. Um den Stellenwert der Teilhabemöglichkeiten der Schüler(innen) im offenen Ganztag zu untersuchen, wurden den Kindern verschiedene Fragen zur Beteiligung in den einzelnen Handlungsfeldern gestellt, deren Ergebnisse in den vorangegangen Ausführungen zum Teil bereits vorgestellt wurden und in Tabelle 4.21 noch einmal zusammengefasst sind. Durch die Orientierung an den Handlungsbereichen sollte der abstrakte und mehrdimensionale Partizipationsbegriff operationalisiert und ein direkter Bezug zur kindlichen Erfahrungswelt hergestellt werden. Zugleich wurden mit den Fragen verschiedene Dimensionen des Partizipationsbegriffs erfasst. Bei der Auswertung der Daten zeigt sich, dass die Partizipationsmöglichkeiten in den einzelnen Feldern des Ganztags bislang nur unzureichend ausgebaut sind. Die größten Beteiligungsmöglichkeiten werden von den Kindern bei der Konfliktlösung, der Auswahl der Angebote und der Dekoration der Ganztagsräume wahrgenommen (vgl. Tab. 4.21).

Demgegenüber wurden in den voranstehenden Ausführungen handlungsfeldübergreifende Aspekte zu den Teilhabemöglichkeiten der Kinder in der OGS bislang weitgehend ausgeklammert. Angesprochen sind damit repräsentative Beteiligungsformen, offene Teilhabemöglichkeiten, der Prozess der Regelsetzung sowie die allgemeinen Partizipationskulturen an der Schule. Im Hinblick auf repräsentative Teilhabemöglichkeiten verdeutlicht der Blick auf die formalen Beteiligungsmöglichkeiten in Nordrhein-Westfalen, dass die im Schulgesetz verankerte Mitwirkung der Schüler(innen) erst ab der fünften Klasse geregelt ist (vgl. § 74, Abs. 2 Schulgesetz). Allerdings sollen die Grundschüler(innen) – laut SV-Erlass – auf die Arbeit in der Schülervertretung vorbereitet werden, in dem Selbstverantwortung und Selbständigkeit der Kinder möglichst früh entwickelt und gefördert werden (vgl. Runderlass 1979, 1.4). Hierzu wurde in Modellversuchen und in der Grundschulpraxis eine breite Palette niederschwelliger und kindgerechter Beteiligungsmodelle konzipiert (wie Klassenrat, Kinderparlament, Klassenbriefkästen, Morgen- und Wochenabschlusskreis etc.)[78], die bislang jedoch noch nicht auf breiterer Ebene verankert zu sein scheinen (vgl. Sünker/Swiderek/Richter 2005).

In diesem Kontext wurden die Schüler(innen) zu vier Fragestellungen um Auskunft gebeten (vgl. Tab. 4.21): (1) Mit Blick auf repräsentative Beteiligungsverfahren wurden sie dazu befragt, ob sie andere Kinder wählen, die stellvertretend für alle Schüler(innen) mit den Lehr- und Betreuungskräften oder dem Schulleiter reden. Hierauf geben knapp zwei Drittel der Kinder eine negative und ein gutes Drittel eine positive Antwort. Auffällig ist bei den Antworten die hohe Zahl der Kinder, die auf diese Frage nicht geantwortet hat. Dies kann auch als Indikator dafür gewertet werden, dass formale Teilhabemöglichkeiten von der Mehrzahl der Kinder nicht wahrgenommen und an den Schulen vermutlich auch nicht praktiziert werden.

---

78 Vgl. Urban (2005) sowie das Programm der Bund-Länder-Kommission „Demokratie lernen & arbeiten" (www.blk-demokratie.de).

(2) Im Unterschied zu den stärker formalisierten Partizipationsmöglichkeiten sind jedoch 73% der Kinder der Meinung, dass die Betreuungskräfte dem Gesprächsbedarf der Schüler(innen) Rechnung tragen und die anstehenden Fragen gemeinsam mit allen besprochen werden. 27% der Befragten sind allerdings anderer Auffassung. Auch bei dieser Frage ist die große Anzahl fehlender Aussagen auffällig. Gleichwohl erzielt dieses Item – nach den Aussagen der Kinder zur gemeinschaftlichen Konfliktlösung und gemeinsam mit den Auswahlmöglichkeiten bei den Angeboten – den zweithöchsten Zustimmungsgrad.

Tab. 4.21: Partizipation im Ganztag (Zeilen-%)

Item	Partizipation			
	Nein	Teil-weise	Ja	Anz.
Beteiligung allgemein				
Wir wählen Kinder, die für uns mit den Lehrern, Betreuern oder dem Schulleiter reden.	64,9	/	35,1	441
Wenn etwas besprochen werden muss, machen wir das alle gemeinsam mit der Betreuerin.	27,3	/	72,7	487
Manchmal können die Regeln im Ganztag auch gemeinsam m. d. Betreuerinnen verändert werden.	41,1	/	58,9	443
Wir Kinder sollten öfter nach unserer Meinung gefragt werden.	17,7	/	82,3	497
Beteiligung in einzelnen Gestaltungsfeldern				
Werdet ihr Kinder manchmal gefragt, was ihr zu Mittag essen möchtet?	64,7	/	35,3	589
Werdet ihr Kinder gefragt, welche Angebote es im Ganztag geben soll?	63,6	/	36,4	539
Dürft ihr Kinder euch aussuchen, in welche Angebote ihr gehen wollt?	10,6	16,6	72,7	601
Werdet ihr gefragt, was ihr in den Angeboten machen wollt?	33,8	37,1	29,1	556
Wenn euch Kindern ein Angebot nicht gefällt, dürft ihr dann in ein anderes wechseln?	58,8	/	41,2	510
Wir dürfen in den Ganztagsräumen Gebasteltes, Bilder und Poster aufhängen	21,9	22,8	55,3	613
Wir dürfen mitentscheiden, welche Spielsachen gekauft werden.	55,6	21,6	22,8	615
Konfliktlösungsstrategien (Mediation)				
Wenn es Streit gibt, besprecht ihr dann gemeinsam m. d. Betreuerin, wie der gelöst werden kann?	11,8	/	88,2	568
Wenn es Streit in der Klasse gibt, besprecht ihr dann gemeinsam mit der Lehrerin, wie der gelöst werden kann?	7,7	/	92,3	610

Quelle: Wissenschaftlicher Kooperationsverbund – standardisierte Kinderbefragung

(3) Weit weniger positiv betrachten die Kinder den Prozess der Regelsetzung. Hier erleben rund 59% von ihnen die Regeln als veränderbar – allerdings wiederum bei vielen fehlenden Angaben. 41% sehen keine Möglich-

keiten hierauf einzuwirken. Darüber hinaus scheint mit zunehmender Verweildauer im Ganztag ein Desillusionierungsprozess bei den Schüler(inne)n einzusetzen. Kinder, die bereits länger den Ganztag besuchen, konstatieren geringere Gestaltungsspielräume in diesem Bereich. Während Schüler(innen), die bereits zwei Jahre und länger im Ganztag sind, zu 56% Mitsprachemöglichkeiten bei den Regeln sehen, sind es bei den Kindern, die unter einem Jahr dort sind, rund 65%. Hierbei scheinen die Einflussmöglichkeiten der Kinder größer zu sein, wenn sie bereits vor dem Unterricht den Ganztag besuchen (mit einem Anteil von 78% gegenüber 69% der Schüler(innen), die nach dem Unterricht dorthin gehen).

(4) Im Hinblick auf die Partizipationskultur in der OGS sind 82% der Kinder der Meinung, dass sie öfter nach ihrer Meinung gefragt werden sollten. Hierbei vertreten zwei Kindergruppen diesen Standpunkt vehementer als die übrigen Befragten: (1) Zum einen sind Mädchen häufiger dieser Ansicht als Jungen. (2) Zum anderen möchten ältere Kinder öfter gefragt werden als jüngere. Auf den zweiten Blick ergab die Auswertung der Aussage „wir Kinder möchten öfter nach unserer Meinung gefragt werden" ein weiteres interessantes Ergebnis. Der Wunsch nach Beteiligung fiel insbesondere bei den Kindern hoch aus, die ansonsten vergleichsweise gute Beteiligungsmöglichkeiten sahen.

Zur weiteren Auswertung der Daten wurde auf der Grundlage der ersten drei Items aus Tabelle 4.21 eine Clusteranalyse durchgeführt.[79] Sie ergab im Hinblick auf die allgemeinen Beteiligungsformen im offenen Ganztag vier Typen, die eine Ordinalskala bilden (vgl. Tab. 4.22).

Tab. 4.22: Allgemeine Beteiligungsmöglichkeiten im Ganztag (Spalten-%)

Cluster	Beschreibung des Clusters	%
1	Alle erwähnen Vertreterwahl, hoher Anteil bei Besprechung mit Betreuer(innen), höchster Anteil bei Regeländerung	16,6
2	Keine Vertreterwahl, alle besprechen sich mit Betreuungskräften, zweithöchster Anteil bei Regeländerung	27,8
3	Geringer Anteil Vertreterwahl, kleiner Anteil Besprechung, kleinster Anteil bei Regeländerung	37,6
4	Keine Vertreterwahl, keine Besprechung, zweitkleinster Anteil bei Regeländerung	18,0
Anzahl		655

Quelle: Wissenschaftlicher Kooperationsverbund – standardisierte Kinderbefragung

Hiernach fallen mit 56% mehr als die Hälfte der Befragten in die Cluster 3 und 4, in denen die Kinder nur in sehr geringem Umfang von Partizipationsmöglichkeiten berichten. Nur etwa 17% gehören hingegen dem Cluster 1 an, in dem vergleichsweise weitgehende Mitsprachemöglichkeiten be-

---

79 Gerechnet wurde eine Clusteranalyse nach dem Ward-Verfahren mit vorgeschalteter Hauptkomponentenanalyse.

nannt werden. Zusammengenommen wird hier ein größeres Ausmaß an Partizipation ersichtlich als etwa bei den Analysen zu den Arbeitsgemeinschaften, Kursen und Projekten. Hierbei muss allerdings berücksichtigt werden, dass sich dieses Ergebnis möglicherweise auf die Schule insgesamt und nicht allein auf den Nachmittag bezieht.

Wird im nächsten Schritt über die Frage der allgemeinen Beteiligung hinaus betrachtet, wie die Einschätzungen der Kinder zu den Partizipationsmöglichkeiten in den unterschiedlichen Bereichen zusammenhängen, so besteht zumindest in ihrer Wahrnehmung kein übergreifendes Partizipationsmodell, das die einzelnen Dimensionen verbindet. Obgleich in den verschiedenen Handlungsfeldern (wie Mittagessen, Raumgestaltung, Konfliktlösung oder Freizeit) durchaus Partizipationsansätze bestehen, sind nur in wenigen Fällen weiter entwickelte Formen erkennbar. Die Beteiligungsmöglichkeiten differieren je nach Bereich, d.h., wenn Mitsprachemöglichkeiten bei der Planung der Arbeitsgemeinschaften wahrgenommen werden, bedeutet dies nicht, dass die Kinder auch die Möglichkeit sehen, Räume mit zu gestalten oder Essenswünsche zu äußern. Dies wird deutlich, wenn die Korrelation der Einzelindizes oder „Skalen" zur Partizipation betrachtet wird.

Die Einschätzung der Partizipationsmöglichkeiten differiert allerdings nicht nur zwischen unterschiedlichen Handlungsfeldern, sondern auch erheblich zwischen Kindern, die dieselbe Schule besuchen. Überraschend ist, wie gering bei den einzelnen Items die Übereinstimmung der Kinder einer Schule ist, d.h. Kinder sind sich insbesondere bei großen Schulen über diesen einfachen Sachverhalt keineswegs einig. Dies ist zum Teil sicherlich auf ein unterschiedliches Verständnis der Fragen zurückzuführen. Zu einem anderen Teil mag dies allerdings auch ein Indikator dafür sein, dass die Beteiligung der Kinder von Betreuer(inne)n unterschiedlich praktiziert wird.

Zusammenfassung und Folgerungen

Die Analyse der Kinderdaten hat zusammengenommen verdeutlicht, dass es zwar Partizipationsansätze in verschiedenen Bereichen gibt, diese aber nur in wenigen Fällen als basales Gestaltungsmerkmal im Alltag des Ganztags verankert sind. Dieses Ergebnis entspricht auch den Erkenntnissen aus den übrigen Erhebungen im Untersuchungsprogramm der wissenschaftlichen Begleitung, in denen auf mehreren Ebenen deutlich wird, dass im Hinblick auf die Beteiligung der Kinder noch Optimierungs- und Weiterentwicklungsbedarf besteht. So hat für die Mitarbeiter(innen) im Ganztag die Partizipationsfrage unter den Zielsetzungen einen eher nachrangigen Stellenwert. Dementsprechend werden Beteiligungsformen von Kindern seitens der Fachkräfte kaum praktiziert. Wird in diesem Zusammenhang nach der zukünftigen Bedeutung von Partizipation für die offene Ganztagsschule gefragt, dann sollte die aktive Mitwirkung der Kinder sowohl im Unterricht als auch im pädagogischen Alltag der außerunterrichtlichen Angebote gestärkt werden. Die angestrebte Ausweitung der Teilhabemöglichkeiten in der OGS stößt auch bei den befragten Schulleitungen, Lehr- und Fachkräften auf positive Resonanz. Sie bewerten Partizipation als Entwicklungsbereich, dem in Zukunft mehr Aufmerksamkeit geschenkt werden sollte.

Inwieweit Partizipation im Schulalltag jedoch tatsächlich verwirklicht werden kann, scheint von zwei zentralen, sich wechselseitig bedingenden Gelingensbedingungen abzuhängen:

(1) Als ein entscheidender Faktor für die Intensität des Beteiligungsgrades gilt die „individuelle Gestaltung der konkreten Situation durch die Akteure, wobei dem machtvolleren Akteur die wichtigere Position zukommt" (Urban 2005, S. 3). In asymmetrischen Beziehungen besteht danach die Aufgabe der Pädagog(inn)en darin, Transparenz über die Entscheidungsstrukturen und -grenzen herzustellen und Entscheidungsmacht auf die Schüler(innen) zu übertragen (vgl. ebd.). „Gute" Beteiligungsformen sind aus dieser Perspektive dadurch gekennzeichnet, dass die Kinder „freiwillig und unter Beteiligung von Erwachsenen an gemeinsam formulierten, transparenten Zielen mit hoher Verbindlichkeit in überschaubaren Prozessen arbeiten" (Sünker/Swiderek/Richter 2005, S. 19). Hierzu müssen ihnen in der OGS Möglichkeiten zur Mitgestaltung eröffnet und aufgezeigt werden, welche Konsequenzen ihre Beteiligung und ihre Entscheidungen im Handlungsvollzug haben. Wird die Aufforderung zur Entwicklung sozialer und demokratischer Kompetenzen als Ausgangspunkt für die Gestaltung des pädagogischen Handelns in der OGS zugrunde gelegt, dann sind die Erkundung der Ideen und Meinungen der Kinder sowie die gemeinsame Reflexion zwischen den Schüler(inne)n sowie den Lehrkräften erforderlich. Die Wertschätzung der Sichtweise der Kinder erfordert zugleich die Verankerung ihrer Grundbedürfnisse nach Kompetenz, Anerkennung und Leistung (vgl. Maslow 1977) im pädagogischen Handeln.

(2) Dies setzt zugleich institutionelle Rahmenbedingungen (wie Gesetze, Erlasse, Richtlinien und Lehrpläne) sowie organisationale Strukturen und Partizipationsformen voraus, die Partizipation auf allen Ebenen und Bereichen ermöglichen und fördern. Hierzu zählt die Ausweitung der formalen Mitwirkungsmöglichkeiten für Grundschüler(innen) im Schulgesetz ebenso wie deren konsequente Umsetzung im Alltag der OGS. Ein deutliches Signal in Richtung einer Ausweitung der Partizipationsmöglichkeiten enthalten dabei die neuen Richtlinien und Lehrpläne für die Grundschule, in denen das Lernziel „Entwicklung demokratischer Handlungskompetenz" wesentlich stärker als in der Vergangenheit berücksichtigt wird (vgl. Kropp 2006).

4.2.8 Die Weiterentwicklung des Ganztags

Dass verstärkte Anstrengungen in Richtung einer Qualitätsverbesserung der OGS unternommen werden müssen, um den Bedürfnissen und Interessen der Kinder entgegenzukommen, wurde in den voran stehenden Ausführungen bereits an unterschiedlichen Stellen deutlich. In diesem Kapitel sollen die vorgestellten Einzelergebnisse zum Wohlbefinden und Zufriedenheitsgrad der Schüler(innen) vergleichend betrachtet werden (vgl. Kap. 4.2.7.1). Abschließend werden die von Kindern in den beiden Befragungen direkt ermittelten Verbesserungsvorschläge vorgestellt (vgl. Kap. 4.2.7.2).

Subjektives Wohlbefinden der Kinder im Vergleich

Ausgangspunkt der voran stehenden Analysen war die Frage, wie sich der Alltag in der offenen Ganztagsschule auf das subjektive Wohlbefinden der Kinder auswirkt. Wie die Ergebnisse verdeutlicht haben, differiert der Zustimmungsgrad der Schüler(innen) im Hinblick auf einzelne Gestaltungselemente und Handlungsfelder des Ganztags zum Teil beträchtlich. Dies vermittelt auch die Tabelle 4.23, in der die Gesamtbewertungen der Schüler(innen) zu den einzelnen Handlungsfeldern noch einmal zusammengestellt worden sind, um einen abschließenden Vergleich der Zufriedenheitsniveaus in Relation zur Eingangsfrage zu ermöglichen.

Tab. 4.23: Subjektives Wohlbefinden der Kinder in einzelnen
Handlungsbereichen (Zeilen-%)

| Item | Bewertung | | | |
	Positiv	Neutral	Negativ	Anz.
Wie gefällt es dir im Ganztag?	57,7	38,8	3,5	627
Welche Kurse, AGs u. Projekte machst du im Ganztag und wie gefallen die dir?[1]	72,1	25,5	2,4	552
Fühlst du dich in den Ganztagsräumen wohl?	63,2	28,9	7,9	571
Wie findest du die Betreuerinnen im Ganztag?	59,8	32,5	7,7	610
Wie gefällt dir die Mittagspause in der Schule insgesamt?	58,3	33,8	8,0	616
Hast du insgesamt genügend freie Zeit im Ganztag, in der du tun kannst, was du willst?	47,4	35,7	16,8	624
Gehst du gerne in die Hausaufgabenbetreuung?	47,0	33,8	19,1	627
Wie findest du dein Mittagessen?[2]	38,5	48,4	13,1	624

1 *Durchschnittliche Bewertung der AGs (gerundet).*
2 *Beim Mittagessen wurden die Items „meistens gut", „manchmal gut, manchmal schlecht"
sowie „meistens schlecht" verwendet.*

Quelle: Wissenschaftlicher Kooperationsverbund – standardisierte Kinderbefragung

Während die Arbeitsgemeinschaften, Kurse und Projekte sowie die Räume im Vergleich zum allgemeinen Wohlbefinden der Kinder im Ganztag ausgesprochen gut abschneiden, entspricht die Bewertung des pädagogischen Personals und der Mittagspause dem allgemeinen Zufriedenheitsniveau. Dies gilt allerdings nicht für das Mittagessen im engeren Sinne, das von Kindern ein wesentlich schlechteres Votum erhält. Beeinträchtigungen des subjektiven Wohlbefindens der Kinder werden darüber hinaus beim Umfang der freien Zeit sowie bei den Hausaufgaben ersichtlich.

Da bei dieser Herangehensweise die Items zu den sozialen Beziehungen der Kinder untereinander nicht nutzbar sind, wurde ergänzend auf der Basis von Einzelfragen ein Summenindex gebildet, der die Problembereiche (Ausgrenzung, Streit und Gewalt) in diesem Feld abbildet. Zur Partizipation, die ebenfalls nicht durch eine Gesamtbewertung abgebildet werden kann, wurde exemplarisch auf die Partizipation im Bereich der Arbeitsgemeinschaften, Kurse und Projekte zurückgegriffen, für die eine ordinalskalierte Variable vorliegt. Beide Variablen wurden auf den Wertebereich der anderen hier genutzten Variablen reskaliert. Vergleicht man die Verteilungen der Variablen mit der Bewertung der Hausaufgaben – einem Item, das sich im unteren Mittelfeld der Bewertungen platziert – so wird deutlich, dass sowohl die Interaktionen zwischen den Kindern als auch die Partizipationsmöglichkeiten im Ganztag insgesamt die schlechtesten Bewertungen erzielen (vgl. Abb. 4.1)

Abb. 4.1: Verteilung der Bewertungen zu Hausaufgaben, Partizipation in Arbeitsgemeinschaften, Kursen und Projekten sowie zu Störungen sozialer Beziehungen unter Kindern (Kerndichteschätzer)

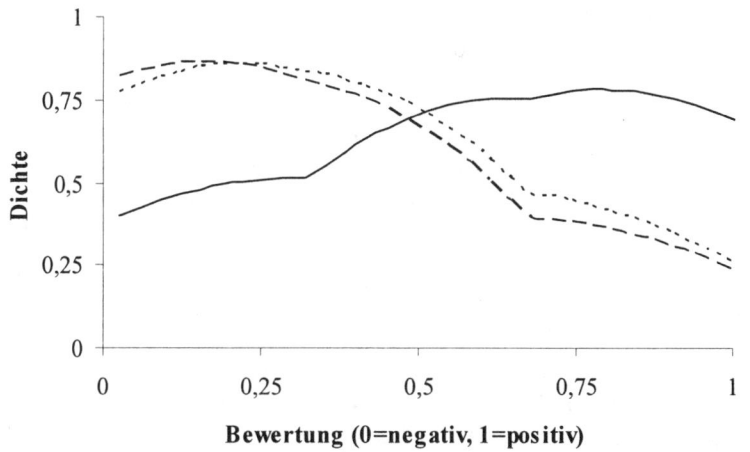

Bewertung (0=negativ, 1=positiv)

———— Hausaufgaben ······ Partizipation in AG — · — · · Störung soz. Beziehunge

Quelle: Wissenschaftlicher Kooperationsverbund – standardisierte Kinderbefragung

Zusammengenommen lässt sich festhalten, dass bei insgesamt überwiegend positiven Bewertungen zwar schon ein relativ hoher Zufriedenheitsgrad bei den Schüler(inne)n erreicht werden konnte, dieser allerdings mit deutlichem Verbesserungsbedarf in einzelnen Segmenten einhergeht. Im Einzelnen lassen sich folgende Rückschlüsse ziehen: (1) An erster Stelle sollten die Rahmenbedingungen in der OGS so gestaltet werden, dass soziale Lernprozesse unter den Kindern stärker als bisher gefördert werden. (2) Diese Entwicklungsanforderung an die OGS korrespondiert in hohem Maße, mit der Notwendigkeit eines verstärkten Ausbaus der Schule als Lernfeld für Partizipation, der nicht allein für die Persönlichkeitsentwicklung und die weitere Schullaufbahn der Kinder von Relevanz ist, sondern auch dem sozialen

Klima in der OGS zu Gute kommt. (3) Bei einer Weiterentwicklung der OGS sollte über eine Neuausrichtung der Hausaufgabenkonzepte nachgedacht werden. (4) Grundsätzlich sollten schulische Organisationsmodelle forciert werden, die – je nach Konzept der Einzelschule – eine verbesserte Synchronisation zwischen institutionell geformten Zeitanforderungen und kindlichen Eigenzeiten erlauben. (5) In Richtung eines graduellen Verbesserungsbedarfs weisen die Ergebnisse zu den Beziehungen zwischen den Kindern und den Betreuungskräften sowie zur Mittagspause. Wird allerdings speziell das Mittagessen herausgegriffen, dann erscheint dieses Gestaltungselement – auch vor dem Hintergrund der vorangegangenen Ausführungen – als stark regulierter Bereich, in dem den Kindern nur wenige Freiräume für selbstbestimmte Aktivitäten zugestanden werden.

Obgleich die Räumlichkeiten und vor allem die Angebote in hohem Maße zum Wohlbefinden der Kinder beitragen, verdeutlichen die von den Kindern selbst formulierten Verbesserungsvorschläge, dass auch in diesen Handlungsfeldern weitere Optimierungsmöglichkeiten liegen. Hierzu werden im Folgenden die Statements der Kinder präsentiert.

Die Statements der Kinder zur Verbesserung des Ganztags
Zum Abschluss der standardisierten Erhebung wurden die Kinder selbst zur Veränderung des Ganztags in offener Form um Auskunft gebeten. Hierzu lieferten sie sehr vielfältige Antworten, in denen sich im Detail die konkrete Situation an den Einzelschulen spiegelt. Um zu verwertbaren Daten zu gelangen, wurden die Kinderantworten zu Themengebieten zusammengefasst, die im Folgenden vorgestellt und im Hinblick auf die formulierten Veränderungswünsche durch die Aussagen der Schüler(innen) in den Interviews komplettiert werden.

Welche Sachen gefallen den Kindern am Ganztag richtig gut?
Zu dieser Frage liefern die Kinder sehr unterschiedliche Antworten, die von pauschalen Statements (wie „alles") über bereichsbezogene Aussagen (z.B. „das leckere Mittagessen") bis hin zu konkreten Ausstattungsgegenständen reichen (wie „Billard" oder „Playmobil"). Unter den als positiv erlebten Dimensionen des Ganztags benennen sie vor allem drei Themenbereiche:

(1) Am häufigsten verweisen die Kinder auf die Angebote (wie Kurse, AGs, Projekte oder gemeinschaftlich durchgeführte Gruppenangebote). Größeren Raum nehmen hierbei die AGs im Bereich „Sport und Bewegung" ein (wie Fußball und andere). (2) Zum zweiten Bereich, der bei den Schüler(inne)n ein positives Echo auslöst, zählt das Thema „Ausstattung und Räumlichkeiten". Hierbei richtet sich der Kinderblick am häufigsten auf besonders attraktives Spiel- und Bastelmaterial oder beliebte Spielgeräte, die im Ganztag vorhanden sind. (3) Zum dritten Themenbereich, auf den vergleichsweise viele Antworten entfallen, gehören die „selbstbestimmten Aktivitäten bzw. die freie Zeit". Neben allgemeinen Aussagen (wie „dass man so viel machen kann" oder die „die Pause") enthalten die Antworten

auch konkrete Aussagen, mit welchen Tätigkeiten die freie Zeit gefüllt wird: Neben diversen Einzelaktivitäten (wie toben, basteln, malen, Musik hören etc.) benennen die Kinder häufig „Spielen" oder „Spiele" in den Innen- und Außenräumen".[80]

Welche Sachen gefallen den Kindern am Ganztag gar nicht?

Werden im Unterschied zu den positiven Aspekten die Bereiche des Ganztags hervorgehoben, mit denen die Kinder unzufrieden sind, dann ist an erster Stelle das „soziale Klima" zu benennen. Hierzu gehört zum einen die Beziehung zu anderen Kindern, wobei besonders häufig Konflikte wie „Ärger", „Streit" und „Motzen" genannt werden, aber auch Aggressionen gegen die eigene Person („beschimpft", „getreten", „gehauen" werden) und Sachen („kaputt machen") umfassen. Hinzu kommen andere Kinder mit störenden Verhaltensweisen, unter denen etwa seitens der Mädchen öfter auf die „bösen Jungen" verwiesen wird (die treten, den Ball aufs Dach oder in die Blumen schießen, toben etc.). Auch das Personal im Ganztag wird von den Kindern häufig weniger positiv gesehen: „Ausschimpfen" und „rummeckern", „(an)schreien" und „zu streng" bilden typische Aussagen. Folgerichtig werden auch Störungen wie Lautstärke und Unruhe im Ganztag von einem Teil der Kinder als Störungen des sozialen Klimas beschrieben. Neben diesem dominierenden Themenbereich finden sich nur sehr wenige Aussagen der Kinder zu anderen, explizit als negativ erlebten Dimensionen des Ganztags.

Was wünschen sich die Kinder für den offenen Ganztag?

In der schriftlichen Befragung wurden die Mädchen und Jungen gebeten, ihre Verbesserungswünsche darzulegen. Hierbei dominieren unter den Kinderantworten zwei Themenbereiche: Mit 271 Nennungen bezieht sich zum einen fast die Hälfte der Änderungsvorstellungen auf die Ausstattung und die Gestaltung der Innenräume und des Außengeländes. Die Anschaffung neuer oder anderer Spielsachen, -materialien oder -geräte nimmt darunter großen Raum ein. Rund 17% der Vorschläge entfallen zum anderen auf die Verbesserung des sozialen Klimas im Ganztag, d.h. vor allem auf die Beziehung zwischen Betreuungskräften und Kindern sowie die Interaktionen der Kinder untereinander. Alle anderen Dimensionen, zu denen die Kinder Veränderungsbedarf formulieren, erzielen Anteile unter 9%.[81] Die in der

---

80 Bei dieser Kategorie ist – wie auch in den folgenden Ausführungen zu berücksichtigen, dass bei der Kodierung die Abgrenzung zu den strukturierten Angeboten nicht immer einfach war. Dies zeigt sich etwa beim Fußballspielen, das sowohl dem AG-Bereich als auch den selbstbestimmten Aktivitäten zugeordnet werden kann und – insbesondere bei den Kindern, bei denen sich die Fußballbegeisterung durch den ganzen Fragebogen zieht – vermutlich in beiden Zusammenhängen ausgeübt wird.

81 Hierzu gehören in der Rangfolge der Nennungen Vorschläge zur Angebotspalette, zu sonstigen Wünschen, zur Lockerung von Regeln bzw. der Erweiterung der Partizipationsmöglichkeiten, zur Ausdehnung der Spielzeiten, zur Qualität des Mittages-

schriftlichen Befragung ermittelten Vorstellungen der Kinder zur Weiterentwicklung der OGS spiegeln sich auch in den Interviews, die im Hinblick auf die Bedeutung, die die Kinder mit den einzelnen Aspekten verbinden, sehr aufschlussreich sind. Auf der Grundlage beider Befragungen lassen sich die Wunschvorstellungen der Ganztagsschüler(innen) inhaltlich wie folgt näher beschreiben und zugleich weitere Rückschlüsse zu den Weiterentwicklungsbedarfen der OGS ableiten (vgl. hierzu auch Kap. 4.2.7.3):

(1) Im Hinblick auf die Raumgestaltung äußern die älteren Kinder sehr konkrete Vorstellungen, wie sie die Innenräume ausstatten und nutzen würden. Sie wünschen sich z.B. mehr oder andere Spielsachen, Medien wie Fernseher und PC, Tiere unterschiedlicher Art und Größe, eine angenehmere Beleuchtung und eine andere Farbgestaltung der Räume sowie Sitzmöbel, die ihrer Körpergröße entsprechen. Auf die Einrichtung und Ausstattung der Ruhezonen und der Leseecken würden sie ebenfalls gerne Einfluss nehmen. Bewegungs- und Toberäume, Mal- und Puppenecke bilden darüber hinaus Beispiele für Funktions- und Spielräume, die sich die Kinder wünschen. Auch bezüglich des Außengeländes haben die Schüler(innen) vielfältige Wünsche, die vom größeren Schulhof über den Spielplatz bis hin zu Sportanlagen reichen (wie Fußball- und Handballfeld, Schwimm- und Wellenbad). Zusammengenommen verdeutlichen die Aussagen, dass die Frage der Raumnutzung und -gestaltung für die Kinder eine sehr große Bedeutung hat. Diesem hohen Stellenwert sollte im Hinblick auf das subjektive Wohlbefinden der Schüler(innen) durch die Berücksichtigung ihrer Interessen und Bedürfnisse sowie im Rahmen eines gemeinsamen Entscheidungsprozesses zwischen Kindern und Ganztagskräften zur Raumgestaltung Rechnung getragen werden.

(2) Mit Blick auf das soziale Klima äußern die Kinder neben allgemeinen Wunschvorstellungen (wie alle sollen „glücklich" und „fröhlich" sein und miteinander im Ganztag „viel Spaß" haben) auch eine Reihe von Vorschlägen zum Verhalten der Fachkräfte im Ganztag (wie nettere oder schlichtweg „andere Betreuerinnen"). Obwohl die Dritt- und Viertklässler(innen) das Engagement und die Unterstützung der Pädagog(inn)en prinzipiell wertschätzen, wünschen sie sich gerechtere und geduldigere Mitarbeiter(innen) im Ganztag. Darüber hinaus thematisieren die Schüler(innen) auch Aspekte eines friedvolleren Umgangs miteinander, der durch weniger störende und aggressive Verhaltensweisen anderer Kinder gekennzeichnet sein soll. Eine Verminderung des Lärmpegels und weniger Unruhe würden nach Auffassung der Kinder auch zur Verbesserung der Atmosphäre beitragen. Aus Sicht der Schüler(innen) bildet somit das soziale Klima einen Bereich, der – und dies verdeutlichen auch die oben angeführten Kinderant-

---

sens, zur Gesamtverbesserung des Ganztags sowie zur Reduzierung bzw. Abschaffung der Hausaufgaben.

worten zu den negativen Aspekten des Ganztags – im Rahmen der Qualitätsentwicklung verstärkt in Angriff genommen werden sollte.

(3) Bei der Auswertung der Äußerungen der Kinder wird darüber hinaus der enge Bezug zwischen dem sozialen Klima und den Räumlichkeiten deutlich, der mit Unterschieden zwischen den beiden Gendergruppen einhergeht. So wünschen sich insbesondere Mädchen eigene (Spiel-)Räume Bei Jungen ist der Wunsch weniger stark ausgeprägt. Diese Vorschläge sollten als Hinweise betrachtet werden, dass die unterschiedlichen Spiel(gruppen)bedürfnisse von Mädchen und Jungen im Ganztag auch räumlich als Bestandteil eines genderbewussten Erziehungs- und Bildungsansatzes im Gesamtkonzept der OGS zu integrieren sind.

(4) Des Weiteren formulieren die Mädchen und Jungen den Wunsch, nach mehr Zeit für ihre Angebote und selbstbestimmten Aktivitäten, die aus Sicht der Kinder innerhalb eines abwechslungsreichen Tagesablaufs angemessen zu berücksichtigen sind. Zugleich haben sie konkrete Vorstellungen darüber, welche Angebote sie – über die an der Schule bestehenden hinaus – interessieren würden. Das Anliegen der Dritt- und Viertklässler(innen) Aktivitäten des Ganztags auch außerhalb der Räume der OGS stattfinden zu lassen, entspricht dem Bedürfnis der Altersgruppe nach weiterer Erkundung ihres sozialen Nahraums (vgl. Baacke 1999, S. 114f.). Mehr Mitsprache bei der Programmgestaltung, größere Freiräume für Spiel und Gleichaltrigenkontakte sowie die Lockerung von Verboten und Regeln – insbesondere auch mit Blick auf den Außenbereich – bieten hierbei Ansatzpunkte zur Verbesserung des Ganztags.

(5) Bei der Auswertung der Wünsche im Handlungsfeld „Hausaufgabenbetreuung" zeigen sich bei Mädchen und Jungen tendenziell unterschiedliche Schwerpunkte. Die Mädchen wünschen sich einen eigenen Raum, damit sie ungestört arbeiten können. Jungen hingegen möchten den Umfang der Hausaufgaben deutlich reduzieren und erwarten zusätzlich mehr Unterstützung von den Mitarbeiter(inne)n. Gleichzeitig sehen sie die Notwendigkeit, mehr Personal für die Hausaufgabenbetreuung einzusetzen. Die verstärkte Orientierung an den Interessen der Kinder im Rahmen eines Hausaufgabenkonzepts, dass die Lernfreude der Kinder berücksichtigt, ihre Motivation steigert, eine angemessene Begleitung sichert sowie den speziellen Interessen der Mädchen und Jungen auch räumlich Rechnung trägt, bildet aus Sicht der Kinder eine Verbesserung der bisherigen Praxis.

(6) Mit Blick auf die Gestaltung des Mittagessens formulieren die Kinder z.B. Veränderungsvorschläge, die sich auf die Auswahlmöglichkeiten, die Qualität und den Geschmack des Essens beziehen. Darüber hinaus werden von den Kindern bestimmte Regeln hinterfragt. Zur Tisch- und Sitzordnung entwickeln sie auch entsprechende Vorschläge, da die Anordnung der Tischgruppen Auswirkung auf das soziale Miteinander hat und damit auch die Raumgestaltung für Kommunikationsbedürfnisse der Kinder konstitutiv

ist. Bei diesen Entscheidungen erwarten sie, dass sie beteiligt werden. Des Weiteren formulieren die älteren Kinder nachdrücklich den Wunsch, beim Mittagessen neben ihren Freunden sitzen zu dürfen. Die konsequentere Orientierung an den sozialen Bedürfnissen der Kinder und die Deregulierung der Mittagssituation stellen in diesem Zusammenhang wesentliche Faktoren in Richtung einer kindgerechteren Ganztagsschule dar.

Empfehlungen zur Weiterentwicklung der OGS mit Blick auf die älteren Kinder

Um das subjektive Wohlbefinden der Kinder im Ganztag zu erhöhen, lassen sich im Spiegel der standardisierten und mündlichen Befragung die folgenden zentralen Entwicklungslinien für die Weiterentwicklung des Ganztags zusammenfassen:

Rhythmisierung der OGS fördern:
Die OGS bindet ein erhebliches Zeitkontingent im Alltag der Kinder. Aus der Perspektive der Schüler(innen) trägt eine pädagogisch anregende Gestaltung der OGS, die zu selbstgesteuerten Aktivitäten mit Gleichaltrigen einlädt, Langeweile und Unterforderungen entgegenwirkt und genügend Zeit für selbstbestimmtes Handeln der Schüler(innen) beinhaltet, zum Gelingen des Ganztags bei. Hierzu zählen im Einzelnen:

(1) Die Gestaltung abwechslungsreicher Tages- und Wochenabläufe für die Kinder (unterrichtsbezogene Anteile, interessengeleitete Angebote oder Kurse sowie freie Zeit für selbstbestimmte Aktivitäten) bietet den Kindern ein Höchstmaß an Zufriedenheit und Wohlbefinden. Diese Rhythmisierung gilt es im Ganztag weiter auszubauen.

(2) Bei der Tagestrukturierung sollte ein Gesamtkonzept zugrunde gelegt werden, dass über den Nachmittag hinaus die unterrichtsbezogenen Belastungen der Schüler(innen) stärker berücksichtigt, um den Kindern genügend Freiräume zu eröffnen, in denen sie ihren Bedürfnissen und (Lern-)Interessen nachgehen können. Dies betrifft insbesondere die Viertklässler(innen), bei denen der Umfang an unverplanten Zeitanteilen aufgrund der höheren Stundenzahl am geringsten ist.

(3) Ein besonderer zeitlicher Engpass stellt hierbei die Mittagspause dar. Um die Entzerrung dieser Zeitpassage zwischen dem Unterricht und der Hausaufgabenbetreuung zu ermöglichen, sollten sowohl der Personaleinsatz als auch die Organisationsmodelle der OGS überdacht werden. Bei der Neuorganisation ist zugleich darauf zu achten, dass auch die Mitarbeiter(innen) Freiräume haben, die es ihnen im Rahmen der offenen Arbeit erlauben, den Bedürfnissen und Interessen einzelner Kinder und Kleingruppen intensiver Rechnung zu tragen.

Räume kindgerechter gestalten:
Differenzierte Raumkonzepte, die den Interessen der verschiedenen Altersjahrgänge Rechnung tragen, bilden eine wesentliche Gelingensbedingung der offenen Ganztagsschule:

(1) Bei der Ausstattung der Innenräume ist auf entsprechende Geräuschdämmung zu achten. Ebenfalls sollten Kleingruppen ausreichend Platz zum Lernen und Spielen haben.

(2) Kinder sollen ihren spontanen Bewegungsbedürfnissen in den Innenräumen sowie im Außengelände nicht nur in dafür ausgelegten Sport- und Bewegungsangeboten nachkommen können. Hierzu sind insbesondere die Innenräume so flexibel zu möblieren, dass die Möglichkeiten für Bewegung und Toben auch spontan geschaffen werden können.

Bildungs- und Lernangebote weiter entwickeln:
Der pädagogische Rahmen des Ganztags sollte verstärkt den besonderen Bedürfnissen und Kompetenzen der älteren Schüler(innen) nach Selbständigkeit und -steuerung, Verantwortung und Selbstkontrolle sowie der Eroberung neuer Wissensgebiete und Erweiterung ihrer Aktionsräume Rechnung tragen:

(1) Die Bildungs- und Lernangebote verstehen sich als Anknüpfungspunkte für die Entwicklung von spezifischen Interessen und Neigungen über den Ganztag hinaus. In diesem Sinne ist u.a. eine regelmäßige Erkundung des Sozialraums wichtig und sinnvoll (zum Beispiel durch die Inanspruchnahme von Orten für Projekte und Kurse auch außerhalb des Ganztags oder in Form von Kooperationen mit nahegelegen Jugendeinrichtungen).

(2) Mit Blick auf die Viertklässler(innen) gilt es, diese auf die Passage des Übergangs in eine andere Schule (evt. auch in ein anderes soziales Umfeld) vorzubereiten und zu unterstützen.

Hausaufgabenbetreuung qualitativ verbessern:
Die Optimierung der Hausaufgabenbetreuung und ihre Weiterentwicklung in Richtung individueller Lernzeiten stellen wesentliche Gelingensbedingungen des offenen Ganztags dar:

(1) Es wird ein gemeinsames Hausaufgabenkonzept von Lehrkräften und den pädagogischen Kräften im Ganztag erstellt, in dem die Fragestellung „Wie können die Lernchancen der Kinder durch diese Begleitung unterstützt werden?" jeweils schul- bzw. ganztagsspezifisch beantwortet wird. Diese Standards des Hausaufgabenkonzepts werden ebenfalls mit den Eltern abgestimmt.

(2) Die Kooperationsbemühungen der Kinder werden aufgegriffen (z.B. Bildung von Hausaufgabenteams, ältere unterstützen jüngere Kinder), indem sie hierzu ist eine systematische Einführung und Anleitung erhalten.

(3) Eine Differenzierung der Hausaufgabengruppen nach Leistungsfähigkeit und Interessen sowie das Angebot individueller Lernzeiten wirkt motivationsfördernd und vermindert Überforderung. Gleichzeitig findet eine regelmäßige Reflexion mit den Kindern über ihre Lernzeit in der OGS statt. Mitarbeiter(innen) werden zu Lernbegleiter(inne)n. Hierbei sollten insbesondere die Interessen jene Kindergruppen stärker ins Blickfeld gerückt werden, die der Hausaufgabenbetreuung ablehnender gegenüberstehen, d.h. insbesondere Jungen, jüngere Kinder sowie Schüler(innen), die bereits länger im Ganztag sind.

(4) Wesentliche Voraussetzungen zur Verbesserung der Hausaufgabensituation beziehen sich auf eine Gruppensituation, deren organisatorische und soziale Rahmenbedingungen so gestaltet werden sollte, dass die Lernfreude der Kinder gefördert, Störungen minimiert und konzentriertes Arbeiten ermöglicht wird.

Mittagessen und Mittagspause zum Kommunikations- und Bildungsort ausbauen:
Die Mittagspause bildet ein Handlungsfeld, das den Kindern potenziell vielfältige Lernchancen eröffnet, die intensiver als bisher genutzt werden sollten, um das Wohlbefinden der Kinder im Ganztag zu erhöhen:

(1) Während dieser Phase möchten Kinder Freunde treffen, Gemeinschaft erleben und wünschen sich die Erwachsenen als Ansprechpartner(innen). Die Bildung von kleinen Tischgruppen ist von Vorteil.

(2) Es werden gemeinsame Absprachen mit den Kindern über den Speiseplan getroffen.

(3) Die Beteiligung der Kinder an hauswirtschaftlichen Tätigkeiten sowie Absprachen über die Aufgabenverteilung sind selbstverständlicher Bestandteil dieses Ganztagselements.

(4) Bei der gemeinsamen Zubereitung von Mahlzeiten (im Sinne von Angeboten und/oder Projekten) setzen sich die Kinder mit ihren Ernährungsgewohnheiten auseinander und eignen sich spezifischen Fertigkeiten an – wie die Zubereitung einer Mahlzeit.

Das soziale Klima verbessern
Das soziale Klima im Ganztag ist nach Aussagen der Kinder sowohl im Hinblick auf die Interaktionen mit den Betreuer(inne)n als auch hinsichtlich des Umgangs miteinander entwicklungsfähig. Im Ganztag sind Gelegenheiten zu schaffen, in denen Zeit für eine gemeinsame Reflexion mit den Kindern über dieses Thema zur Verfügung steht. Die gemeinsame Erarbeitung von Regeln und Formen der Konfliktlösung sind als Lernchancen zu sehen. Angebote im Bereich der Mediation/Streitschlichtung können hier zusätzlich zur Sensibilisierung beitragen.

Partizipationsmöglichkeiten im Alltag der OGS ausweiten:
Die Ausweitung der Teilhabemöglichkeiten bildet einen Entwicklungsbereich, der in allen Alltagsvollzügen und Handlungsfeldern der OGS von Relevanz ist:

(1) Das Regelwerk für die Gestaltung des Alltags und das Zusammenleben im Ganztag wird gemeinsam mit den Mädchen und Jungen erarbeitet. Die Kontrolle dieser Regeln wird nicht ausschließlich den Mitarbeiter(inne)n des Ganztags überlassen, sondern die Kinder übernehmen eigenverantwortlich nach Absprache mit den Fachkräften entsprechende Aufgaben. (Dies sollte als Handlungsmaxime für alle Gestaltungselemente im Ganztag gelten.) Gleichzeitig werden die Regeln in regelmäßigen Abständen gemeinsam überprüft und gegebenenfalls modifiziert.

(2) Eine weitere Steigerung der Lernchancen im Hinblick auf die Bildungs- und Lernangebote erhalten die Kinder durch die Beteiligung an der Planung der Angebotspalette und der inhaltlichen Mitgestaltung innerhalb der Angebote.

(3) Um die Attraktivität des Ganztags für die Schüler(innen) zu erhöhen, sollten die Gestaltungsmöglichkeiten der Kinder in diesem Bereich insbesondere im Hinblick auf die Mitsprachemöglichkeiten bei der Anschaffung von Spielmaterialien und Raumgestaltung ausgeweitet werden. Hierbei sollten insbesondere die Interessen der Viertklässler(innen) sowie der Kinder, die bereits länger im Ganztag sind, berücksichtigt werden.

(4) Die Schülermitwirkung (spezifische Vertretungsorgane) in der Grundschule sowie im Ganztag wird ausgebaut.

Die spezifischen Interessen von Mädchen und Jungen im Ganztag berücksichtigen:
Bei der Gestaltung der offenen Ganztagsschule sind die Interessen von Mädchen und Jungen im Rahmen eines genderbewußten Erziehungskonzepts stärker zu berücksichtigen.

(1) Aufgrund der unterschiedlichen Raumnutzung von Mädchen und Jungen sind entsprechende Rückzugsmöglichkeiten für Jungen und Mädchen zu schaffen.

(2) Über spezifische Freizeitaktivitäten und/oder Projekte, die von Mädchen und Jungen gemeinsam besucht werden, wird der Austausch gefördert und ein Beitrag zur Entwicklung von Teamfähigkeit geleistet.

(3) Da Jungen weniger Vertrauenspersonen im Ganztag nennen und das Verhalten der Erwachsenen kritischer als Mädchen sehen, sollten sich die Ganztagskräfte intensiver um die Anliegen und Bedürfnisse der Jungen bemühen. Dies korrespondiert auch mit dem Wunsch der Jungen nach mehr Unterstützung durch die Mitarbeiter(innen) bei den Hausaufgaben. Im Rah-

men der Personalentwicklung sollten mehr männliche Pädagogen berücksichtig werden.

4.3 Die jüngeren Kinder (Gabriele Nordt)

Die Perspektive der Kinder auf Schule und Ganztag mit seinen außerunterrichtlichen Bausteinen stellt ein Forschungsdesiderat dar. Bisher wurde Schule zumeist aus der Wahrnehmung der pädagogischen Kräfte und Schulleitungen erkundet, während die Sicht-, Erlebnis- und Verarbeitungsweisen der Kinder weitgehend unberücksichtigt und unerforscht blieben (vgl. Röhner/Hausmann u.a. 2006, S. 168). Es scheint jedoch notwendig, nicht zuletzt im Hinblick auf die angemessene Verarbeitung der IGLU-Ergebnisse (vgl. Bos u.a. 2003), die vielfältigen Lebens- und Lernwirklichkeiten von Kindern besser zu beobachten, zu beschreiben und zu interpretieren und dadurch die Binnensicht der Kinder im sozialen Feld des Schulalltags stärker zu fokussieren (vgl. Heinzel 2005, S. 49). Inhaltlich geht es dabei z.B. um die Bedeutung der Gleichaltrigenbeziehung, die Aktivitäten und sozialen Konstruktionsprozesse von Kindern beim Lernen in den ersten Schuljahren sowie die Bedeutung der Entgrenzung von Kindheit und Schule (vgl. ebd., S. 50).

Wir wissen also wenig darüber wie Grundschulkinder im Ganztag ihren Schulalltag erleben, wie sie die Interaktionen mit anderen Kindern und den Erwachsenen wahrnehmen und sie die Herausforderungen des Ganztags bewältigen. Dies gilt besonders für die jüngeren Kinder im Ganztag (Erst- und Zweitklässler), zu deren Ganztagswelt bisher noch seltener ein Forschungszugang hergestellt wurde als dies bei den älteren Kindern (Dritt-, Viertklässler) der Fall ist.

Die Welt der Jüngeren ist die des Übergangs vom Kindergarten in die Ganztagsgrundschule und deshalb in besonderer Weise von dem Systemwechsel und seinen Herausforderungen geprägt. Dabei ist es weniger der Eintritt in die Schule, als vielmehr die Unterschiedlichkeit der in der Elementar- und Schulpädagogik gestalteten Lernwelten, die den Einschnitt markieren. Die bisherigen Welten der Kinder werden nun von den schulischen Werten, den Ritualen und Zeremonien überformt (vgl. Combe/Helsper 1994, S. 17).

Die Eingangsphase bedeutet für Kinder eine radikale Veränderung ihres Weltzugangs. Haben sie bisher ihr Lernen weitgehend spielerisch organisiert, so wird nun von ihnen verlangt, vorgegebene Inhalte in festgelegten Formen und in einer bestimmten Zeitspanne zu lernen. Zudem müssen die Kinder sich an die zeitlichen- und räumlichen Strukturen des Ganztags anpassen, in den Gruppen orientieren und ihren Platz finden. Wenn sie dies aus dem Kindergarten auch bereits kennen, so sind die Anforderungen von Schule höher, da die institutionellen Zwänge größer sind und die Notwendigkeit zur Anpassung weitreichender (vgl. Beck/Scholz 1995, S. 18). Die in der Anfangsphase liegenden Herausforderungen haben insofern eine hohe Bedeutung und sollten aufmerksam begleitet werden als sich Störungen potentiell negativ auf die gesamte individuelle Bildungsbiographie eines Kindes auswirken können.

Ziel der Auswertung ist es, die vorliegenden Interviews mit den jüngeren Kindern auf Besonderheiten dieser Altersgruppe im Übergang vom Kindergarten zur Schule und bei der Gestaltung ihres Lebens und Lernens im System der Ganztagsschule zu betrachten und daraus Folgerungen für die pädagogische Praxis abzuleiten. Dabei werden alle Fragestellungen unter dem Aspekt des subjektiven Wohlbefindens analysiert. „Globale Konstrukte wie ‚Wohlbefinden' oder ‚Stress' können aus zwei Gründen als Indizien für gelungene Pädagogik herangezogen werden: Zum einen zeigen sich intraindividuelle Unterschiede betreffend des Fähigkeitsbildes und der Leistungsbereitschaft und zum anderen interindividuelle Unterschiede, die zusätzlich verstärkt durch Kontexte beeinflusst werden." (Wild u.a. 2006, S. 208)

Ein gutes Verhältnis zwischen Kindern und Pädagog(inn)en ist eine Voraussetzung dafür, dass Kinder die vielfältigen Angebote und Erfahrungswelten des Ganztags optimal nutzen, ihre eigenen Fähigkeiten, Fertigkeiten und Möglichkeiten mehr und mehr erkennen und weiter entwickeln können (vgl. Hüther 2004, S. 493). Entwicklungsförderliche Merkmale in der Gestaltung der Interaktionen sind u.a. Sensitivität, Responsivität, Interesse und Engagement, Wertschätzung und Berücksichtigung kultureller Differenz, reziproke statt direktive und restriktive Interaktion, Stabilität in der Betreuung (vgl. Gisbert 2004, S. 56 ff.).

Von großer Bedeutung für die Lern- und Erfahrungsmöglichkeiten sind ebenso die Beziehungswelten der Kinder untereinander, denn die Bedeutung der Peergruppe wächst zum Schulanfang im Vergleich zur Bedeutung der Familie kontinuierlich (vgl. Opp/Speck-Hamdan 2001, S. 177). Die Beziehungen der Kinder untereinander stellen ein Lernfeld für die soziale, emotionale und moralische Entwicklung der Kinder dar. Kennenlernen, sich gegenseitig vertraut machen, einen Platz in der Gruppe einnehmen, sich anfreunden sind dabei nicht zu unterschätzende Entwicklungsaufgaben der Kinder am Schulanfang (vgl. Petillon 1993b, S. 28).

Eng damit verbunden ist die Frage, wie sich das Bedürfnis und die Fähigkeit der Kinder zur Selbstbestimmung gestaltet und ob es diesbezüglich Unterschiede zwischen den vier Handlungsfeldern gibt. Ein weiterer Schwerpunkt liegt in der Betrachtung des Genderaspektes, denn bereits mit Schulbeginn sind erhebliche Unterschiede in den Jungen- und Mädchenwelten des Ganztags anzunehmen (vgl. Petillon 1993b, S. 174; Krappmann/Oswald 1995, S. 189ff.). In der Folge sind auch die Spielwelten der Mädchen und Jungen häufig sehr unterschiedlich, und intensive Kontakte bestehen vorrangig mit Kindern des gleichen Geschlechts.

Fragen der Beziehungsgestaltung auf den genannten Ebenen werden ebenso wie die Partizipations- und Genderaspekte als Querschnittsthemen jeweils in den einzelnen Handlungsfeldern abgebildet. Folgende These ist bei der Analyse und Interpretation der Ergebnisse leitend:

Die Mädchen und Jungen der Schuleingangsphase wollen lernen und bringen eigene Kompetenzen mit (vgl. Gardner 1999, S. 41ff.). Lernen lässt sich nicht nur von Außen bestimmen, sondern setzt im besonderen Maße den intraindividuellen Eigenanteil der Kinder voraus (vgl. Schäfer 1995; Speck-Hamdan 2001). Ob Kinder ihr Lernen gemäß ihrer Möglichkeiten gestalten können, lässt sich an ihren Aktivitäten und ihrem subjektivem Wohlbefinden ablesen. Bedeutsame Merkmale, die im Zusammenhang mit den genannten Aspekten auftreten sind einerseits Motivation und Interesse sowie andererseits ein Gefühl von Zufriedenheit und von Energiefluss in körperlicher und geistiger Hinsicht sowie die Suche nach individuellen Herausforderungen (vgl. Laevers 1993, S. 10).

4.3.1 Gestaltungs- und Lernmöglichkeiten – Einführung

Bildung findet an vielen Orten und Situationen statt und kann deshalb nicht auf Lernprozesse in formalen Settings begrenzt werden, vielmehr geschieht sie ebenso in den Bereichen des informellen Lernens (vgl. Quigs 2007, S. 16). Mit diesem Verständnis eng verbunden ist die Betonung der Selbstbildungsprozesse als konstituierendes Moment von Bildung, die zudem stets im sozialen Kontext geschehen (vgl. Schäfer 2003).

Im Unterschied zu den Lehr- und Lernformen des Unterrichts sind die Handlungsfelder des Nachmittags überwiegend weniger formal und zudem zum Teil fakultativ gestaltet.[82] Sie betonen damit das Moment der Freiwilligkeit und Prozesse der aktiven Aneignung der Inhalte und Erfahrungsräume durch die Kinder.

Dabei kommt den Pädagog(inn)en die Aufgabe der (Vor)-Strukturierung, Beobachtung und Deutung aus der Perspektive der Kinder zu, um sie in ihren Aneignungsprozessen anzuregen und zu fördern (Kolbe 2006, S. 170ff.). Gestaltungsmerkmale, die zugleich als Qualitätsmerkmale betrachtet werden, sind ein ausgeprägter Lebensweltbezug, ein hohes Maß an Freiräumen zur eigenaktiven Gestaltung (Partizipation), die große Bedeutung der Interaktionen der Kinder in den Peergruppen sowie die Betonung der Kooperation im Gegensatz zu Konkurrenz (ebd. S. 170ff.).

Mit Blick auf die Herausforderungen des Übergangs sind die Spiel- und Bewegungsbedürfnisse der Jüngeren in den Blick zu nehmen und auf ihre Pas-

---

82 Wenn es auch zwischen den einzelnen Handlungsfeldern große Unterschiede gibt. Hausaufgabenbetreuung und selbstbestimmte Aktivitäten gehen dabei am weitesten auseinander.

sung in den bestehenden Arrangements der Zeit- und Raumgestaltung hin zu betrachten. Zudem gilt es, die Lerngeschichte der Kinder zu erkunden und einzubeziehen, um an ihre Interessen und Kompetenzen anzuschließen (Speck-Hamdan 2001, S. 16).

Die Bildungs- und Lernmöglichkeiten des Nachmittags werden im Folgenden nach der üblichen Strukturierung der außerunterrichtliche Angebote in die Handlungsfelder (1) Mittagessen, (2) Hausaufgaben, (3) Lernangebote (Bildungs- und Freizeitangebote) sowie (4) selbstbestimmte Aktivitäten dargestellt. Die Reihenfolge der Darstellung folgt der in der Praxis gängigen Strukturierung des Nachmittags.

4.3.2 Das Handlungsfeld Mittagessen

„Dass das Essen ein bisschen später ist." – *Der Zeitpunkt des Mittagessens*
Der Zeitpunkt des Mittagessens hat Bedeutung für die Frage, wie wohl sich die Kinder in diesem Bereich des Ganztags fühlen. Für einen Teil der Kinder sind die zeitlichen Vorgaben stimmig, andere erleben scheinbar von ihrem eigenen Rhythmus abweichende Vorgaben, können mit diesen Anforderungen jedoch recht gut umgehen. Wieder andere erleben die mangelnde Passung zwischen ihren Bedürfnissen, ihrem Rhythmus sowie den vorhandenen Strukturen und Bedingungen der Zeitgestaltung als Störung. Dabei sind die Bedürfnisse durchaus unterschiedlich, es geht sowohl darum, früher zu essen, weil bereits Hunger verspürt wird, als auch darum später zu essen, um zuvor zu spielen.

Die Bedürfnisse der jüngeren Kinder, direkt nach dem Unterricht zu spielen und sich zu entspannen, sind hoch. Dies mag damit zusammenhängen, dass ihre entwicklungsbedingten Anpassungsleistungen im ganztägigen Aufenthalt größer sind, als die der älteren Kinder. Wenn vor dem Mittagessen wenig oder keine Spielzeit bleibt, wird dies als deutliche Störung empfunden. Auch verweisen Kinder in diesem Zusammenhang auf die insgesamt zu geringen Spielzeiten im Tagesverlauf des offenen Ganztags: *„Ich möchte eigentlich immer, dass das Essen bisschen später ist, weil immer wenn ich schön spiele dann (ist Mittagessen) und dann habe ich keine Zeit mehr zum Spielen, danach dann [hab ich] immer so schnell Hausaufgaben und dann werde ich abgeholt und kann nicht mehr spielen."* (M., 1. Schj.)[83]

Übergänge von einer Sequenz des Tagesverlaufes zur anderen ohne Pausen, treten besonders dann auf, wenn die Kinder fünf Unterrichtsstunden haben: *„Da hat man nur noch ein paar Minuten [zum Spielen], weil wenn Erst und Zweitklässler fünf [Stunden] haben, dann ist das generell so."* (M., 2. Schj.)

---

83 Im Text werden Angaben zu Geschlecht und Alter der befragten Kinder wie folgt bezeichnet: M (Mädchen); J (Jungen), Schj. (Schuljahr); i.E. (integrierte Eingangsstufe); Mh. (Migrationshintergrund); Mn. (zwei Mädchen); Jn. (zwei Jungen).

„Ich find das immer irgendwie so kurz" – *Erfahrungen mit der Zeitspanne*
Über den Zeitpunkt hinaus bietet auch die Zeitspanne, die für das Mittagessen zur Verfügung steht, nicht für alle Kinder einen passenden Rahmen. Manche Kinder berichten, dass sie in dem zur Verfügung stehenden Zeitraum ihre Mahlzeit nicht in Ruhe beenden können: *„Ja, und dann esse ich immer und dann, dann sagen sie [Betreuerinnen] immer, ich muss schon gehen."* (M., 1. Schj.) Weitere Kritik bezieht sich darauf, im vorgegebenen Zeitrahmen zwar die Hauptspeise, nicht jedoch die Nachspeise essen zu können: *„Und ich hatte auch ein bisschen zu wenig Zeit, weil die Mandarine, die konnte ich dann nicht mehr genug essen."* (M., 1.Schj.)

„Das schmeckt ganz cool! – *„nix was mir schmeckt"* – *Nicht alle Kinder sind zufrieden*
Auch bezogen auf die Qualität des Mittagessens spiegeln die Interviews durchaus unterschiedliche Erfahrungen und Einschätzungen. Manche Kinder sind mit dem Essen im Großen und Ganzen zufrieden: *„Ja, das schmeckt ganz cool!"* (M., 1. Schj.), *„Also es schmeckt immer sehr lecker [...] was ich gut finde, ist dass man gesunde Sachen als Nachtisch hat."* (M., 2. Schj.)

Andere äußern auf der Basis einer grundsätzlichen Akzeptanz auch Kritik, sowohl an den Speisen als auch an deren Qualität: *„Spinat – das ist voll ekelig!"* (M., i. E.), *„Und das Essen fand ich nicht ganz so lecker, deshalb habe ich da auch ein Na-Ja-Smiley*[84] *hingeklebt."* (M., 2. Schj.) Darüber hinaus werden die Portionen von manchen Kindern als zu klein empfunden: *„Da kann man nie ganz richtig eine ganze Portion essen. Ne, da gibt's immer zu wenig."* (J., 1. Schj.) Außerdem wird der Wunsch geäußert, zweimal zu essen: *„Ja, das schmeckt gut! Eigentlich möchte ich zweimal essen."* (M., 1. Schj.)

Wieder andere Kinder, Mädchen wie Jungen, zeigen sich insgesamt wenig zufrieden, wenn es um die Mittagsmahlzeit im Ganztag geht: *„Nicht so lecker!"* (M., i. E.), *„Und es gibt fast immer nix was mir schmeckt."* (J., 1. Schj.)

„Mein Lieblingsessen ist Pizza!" – *unterschiedliche Vorlieben und Eßgewohnheiten der Kinder*
In den Interviews erzählen die Kinder davon, was sie besonders gerne mögen (Lieblingsessen) und richten nicht zuletzt in der Zauberfrage[85] den Anspruch an den Ganztag, auf diese Vorlieben und Gewohnheiten einzugehen.

---

84 Bei dieser Interviewform erhielten Kinder Symbole um ihre Einschätzung abzugeben. Zur methodischen Gestaltung des Sequenz- Interviews siehe Kapitel 4.1.

85 Die Zauberfrage (Stell dir mal vor, du wärst eine Zauberin und könntest alles so zaubern, wie es dir gefällt, ...) kommt aus dem familientherapeutischen Kontext. Es hat sich gezeigt, dass die Kinder sich auf diese Frage gut einlassen und viele Wünsche und Veränderungsbereiche nennen (vgl. Lipski 1998, 412).

Verbunden ist damit das Bedürfnis, so ließen sich die Aussagen auch vor dem Hintergrund anderer Forschungsergebnisse zum Thema Essen in der Schule deuten (vgl. Simshäuser 2005), als Person mit eigenen Bedürfnissen gesehen und akzeptiert zu werden.

Was die jüngeren Kinder mögen oder ablehnen, scheint bei einem Teil der Kinder noch stark von Gewohnheiten im familiären (kulturellen) Kontext und damit von dem was vertraut oder nicht vertraut ist, beeinflusst: *„Auf jeden Fall, was ich nicht kenne, ess ich auch nicht, nur eher nur, was ich kenn."* (M., 1.Schj.)

„ruhig sein", „nicht aufstehen", „nicht reden" – die Situation des Mittagessens kennt viele Regeln
Das Mittagessen zeigt sich in den Interviews als eine durch Regeln stark strukturierte Situation mit wenigen Freiräumen. Vorgaben und Gebote, lassen sich grob unterteilen in: erstens solche zur Herstellung von Ruhe und Ordnung wie: *„nicht hampeln", „keinen Unsinn machen", „ruhig sein", „nicht aufstehen", „nicht reden",* zweitens solche zur Esskultur und zum guten Benehmen wie*: „keine Teller tauschen", „keine Teller ablecken", „nicht mit Essen spielen", „nicht zu viel essen", „nicht mit vollem Mund reden", „nicht spucken", „Hände waschen vor dem Essen".*

Darüber hinaus werden auch einige Rituale beschrieben: wie sich guten Appetit zu wünschen und dazu einen Spruch aufzusagen oder die Phase mit einem Gong und einer Konzentrationsübung einzuleiten.

Werden die Kinder gefragt, wer die Regeln macht und sie kontrolliert, dann sind die Antworten einheitlich: *„Alle, die Betreuungslehrer [gemeint sind die pädagogischen Kräfte]."* (M., 1. Schj.), *„Die Frau Reiser*[86] *bestimmt immer, die bestimmt immer."* (M., I. E.)

Auch die Entscheidung über die Wahl des Sitznachbars beim Mittagessen liegt nach den Interviews nicht immer bei den Kindern. Wer nicht leise ist oder an einem der Tage zuvor nicht leise war, muss damit rechnen nicht mit dem Freund/der Freundin zusammensitzen zu dürfen: *„Weil die quatschen immer zusammen [...]die erlaubt jetzt, wenn die zusammen kommen und zusammen sitzen wollen, die erlaubt ihnen das nicht, [...]."* (M., i. E.) Darüber hinaus müssen Kinder als Strafe nachdem sie selbst fertig gegessen haben, auf dem Stuhl sitzen bleiben: *„Wenn der lacht oder so [...] , dann kriegt der ne Strafe: sitzen, bis alle Kinder fertig sind."* (M., 1. Schj.)

„Ich wünsche, dass die mich vorher fragen" – Kinder werden selten beteiligt
Geht es um Möglichkeiten der Mitbestimmung und Mitwirkung in diesem Handlungsfeld, dann finden sich nur wenige Beispiele: wie die Auswahl der

---

86 Alle im Text verwendeten Namen wurden verändert, so dass Rückschlüsse auf die Identität der handelnden Personen nicht möglich sind.

Mahlzeit aus zwei Alternativen oder die Abfrage der Zufriedenheit mit der Qualität des Essens. Allerdings gibt es seitens der Mädchen und Jungen Kritik an dieser als zu gering empfundenen Form der Beteiligung. Es wird der Wunsch formuliert, bereits bei der Zusammenstellung des Essensplans gefragt zu werden und eine regelmäßigere Beteiligung zu etablieren: *„Ich find es nicht so toll, [...] ich wünsche, dass die mich vorher fragen als immer nach dem Essen ob wir das noch mal wollen.[...]. Und ich find das ein bisschen zu selten."* (J., 1. Schj.)

Auch bei der Frage, nach der Menge des Essens, die bei einer Mahlzeit gegessen werden soll, können die Kinder nicht immer entscheiden und beschreiben dies als störende Einflussnahme: *„Ich finde nicht ok, dass die so sagen, du musst noch einen Löffel oder zwei, dass find ich nicht ok, [...] dir ist gleich schlecht und so."* (M., 1. Schj.) Wenn Kinder, die ihre Portion nicht aufessen, keinen Nachtisch erhalten, wird dies ebenfalls als unnötige Begrenzung erlebt: *„Und wenn wir nicht aufessen, dann kriegen wir kein Obst, [...] kein Nachtisch."* (M., 2. Schj.)

Nach dem Unterricht haben die Kinder ein großes Bedürfnis mit Freunden zu spielen, verständlich dass sie auch mit ihren Freunden an einem Tisch sitzen möchten: *„Da sitze ich neben meinem Freund Lacin und neben dem Ahmet."* (J. 1. Schj.) Die Möglichkeit den Sitznachbarn zu wählen, haben die Kinder jedoch nicht immer, mitunter bestimmen die Pädagog(inn)en um mehr Ruhe herzustellen: *„Ja, aber meistens [dürfen wir bestimmen], manchmal entscheidet auch die Sybille, wo man sitzt."* (M., 2. Schj.)

Im Kontrast dazu nennen Kinder gerade das gemeinsame Gespräch, wenn sie beschreiben, was ihnen in der Mittagessensituation besonders gut gefällt. Interviewerin: *„Ja, und dann möchte ich gern noch wissen, was gefällt dir denn beim Mittagessen?"*, *„Mich mit meinen Freunden zu unterhalten."* (J. 1. Schj.)

Es finden sich vereinzelt Beschreibungen von Settings, in denen der Kommunikationsraum Mittagessen und auch eine spielerische Gesprächskultur mit Pädagog(inn)en stärker entfaltet wird: *„Also, wir [...] spielen immer so ein Spiel, 'wer hat alles grün an' und so, und wir sprechen dann mal über was, zum Beispiel, was wir gemacht haben am Wochenende und so. Aber erst nach dem Essen. Wenn wir am Nachtisch sind, dann machen wir das immer."* (M., 1. Schj.)

Nicht nur das Verhältnis zwischen Pädagog(inn)en und Kindern scheint häufiger angespannt und von Konflikten belastet, auch zwischen den Kindern kommt es während der Mahlzeit häufiger zu Streit. Oft fühlen sich vor allem Mädchen durch Verhaltensweisen wie ärgern und streiten etc., besonders der Jungen, in ihrem Wohlbefinden gestört. Dies gilt auch dann, wenn sie selbst lediglich Beobachter des Streits sind: *„Der Anton und der*

Julian, die zanken sich immer, [...] Find ich irgendwie doof! Das hör ich immer alles." (M., 2. Schj.)

Reden die Kinder über ihr Verhältnis zu den Pädagog(inn)en beim Mittagessen, dann finden sich korrespondierend mit der weiter oben beschriebenen Unterschiedlichkeit der Arrangements sowohl Kinder, die Kritik üben oder ein distanziertes Verhältnis erkennen lassen – *„Die find ich immer so streng, wenn die ( ) mal irgendwas falsch machen, dann brüllt die schon so richtig ein bisschen!"* (M., 2. Schj.) – als auch andere, die begeistert und mit hoher emotionaler Beteiligung von ihren Pädagog(inn)en erzählen: *„Die sind meine Lieblingsbetreuerinnen. Weil die ganz nett sind, [...] wir ganz viele Spiele spielen, [...] die leise sprechen mit uns und nicht so brüllen."* (M., 1. Schj.)

Zusammenfassend und im Vergleich mit den Beziehungsgestaltungen in den Handlungsfeldern Angebote und selbstbestimmte Aktivitäten erscheint das pädagogische Verhältnis während der Mittagsmahlzeit durch die Anstrengungen der Disziplinierung häufiger belastet und weniger von Akzeptanz und Wertschätzung getragen.

„Nur eine Schüssel Cornflakes" – Nicht alle Kinder können mitessen
Nicht alle Eltern melden ihre Kinder zum Essen im Ganztag an, obwohl das gemeinsame Mittagessen ein zentraler Baustein im Konzept der OGS ist.[87]. Als Motiv gilt in vielen Fällen die finanzielle Situation der Familien und die damit verbundene Armutsproblematik (vgl. Landessozialbericht 2007, S. 266), die in der Konsequenz dazu führt, dass nicht wenige Familien den Beitrag für das Essen nicht aufbringen können[88]. Diese Problematik zeigte sich auch in einem der Interviews. Ein Mädchen befand sich in der Situation nicht zum Mittagessen angemeldet zu sein, es nahm aber trotzdem an dem Interview zu genau diesem Thema teil. In ihrer Gruppe ist sie das einzige Kind, das keine warme Mittagsmahlzeit erhält. In der Beobachtung, die dem Interview vorausgeht, sitzen die Kinder gemeinsam am Tisch; während die anderen Kinder ihre Mittagsmahlzeit essen, erhält sie eine Schüssel Cornflakes.

Ohne die Zusammenhänge genauer entschlüsseln zu können, weist das Interview auf eine erhebliche Dynamik zur Ausgrenzung des Mädchens hin. Das Mädchen befindet sich in einer Außenseiterposition und wird von den anderen nicht akzeptiert. Sie selbst wirkt von Gefühlen der Scham und des Neids getrieben. Zu der Situation befragt, äußert sie sich kritisch zu der Be-

---

87 In NRW wird diese Situation inzwischen auf breiter Basis diskutiert und führte zu einer kleinen Anfrage an die Landesregierung. Vgl.: Antwort der Landesregierung auf die Kleine Anfrage 1507 der Abgeordneten Sigrid Beer Grüne, Drucksache 14/3974, vom 09.05.07.
88 Auch in den Interviews mit den Kindern der Klasse drei und vier wird deutlich, dass ein nicht unerheblicher Anteil der Kinder nicht an der warmen Mittagsmahlzeit teilnimmt. Vgl. dazu Kapitel 4.2.

grenzung der zugeteilten Tagesportion: *„Mir gefällt nicht, dass ich nur eine Schüssel Cornflakes essen darf, nämlich ich wünschte ich könnte, drei oder zwei oder hundert essen."* (M., i. E.)

Vermutlich gibt es einen Zusammenhang zwischen ihrer Außenseiterrolle und der Nichtteilnahme am Mittagessen.

Resümee:
Reflektiert man die Zielsetzungen, die in der Pilotstudie wie in der aktuellen Studie von den pädagogischen Fachkräften für die Situation des Mittagessens genannt werden, dann stehen vier Zielsetzungen im Zentrum: Erstens geht es um die Versorgung der Kinder, sie sollen ihre Bedürfnisse nach Nahrung befriedigen können. Zweitens sollen sie an eine regelmäßige und gesunde Ernährung herangeführt werden, und drittens geht es darum, eine Tisch- und Esskultur zu entwickeln. Viertens wird der Anspruch formuliert, einen Kommunikationsraum zu gestalten für die Kinder untereinander aber auch zwischen Kindern und Pädagog(inn)en. Spätestens hier wird deutlich, dass die Mahlzeiten auch mit dem Anspruch sozialen Lernens verknüpft werden. Die Situation des Mittagessens wird also als pädagogische Situation mit eigenen Zielsetzungen und einem entsprechenden Anspruch an Qualität betrachtet (vgl. QUIGS 2007, Modul Ernährung, S. 2ff.). Werden die Schulleitungen gefragt, wieweit sie sich diesen Zielsetzungen bereits angenähert haben, dann zeigen die Selbsteinschätzungen, dass dieser Bereich zu den Angebotselementen des offenen Ganztags gehört, die am Besten abschneiden (vgl. Kapitel 1).

Im Kontrast dazu lassen die Aussagen der Kinder zu einigen der genannten Zielsetzungen einen geringeren Zielerreichungsgrad vermuten, denn die Zustimmung der Kinder zum Mittagessen fällt zusammengenommen weniger gut aus.

Geht es um die Vermittlung von Tisch- und Esskultur, dann ist Weiterentwicklung insofern geboten als die Wünsche und Bedürfnisse der Kinder, auch die kulturellen Kontexte kaum erfragt werden. Die Mittagsmahlzeit ist jedoch kulturell wichtig und mit emotionaler Bedeutung verbunden (vgl. Geißler 2000, S. 102). Gerade jüngere Kinder und solche mit einem Migrationshintergrund können sich – wenn familiäre und kulturelle Kontexte nicht ausreichend einbezogen werden – fremd fühlen. Zum Wohlfühlen und zur Akzeptanz des Essens könnte beitragen, wenn auf kulturell bestimmte Vorlieben und Gewohnheiten mehr eingegangen würde.

Eine mangelnde Passung zwischen den Bedürfnissen der jüngeren Kinder zeigt sich weiter bei den Zeitstrukturen der Mahlzeiten, die zu einem Zeitpunkt beginnen, an dem viele Kinder sich zunächst spielend und bewegend betätigen möchten. Ähnlich verhält es sich mit der Zeitspanne beim Mittagessen, denn ein Teil der jüngeren Kinder benötigt mehr Zeit als vorgegeben und gerät dadurch in Druck, denn für solche Abweichungen sind keine individuellen Lösungen vorgesehen.

Eine größere Akzeptanz der Unterschiedlichkeit und ein Zulassen von mehr individuellen Gestaltungen kann eine zukünftig zu erreichende Qualität der Situation des Mittagessens ausmachen (vgl. Simshäuser 2005, S. 10).

Die Situation zeigt sich zudem weitgehend erwachsenenzentriert, so dass die Kompetenzen und sozialen Potenziale der Kindergruppe weder gesehen noch genutzt werden. Auch scheint eine Gestaltung der Situation als offene Kommunikationssituation nicht so zu gelingen, wie dies die Zielsetzungen vorgeben. Dies wäre jedoch notwendig, um dem Bedürfnis nach Kommunikation Raum zu geben.

Beim Mittagessen werden die Beziehungen zwischen Pädagog(inn)en und Kindern durch ein wenig akzeptiertes Regelwerk und in der Folge von Disziplinierung belastet. Es finden sich nur wenige Hinweise darauf, dass die jüngeren Kinder die Mahlzeit als Ort des Wohlfühlens und der Entspannung erleben. Insgesamt betrachtet gibt es zu viele Zwänge und ein zu hohes Maß an Fremdbestimmung, wodurch zugleich Beteiligung verhindert und Konflikte hervorgerufen werden. Dadurch kann es zu höherem Druck auf die Kinder und in der Folge wiederum zu einer Verschärfung der Kontroll- und Sanktionsmechanismen kommen. „Ganztagschule gerät dann in die Gefahr, die pädagogisch professionelle, alles entscheidende Leistung zu verfehlen, nämlich Spielräume von Autonomie zu gewähren und gleichzeitig Verbindlichkeit und Kontrolle zuzumuten." (Kolbe 2006, S. 167).

Korrespondierend dazu kann die nur gering entwickelte Partizipationskultur genannt werden, die einen weiteren Entwicklungsbereich darstellt. Für die konkrete Ausgestaltung einer Partizipationskultur beim Mittagessen können mindestens folgende Bereiche unterschieden werden: die Auswahl des Essens, die Gestaltung durch Regeln, Absprachen und Rituale, die Raumgestaltung, die Öffnung für Kommunikation, die Reflexion über die Situation sowie die Gestaltung der Übergänge vor und nach dem Mittagessen.

Abschließend soll auf die Situation von Kindern hingewiesen werden, die aufgrund der finanziellen Situation der Eltern nicht an der Mittagsmahlzeit teilnehmen können. Für solche Kinder müssen Regelungen gefunden werden, die die Kinder nicht zu Außenseitern machen und zudem auch ihr Recht auf eine gesunde Ernährung beachten.

4.3.3 Das Handlungsfeld Hausaufgaben

„Also, ich find die Hausaufgaben schön" – Interesse und Motivation
Jungen wie Mädchen beschreiben in den situationsnahen Interviews eine grundsätzlich positive Haltung zu den Themen und Inhalten der Hausaufgaben: *„Also ich find die Hausaufgaben schön."* (J., 1. Schj.), *„Hausaufgaben find ich gut."* (M., 1. Schj.) Sie zeigen sich motiviert und offen für

Aufgaben aus unterschiedlichen Wissensbereichen. Bezogen auf die Handlungsebene, also auf das, was sie bei der Bearbeitung bestimmter Aufgaben tun, erzählen sie von Aufgaben, die sie *„gerne mögen"* und mit *„schön"* beschreiben: *„Ich mag ganz gerne das Schreiben in dünn, also das Arbeitsheft, das heißt Sprachreise, [...] da sind Kreuzworträtsel und so, da muss man nen Text lesen und dann Fragen dazu beantworten, und das ist eben sehr schön."* (J., i. E.)

Die Haltungen der Kinder zu den Hausaufgaben lassen keine Unterschiede bezogen auf Akzeptanz und Motivation zwischen den Geschlechtern erkennen. Jungen des ersten und zweiten Schuljahres zeigen sich nicht weniger motiviert als Mädchen.

„Dann brauch ich die nicht mehr zu Hause zu machen" – *Zur Akzeptanz der Hausaufgaben*
Hausaufgaben gehören zum Schulleben und sind bei Kindern, die erst wenige Monate zur Schule gehen ebenso, wie bei denjenigen, die zum Zeitpunkt der Interviews bereits im zweiten Schuljahr sind, akzeptierte Pflichten. Zu den Vorzügen des Ganztags zählt für die Kinder die Bearbeitung der Hausaufgaben innerhalb der Schulzeit, da dadurch der restliche Nachmittag zum Spielen genutzt werden kann: *„Also, ich finde gut, man hat viel Spiele-Auswahl, und man braucht nicht mehr zu Hause Hausaufgaben zu machen."* (M., 1. Schj.)

„Rechnen, lesen [gut], aber schreiben nicht so!" – *Unterschiedliche Haltungen zu verschiedenen Aufgaben*
Motivation und Interesse werden nach den einzelnen Fächern und Aufgaben, z.B. Rechnen, Lesen und Schreiben, differenziert und unterschiedlich beurteilt. Die Kinder unterscheiden in der Regel in solche Fächer und Aufgaben, die ihnen Freude bereiten und sie interessieren, und andere, bei denen dies nicht der Fall ist: *„Rechnen, lesen [gut], aber schreiben nicht so!"* (J., i. E.), *„Ich mag eben sehr gerne abschreiben."* (J., i. E.)

„Mathe mittel [...] und ich mag eigentlich garnix, garnix!" – *manche Kinder lehnen Hausaufgaben ab*
Es finden sich in den Antworten jedoch auch Kinder mit ausschließlich negativen Konnotierungen zu den Hausaufgaben: *„Oh, nee, [ich mag Hausaufgaben] eigentlich nicht."* (M., 1. Schj.), *„Na ja Mathe mittel, na ja, und ich mag eigentlich garnix, garnix."* (J., i. E) Als Grund für die Ablehnung wird sowohl auf die Art der Aufgaben verwiesen: *„Nee, weil die langweilig sind, da hört man nichts Richtiges!"* (J., 1. Schj.), als auch eine empfundene Überforderung ausgedrückt: *„Das Abschreiben von den großen [Zahlen], mag ich nicht, bei Mathe, [...] die Zahlen sind groß."* (J., i. E.)

*„Ich bin auch einmal von meiner Seltenheit [für mich selten] fertig
geworden" – Zeitvorgaben und Selbstwirksamkeit*
In den Interviews wird der Zusammenhang zwischen der Menge der Hausaufgaben und dem Zeitpunkt bzw. der Zeitdauer der Bearbeitung häufig zum Thema. Was den Zeitrahmen angeht, so haben die meisten Kinder klare Vorstellungen davon, wie viel Zeit für die Bearbeitung der Hausaufgaben im offenen Ganztag vorgesehen ist. Eine Zeitspanne von 45 bis 60 Minuten[89] scheint eine übliche Zeitspanne zu sein: *„Um drei sind wir bestimmt da und um vier müssen wir raus gehen."* (J., i. E.)

Bezogen auf das zur Verfügung stehende tägliche Zeitkontingent zur Bearbeitung wird von Kindern berichtet, dass sie in der vorgegebenen Zeit ihre Hausaufgaben nur manchmal oder selten schaffen. Dabei nehmen die Kinder kritisch wahr, dass Kinder anderer Klassen unterschiedliche Mengen von Hausaufgaben zu bearbeiten haben: *„Ja [heute schon], aber sonst werde ich eigentlich fast nie fertig, weil wir immer viel mehr [auf] haben, als die Isabel in ihrer [der anderen] Klasse."* (M., 1. Schj.)

Diese Frage bewegt die Kinder – insbesondere die Mädchen und es ist ihnen ein wichtiges Ziel, die Hausaufgaben im vorgegeben Zeitrahmen *„zu schaffen"*. Gelingt ihnen die Fertigstellung nicht, so suchen sie die Ursache in der Menge der Hausaufgaben, stellen jedoch auch eine Verbindung zum Zeitkontingent her. Im Vergleich mit den Kindern aus den Klassen drei und vier – die mehr Zeit zur Verfügung haben – fühlen sie sich auf Grund des geringeren Kontingents benachteiligt: *„Ich find blöd, dass die Dritt- und Viertklässler eine ganze Stunde Hausaufgaben haben, und wir haben nur eine Dreiviertelstunde Hausaufgaben-Zeit. Und das find ich irgendwie blöd, weil, das ist auch unfair, weil die haben dann eher ne Chance, mit den Hausaufgaben fertig zu werden."* (M., 2. Schj.)

Gelingt die Bearbeitung innerhalb des gesetzten Zeitrahmens, so äußern sie sich mit ihrer Leistung zufrieden und erwähnen dies als positives Tageserlebnis: *„Und ich fand auch die Hausaufgaben diesmal gut, weil ich bin auch einmal von meiner Seltenheit [für mich selten] fertig geworden."* (M., 1. Schj.) Dabei fällt auf, dass die Einhaltung der Zeitvorgaben als einzige Zielvorgabe benannt wird. Scheinbar bemessen die Kinder die Frage ihrer Leistung an diesem Aspekt und machen auch ihre Erfahrungen der Selbstwirksamkeit davon abhängig. Denkbare weitere Zielsetzungen, z.B. etwas besser zu beherrschen, sich sicherer zu fühlen oder Neues zu lernen, werden nicht erwähnt.

---

89 In den Vorgaben des Schulministeriums sind, abweichend dazu, für die Klassen 1 und 2 Hausaufgabenzeiten von höchstens 30 Minuten festgelegt. Diese sollen nur dann überschritten werden, wenn Kinder aus eigenem Antrieb weiter an der Aufgabenstellung arbeiten wollen (vgl. MSW, Das Bildungsportal, Grundschule von A bis Z, 2006-2007.).

„[Bei den Hausaufgaben] haben wir eigentlich zuviel Zeit!" –
Hausaufgabenzeit und Bedürfnisse der Kinder

In den Sequenzinterviews[90] taucht das Thema Zeit unter einem neuen Aspekt auf: Die Kinder waren aufgefordert, ihr Zeiterleben in den Kategorien genug, zuwenig und zuviel Zeit einzuteilen. Es zeigte sich, dass Zeit und Hausaufgaben von manchen Kindern in die Kategorie zuviel Zeit eingeordnet wurde. Dabei stand die Angabe von *„zu viel Zeit"* in der Regel im Zusammenhang mit erlebten Störungen: Die Kinder fühlen sich in ihrem Spiel gestört, dass sie aus ihrer Sicht viel zu rasch beenden müssen. Die Hausaufgabenbearbeitung wird als Tätigkeit betrachtet, die Zeit zum Spielen wegnimmt, vor allem, da sie zum falschen Zeitpunkt, nämlich in der Spielphase nach dem Unterricht beginnt. Da die Bedeutung der Spielphase für die Kinder sehr hoch ist und sie es als sehr störend und auch als Verlust empfinden, dafür zuwenig Zeit zu haben, kann die Angabe *„zuviel Zeit"* für Hausaufgaben als der Versuch gedeutet werden, individuelle Gestaltungswünsche in einer stark vorgegebenen Zeitstruktur zu artikulieren: *„Da [bei den Hausaufgaben] haben wir eigentlich zuviel Zeit... [...] und dann hab ich einfach mal zuviel draufgeklebt."*[91] Die Bedürfnisse der Kinder nach Bewegung kommen dabei zu kurz, wie der Junge des ersten Schuljahres verdeutlicht: *„Ich will einfach noch ein bisschen mich austoben. Und ich will [...] die Hausaufgaben später machen, da hat man immer in den ersten paar Minütchen nur kurz Zeit zum Spielen."* (J., 1. Schj.)

Er zeigt auf, dass es nicht um eine generelle Absage an Arbeitsphasen im Nachmittag geht, sondern um eine stärkere Individualisierung im Einklang mit Bewegungs- und Entspannungsbedürfnissen, von denen die jüngeren Kinder noch stärker bestimmt werden als die älteren Kinder.

Der vorgegebene Zeitpunkt für die Hausaufgaben beginnt in den einzelnen Schulen zu unterschiedlichen Zeiten[92]. Faktoren, die hier einwirken, sind u.a. die personelle Situation, das Rollenverständnis der Lehrkräfte, die Stundenpläne sowie das Zeitraster der nachfolgenden Angebote. Einige Kinder beginnen mit der Bearbeitung direkt nach der Schule und vor dem Mittagessen; manche haben bereits im Unterricht begonnen und wieder andere Kinder beginnen nach dem Mittagessen mit den Hausaufgaben.

Was die Zufriedenheit der Kinder mit dem Zeitpunkt der Hausaufgabenbetreuung angeht, so zeigen sich keine eindeutigen Tendenzen zur Bevorzugung der einen oder anderen Strukturierung. Es gibt Kinder, die eine ihren Bedürfnissen entsprechende Lösung gefunden haben – jedenfalls keine

---

90 Zur Erläuterung dieser Interviewform siehe Kapitel 4.1.

91 Die Aussage bezieht sich auf den Sequenzbogen eines Jungen aus dem ersten Schuljahr zum Tagesverlauf, auf den er ein Symbol für negative Einschätzung (weinendes Gesicht) aufklebte.

92 Montag bis Donnerstag gelten als Hausaufgabentage, während der Freitag häufig frei von diesen Aufgaben bleibt.

Veränderungswünsche oder Störerlebnisse berichten, während andere den Zeitpunkt lieber nach hinten verschieben würden, um zuvor noch zu spielen oder länger zu spielen. Hier scheint es häufig keine individuellen Gestaltungsmöglichkeiten zu geben.

Mehr Gestaltungsmöglichkeiten, eine stärkere Orientierung an ihren Bedürfnissen und mehr Verantwortung für ihr Lernen beschreiben Kinder, die mit einem Wochen- oder Zweiwochenplan arbeiten. Hier entscheiden die Kinder selbst, was sie an welchem Tag bearbeiten und erzählen, dass sie die Aufgaben auch selbst kontrollieren. Die Lehrkraft schaut nach dem Ende des vereinbarten Zeitraumes auf die Hausaufgaben. Zwei Jungen (i. E.) berichten: *„Wir müssen immer selbst kontrollieren.", „Eigentlich nur immer nach zwei Wochen macht die, schaut die immer an. Also von Montag nächste Woche bis Freitag. Gerade haben wir die zweite Woche"*.

„Wir arbeiten für uns alleine" – Kooperation der Kinder
Im Handlungsfeld Hausaufgaben werden von den jüngeren im Unterschied zu den älteren Kindern Kooperationen kaum berichtet: Interviewerin: *„Helft ihr euch dann gegenseitig [bei den Hausaufgaben]?", „Nein, wir arbeiten für uns alleine."* (M., 1. Schj.) Zwar finden sich vereinzelt Beschreibungen von Zusammenarbeit, die jedoch eher in der gemeinsamen Nutzung von Material bestehen: *„Und da hat einer keine Schere, dann setzt der Eine sich ne neben den, und dann teilen die sich die Schere."* (J., 1. Schj.)

In nur einem Interview wird ein Konzept dargestellt, in dem Erst- und Zweitklässler gemischt sitzen und die älteren Kinder die jüngeren im Sinne regelmäßiger und geplanter Zusammenarbeit unterstützen: Interviewerin: *„Also ihr könnt dann auch die Älteren zum Beispiel fragen, wenn ihr etwas nicht wisst?",* Mädchen 1: *„Ja, deshalb müssen wir auch zusammen sitzen. Also ein Zweitklässler neben einem Erstklässler."* (M., 2. Schj.), Mädchen 2: *„Und wir müssen deshalb mit einem Zweitklässler sitzen, weil sie uns lesen beibringen. Und wenn wir was nicht wissen oder nicht lesen können, sagen sie uns [das]."* (M., 1. Schj.)

„Wenn wir die Hausaufgaben fertig haben" – die Phase nach den Hausaufgaben
Auf die Frage, was geschieht, wenn die Hausaufgaben bearbeitet sind, werden unterschiedliche Regelungen beschrieben: Ein Teil der Kinder darf den Raum verlassen, während andere im Raum verbleiben sollen: *„Wir [...] müssen immer eine Seite machen, und dann dürfen wir raus gehen."* (M., i. E.) Diejenigen, die im Raum bleiben, werden verpflichtet, sich entweder etwas zu lesen holen, eine zusätzliche Aufgabe zu bearbeiten oder sich in anderer Weise ruhig zu beschäftigen: *„Wenn wir die Hausaufgaben fertig haben, dann dürfen wir uns Bücher holen."* (J., 1. Schj.), *„Wenn wir fertig mit den Hausaufgaben sind, also dann sollen wir die anderen nicht nerven und so nicht laut sein. Ja und noch was mitbringen, [...] vielleicht noch ein extra Blatt für sich, wenn man schon mit den Hausaufgaben fertig ist."* (J.,

1. Schj.) Zu den Hintergründen der unterschiedlichen Konzepte kann vermutet werden, dass diese weniger von originär pädagogischen Erwägungen, sondern mehr von der Sicherstellung der Beaufsichtigung bestimmt sind.

„…dass ich immer sehr leise sein muss" – Regeln in der
Hausaufgabensituation
Das Handlungsfeld Hausaufgaben zeigt sich insgesamt betrachtet als ein stark strukturierter und geregelter Raum. Nicht nur Zeitpunkt, Dauer sowie die räumlichen Gegebenheiten werden den Kindern für die Bearbeitung der Hausaufgaben vorgegeben, sondern auch konkrete Handlungsregeln, z.B. andere nicht zu stören, nicht laut zu sein, nicht zu reden, sich nicht umzudrehen, stets aufzuzeigen und zu warten bis das Wort erteilt wird. Fragt man nach den Möglichkeiten der Beteiligung so sind es die Pädagog(inn)en, die die Regeln vorgeben: *„Die Jamina bestimmt."* (M., 1. Schj.)

Pädagogisch Einfluss genommen wird auch auf die Gruppen- und Freundschaftsbildung der Kinder, in dem zum Teil vorgegeben wird, welches Kind neben wem sitzt. Dabei geht es aus der Sicht der Pädagog(inn)en vermutlich um die Vermeidung oder Begrenzung von Störungen. Ein in dieser Weise stark reglementierter Raum führt zu Konflikten zwischen Kindern und Pädagog(inn)en: *„Und ich find das doof, dass ich immer sehr leise sein muss."* (J., 1. Schj.) In solchen Situationen fühlen sich Kinder unwohl und zum Teil auch ungerecht behandelt: *„Das find ich nicht toll, dass die dann einfach mit mir schimpfen, wenn ich was sage!"* (M., 1. Schj.) Es scheint zwischen beschriebener Langeweile und dem Gebot des Nicht-Redens ein Zusammenhang zu bestehen: *„Die Hausaufgaben sind sehr langweilig, weil ich, weil man da immer ruhig sein muss."* (J., 1. Schj.)

„Die hilft mir ein bisschen" – Rollen der Pädagoginnen
Betrachtet man die in den Interviews dargelegten Rollenbeschreibungen der Kinder für die Pädagog(inn)en innerhalb der Hausaufgabenbetreuung, so zeigen sich vor allem zwei Aufgaben: Erstens Unterstützung in solchen Situationen, in denen die Kinder nicht alleine weiterkommen: *„Da kriegt man, wenn man sich meldet Hilfe, und die erklären das einem dann auch."* (J., 2. Schj.) und zweitens, Kontrolle der bearbeiteten Hausaufgaben durch Pädagog(inn)en, was die Vollständigkeit der Bearbeitung angeht, nicht jedoch Überprüfung der Qualität.

Geht es um Beziehungsgestaltung innerhalb der Hausaufgabenbetreuung, so entsteht der Eindruck, dass das pädagogische Handeln sich durch ein Bemühen um Kontrolle und Einhaltung der Regeln auszeichnet und demzufolge viel Aufmerksamkeit und Energie auf die Herstellung der gewünschten Ordnung verwendet wird. Inwieweit innerhalb dieses Settings ein Kontakt zwischen Pädagog(inn)en und Kind entstehen kann, der auch Empathie und Interesse für die Lernweisen und aktuellen Bedürfnisse des einzelnen Kindes beinhaltet, mag offen gestellt sein. Jedoch wird deutlich, dass infol-

ge der vielen Gebote und Begrenzungen, die Beziehungen zu den Päda-
gog(inn)en aus Sicht der Kinder zum Teil belastet sind.

Zusammengenommen bildet die Perspektive der jüngeren Kinder einen
Kontrast zu den Zielvorstellungen und dem erreichten Umsetzungsgrad bei
den Hausaufgaben aus der Sicht der pädagogischen Kräfte (siehe Kapitel
2.4.2).

„Ich hex die Hausaufgaben" – Veränderungswünsche
Mit der Gestaltungsmöglichkeit der Zauberfrage versehen, entledigen sich
manche Kinder (Mädchen als auch Jungen) der Hausaufgaben, indem diese
gezaubert werden: *„Ich, ich werde lieber zaubern, ich hex' die, die Hausaufgaben, ohne, ich was dazu tu."* (M., 1. Schj.) Andere würden die Zeit
verkürzen und die Hausaufgaben durch zaubern schneller fertig haben:
„Dass ich mir die Hausaufgaben ganz schnell fertig zaubere." (J., 2. Schj.)
Wieder andere, äußern den Vorschlag, auf Hausaufgaben im offenen Ganztag grundsätzlich zu verzichten: Junge 1: *„Das wir hier keine HA machen
müssen!"*, Interviewerin: *„Sondern zu Hause, oder was?"*, Junge 1: *„Oder
nie, keine HA eigentlich."*, Junge 2: *„Ja, gar keine."* (J., 1. Schj.)

Dass Hausaufgaben und Schule insgesamt als Belastung empfunden werden, spiegelt sich im Wunsch eines weiteren Jungen des ersten Schuljahrs:
*„Dass die Schule etwas leichter wäre und nicht so schwere Hausaufgaben
da wären."* (J., 1. Schj.)

Resümee
Hausaufgaben sind auch im offenen Ganztag so sehr mit der Kultur der
Schule verbunden, dass jedes Kindergartenkind weiß, das gehört dazu und
nur mit der Bereitschaft, Hausaufgaben zu erledigen, wird man zum *„rich-
tigen Schulkind"* (vgl. Deckart-Peaceman 2005, S. 79) Die jüngeren Kinder, die den Übergang vom Kindergarten in das neue System gerade voll-
zogen haben, zeigen in den Interviews eine grundsätzliche Akzeptanz und
zum Teil großes Interesse an den Inhalten und den Schulfächern (vgl. Har-
tinger/Fölling-Albers 2002, S.61). Dies korrespondiert mit der großen Bedeutung, die den Hausaufgaben von den Pädagog(inn)en des Ganztags beigemessen wird, sie setzen die Hausaufgaben als wichtigstes Angebot des
Nachmittags (siehe dazu die Ergebnisse der Fach- und Lehrkräftebefragung
Kapitel 2).

Die Mädchen und Jungen zeigen sich dem Lernen zugewandt, sind bereit
Aufgaben zu übernehmen und entsprechen somit dem in Untersuchungen
gezeichneten Bild vom lernbereiten und motivierten Kind in der Schuleingangsphase (vgl. Nickel/Schmidt-Denter 1995; Krappmann 1996). In diesem Sinne zeigen auch die jüngeren Kinder, die das erste Schuljahr besuchen
und somit zum Zeitpunkt der Interviews erst vier Monate in die Schule gehen, eine hohe Zustimmung und Anfangsbegeisterung.

Aber auch von anderen Erfahrungen berichten die Schulanfänger, und es ist in diesem Zusammenhang wichtig, ihrer Heterogenität unter biographischen, sozialen und kulturellen Aspekten sensibel zu begegnen (vgl. von der Groeben 2003, S. 6f.). Tatsächlich gibt es nämlich darauf gründende, erhebliche Leistungsunterschiede: Kinder am Schulanfang können in ihrem fachbezogenen Wissen und Können Entwicklungsunterschiede von drei bis vier Jahren aufweisen (vgl. Brügelmann 2003, S.60). Diese Heterogenität spiegelt sich auch in den Interviews und kann als Auslöser für das unterschiedliche Erleben und Wohlfühlen in der Hausaufgabensituation betrachtet werden. Ein großer Teil der Kinder scheint die Anforderungen der Hausaufgaben als leistbar zu betrachten, während einige Kinder Hausaufgaben als *„zu viel"* oder *„zu schwer"* und als überfordernd einordnen, was Angst und Resignation hervorruft. Dabei liegen herausfordernde Erfahrungen auch in der Gleichzeitigkeit der Anforderung zielorientiert zu lernen und mit der Konkurrenz in der altershomogenen Gruppe umzugehen (vgl. Heinzel 1996, S. 200).

Wie Hössl und Vossler in ihrer Studie zu Bildungsverläufen in der Grundschule aufzeigen, wissen Kinder bereits im ersten Halbjahr der ersten Klasse durch die Auseinandersetzung mit dem Lerngegenstand und den Leistungserwartungen in welchem Fach sie nicht gut sind (vgl. Hössl/Vossler 2006, S. 80f.). Dies ist an sich auch nicht schlimm, erhält jedoch durch die gleichzeitig stattfindende Etikettierung als „defizitär" negative Auswirkungen und darin genau liegt das Problem. Wie in einer aktuellen Studie von Charlotte Röhner festgestellt wurde, bewerten die Erstklässler das Nachmittagsangebot vor allem im Kontext der Erfahrungen des Unterrichts (vgl. Röhner/Hausmann 2006, S. 275). Die Hausaufgabensituation erweist sich dann als Spiegelbild der Schwierigkeiten im Unterricht, so dass sich bei leistungsschwächeren Kindern bereits in der ersten Klasse Überforderungen zeigen können. Als Merkmale solcher Überforderungen werden Probleme beim Verstehen von Lerninhalten, Erlebnisse des Nichtkönnens, Konzentrationsschwächen und als Folge davon erheblicher zeitlicher Mehraufwand und Demotivation genannt (vgl. Hössl/Vossler 2006, S. 94).

In diesem Zusammenhang ist es von großer Bedeutung, genau darauf zu schauen, bei welchen Kindern eine Lücke zwischen Anforderung und Bewältigungspotential klafft, damit aus solchen Erfahrungen keine Muster negativer (Selbst-) Deutungen entstehen und die Kinder in einen Kreislauf von mangelnder Selbstwirksamkeit und Misserfolg geraten (vgl. Nickel/ Schmidt-Denter 1995, S. 73). Da der Ganztag mit der Hausaufgabenbetreuung die Förderung von leistungsschwachen Schülerinnen und Schülerin als ein wichtiges Ziel ansieht, ist genau zu beobachten, ob die aktuellen Arrangements diesem Anspruch gerecht werden[93].

Kinder beklagen den aus ihrer Sicht zu frühen Zeitpunkt für die Hausaufgaben, der ihren Bewegungs- und Spielprozess unterbricht. Besonders diejenigen, die erst wenige Monate im Ganztag sind, artikulieren ein starkes Bewegungs- und Entspannungsbedürfnis, dem fixierte Zeiten und die rasche Abfolge der Sequenzen im Tagesablauf nicht entsprechen. Verstärkt wird die Beschränkung der kindlichen Bedürfnisse auch durch die Anweisung, nach der Erledigung der Hausaufgaben ruhig sitzend im Raum zu verbleiben, entweder um einer ruhigen Beschäftigung nachzugehen oder mit zu erledigenden zusätzlichen Arbeitsaufgaben. Bedürfnisse der Kinder und Annahmen der Pädagog(inn)en über eine Verstärkung der Förderung durch die Bearbeitung zusätzlicher Aufgaben stehen sich hier gegenüber (vgl. dazu Kapitel 2). Eine Flexibilisierung der Anfangszeiten nach den Bedürfnissen der Kinder scheint deshalb unbedingt erforderlich.

Kritisiert wird von den Mädchen und Jungen darüber hinaus die geringe Zeit, die ihnen für die Bearbeitung zur Verfügung steht. Sie äußern sich besorgt darüber, die Hausaufgaben *„nicht zu schaffen"* und damit nicht erfolgreich zu sein. Bemerkenswert ist, dass mit den genannten Zeiten die Vorgaben in den Richtlinien von 30 Minuten bereits ausgeschöpft sind oder überschritten werden.

Die Diskrepanz zwischen Aufgabenmenge und Leistungsfähigkeit der Kinder kann auch unter dem Aspekt der Tagesleistungskurven betrachtet werden. Die vorgegebenen Zeiten liegen in einer Phase geringer Leistungsfähigkeit, hinzukommen die wesentlich geringere Belastbarkeit und das stärkere Erholungs-, Ruhe- und Schlafbedürfnis zumindest bei jüngeren Schulkindern (vgl. Kasten 2001, S. 75).

Grundsätzlich ist in diesem Zusammenhang das Dilemma von *„verlorener Gestaltungszeit"* zu Gunsten von Hausaufgaben zu diskutieren: Wie viel Zeit darf den Erst- und Zweitklässlern durch Hausaufgaben entzogen werden? Dabei müssen die Lern- und Gestaltungsmöglichkeiten in den selbstbestimmten und angeleiteten Aktivitäten mit jenen der Hausaufgaben verglichen werden (vgl. hierzu auch den 12. Kinder- und Jugendbericht, der dezidiert auf die mit den Entwicklungsaufgaben der Mädchen und Jungen korrespondierenden vielschichtigen Lerneffekte hinweist, die gerade in den

---

93 In diesem Zusammenhang kann gefragt werden, inwiefern die in vielen Schulen praktizierten Rückmeldungen der pädagogischen Kräfte an die Lehrkräfte über Gründe für nicht vollständige Erledigung von Aufgaben von den Beteiligten, also den Schülerinnen und Schülern, den Lehrkräften und Eltern als Nichterfüllung einer Anforderung gedeutet werden. In diesem Fall würde der angestrebte Zweck der Entlastung sich ins Gegenteil kehren und eher zu negativen Interaktionseffekten und zum „Etikettieren" der Kinder führen.

informellen Lernsettings [selbstbestimmte Aktivitäten in Gleichaltrigengruppen, Sport- und kulturelle Angebote u.a.m.] erzielt werden).

Die Kinder skizzieren ein Verständnis der *„Erledigung"* ihrer Hausaufgaben, wonach ihre Aufgabe vorrangig darin besteht, in dem vorgegebenen Zeitrahmen eine beliebige Aufgabe zu bearbeiten. Dadurch tritt der Inhalt bzw. Gegenstand der Arbeit in den Hintergrund; es kommt nicht zu einer vertieften Auseinandersetzung mit dem Thema. Auch finden sich kaum Hinweise auf Prozesse des Lernens durch beispielsweise die Beschäftigung mit einer schwierigen Frage, die Überprüfung oder das Vergleichen von Sachverhalten, die Einbindung des Themas in einen übergreifenden Kontext usw. Fragen des Lernens und der Rückmeldung über Lernen scheinen in das Setting der Hausaufgabenbetreuung kaum einbezogen zu werden. Dies steht im Kontrast zu den Ergebnissen aus den anderen Bildungsangeboten des Nachmittags, in denen die Kinder engagiert von ihren Lernerfahrungen berichten, ihre eigenen Lerngeschichten einbeziehen und ihnen die Entwicklung und Ausdifferenzierung von Interessen gelingt.

Neue Forschungen weisen daraufhin, dass die Defizite von Grundschulkindern in formalen Bereichen eher durch mangelnde Erfahrung und Handlungspraxis und weniger durch generelle Einschränkungen im Denken und Verstehen verursacht werden (vgl. Stern 2002, S. 40). Daraus kann gefolgert werden, dass es auch bei den Hausaufgaben um die Eröffnung von Aktivitäten gehen muss, die Gelegenheit zur eigenständigen Auseinandersetzung und zum Experimentieren bieten.

Deshalb ist es wichtig, gerade in der Anfangssituation zusammen mit den Kindern eine Ausgestaltung des Erfahrungs- und Lernraums Hausaufgaben zu entwickeln. Denn es kann nicht davon ausgegangen werden, dass sich Lernvorgänge in der Hausaufgabenbearbeitung von selbst einstellen. „Lernen findet dann statt, wenn Lehrende und Lernende sich einig sind, dass die Bedeutung ihres gemeinsamen Handelns darin besteht, etwas zu lernen." (Scholz 2006, S. 52) Bisher fehlt die reflexive Aneignung der Hausaufgabensituation, etwa durch Gespräche über die Erfahrungen, Interessen und Wünsche der Kinder. Ihre Lernwege werden nicht erkundet, und sie werden, abgesehen vom eigenständigen Umgang mit den zeitlichen Ressourcen nicht aufgefordert, ihre Lern- und Übungszeiten zu verantworten.

Von den Kindern werden Störungen beschrieben, die sich im Kern alle auf das vorgegebene Regelwerk beziehen. Ansätze zur Mitgestaltung und Verantwortung des zeitlichen wie räumlichen Kontextes und des Regelwerkes sind bisher kaum entwickelt worden. Auch werden die anderen Kinder in der Regel nicht als Unterstützung und motivierend angesehen, sondern im Gegenteil als potentielle Störfaktoren. Dies nicht, weil sich die Kinder nicht gegenseitig helfen, einander ihre Aufgaben erklären und gemeinsam nach Lösungen suchen wollten, sondern weil die gestellten Hausaufgaben bzw. die Hausaufgabenkonzepte und das mit ihnen verbundene Regelwerk derartige Lern- und Arbeitsgruppen nicht vorsehen, geschweige denn sie didaktisch verankert hätten.

4.3.4 Angebote (Bildungs- und Lernangebote)

Im Folgenden werden solche Angebote[94] beschrieben, die am Nachmittag als fakultatives Angebot von Pädagogen für Kinder gestaltet werden und die inhaltlich betrachtet ein breites Spektrum zwischen den Feldern kultureller, Bildung (Musik Tanz, Theater, Bildende Kunst) sowie Bewegung und Sport ausfüllen.

„Da kann ich mich auf einer Liste anmelden" – die Kinder wählen aus
In allen Schulen können die Kinder aus einer Liste von Angeboten auswählen, dabei erhalten sie oftmals eine schriftliche Zusammenstellung der möglichen Angebote, um sich mit ihren Eltern zu beraten. Sie müssen sich für einen gewissen Zeitraum (meist ein halbes Jahr) entscheiden, an dem einmal gewählten Angebot regelmäßig teilzunehmen. Fast alle Kinder wollen noch längere Zeit teilnehmen, manche schildern, dass sie bis zum Ende ihrer Grundschulzeit dabei bleiben wollen: *„Ich will so bis zur dritten Klasse oder so, vielleicht mach ich das [Werken] auch bis ich auf ne andere Schule komme."* (J., 1. Schj.)

Die Mädchen und Jungen sind offenbar mit ihrer Wahl und der Ausgestaltung der Angebote zufrieden. Einige berichten, dass sie im Vorfeld wussten, worauf sie sich einlassen, weil sie z.B. *„schnuppern"* durften – *„Dann haben wir gefragt, kann ich erst mit, mir den [Chor] angucken, und dann hat sie ja gesagt, und sofort hat er [der Chor] mir gefalle*n." (M., i. E.)

Gewisse Einschränkungen in der Wahlmöglichkeit entstehen, wenn das Verhältnis zwischen Angebot und Nachfrage nicht ausgewogen ist. Erhalten Kinder in ihrem Wunschangebot keinen Platz, so formulieren sie ihre Enttäuschung über die Absage und lassen anklingen, dass es keine *„wirkliche"* Auswahloption gibt: *„[...] aber man kann halt nicht bestimmen. Weil da immer so viele Kinder was machen möchten, kann man halt nicht bestimmen, welche Angebote man – an welchen man teilnehmen kann."* (M., 1. Schj.)

„Weil ich einfach werken wollte..." – Die Interessen der Kinder stehen im Vordergrund
Bei der Auswahl der Angebote wird deutlich, dass die Mädchen und Jungen von ihren Interessen und Vorlieben geleitet werden. Manche Kinder neh-

---

94 Sie werden hier „Angebote" genannt, da diese Bezeichnung von den Kindern am häufigsten verwendet wurde und auch bei den Erwachsenen im Ganztag die gängigste Bezeichnung zu sein scheint. Andere Bezeichnungen sind: AGs, Kurse, Gruppen. Die Bezeichnung „Projekte" kommt in den Interviews der jüngeren Kinder sowie in den Angebotstableaus der 8 Schulen, abweichend zur quantitativen Erhebung, nicht vor.

men innerhalb eines übergeordneten Themenbereichs nochmals eine Differenzierung vor und entscheiden sich z.B. für die Musik-AG und nicht für den Tanz. Das Interesse an der Thematik steht im Vordergrund, auch wenn Freundschaftsbeziehungen ebenfalls einen hohen Stellenwert haben.

Es findet sich auch die Aussage, vor dem Besuch des offenen Ganztags, nicht das *„Richtige"* gefunden bzw. nicht gewusst zu haben, was Spaß macht und interessiert, nun jedoch im offenen Ganztag diesem Angebot begegnet zu sein: *„Mir macht das Tanzen Spaß [...] ich hatte nie irgendwas gefunden, was ich mochte [..] und dann bin ich einfach mal da gucken gegangen, und dann war das irgendwie so gut."* (M., 1. Schj)

Daneben wird aber auch ein Bezug zu solchen Interessen hergestellt, die bereits im Kindergarten entwickelt und nun im Ganztag fortgeführt werden. Bereits Erlebtes kann erinnert und neue Eindrücke können an die bisherige kulturelle Identität anknüpfen: *„Ich wollt mir das mal angucken, weil ich im Kindergarten ganz viel, ganz viel gebastelt habe und immer gemalt hab, [...] und da hab ich mir das mal angeguckt, und da fand ich es gut."* (M., 1. Schj.)

Die Kinder lernen, sich begründet zu entscheiden: *„Weil ich das lieber mag, [...] als tanzen."* (M., 1. Schj.), *„Weil ich einfach werken wollte, das [ist] schön."* (J., 1. Schj.), *„Weil Fußballspielen mir Spaß macht."* (J., 2. Schj.)

Mitunter ist die Entscheidung auch davon beeinflusst, das Gewählte – hier z.B. Fußballspielen – schon sehr gut zu beherrschen und darin Stärke zeigen zu können: *„Weil das mir gefällt und [...] meine beste Sportart ist."* (J., 2. Schj.)

„Weil Freundinnen da sind" – der soziale Aspekt
Die Interviews spiegeln die Bedeutung von Freundschaften und deren Einfluss bei der Wahl von Angeboten. Dies beginnt bei der Frage, mit wem man zusammen ein Angebot besucht oder wer bereits im Angebot ist. Dies betonen insbesondere Mädchen: *„Also, ich finde auch am Tanzen, das ist das Schönste, weil da freut man sich auch, dass man so Freunde bei sich hat und tanzt."* (M., 1. Schj.) Freunde im Angebot zu haben oder zu finden, erhöht das Wohlbefinden und gibt Sicherheit. Die Interviews spiegeln, welche Herausforderungen für jüngere Kinder in der Teilnahme an einer *„neuen"* Gruppe liegen können, dass sie Gefühle des Alleinseins und Furcht vor Ausgrenzung bewältigen müssen. Einige wenige bejahen zwar die Frage, ob sie ohne Freunde an einem Angebot teilnehmen würden, äußern jedoch Bedenken: *„Ich würde auch so in den Chor gehen. Nur, [...] dann hätt' ich keinen nach dem Chor [...]."* (M., 1. Schj.) Das *„Hineingehen"* in eine Gruppe ohne Freunde kann ein emotionales Wagnis darstellen: *„Ja, da würde ich auch teilnehmen, nur ein bisschen Kribbeln ist das dann auch immer im Bauch. [...] weil, wenn da keine Freundinnen sind, dann fühlt man sich so alleine."* (M., i. E.)

Mädchen stellen die Erfahrungen des Miteinanders in den Angeboten als besonders bedeutsam für ihr Wohlbefinden und ihr Interesse dar. Ob Freundinnen im Angebot sind, scheint großen Einfluss auf Entscheidungen für oder gegen ein Angebot zu haben. Hier scheint ein Unterschied zu den älteren Kindern zu bestehen, die ihre Wahl unabhängiger von Freundschaftsbindungen treffen. Für Jungen kann ein Angebot, in dem ausschließlich Mädchen sind, aus diesem Grund nicht attraktiv sein: *„Aber so ohne Freunde mach ich das auch gern, aber nur mit Mädchen, das mach ich nicht so gern."* (J., 1. Schj.) Es scheint nur wenige Angebote zu geben, die gleichermaßen von beiden Geschlechtern gewählt werden. Das hat zur Konsequenz, dass die Mädchen und Jungen in den Angeboten häufig mit Kindern gleichen Geschlechts zusammen sind.

„Ich find's schön" – Wohlbefinden und Zufriedenheit
Ihre Erlebnisse in den vielfältigen ästhetischen und sozialen Erfahrungsfeldern der Angebote betiteln sie in den Interviews mit Adjektiven wie *„schön", „toll"* oder *„gut"*, um ihre Haltungen und Einschätzungen zu beschreiben: *„Ich finde den Chor schön, da singen wir einfach gemeinsam."* (M., 1. Schj.)

Sowohl Angebote im Bereich von Bewegung und Sport (z.B. Abenteuerturnen, Fußball, Schwimmen) als auch von Musik und Tanz sowie im Bereich bildender Kunst (Tiere malen, Räume träumen, Werken) werden positiv beschrieben, und zwar geschlechtsunabhängig: *„Also da kann man, da kann man schöne Sache basteln, Flugzeuge, oder man kann was mit Ton machen. Also, am meisten interessiert mich das mit dem Holz."* (J., 1. Schj.)

Kinder berichten von Erlebnissen besonderen Wohlbefindens und hoher Motivation häufig im Zusammenhang mit Bewegungserfahrungen: *„Mir gefällt das alles, das ist ganz besonders toll, weil, da kriegt man dann so, so ein komisch gutes Gefühl."* (M., 1. Schj.) Motivierend wirkt auch die Verbindung von Wohlbefinden und (angemessener) Herausforderung: *„Also mir gefällt der Sport, weil da was zu springen ist. Man darf Salto machen!, Das hab ich auch schon zweimal gemacht, [...] und das macht alles Spaß."* (J., 1. Schj.)

„Da hab ich genug Zeit" –Zeitrahmen und Zufriedenheit
Korrespondierend dazu können die Aussagen zum Zeiterleben der Kinder bei den Angeboten gedeutet werden: *„Ich fand das schön, weil wir haben auch Zombi-Ball gespielt, und wir haben Ringe gemacht. [...] ich fand das schön, deshalb hab ich genug Zeit hingeklebt und auch ein Lach-Smiley[95]."* (M., 2. Schj.)

---

95 In den Sequenzinterviews geschah die Bewertung sowohl mittels schriftlicher Hinweise als auch mit Hilfe von Symbolen.

Wenn Kinder etwas stört, dann, dass die Zeit ihnen zu kurz vorkommt und sie noch im Angebot verbleiben möchten. Mädchen, erstes Schuljahr: *„Ich mache gerne Flöten."*, Interviewerin: *„Und da habt ihr ein bisschen zu wenig Zeit, hast du hier aufgeklebt!"*, Mädchen: *„Ja. 'n bisschen zu wenig Zeit."*

„Da lernt man immer mehr" – Lernerfahrungen und Selbstwirksamkeit in den Angeboten

Die Kinder verbinden jedoch ihre Erfahrungen in den Angeboten nicht nur mit den Aspekten Wohlbefinden und Freude, sie blicken auch auf ihren Lernprozess zurück und erleben diesen als weitgehend selbstbestimmt und erfolgreich: *„Dann lernt man immer mehr Neues, und wenn man dann plötzlich wieder was ganz leicht kann, was man vorher ganz schwer fand, dann ist man erstaun."* (M., i. E.)

Darüber hinaus erscheinen Wettbewerb und das Herausfinden eigener Möglichkeiten und Grenzen von Bedeutung: *„Am Sport gefällt mir Fangen und wenn wir Saltos machen dürfen und chinesische Mauer, weil man da gewinnen kann und mehr Chancen hat."* (J., 2. Schj.)

„Wir sind nicht die Bestimmer" – Partizipation in den Angeboten

Manche der Regeln dienen der Vermeidung von Gefahren (keinen Kaugummi im Mund haben), andere der Herstellung von Disziplin (nicht laut sein, zuhören, nicht toben) oder der Strukturierung des Angebotes (nicht über die Linie gehen). Zusammengenommen lassen die Aussagen der Kinder eine verlässliche Orientierung in einem überschaubaren Regelwerk sowie eine ausreichende Akzeptanz der Regeln erkennen. Die Bedürfnisse nach Sicherheit und Orientierung scheinen ausreichend befriedigt. Dies gilt auch für Erstklässler, die teilweise auf ihre Situation als die Jüngsten und Neulinge ausgerichtete Zusatzregeln vorfinden; sie dürfen z.B. *„nicht alleine an die großen Sägen im Werkraum"* gehen.

Falls Kinder Regeln nicht einhalten, erfolgen Sanktionen durch die pädagogische Kraft: Genannt werden das Sitzen auf einem Stuhl, (*„nach hinten gehen auf den Stuhl"*), das Hinausschicken aus dem Raum *„musste dann raus gehen"* oder bei größeren Regelübertretungen auch das Verlassen des Angebots: *„dann ist sie rausgeschmissen [worden]."* (M., 1. Schj.)

Werden die Kinder gefragt, ob sie an der Erstellung des Regelwerks zumindest mitwirken können, so spiegeln die Antworten, die Erfahrungen, dass Erwachsene die Regeln vorgeben: *„Wie ist das denn hier mit den Regeln, wer macht den die Regeln?"*, Junge: *„Alle [Erwachsenen]!"*, Interviewerin: *„Auch ihr Kinder?"*, Beide Jungen: *„Nö."* Ähnlich antworten die beiden Mädchen, eine im ersten, eine im zweiten Schuljahr: Interviewerin: *„Und wer bestimmt denn bei Euch die Regeln?"*, Mädchen: *„Wir bestimmen das nicht, wir sind nicht die Bestimmer."*

Im Widerspruch dazu steht, dass sich Kinder in den Interviews dann besonders zufrieden und engagiert zeigen, wenn Beteiligungsformen innerhalb der Angebote eröffnet werden und sie ihre Bedürfnisse und Ideen einbringen können. Als Situationen, die dies beinhalten, werden die Anfangs- und Abschlussphasen innerhalb einer Sequenz (eines Angebotes), z.B. Bewegungswerkstatt geschildert. Kinder dürfen dann z.B. Spiele vorschlagen, im Diskurs eine Entscheidung treffen sowie Spiele selbständig durchführen. Interviewerin: *„Dürft ihr das denn ein bisschen mitbestimmen, was ihr so macht[...]?"*, Junge, zweites Schuljahr: *„Die letzten fünfzehn Minuten dürfen wir entscheiden, was wir spielen dürfen."* (Angebot Fußball). Möglichkeiten der Beteiligung konnotieren die Kinder nicht nur dann positiv, wenn es um relativ formale Aspekte wie die Auswahl von Spielen geht, sondern schätzen es, die Inhalte der Angebote mitzubestimmen: *„Am Mittwoch hab ich von drei bis vier Holzwerkstatt! Und das find ich gut, weil manchmal bauen wir nach Plan und manchmal dürfen wir uns auch was Eigenes ausdenken, was wir bauen wollen."* (M., 2. Schj.)

Nach Partizipationsmöglichkeiten gefragt, wird besonders von den Mädchen mehr Mitgestaltung innerhalb von Angeboten (*„mehr Spiele zu spielen"*) und eine Beteiligung an der Auswahl der Spiele und der Spielphasen gewünscht (*„Und dass wir auch Spiele machen, die die Kinder alle wollen, von jedem einmal ein Spiel, der ein Spiel [vorschlagen] will."*) Ein expliziter Anspruch auf Mitbestimmung wird von einem Jungen (1. Schj.) erhoben: *„Dass man, dass --- die Kinder selber bestimmen könnten. Also, dass dann jeden Tag 'n anderes Kind was bestimmen könnte, was gemacht wird."*

Verändern möchten die Mädchen strenges Verhalten der Pädagog(inn)en: *„dass die nicht so streng ist."* Weiter wünschen sie sich, dass die Pädagog(inn)en alle Kinder im Blick haben und alle gleich beteiligen: *„Dann würde ich verzaubern, dass auch alle dran kommen, weil heute bin ich gar nicht dran gekommen."* (M., 2. Schj.) Jungen streben eine Veränderung der bestehenden Regeln im Bereich der Mediennutzung und des Umgangs mit Werkzeug an: *„Dass wir jeden Tag Computer spielen dürfen"* (J., 1. Schj.), *„Ich würd' den [Pädagogen] ändern: Simsalabim, der lässt mich mit der großen Säge sägen."* (J., 2. Schj.)

Resümee
An Angeboten teilzunehmen und diese selbst auszuwählen, ist mit dem Bild der jüngeren Kinder vom Ganztag eng verbunden. Den Kindern werden im Ganztag Interessen an bestimmten Themen und Aktivitäten sowie die Motivation zu einer längerfristigen Beschäftigung unterstellt und es wird ihnen zugemutet und auch zugetraut, Angebote nach ihren Interessen auszuwählen. Dass dies sinnvoll und richtig ist und nicht an den Möglichkeiten der Kinder vorbeigeht, zeigen neben den Ergebnissen dieser Befragung auch andere Untersuchungen zu den Interessen von Kindern im Grundschulalter.

Vieles weist daraufhin, „dass einige Aktivitäten zumindest bei einem großen Teil der Kinder im Grundschulalter bereits eine erhebliche Persistenz aufweisen" (Hartinger/Fölling-Albers 2002, S. 62).

Zusammengenommen zeigen sich in den Aussagen der Kinder zu ihren Erfahrungen mit und in den Angeboten Merkmale, die bei interessegeleiteten Tätigkeiten angenommen werden, wie beispielsweise, Bereitschaft, sich mit einem bestimmten Gegenstand oder Inhalt intensiver und über einen längeren Zeitraum zu beschäftigen, sich dabei vorwiegend wohlzufühlen sowie ferner dies freiwillig und selbstbestimmt zu tun und die eigenen Kompetenzen zu erweitern (vgl. Lipski 2000, S.3). Dabei reflektieren sie ihren Lernprozess vom Beginn dieses Prozesses bis zum aktuellen Entwicklungsstand und stellen eine Verbindung zu ihrer Lern- bzw. Interessengeschichte her. Die Erfahrung, sich zu entwickeln und mehr zu können, scheint mit Erlebnissen positiver Selbstwirksamkeit verbunden (vgl. Schwarzer/Jerusalem 2002, S. 28ff.). Sucht man in den Interviews nach Äußerungen besonderen Wohlbefindens und hoher Motivation, so finden sich diese häufig im Zusammenhang mit solchen Angeboten, in denen Bewegung und Körpererfahrung eine zentrale Rolle spielen. Dies mag damit zusammenhängen, dass die eigene Selbstwirksamkeit, gerade bei den jüngeren Kindern durch Bewegung in besonderer Weise erfahren wird (vgl. Zimmer 2003, S. 15).

Korrespondierend dazu können die Aussagen zum Zeiterleben der Kinder bei den Angeboten interpretiert werden. Das Zeiterleben während der Angebote empfinden sie als angemessen – eher noch zu kurz. Anders als beim Mittagessen und den Hausaufgaben fühlen sie sich aber auch nicht unter Zeitdruck gesetzt und schildern keine Erfahrungen der Langeweile.

Bei der Auswahl von Angeboten zeigen sich zwei Arten der Begegnung: Zum einen entdecken Kinder Neues, setzen sich handelnd mit kulturellen und ästhetischen Phänomenen sowie verschieden Ausdrucksformen auseinander, denen sie im familiären Umfeld und im Kindergarten bisher nicht begegnet sind. Zum anderen schließen sie mit der Wahl bestimmter Angebote an ihre Interessen, ihr Wissen und ihr Können an, die sie in Familie und Kindergarten bereits erworben haben.

Abweichend von der Hypothese der Pilotstudie (vgl. Beher u.a. 2005, S. 85) konnte nicht gezeigt werden, dass die Verpflichtung zur Teilnahme an einem Angebot über ein halbes Jahr demotivierend wirkt. Im Gegenteil weisen die Aussagen der Kinder darauf hin, dass sie selbst hoch motiviert planen, über einen längeren Zeitraum an dem Angebot teilzunehmen.

Freunde und die Begegnung in gemeinsamer Aktivität haben für Mädchen wie Jungen große Bedeutung. Dies zeigt sich u.a. bei der Wahl der Angebote, die, wenn auch in für Mädchen und Jungen jeweils unterschiedlichen Facetten, von dem Bedürfnis nach Freundschaften beeinflusst wird. Daraus sind für die Weiterentwicklung der pädagogischen Praxis entsprechende

Konsequenzen zu ziehen, etwa indem gefragt wird, welche Angebote die jeweiligen genderspezifischen Bedürfnisse befriedigen. Zudem ist auf das, im Vergleich zu den älteren Kindern, größere Bedürfnis nach der Teilhabe an Angeboten mit Freunden einzugehen.

Fragt man nach der Qualität der Interaktion zwischen den Pädagog(inn)en und den Kindern, so spiegelt sich ein Raum der weitgehend vom Gefühl der Akzeptanz bestimmt zu sein scheint und in dem die Bedürfnisse nach Orientierung und Sicherheit weitgehend befriedigt werden. Auch werden im Vergleich zu den Handlungsfeldern des Mittagessens und der Hausaufgabenbetreuung weniger Konflikte zwischen Kindern und Pädagog(inn)en berichtet.

Entwicklungsbedarf zeigt sich jedoch, wenn es um die Partizipationsmöglichkeiten in diesem Feld geht. Die Interviews spiegeln ein Bild von einem weitgehend durch Erwachsene strukturierten Raum, in dem z.B. Inhalte und Absprachen vorgegeben, statt zusammen mit den Kindern entwickelt werden. Auch scheint das Selbst- und Aufgabenverständnis der Pädagog(inn)en eine gemeinsame reflexive Betrachtung der Erfahrungen nicht zu enthalten.

Schließlich ist in diesem Zusammenhang auch das Verhältnis zwischen freier Zeit und Zeit in den Angeboten zu betrachten. Da die Wahlmöglichkeiten zu je individuellen Tableaus führen, ergeben sich für die einzelnen Kinder Tages- und Wochenverläufe mit unterschiedlich großen Zeitkontingenten für selbstbestimmte Aktivitäten.

4.3.5 Selbstbestimmte Aktivitäten

Unter dem Begriff „selbstbestimmte Aktivitäten" werden solche Tätigkeiten gefasst, in denen die Kinder ihre Spielpartner, Spielorte und Inhalte frei wählen können. Gerade im Kontext einer Ganztagsschule, die den jüngeren Kindern eine große Anpassung an vorgegebene Zeit- und Raumstrukturen abverlangt, geht es um einen Wechsel von Erholung, Spiel und Bewegung, sowie die Möglichkeit, freie Zeiten selbständig gestalten zu können (vgl. Holtappels 2006, S. 7; Quigs 2007 S. 17f.). Damit die jüngeren Kinder die vielfältigen Erfahrungswelten des Ganztags optimal nutzen können benötigen sie verlässliche Beziehungen zu den Pädagog(inn)en (vgl. Hüther 2004, S. 493). Darüber hinaus kommt den Beziehungswelten der Kinder hohe Bedeutung zu, denn wichtige Entwicklungsaufgaben der Kinder zum Schulbeginn bestehen darin, sich vertraut zu machen, einen Platz in der Gruppe einnehmen und sich anzufreunden (vgl. Petillon 1993, S. 28).

„Da mach ich einfach das, was mir Spaß macht" – Freiräume werden geschätzt
Außerhalb des vorgegeben Rahmens von Mittagessen, Hausaufgabenbetreuung und Angeboten gestalten die Mädchen und Jungen die sich eröffnenden und gewährten Freiräume. Sie zeigen dabei Spontaneität und orien-

tieren sich an ihren aktuellen Bedürfnissen: *„Da mach ich einfach das, was mir Spaß macht."* (J., 1. Schj.) Zustimmung und Freude können als typische Äußerung der Kinder angesehen werden, wenn es um die Einschätzung der freien Zeit geht: *„Dann bin ich froh, dass ich spielen kann."* (J., 1. Schj.), *„Spielen und Spielen!!"* (J., 1. Schj.) Auch im Rückblick auf ihren Tag in der offenen Ganztagsschule sind Zeiten selbstbestimmter Aktivität von großer Bedeutung und hoch geschätzt. Sie heben sich zum Teil sogar als herausragendes Tageserlebnis von allen anderen Erfahrungen ab: *„Am Besten fand ich [an meinem Tag] die Spielpause."* (M., 1. Schj.)

Nicht nur längere Phasen selbstbestimmter Aktivitäten, z.B. von einer Stunde oder mehr am Nachmittag, gehören aus der Sicht der Kinder zur freien Zeit, sondern ebenso kürzere Pausen zwischen den Unterrichtseinheiten und den Sequenzen des Nachmittags. Dauer und subjektive Bedeutung der freien Zeit scheinen nicht in einem linearen Verhältnis zueinander zu stehen, die kürzeren Phasen werden vielmehr ebenso geschätzt und für wichtig erachtet wie die längeren. Im Einzelnen beschreiben die Kinder folgende Phasen freier Zeit: Spielzeiten vor dem Unterricht, Pausen zwischen den Unterrichtstunden, Spielphasen vor dem Essen und zwischen Mittagessen und Hausaufgabenbetreuung sowie die längere Phase freier Zeit am Nachmittag nach dem Angebot oder als Alternative zu diesem.

Äußern die Kinder ihre Zufriedenheit mit den freien Zeiten, dann wird diese grundsätzlich positive Erfahrung jedoch häufig davon getrübt *„zu wenig"* oder *„nicht genug"* davon zu haben. Dieses Bedauern mag damit zusammenhängen, dass Phasen freier Zeit als Erlebniszeit mit hohem Wohlfühlwert nicht gerne verlassen werden, so dass die Aussage zugleich die subjektiv hohe Bedeutung der Spielphasen anzeigt.

„Dann spiel ich draußen auf dem Schulhof" – freie Zeit im Außengelände
Spielphasen drinnen und draußen in wechselnder Abfolge gehören zur üblichen Strukturierung der *„freien Zeit"* durch Mädchen wie Jungen: *„Meistens so drinnen und draußen, so mit dem Roller fahr ich dann meistens oder spiel so Kicker oder Hockey."* (M., 1. Schj.) Dabei beschreiben die Kinder das Außengelände ihrer Schule als einen bevorzugten Ort des Spiels. Die Schilderungen der Kinder beginnen häufig mit dem Satz: *„Dann spiel ich draußen auf dem Schulhof."* (M., 2. Schj.) Die Gestaltung des Außengeländes hinterlässt starke Eindrücke: *„Also, die Bäume so und das Haus ist mir draußen sehr wichtig, weil die Bäume, die sind immer auch so schön, meistens kann man sich da draufsetzen, und am Haus, da kann man auch sehr gut spielen."* (M., 1. Schj.)

Besonders hervorgehoben wird z. B. das Spiel an einer Vertiefung im Außengelände, die sich bei Regen mit Wasser füllt: *„Da war so ne Grube bei diesem Klettergerüst, und da ist dann auch immer so ein Teich drin, wenn es geregnet hat. Am Schulhof gefällt mir nur der Teich."* (J., 1. Schj.)

Spielgeräte sorgen für Anregungen und Herausforderungen: *„Ja, die große Rutsche [gefällt besonders gut]. Wenn die ganz nass ist, dann kann man da rückwärts gut runterrutschen. Da hab ich schon mal einen Überschlag rückwärts gemacht und bin wieder auf den Füßen gelandet."* (J., i. E.)

Ist das Außengelände mit Spielgeräten und Material gut ausgestattet, so stellen die Kinder dies als Vorzug des Spielbereiches dar: *„Wir haben ja draußen halt auch Geräte, da sind Seile, Schippen, Förmchen, Kettcars und noch [...] Pedalos."* (M., 2. Schj.)

Andere Kinder finden eine weniger gute Gestaltung und Ausstattung vor und äußern Verbesserungsvorschläge, z.B. eine stärkere Modulierung des Geländes (zum Beispiel durch Stufen), mehr Möglichkeiten zum Klettern z.B. durch eine Kletterwand und ein Klettergerüst, eine bessere Ausstattung mit Schaukeln, größere Herausforderungen beim Rutschen durch eine Erhöhung sowie mehr Geräte und Materialien für das Spiel im Freien.

Was spielen die Mädchen und Jungen im Außengelände? Zusammenfassend weisen die Äußerungen auf eine breite Palette von Spielinhalten und -formen hin, wie Bewegungsspiele, Mannschaftsspiele, Rollenspiele etc. Dabei kommt den Bewegungsaktivitäten, sowohl was ihre Vielfalt als auch die Menge angeht, eine große Bedeutung zu. In den Interviews beschreiben die Kinder an vielen Stellen, unterschiedliche Bewegungsformen wie: Rennen, Laufen, Toben, Turnen, Fangen, Fahren, Springen, Schaukeln.

„Dort kann man Sachen bauen" – freie Zeit in den Räumen
Beschreiben Kinder, wie sie ihre freie Zeit in den Räumen verbringen, dann sind auch hier Möglichkeiten, sich zu bewegen, sehr beliebt, und speziell eingerichtete *„Bewegungsräume"* oder *„Toberäume"* stehen ganz oben, wenn es um begehrte Spielorte geht.

Das Bauen von Buden wird besonders von Jungen des ersten Schuljahres sehr geschätzt: *„Ich geh in die Ruheecke dort, da spiel ich am liebsten – weil dort kann man Sachen bauen."* (J., i. E.) *„Meistens bauen wir Buden und machen es uns darin gemütlich."* (J., 1. Schj.)

Aktivitäten im Bereich des bildnerischen Gestaltens (z.B. Malen und Basteln) sowie Rollenspiele sind weitere bedeutsame Tätigkeiten in der freien Zeit. Im Kontrast zu diesen eher traditionellen Betätigungen, scheint die Beschäftigung mit den neuen Medien für die jüngeren Kinder keine große Bedeutung zu haben.

„Am schönsten finde ich, dass wir zusammen gespielt haben" – mit Freunden spielen steht an erster Stelle
„Mit Freunden spielen", dass wird von den Mädchen und Jungen zuerst genannt, wenn es um die selbstbestimmten Aktivitäten des Nachmittags im Ganztag geht. In der Schilderung eines Mädchens zeigt sich die emotionale Bedeutung der Freundschaft: *„Am schönsten, am schönsten finde ich, dass*

wir zusammen gespielt haben." (M., 1. Schj.) Auf die Frage, ob Kinder lieber allein oder mit anderen spielen, kann es folgerichtig nur eine Antwort geben: *„Lieber mit Freunden."* (J., 1. Schj.)

Zumeist haben Kinder einen besten Freund, mit dem sie (immer) spielen. Es dürfen jedoch noch weitere Kinder als zusätzliche Spielpartner hinzu kommen: *„Der Jonathan spielt [mit] – wir spielen meistens zusammen – und noch andere."* (J., 1. Schj.)

Freundschaften scheinen eine gewisse Konstanz zu haben und beziehen sich in ihrer Reichweite häufig auf den ganzen Tag: morgens bereits im Unterricht und im Verlauf des offenen Ganztags in der Schule und darüber hinaus auch noch häufig zu Hause. Junge: *„Wir spielen fast nie alleine"*, Interviewerin: *„Wer ist denn da immer mit dabei?"*, Junge: *„der Jonathan – mit dem spiel ich fast immer. Wir spielen ja auch meistens zusammen zu Hause."* (J., 1. Schj.) Freunde spielen nicht nur möglichst oft miteinander, sie versuchen auch sowohl im Unterricht als auch am Nachmittag nebeneinander zu sitzen: *„Und mein bester Freund, neben dem ich seit heute erst sitze, das ist Lukas."* (J., 1. Schj.)

Nach der Bedeutung ihrer Freunde und den Motiven, Freundschaften zu schließen gefragt, nennen die Kinder mehrere Aspekte: Freunde zu haben, vermittelt ihnen die Erfahrung, nicht allein zu sein und erzeugt angenehme Gefühle: *„Ich spiel dann [in der freien Zeit] mit der Charlotte. Meine liebste Charlotte.",* beide Mädchen umarmen sich (M., 1. Schj.) Freundschaft ermöglicht Vertrautheit und gibt Sicherheit, dies spiegelt sich z.B. in der Ablehnung der Teilnahme an einer Gruppe, in der man keine Freundin hat: *„Weil ich mag nicht [dort spielen], wenn keiner da ist. Und da sind nur andere, die ich gar nicht kenne!"* (M., 2. Schj.)

Geht es um die Merkmale von Freundschaft, dann wird geschlechtsunabhängig die gegenseitige Hilfe genannt: Interviewerin: *„Und wenn du mal hin fällst, zu wem gehst du dann?,"* Junge: *„Dann geh ich zu meinen Freunden."* (J., i. E.) Darüber hinaus sind Freundinnen ein Ansprechpartner bei Kummer: *„Oder wenn ne Freundin kommt, kann ich ihr es erzählen, sie sagt es dann [den Betreuerinnen]."* (M., 1. Schj.)

Betrachtet man die Aussagen der Mädchen und Jungen unter dem Aspekt möglicher geschlechtsspezifischer Gestaltungen, so zeigt sich eine konstante Auswahl der Freunde aus dem eigenen Geschlecht: *„Und ich find das so schön, dass man Freundinnen hat, weil man auch dann mit denen spielen kann."* (M., 1. Schj.) Trotz dieser selbstverständlichen Ausrichtung am eigenen Geschlecht (vgl. Petillon 1993b, S. 166), geschieht keine grundsätzliche Absage an gegengeschlechtliche Kontakte und Zusammenspiel. Vielmehr legen die Aussagen nahe, dass der engere, gleichgeschlechtliche Freundeskreis durch Kinder des anderen Geschlechts erweitert wird: Beim

Spiel draußen *„Mit anderen Kindern spiel' ich so Pferde und Hexe. Mit Jungs manchmal spiele ich."* (M., 1. Schj., Mh.)

Das Interesse am anderen Geschlecht zeigt sich in unterschiedlichen Begegnungsformen: So nennt ein Junge des ersten Schuljahrs auf die Frage nach seinen Beschäftigungen in der freien Zeit: *„Mädchen [zu] beobachten."* Es kann auch darum gehen, sich gegenseitig zu necken, und zu ärgern: *„Wir spielen sehr viel mit den Jungs, [...] – dann ärgern wir die immer da draußen und gehen dann rein."* (M., 1. Schj.)

Eine Spielsituation, in die auch Kinder des anderen Geschlechts einbezogen werden, ist z.B. das Kickerspiel. Jedoch gibt es bestimmte Spiele, z.B. Rollenspiele und Mannschaftsspiele, bei denen ausschließlich Kinder des eigenen Geschlechts als Spielpartner genannt werden. Auch zeigen die Themen eine weitgehende Ausrichtung an genderspezifischen Rollenbildern: So nennen die Mädchen die Themen: *„Prinzessin"*, *„Familie"*, *„große Schwester"*, *„Pferde"*, *Hexe"* und *"Roboter"*, während die Jungen angeben *„Star Wars"* und *„Detektiv"* zu spielen.

„Wenn keiner jemand hilft" – Konflikte der Kinder
Zur Freundschaft gehören für Kinder dieses Alters Konflikte wie selbstverständlich dazu. Die Untersuchungen von Petillon (vgl. Petillon 1993a) und Krappmann (vgl. Krappmann 1996) haben gezeigt, dass Konfliktsituationen für jüngere Kinder schwierig zu meistern sind und deshalb große Herausforderungen darstellen, zugleich aber auch enorme Lernpotentiale für das soziale und emotionale Lernen beinhalten. Streit ist demnach ein wichtiger, ja sogar notwendiger Bestandteil von Beziehungen der Kinder (vgl. Valtin 1991, S. 102).

In den Interviews mit den jüngeren Kindern finden sich Beschreibungen zu Konflikt auslösenden Verhaltensweisen und Situationen. Anderen nicht zu helfen, ist eine solche Verhaltensweise: *„Wenn keiner jemand hilft, der es noch nicht weiß."* (M., 2. Schj., Mh.) Darüber hinaus wird *„lügen"* als Konfliktpotential beschrieben: *„Das ist eine richtige Lügnerin und eine Zicke, die lügt immer jeden an."* (M., 2. Schj.) Auch unterschiedliche Wünsche der Spielpartner können Konflikte auslösen: *„Wenn ich z.B. basteln will oder in den Bewegungsraum will, dann wollen die irgendwas anderes."* (M., 2. Schj.) Verteilungskonflikte entzünden sich z.B. an der Frage, wie viel Spielmaterial zur Verfügung steht, oder um begehrte Spielorte: *„Sonst streiten wir uns immer um die Bausteine, und da gibt's auch manchmal Schlägereien."* (J., 1. Schj.) In diese Konfliktkategorie gehört auch die Auseinandersetzung um die Benutzung des Kickers: *„Und danach haben wir gekickert. Da wollten wir bis zehn spielen, und dann, als die kamen, bei eins und bei sechs sagen die, dass sie jetzt dran sind."* (J.,1. Schj.)

Jüngere Kinder beschreiben Konflikte mit älteren Kindern, in denen sie sich in einer abhängigen Position erleben: *„Ich finde doof, wenn die Großen, die*

Sachen, die man gebaut hat, hier in der Nachmittagsbetreuung, aus Klötzen oder aus Lego, kaputt machen." (J., 2. Schj.) Eine Verständigung auf der Basis gleicher Rechte zwischen jüngeren und älteren Kindern gibt es aus der Sicht der jüngeren Kinder nicht: *„Dass die Großen immer von den Kleineren was kaputt machen, aber wenn man von denen mal was kaputt macht, dass die dann direkt so wütend werden, die hauen, [...] flippen aus."* (J., 2. Schj.)

„Wir sind nicht die Bestimmer" – Partizipation
Die Kinder wirken über das Regelwerk des Nachmittags, das den Rahmen bei ihren selbstbestimmten Aktivitäten ausmacht, gut informiert und akzeptieren die Vorgaben grundsätzlich als sinnvoll: *„Wir haben Regeln, dass wir uns nicht streiten dürfen. Und mit den Kettcars nicht rammen, sonst gehen die kaputt [...]. Wir dürfen nicht schlagen und nicht schubsen."* (M., 2. Schj., Mh.).

Geht es jedoch um die Frage der Partizipation, dann zeigt sich auch für das Handlungsfeld der selbstbestimmten Aktivitäten nur eine geringe Ausprägung. Bei der Entwicklung von Regeln, der Übernahme von Verantwortung und der Raumgestaltung werden Kinder kaum beteiligt: Interviewerin: *„Und wenn ihr Kinder jetzt sagt, ich möchte gerne ein Bild aufhängen oder so was von euch. Dürft ihr das dann?"*, Mädchen: *„Ich hab' das noch nie gesagt, aber weiß nicht, vielleicht dürften wir es."*, Anderes Mädchen: *„Hab' das noch nicht gemacht."* (Mn.,1. Schj., Mh.). Auch finden sich kaum Hinweise auf strukturell verankerte Formen des Tages- und Wochenrückblicks.

„Dann sag ich das der Frau Müller" – Kinder finden Unterstützung
Werden Kinder gefragt, ob sie im Alltag des offenen Ganztags eine erwachsene Person[96] kennen und finden, die ihnen in hilft und sie unterstützt, dann zeigen sie insgesamt betrachtet eine große Zustimmung. Mädchen wie Jungen wissen, an welche Pädagog(inn)en des Nachmittags sie sich wenden können. Von Einschränkungen berichten manche Kinder durch den wechselnden Einsatz der Pädagog(inn)en: *„Manchmal ist das der Daniel."* (M., 2. Schj.) Zudem gibt es die Erfahrung von Pädagog(inn)en, die keine Zeit haben: *„Kommt darauf an, wer gerade Zeit hat."* (J. 1. Schj.)

---

96 Es kann davon ausgegangen werden, dass die Qualität der Interaktion zwischen Kindern und pädagogischen Kräften ein Schlüsselmerkmal einer qualitativ hochwertigen Erziehung und Betreuung ist (vgl. Perrez 2006, S. 372ff.). Entwicklungsförderliche Merkmale sind u. a. Sensitivität, Responsivität, Interesse und Engagement, Wertschätzung und Berücksichtigung kultureller Differenz, reziproke statt direktive und restriktive Interaktion, Stabilität in der Betreuung (vgl. Gisbert 2005, S. 56 ff.).

„Der Einzige, dem ich vertraue" – eine Vertrauensperson zu finden, gelingt nicht allen Kindern
Während die Frage nach praktischer Unterstützung fast uneingeschränkt positiv beantwortet wurde, sieht dies anders aus wenn es um eine Vertrauensperson geht, der sie Sorgen und Kummer mitteilen können: Interviewerin: *„Wie ist es bei dir? Würdest du zu Frau Söller gehen, wenn du Kummer hast?"*, Mädchen: *„Ne."*, Interviewerin: *„Und zu einer anderen Betreuerin, hier im Ganztag?"*, Mädchen: *„Nur wenn ich mir weh getan hab."* Nicht alle Kinder haben eine solche Beziehung aufgebaut und zwar Mädchen wie Jungen, wenn es auch genderspezifische Ausprägungen gibt. Jungen beschreiben Vertrauensbeziehungen weniger und geben häufiger an, eher keine persönliche Bindung zu Pädagogen zu haben oder nur einer Person im Ganztag zu vertrauen: *„Der Einzige, dem ich vertraue, ist Pedro."* (J., i. E.)

„Dann geh ich in die Kuschelecke" – Rückzugsmöglichkeiten
In den Interviews wurden Fragen nach Möglichkeiten des Rückzugs- und der Erholung am Nachmittag gestellt. Hintergrund waren Ergebnisse der Pilotstudie zu besonderen Herausforderungen durch den ganztägigen Aufenthalt – insbesondere für die jüngeren Kinder – und der Notwendigkeit, mit den pädagogischen Arrangements und entsprechenden Haltungen der Pädagog(inn)en diesen Bedürfnissen nach Rückzug und Entspannung zu entsprechen (vgl. Beher u.a. 2005, S. 85f). Die Interviews spiegeln zwei unterschiedliche Typen des Umgangs: Manchen Kindern, Jungen wie Mädchen, gelingt es, Möglichkeiten des Rückzugs zu finden und für sich zu gestalten: Interviewerin: *„Was machst Du, wenn Du mal müde bist?"*, Mädchen: *„Dann geh ich in die Kuschelecke."*, Interviewerin: *„Und was machst Du dann da?"*, Mädchen: *„Dann leg ich mich da so 'n bisschen hin."* (M., 1. Schj.) Ähnlich ein Junge des ersten Schuljahres: *„Wenn ich müde bin, dann leg ich mich in die Kuschelecke."*

Andere erlauben sich einen Rückzug nicht oder finden dazu keine Möglichkeit: *„Dann halte ich das [die Müdigkeit] manchmal aus."*, Interviewerin: *„Hast du denn irgendwo einen Ort, wo du dich mal hinlegen könntest?"*, Mädchen: *„Nein."* (M., 1. Schj.)

Im Zusammenhang mit dem Bedürfnis nach Entspannung und Rückzug wurde auch nach Möglichkeiten des Alleinseins gefragt. Rückzugsorte im Außengelände werden als *„geheimen Ort"* erlebt: *„Ich spiele gerne bei diesem Geheimversteck, da gibt es noch so geheime Verstecke, da kann mich keiner finden."* (M., 1. Schj.,) Im Außengelände scheint es den Kindern eher zu gelingen, Rückzugsorte zu finden als innerhalb des Gebäudes. Die Aussage des Jungen im folgenden Interviewausschnitt beschreibt einen der seltenen *„geheimen Orte"* drinnen: *„Dann geh ich in mein Geheimversteck. Das ist vorne, da geht man in den Spielraum, da steht dann so ein Tisch, und da geh ich dann immer drunter!"* (J., i. E.)

Andere Kinder haben weder drinnen noch draußen Orte des Rückzugs für sich gefunden: Interviewerin: *„Und wenn du dich mal zurückziehen möchtest, mal alleine sein möchtest, wo gehst du dann hin?"*, Mädchen (erst schweigen, dann): *„Weiß ich nicht."* (M., 1. Schj.) Junge: *„Also, allein ist man in der Betreuung nie. Und, und wenn ich allein sein möchte, dann erlauben es die Betreuer nicht, denn wir sind ja 100 Kinder in der Betreuung."* (J., i. E.)

Zusammenfassend zeigen sich auch bei der Frage der Erschließung geheimer Orte unterschiedliche Formen des Umgangs und des Gelingens, die im Kontext der räumlichen Bedingungen und der Haltungen der Pädagog(inn)en zu dieser Frage interpretiert werden können. Jedoch werden hier wie dort keine genderspezifischen Ausrichtungen sichtbar, etwa durch größere Schwierigkeiten der Jungen.

Was die Kinder verändern würden
Könnten die Kinder im Ganztag bestimmen, dann würden sie an erster Stelle die Phasen des freien Spiels verlängern, und zwar nicht nur bezogen auf die große Spielphase am Nachmittag, sondern auch mit Blick auf die Freiräume zwischen den einzelnen Sequenzen (zwischen dem Ende des Unterrichts und dem Beginn des Mittagessens, nach dem Mittagessen und vor dem Beginn der Hausaufgabenbetreuung, zwischen der Hausaufgabenbetreuung und den Freizeitangeboten). Dabei beziehen sie den Unterricht mit ein und wünschen sich Spielpausen nach jeder Schulstunde.

Ein weiteres Bedürfnis der Kinder richtet sich auf den Ganztag als Bewegungsraum. Die Kinder würden mehr stets zugängliche und anregungsreichere Bewegungsmöglichkeiten schaffen.

Resümee
Auf der einen Seite spiegeln die Interviews ein Bild des Nachmittags, indem es für Kinder selbstverständlich dazu gehört, Phasen freier Zeit für ihre selbstbestimmten Aktivitäten zu nutzen und diese Möglichkeiten positiv zu konnotieren. Dabei beziehen sie sowohl kürzere Phasen freier Zeit als auch Pausen zwischen den Unterrichtseinheiten in ihr Selbstverständnis von Spielzeit mit ein.

Auf der anderen Seite beklagen sie jedoch häufig zu kurze oder gar fehlende Spielzeit, nicht nur bezogen auf die große Spielphase am Nachmittag, sondern ebenso für die Übergänge zwischen den einzelnen Sequenzen im Tagesablauf. Insbesondere nach dem Unterricht, zwischen Mittagessen und Hausaufgaben sowie vor den Angeboten wünschen sie sich mehr und längere Phasen freien Spiels.

Die Anpassungsleistung der Schulanfänger an ruhiges Sitzen, Konzentration und einen weitgehend vorgegebenen Tagesablauf ist hoch, denn die Kinder kommen mit Erfahrungen aus dem flexibleren System des Kindergartens in den Ganztag. Während ein großer Teil der Kinder zu dieser Leistung in der Lage ist, gibt es einen anderen Teil, dem dies sehr schwer fällt, oder auch nicht gelingt. Mindestens für diese Gruppe wird es notwendig, dass der Ganztag sich in pädagogischer, didaktischer und organisatorischer Hinsicht noch stärker auf die körperlichen Bedürfnisse der jüngeren Kinder einstellt (vgl. Duncker u.a. 2004, S. 102).

Nicht nur die Zeitkontingente und die Verteilung der Zeiten für freies Spiel geraten dabei in den Blick, sondern auch Räume mit ihren strukturellen und konzeptionellen Kontexten. Für die Innenräume formulieren die Kinder den Wunsch, nach mehr Bewegungsräumen und wollen dort auch toben. Gerade für die Schulanfänger, scheint das Toben eine große Bedeutung zu haben (vgl. Godow, 1999, S.19).

Die Kinder beschreiben das Außengelände als den bevorzugten Ort des freien Spiels und gestalten ihre Lern- und Erfahrungswelten in einer Auseinandersetzung mit den Dingen und zugleich auch mit den anderen Kindern. Dabei sind es die Erfahrungen in den genderspezifisch gestalteten Freundschaftswelten, die für die Kinder im Mittelpunkt stehen und in den Interviews größtenteils positiv beschrieben werden. Erwähnenswert scheint, dass die jüngeren Kinder sich teils von älteren Kindern gestört fühlen und sich dabei in einer abhängigen Position erleben. Für Kinder dieser Altersstufe bedeutet die selbständige Konfliktlösung noch eine große Herausforderung. Ressourcen der altersgemischten Gruppe werden bisher offenbar kaum eingesetzt, um die Potentiale der Kinder bei der selbständigen Konfliktlösung zu unterstützen. Dies wäre jedoch sowohl wünschenswert als auch unter den gegebenen Bedingungen realisierbar[97], in dem z.B. ältere Kinder als Streitschlichter und Aufsichtspersonen eingesetzt werden.

Weitere Veränderungswünsche beziehen sich auf eine anregungsreichere Gestaltung und Ausstattung des Außengeländes. Für zukünftige Entwicklungen ist in diesem Zusammenhang danach zu fragen, ob das starke Bedürfnis nach Freundschaftsbildung (in nach Geschlechtern getrennten Gruppen), genügend Beachtung in den Konzepten findet und die Raumgestaltung drinnen wie draußen diesen Wünschen entgegen kommt.

Der ganztägige Aufenthalt macht es erforderlich, gerade den jüngeren Kindern Rückzugsräume zu eröffnen, in denen sie sich erholen und entspannen können. In der Familie finden die Kinder zumeist gemäß der kulturellen Spielregeln Möglichkeiten der Separierung, in der Schule ist dies sehr viel schwieriger, und oft gibt es einen sozialen Druck zur Kommunikation. Gerade durch die Möglichkeit zum Rückzug kann jedoch die Bereitschaft zur Öffnung in der sozialen Interaktion angestoßen werden (vgl. Forster 1997, S. 184). Bei der Erschließung von Rückzugsräumen, gibt es auch eine Nähe zu dem Moment der Selbstbestimmung, denn Kinder suchen nicht unbedingt den von Erwachsenen vorbereiteten Ruheraum sondern solche Orte,

---

97 Solche Konzepte werden in offenen Ganztagsschulen bereits praktiziert.

die nicht vollständig gestaltet und kontrolliert sind (vgl. Deckert-Peaceman 2006, S. 99). Die Ergebnisse weisen darauf hin, dass nicht alle jüngeren Kinder entsprechende räumliche Bedingungen vorfinden oder für sich erschließen können. In der Konsequenz erscheint es notwendig, Rückzugsmöglichkeiten noch stärker als bisher in die Raumkonzepte zu integrieren und dabei die Genderperspektive zu beachten.

Auch bei den selbstbestimmten Aktivitäten weisen die Aussagen der Kinder auf eine Praxis hin, in der eine Mitbestimmungskultur eher die Ausnahme denn die Regel ist. Dies gilt im Hinblick auf die Beteiligung an der Gestaltung der Räume drinnen und draußen, für die Teilhabe am Regelwerk sowie die Etablierung von Formen der Reflektion (z.B. Kreisgespräche und Freitagsrunde). Auch vom Aufbau formaler Mitbestimmungsstrukturen, z.B. einem/r Gruppensprecher(in) und den Verbindungen zu den Mitbestimmungsmöglichkeiten des Vormittags ist nicht die Rede. Eingeschränkte Partizipationsmöglichkeiten finden sich zudem bei der Wahl des Spielortes. Nicht in allen Schulen können die Kinder des ersten Schuljahres ihren Bedürfnissen entsprechend nach draußen gehen. Manche dürfen nur dann draußen spielen, wenn eine erwachsene Person sie begleitet und als Aufsicht zur Verfügung steht. Welche Einschränkung von wichtigen Bedürfnissen dies gerade für die Erstklässler hat, wird deutlich, wenn die Anforderungen an *„ruhig sein"* und *„sitzen"* aus den anderen Handlungsfeldern des Nachmittags hinzugenommen werden. Anforderungen an die Qualitätsentwicklung stehen deshalb auch in direktem Zusammenhang mit der Realisierung altersangemessener und bedürfnisorientierter Formen der Mitbestimmung und Selbstorganisation.

In den einzelnen Handlungsfeldern stehen unterschiedliche Aspekte der Gestaltung der Beziehung zwischen Kindern und Pädagog(inn)en im Vordergrund: Bei den selbstbestimmten Aktivitäten geht es weniger um die Vermittlung von Inhalten, sondern mehr darum, Material und Raum zu arrangieren und als Vertrauensperson zur Verfügung zu stehen.

Schaut man auf die Ergebnisse der Interviews so wird deutlich, dass die jüngeren Kinder fast ohne Ausnahme wissen, an wen sie sich in schwierigen Situationen wenden können. Bezüglich des Aufbaus intensiverer (Vertrauens-)Beziehungen zeigen sich hingegen abweichende Ergebnisse. Nicht alle Kinder konnten eine solche Beziehung aufbauen, besonders Jungen scheint dies häufiger nicht zu gelingen. Dies spricht dafür, nach Gründen für diesen Mangel zu suchen und dabei den Blick auch auf möglicherweise voneinander abweichende Umgangsformen und Erziehungsstile in den Familien (z.B. in Migrationsfamilien) und im Ganztag zu richten. Auch kann die Frauenwelt des Nachmittags mit den vorhandenen genderspezifischen Rollenbildern bestimmter Jungen nicht übereinstimmen und einen Beziehungsaufbau erschweren. Nicht zuletzt sind die Personalkonzepte daraufhin zu überprüfen, welche Formen des Personaleinsatzes gute Vorraussetzungen für einen adäquaten Beziehungsaufbau bieten.

4.3.6 Empfehlungen zur Weiterentwicklung des offenen Ganztags mit Blick auf die jüngeren Kinder

(1) Die Situation des Übergangs und das erste halbe Jahr

- Die Mädchen und Jungen werden bereits bei der Vorbereitung auf den Ganztag nach ihren Vorlieben, Interessen und Wünschen (für den Nachmittag) gefragt, um der Unterschiedlichkeit der Kinder sowohl unter gender- als auch unter kulturellen und sozialen Aspekten angemessen zu begegnen.

- In Gesprächen wird nach Anknüpfungspunkten an die Interessen und Lerngeschichten der einzelnen Kinder gesucht. Die Ergebnisse werden schriftlich fixiert und fließen in die Gestaltung der pädagogischen Arrangements sowie in die Planung des Tableaus ein. Bereits an dieser Stelle bedarf es der Abstimmung und kontinuierlichen Zusammenarbeit aller beteiligten Pädagog(inn)en.

- Durch (tägliche) Kreisgespräche und andere Formen der Gruppenarbeit im ersten halben Jahr, können die sozialen und emotionalen Kompetenzen gestärkt werden, so dass die Passung zwischen Fähigkeiten und Anforderungen leichter gelingen kann. Dazu gehören z.B. eine Stärkung des Selbstwertgefühls und der Selbstwahrnehmung, die Verbesserung der Fähigkeiten, andere wahrzunehmen und mit ihnen zu kooperieren sowie Rückmeldungen (Feedback) zu geben und auch selbst anzunehmen.

- Die Lern- und Entwicklungspotentiale in freien und gelenkten Aktivitäten des Nachmittags sind bezogen auf die individuelle Förderung der einzelnen Kinder abzuwägen (familiärer u. kultureller Hintergrund) und mit den Kindern (und den Eltern) zu reflektieren.

- Mit Blick auf die großen Bedürfnisse der jüngeren Kinder nach Bewegung, Spiel und Entspannung werden zumindest im ersten halben Jahr mehr Freiräume für selbstbestimmte Aktivitäten ermöglicht und daher die Teilnahme an Angeboten zunächst auf ein, höchstens zwei Angebote pro Woche begrenzt.

(2) Zeit und Raum

- Der Anspruch der jüngeren Kinder nach mehr Flexibilität richtet sich auf den gesamten Nachmittag – insbesondere auf die Phasen zwischen den Sequenzen – mit dem Ziel, mehr individuelle Gestaltungen nach den Bedürfnissen der Mädchen und Jungen zu ermöglichen. Insbesondere wird die Phase freier Zeit nach dem Unterricht und vor dem Mittagessen verlängert, bzw. wird individuellen Bedürfnissen nach Bewegung, Spiel und Rückzug mehr entsprochen.

- Auch sind die Raumkonzepte danach zu befragen, inwieweit sie den großen Bewegungsbedürfnissen Rechnung tragen. Konzepte, die einen Bewegungs- bzw. Toberaum vorsehen, haben sich aus der Sicht der jüngeren Kinder besonders bewährt.

- Zugleich geht es um Orte für Rückzug und Entspannung. Buden zu bauen und sich an „geheime Orte" zurück zu ziehen, wird insbesondere von den Erstklässlern sehr geschätzt.

- Damit jüngere Kinder die vielfältigen Anregungen in den Räumen und im Außengelände selbständig nutzen können, benötigen sie Gestaltungsfreiheit wie strukturierende Vorgaben und Unterstützung durch Regeln und Rituale. Bisher scheint es einen gewissen Mangel an strukturierenden Ritualen zu geben, dies kann im Zusammenhang mit dem Aufbau von Partizipationskonzepten verändert werden.

- Auch sind solche Konzepte zu entwickeln, mit denen die jüngeren Kinder auf die selbständige Nutzung bestimmter Räumlichkeiten hin vorbereitet und geschult werden (Werkstattdiplome).

(3) Handlungsfeld Mittagessen

- Alle Kinder dürfen bei den Mahlzeiten in dem Tempo essen, dass ihnen gemäß ist. Zudem wird kein Kind aufgefordert, mehr zu essen als es möchte. Insgesamt betrachtet, kann ein Zulassen von mehr individuellen Gestaltungen eine zukünftig zu erreichende Qualität der Situation des Mittagessens ausmachen.

- Dies gilt insbesondere für die stärkere Akzeptanz und Einbeziehung unterschiedlicher (Ernährungs-) Kulturen.

- Alle Kinder nehmen an der warmen Mittagsmahlzeit teil. Für Kinder aus Familien mit einer Armutsproblematik wird eine Lösung gefunden, die ein warmes Essen garantiert und zugleich keine soziale Diskriminierung zur Folge hat.

- Neben Freunden zu sitzen und zu reden sollte selbstverständliches Recht auch der jüngeren Kinder sein. Sie benötigen jedoch eine Einführung in das Arrangement (Regeln und Rituale) und unterstützende Begleitung durch die Pädagog(inn)en.

- Die Mädchen und Jungen sind in der Anfangsphase (und in regelmäßigen Abständen) nach ihren Wünschen und Erfahrungen im Handlungsfeld „Mittagessen" zu befragen. Die zu entwickelnde Beteiligungskultur enthält darüber hinaus mindestens folgende Bereiche: die Auswahl des Essens, die gemeinsame Gestaltung der Situation durch Regeln und Rituale, die Übernahme von Aufgaben und Verantwortung durch Kinder, die Raumgestaltung sowie die Gestaltung der Übergänge vor und nach dem Mittagessen.

(4) Handlungsfeld Hausaufgaben

- Zukunftsweisende Arrangements verlangen eine stärker individualisierte und in der Eigenverantwortung der Kinder gestaltete Praxis von „Lernzeiten". Kinder brauchen Freiräume, um individuelle Wege der Auseinandersetzung und Lösung zu finden.

- Die Kinder werden als kompetente Lerner betrachtet. Es geht darum, zu erkennen, welche Erfahrungen und Fähigkeiten die Mädchen und Jungen mitbringen und Anknüpfungspunkte in den Vorerfahrungen zu suchen. Dabei können die große Offenheit und die hohe Motivation der jüngeren Mädchen und Jungen als Potential genutzt werden.

- Kooperation und Kommunikation sind die Gestaltungsprinzipien, nach denen die Arbeitszeiten organisiert werden. Die Kinder erhalten den Auftrag, gemeinsam zu forschen und zu arbeiten und sich wechselseitig zu unterstützen.

- Auch kann die Altersmischung als Bildungspotential genutzt werden, in dem die Kompetenzen der Älteren zur Stärkung der Jüngeren eingesetzt werden (z.B. ältere Kinder als Paten, ältere Kinder als Streitschlichter).

- Dies schließt eine Flexibilisierung der Zeiten und anregungsreiche Räume im Sinne von Lern-Werkstätten ein, aus denen Kinder ihre Themen nach ihren Fähigkeiten und Interessen auswählen und ihre Lernerfahrungen dokumentieren.

- Kinder, die noch in ein Spiel vertieft sind, dürfen später anfangen. Kinder, die während der Lernarbeitszeiten das Gefühl haben, nicht mehr ruhig sitzen zu können, dürfen den Raum verlassen und herumlaufen. Die Kinder dürfen sich – in Absprache mit ihren Lernpartnern – Räume (Ecken, Nischen) suchen, die ihren Bedürfnissen entsprechen.

- Da zur Zeit des Schuleintritts das Lernen in Handlungen eine bevorzugte Form darstellt, werden Aufgaben so gestaltet, dass sie dies ermöglichen. Besonders geeignet erscheinen z.B. Formen des Lernens in Projekten oder auch solche im Rahmen einer Lernwerkstatt, in denen es um forschende Aufgaben geht.

- Auf die Situation der Leistungsschwächeren und die Entwicklung ihres Selbstwirksamkeitskonzeptes sollte besonders geachtet werden, um zu verhindern, dass sich bei den „Lernzeiten" negative Selbstwirksamkeitserlebnisse verstärken.

- Um den Zugangsweisen des Kindes, seinen Stärken und Interessen auf die Spur zu kommen, werden mit den einzelnen Kindern Feedbackgespräche über ihr Lernen geführt. Auswertungsgespräche werden jedoch nicht nur auf das Lernen der Kinder begrenzt; ebenso werden die Aufgaben, das Arrangement und die Beziehung zu den Pädagogen einbezogen. .

(5) Handlungsfeld Angebote
- Die Einführung der Angebote mittels persönlicher Vorstellung der Inhalte hat sich für die jüngeren Kinder besonders bewährt, da sie prüfen können, ob Angebot und Pädagog(inn)en ihren Interessen und Bedürfnissen entsprechen.

- Freunde im Angebot zu wissen, ist ein bedeutsames Kriterium für die Auswahl der Angebote und das Wohlfühlen der jüngeren Kinder, insbesondere der Mädchen. Daraus lässt sich die Anforderung ableiten, Angebote unter Freundschafts- wie genderspezifischen Aspekten zu planen und zu reflektieren.

- Entwicklungsmöglichkeiten liegen darin, solche (Lern-)Angebote anzubieten, die noch stärker als bisher an den Fähigkeiten und Interessen der Kinder anschließen und ihre Lerngeschichten aufgreifen (siehe Punkt 1). Die Bildungsmöglichkeiten der Angebote sind auch vor dem Hintergrund der Erfahrungen in den übrigen Bildungsangeboten des Ganztags zu reflektieren und es sind Verbindungen herzustellen.

- Darüber hinaus kommt es darauf an, den offenen Ganztag auch im Bereich der Angebote interkulturell zu öffnen und den Austausch mit fremden Kulturen zu fördern. Dies geschieht durch eine offene Gestaltung, in der kreative Impulse der Kinder aufgegriffen und gefördert werden. Offenheit bedeutet auch die Gewährung eines Raums, der nicht durch Leistungs- und Disziplinierungszwänge überformt wird.

- Zukünftig sind Formen gemeinsamer reflexiver Betrachtung der Erfahrungen zwischen Kindern und Pädagog(inn)en zu entwickeln. Darüber hinaus zeigt sich die zu entwickelnde Beteiligungskultur u.a. durch: Beteiligung an der Entwicklung des Angebotstableaus, Einbeziehung in die Planung innerhalb eines Angebots und Mitgestaltung von Regeln.

(6) Handlungsfeld Selbstbestimmte Aktivitäten
- Phasen des freien Spiels bieten nicht nur wichtige Lernerfahrungen sondern zugleich Bewältigungsmöglichkeiten für die neuen kognitiven wie emotionalen und sozialen Herausforderungen. Solange es bei einem wenig rhythmisierten Tagesablauf bleibt, ist deshalb in besonderer Weise auf die Herstellung größerer Freiräume am Nachmittag zu achten.

- Die zentrale Motivation der jüngeren Kinder besteht in den Phasen selbstbestimmter Aktivitäten darin, mit Freunden (des gleichen Geschlechts) zu spielen. Damit sie ihre Freundschaftswelten adäquat entfalten können, benötigen sie die Anerkennung deren Bedeutung sowie adäquate Raum und Zeitstrukturen.

- Von den vielfältigen Spielen der jüngeren Kinder sollen hier die Rollenspiele in ihrer Bedeutung hervorgehoben werden, denn sie erleichtern den Umgang mit den Herausforderungen des Ganztags.

- Besonders die jüngeren Kinder benötigen Rückzugsräume, in denen sie sich erholen und entspannen können. In der Konsequenz sind Möglichkeiten noch mehr in die Raumkonzepte zu integrieren und dabei die Genderperspektive zu beachten.

- Auch sollten solche Konzepte entwickelt werden, die sicherstellen, dass alle Kinder (auch alle Jungen) eine Vertrauensbeziehung zu einer erwachsenen Person des Nachmittags aufbauen. Ein Ansatz könnte in der Zuordnung von Bezugspersonen bestehen, die sich in besonderer Weise für ein bestimmtes Kind verantwortlich fühlen.

- Die Ressourcen der Altersmischung sind stärker als bisher zu nutzen, indem z.B. ältere Kinder jüngere einführen und weitere Aufgaben übernehmen. Dadurch kann u.a. sichergestellt werden, dass auch Erstklässler nach ihren Bedürfnissen im Außengelände spielen können.

- Zusammenfassend stehen die Anforderungen an die pädagogischen Kräfte in direktem Zusammenhang mit der Realisierung von altersangemessenen Formen der Mitbestimmung, Selbstorganisation und Verantwortungsübernahme durch die Kinder.

Literatur

Alt, C. (Hrsg.): Kinderleben – Aufwachsen zwischen Familie, Freunden und Institutionen. Band 1: Aufwachsen in Familien. (Schriften des Deutschen Jugendinstituts: Kinderpanel). Wiesbaden 2005 (a)

Alt, C. (Hrsg.): Kinderleben – Aufwachsen zwischen Familie, Freunden und Institutionen. Band 2: Aufwachsen zwischen Freunden und Institutionen. (Schriften des Deutschen Jugendinstituts: Kinderpanel). Wiesbaden 2005 (b)

Alt, C./Teubner, M./ Winklhofer, U.: Partizipation in Familie und Schule – Übungsfeld der Demokratie. In: Aus Politik und Zeitgeschichte, 41/2005, S. 24-31

Baacke, D.: Die 6-12jährigen. Einführung in die Probleme des Kindesalters. Weinheim und Basel 1999[6]

BASS 12 – 31 Nr. 1 Hausaufgaben für die Klassen 1 bis 10 aller Schulformen. RdErl. d. Kultusministeriums v. 2. 3. 1974. (GABl. NW. S. 249). Bereinigt. Eingearbeitet: RdErl. v. 24. 6. 1992 (GABl. NW. I S. 149)

BASS 17 – 51 Nr. 1 Die Mitwirkung der Schülervertretung in der Schule nach dem Schulmitwirkungsgesetz (SV-Erlass). RdErl. d. Kultusministeriums v. 22. 11. 1979. (GABl. NW. S. 561). Bereinigt. Eingearbeitet: RdErl. v. 19. 6. 1973 (GABl. NW. S. 572)

Beher, K./Rauschenbach, Th.: Die offene Ganztagsgrundschule in Nordrhein-Westfalen. Ein gelungenes Zusammenspiel von Schule und Jugendhilfe? In: ZfE, (9) 1/2006, S. 51-66

Beher, K./Haenisch, H./Hermens, C./Liebig, R./Nordt, G./Schulz, U.: Offene Ganztagsschule im Primarbereich. Begleitstudie zu Einführung, Zielsetzungen und Umsetzungsprozessen in Nordrhein-Westfalen. Weinheim und München 2005

Behnken, I./Zinnecker, J.: Neue Kindheitsforschung ohne eine Perspektive der Kinder? Kommentar zum Beitrag von Maria Fölling Albers. In: Fölling-Albers, M./ Richter, S./Brügelmann, H./Speck-Hamdan, A. (Hrsg.): Jahrbuch Grundschule III. Seelze/Velber 2001, S. 52-56

Beisenherz, G.: Wie fühlst Du Dich. Kindliche Persönlichkeit und Umwelt als Quelle von Wohlbefinden und Unwohlsein bei Grundschulkindern. In: Alt , C. (Hrsg.): Kinderleben – Aufwachsen zwischen Familie, Freunden und Institutionen. Band 1: Aufwachsen in Familien. (Schriften des Deutschen Jugendinstituts: Kinderpanel). Wiesbaden 2005, S. 157-186

Bernitzke, F.: Methoden der Elternarbeit. Expertise für das BLK-Verbundprojekt „Lernen für den GanzTag". Speyer 2006.
In: http://www.ganztag-blk.de/Materialien

„Bildung ist mehr als Schule". Leipziger Thesen zur aktuellen bildungspolitischen Debatte. Gemeinsame Erklärung des Bundesjugendkuratoriums (BJK), der Sachverständigenkommission des Elften Kinder- und Jugendberichts und der Arbeitsgemeinschaft für Jugendhilfe (AGJ). Bonn 2002

Bittlingmeyer, U. H./Bauer, U.: Erwerb sozialer Kompetenzen für das Leben und Lernen in der Ganztagsschule, in außerschulischen Lebensbereichen und die Lebensperspektive von Kindern und Jugendlichen. 1. und 2. Teil. Bremen 2006. In: http://www.ganztag-blk.de/Materialien

BMFSFJ – Bundesministerium für Familie, Senioren, Frauen und Jugend (Hrsg.): Zehnter Kinder- und Jugendbericht. Bericht über die Lebenssituation von Kindern und die Leistungen der Kinderhilfen in Deutschland. Bonn 1998.

BMFSFJ – Bundesministerium für Familie, Senioren, Frauen und Jugend (Hrsg.): Stärkung familialer Beziehungs- und Erziehungskompetenzen. Kurzfassung eines Gutachtens des Wissenschaftlichen Beirats für Familienfragen beim Bundesministerium für Familie, Senioren, Frauen und Jugend. Berlin 2005

BMFSFJ – Bundesministerium für Familie, Senioren, Frauen und Jugend (Hrsg.): Familie zwischen Flexibilität und Verlässlichkeit. Perspektiven für eine lebenslaufbezogene Familienpolitik. Siebter Familienbericht. Berlin 2006 (a)

BMFSFJ – Bundesministerium für Familie, Senioren, Frauen und Jugend (Hrsg.): Zwölfter Kinder- und Jugendbericht. Bericht über die Lebenssituation der Kinder- und Jugendhilfe in Deutschland. Berlin 2006 (b)

Bönsch, M.: Was ist eine gute Ganztagsschule? In: Ganztagsschule, 46, 2006, S.115-122

Bos, W. u.a. (Hrsg.): Erste Ergebnisse aus IGLU. Schülerleistungen am Ende der vierten Jahrgangsstufe im internationalen Vergleich. Münster 2003

Brooker, L.: Interviewing Children. In: MacNaughton, G./Rolfe, A.: Doing early childhood research. International perspectives on theory and practice. Buckingham/Philadelphia 2001, S.168

Büchel, F./Spieß, C.K.: Formen der Kinderbetreuung und Arbeitsmarktverhalten von Müttern in West- und Ostdeutschland. (Schriftenreihe des Bundesministeriums für Familie, Senioren, Frauen und Jugend). Stuttgart 2002

Brügelmann, H.: Leistungsheterogenität und Begabungsheterogenität in der Primarstufe und in der Sekundarstufe. In: Heyer, P. u.a. (Hrsg.): Länger gemeinsam lernen. Positionen – Forschungsergebnisse – Beispiele. (Grundschulverband – A K Grundschule u. GGG e.V.). Frankfurt am Main 2003, S. 60-66

Combe, A./Helsper, W.: Vom Ritualismus des Schulverhaltens: Szenen aus der Grundschule. In: Combe, A./Helsper, W.: Was geschieht im Klassenzimmer? Perspektiven einer hermeneutischen Schul- und Unterrichtsforschung. Zur Konzeptualisierung der Pädagogik als Handlungstheorie. Weinheim 1994, S. 12-59

Deckert-Peaceman, H.: Hausaufgaben in der Ganztagsgrundschule aus der Perspektive von Kindern im Spannungsfeld zwischen Individualisierung und Standardisierung. In: Götz, M./Müller, K. (Hrsg.): Grundschule zwischen den Ansprüchen der Individualisierung und Standardisierung. Wiesbaden 2005, S. 77-83

DIW – Deutsches Institut für Wirtschaftsforschung: Kindertageseinrichtungen in Deutschland. Ein neues Steuerungsmodell bei der Bereitstellung sozialer Dienstleistungen. In: Wochenbericht 18/2000, S. 269-275

DJI – Deutsches Jugendinstitut (Hrsg.): 12. Kinder und Jugendbericht – Bericht über Bildung, Betreuung und Erziehung neben der Schule. München 2007

Duncker, L.: Zur Komplexität der Zeitverhältnisse in Schule und Unterricht. In: Duncker, L.: Zeigen und Handeln. Studien zur Anthropologie der Schule. Langennau-Ulm 1996, S. 153-166

Duncker, L.: Die Grundschule. Schultheoretische Zugänge und didaktische Horizonte. Weinheim/München 2007

Duncker, L./Scheunpflug, A./Schultheis, K.: Schulkindheit. Anthropologie des Lernens im Schulalter. Stuttgart 2004

Dzeyk, W./Groeben, N.: Methodologische Gütekriterien im Spannungsfeld von ,quantitativem' und ,qualitativem' Paradigma. In: Spiel (19) 1/2000, S. 1-20

Eder, F. (Hrsg.): Das Befinden von Kindern und Jugendlichen in der Schule. Innsbruck 1995

Eder, F./Felhofer, G.: Schule als Lebenswelt. In: Wilk, L./Bacher, J. (Hrsg.): Kindliche Lebenswelten. Eine sozialwissenschaftliche Annäherung. (Reihe Kindheitsforschung. Band 4). Opladen 1994, S. 197-252

Erikson, E. H.: Identität und Lebenszyklus. Frankfurt am Main 1991[12]

Fend, H.: Qualität im Bildungswesen. Schulforschung zu Systembedingungen, Schulprofilen und Lehrerleistung. Weinheim u.a. 1998

Fendrich, S./Pothmann, J.: Wie zufrieden sind die Eltern? Die Qualität der Kindertageseinrichtungen aus Sicht der Eltern. In: Bien, W./Rauschenbach, T./Riedel, B. (Hrsg.): Wer betreut Deutschlands Kinder. Weinheim und Basel 2006, S. 255-267

Fischer, D.: Das Tagebuch als Lern- und Forschungsinstrument. In: Friebertshäuser, B./Prengel, A. (Hrsg.): Handbuch Qualitative Forschungsmethoden in der Erziehungswissenschaft. Weinheim u. a. 1997, S. 693-703

Fölling-Albers, M.: Soziales Lernen in der Grundschule. In: Online-Familienhandbuch. http://www.familienhandbuch.de/cmain/f_Aktuelles/a_Schule/s_300.html. Letzte Änderung 22.12.2004

Forster, J.: Kinder und Schulraum – Ansprüche und Wirkungen. Eine interdisziplinäre Annäherung an pädagogische Fragestellungen. In: Becker, G./Bilstein, J./Liebau, E. (Hrsg.): Räume Bilden. Studien zur pädagogischen Topologie und Topographie. Kallmeyer 1997, S. 175-194

Fuchs, K.: Wovon der Besuch einer Kindertageseinrichtung abhängt …! In: Rauschenbach, Th./Schilling, M. (Hrsg.): Kinder- und Jugendhilfereport 2. Analysen. Befunde und Perspektiven. Weinheim und München 2005, S. 157-173

Fuhs, B.: Qualitative Interviews mit Kindern. In: Heinzel, F. (Hrsg.): Methoden der Kindheitsforschung. Ein Überblick über Forschungszugänge zur kindlichen Perspektive. Weinheim 2000, S. 87-103

Furtner-Kallmünzer, M./Hössl, A./Janke, D./Kellermann, D./Lipski, J.: In der Freizeit für das Leben lernen. Eine Studie zu den Interessen von Schulkindern. München 2002

Gardner, H.: Die Lehrzeit: Der traditionelle Weg zur Fachkenntnis. In: Gardner, H.: Kreative Intelligenz. Was wir mit Mozart, Freud, Woolf und Gandhi gemeinsam haben. Frankfurt am Main 1999

Geisler, U.: Partizipation. In: Demmer, M. u.a. (Hrsg.): ABC der Ganztagsschule. Schwalbach 2005, S. 148-149

Geißler, K. A.: Zeit. Verweile doch, du bist so schön! Lebensformen gegen die Hast. Freiburg 2000

Georgi, V.B.: Demokratielernen in der Schule. Leitbild und Handlungsfelder. (Fonds „Erinnerung und Zukunft" der Stiftung Erinnerung, Verantwortung und Zukunft). Berlin 2006, http://www.fonds-ez.de

Gisbert, K.: Lernen lernen. Lernmethodische Kompetenzen von Kindern in Tageseinrichtung fördern. Beiträge zur Bildungsqualität. Weinheim 2004

Godow, A.-K.: Freundschaften bei Mädchen und Jungen. In: Praxis Grundschule (22) 1/1999, S.18-22

Gräsel, C./Fußangel, K./Pröbstel, C.: Lehrkräfte zur Kooperation anregen – eine Aufgabe für Sisyphos. In: Zeitschrift für Pädagogik, 2006, S. 205-219

Grunert, C.: Methoden und Ergebnisse der qualitativen Kindheits- und Jugendforschung. In: Krüger, H.-H./Grunert, C. (Hrsg.): Handbuch Kindheits- und Jugendforschung. Opladen 2002, S. 225-248

Haenisch, H.: Offener Ganztag aus Sicht des pädagogischen Personals. Eine empirische Untersuchung zu den Einstellungen und zum Tätigkeitsfeld der Mitarbeiter/innen im offenen Ganztag. Soest 2007 (unveröffentlichtes Manuskript)

Hartinger, A./Fölling-Albers, M.: Schüler motivieren und interessieren. Ergebnisse aus der Forschung, Anregungen für die Praxis. Bad Heilbrunn 2002

Hartnuß, B./Maykus, S.: Mitbestimmen, mitmachen, mitgestalten. Entwurf einer bürgerschaftlichen und sozialpädagogischen Begründung von Chancen der Partizipations- und Engagementförderung in ganztägigen Lernarrangements. (Beiträge zur Demokratiepädagogik. Eine Schriftenreihe des BLK-Programms „Demokratie lernen & leben", hg. von Wolfgang Edelstein und Peter Fauser; www.blk-demokratie.de). Berlin 2006

Heinzel, F.: Der Kreis: Die demokratische Sozialform der Grundschule. In: M. Hempel (Hrsg.): Grundschulreform und Koedukation. Weinheim 1996, S. 195-206

Heinzel, F.: Qualitative Interviews mit Kindern. In: Friebertshäuser, B./Prengel, A. (Hrsg.): Handbuch Qualitative Forschungsmethoden in der Erziehungswissenschaft. München 1997, S. 397-413

Heinzel, F.: Kinder in Gruppendiskussionen und Kreisgesprächen. In: Heinzel, F. (Hrsg.):Methoden der Kindheitsforschung. Ein Überblick über Forschungszugänge zur kindlichen Perspektive. Weinheim 2000, S.117-130

Heinzel, F.: Methoden und Zugänge der Kindheitsforschung im Überblick. In: Heinzel, F. (Hrsg.): Methoden der Kindheitsforschung. Ein Überblick über Forschungszugänge zur kindlichen Perspektive. Weinheim 2000. S.21-35

Heinzel, F.: Lernen im Kreisgespräch. In: Rossbach, H.-G./Nölle, K./Czerwenka, K. (Hrsg.): Forschungen zu Lehr- und Lernkonzepten für die Grundschule. Jahrbuch Grundschulforschung Band 4. Opladen 2001, S.189-196

Heinzel, F.: Kindheit und Grundschule. In: Krüger, H.-H./Grunert, C. (Hrsg.): Handbuch Kindheits- und Jugendforschung. Opladen 2002, S. 541-566

Heinzel, F.: Kindheit irritiert Schule – über Passungsversuche in einem Spannungsfeld. In: Breidenstein, G./Prengel, A.(Hrsg.): Schulforschung und Kindheitsforschung – ein Gegensatz? Studien zur Schul- und Bildungsforschung Band 20. Wiesbaden 2005, S. 37-54

Hinweise für die Planung von Fortbildungsmodulen für Moderatoren. Berlin/Mainz März 2006. In: http://www.ganztag-blk.de

Holtappels, H.-G.: Stichwort Ganztagsschule. In: Zeitschrift für Erziehungswissenschaft 1/2006, S. 5-29

Holtappels, H.-G./Klieme, E./Rauschenbach, T./Stecher, L. (Hrsg.): Ganztagsschule in Deutschland. Ergebnisse der Ausgangserhebung der „Studie zur Entwicklung von Ganztagsschulen" (StEG). Weinheim 2007

Honig, M.S./Lange, A./Leu, H.- R.: Eigenart und Fremdheit. Kindheitsforschung und das Problem der Differenz von Kindern und Erwachsenen. In: Honig, M.S./Lange, A./Leu, H.-R.(Hrsg.): Aus der Perspektive von Kindern? Zur Methodologie der Kindheitsforschung. Weinheim u.a.: Juventa 1999, S.9-30

Honig, M.S./Lange, A./Leu, H.- R.: Forschung „vom Kinde aus"? Perspektiven in der Kindheitsforschung. In: Honig, M.S./Lange, A./Leu H.-R.(Hrsg.): Aus der

Perspektive von Kindern? Zur Methodologie der Kindheitsforschung. Weinheim u.a. 1999, S. 9-30

Horstkemper, M.: Geschlechtervielfalt in der Grundschule. In: Heinzel, F./Prengel, A. (Hrsg.): Heterogenität, Integration und Differenzierung in der Primarstufe. Jahrbuch Grundschulforschung. Band 6. Opladen 2002, S. 70-80

Hössl, A./Kellermann, D./Lipski, J./Pelzer, S.: Kevin lieber im Hort oder zu Hause? München 1999

Hössl, A./Vossler, A.: Bildungsverläufe in der Grundschule. Schulerfolg und Belastungen aus der Sicht von Eltern und Kindern. Bad Heilbrunn 2006

Hurrelmann, K. Das Modell des produktiv realitätsverarbeitenden Subjekts in der Sozialisationsforschung. Zeitschrift für Sozialisationsforschung und Erziehungssoziologie, 3/1983, 91-103

Hüther, G.: Die Bedeutung sozialer Erfahrungen für die Strukturierung des menschlichen Gehirns. In: Zeitschrift für Pädagogik (50) 4/2004, S. 487-495

Institut für soziale Arbeit/Serviceagentur „Ganztägig lernen in NRW" (Hrsg.): QUIGS Qualitätsentwicklung in Ganztagsschulen. Grundlagen, praktische Tipps und Instrumente (Band 4 in der Reihe „Der GanzTag in NRW – Beiträge zur Qualitätsentwicklung") Münster 2007

JMK/KMK 2004 = Zusammenarbeit von Schule und Jugendhilfe zur „Stärkung und Weiterentwicklung des Gesamtzusammenhangs von Bildung, Erziehung und Betreuung". Beschlüsse der Jugendministerkonferenz vom 13./14.05.2004 und der Kultusministerkonferenz vom 03./04.06.2004

Kanders, M.: Was nützt Schulprogrammarbeit den Schulen? In: Ministerium für Schule, Wissenschaft und Forschung (Hrsg.): Schulprogrammarbeit in Nordrhein-Westfalen. Bönen 2002, S.55-122

Kasten, H.: Entwicklung des Zeitbewusstseins über die Lebensspanne. In: Kasten, H.: Wie die Zeit vergeht. Zeitbewusstsein in Alltag und Lebenslauf. Darmstadt 2001, S. 47-110

Kellermann, D./Lipski, J.: Hausaufgabenpraxis in Europa. In: DJI Deutsches Jugendinstitut (Hrsg.): Projekt „Lebenswelten als Lernwelten." Projektheft 3, München 2000

Klement, C./Müller, G./Prein, G.: Vereinbarkeit muss man sich leisten können. Zur Erklärung von Betreuungs- und Erwerbsarrangements in Familien mit Kindern unter drei Jahren. In: Bien, W./Rauschenbach, T./Riedel, B. (Hrsg.): Wer betreut Deutschlands Kinder. Weinheim und Basel 2006, S. 237-253

Knauer, R./Brandt, P.: Kinder können mitentscheiden. Beteiligung von Kindern und Jugendlichen in Kindergarten, Schule und Jugendarbeit. Neuwied, Kriftel und Berlin 1998

Kolbe, F.-U./Idel, S./ Kunze, K.: Wissenschaftliche Begleitung der Ganztagsschule in neuer Form in Rheinland-Pfalz. In: Klieme, E. (Hrsg.): Ganztagsangebote in der Schule. Internationale Erfahrungen und empirische Forschungen. Ergebnisse einer Fachtagung. Bonn und Berlin 2005

Kolbe, F.-U./Rabenstein, K./Reh, S.: „Rhythmisierung". Hinweise für die Planung von Fortbildungsmodulen für Moderatoren. Berlin/Mainz 2006. In: http://www.ganztag-blk.de/cms/upload/pdf/rlp/Kolbe_et.al_Rhythmisierung.pdf

Kolbe, F.-U.: Institutionalisierung ganztägiger Schulangebote. In: Otto, H.-U./Oelkers, J. (Hrsg.): Zeitgemäße Bildung. Herausforderungen für Erziehungswissenschaft und Bildungspolitik. München und Basel 2006, S. 161-175

Konrad, K./Wagner, A.: Lernstrategien für Kinder. Hohengehren 1999

Kränzl-Nagl, R./Wilk, L.: Möglichkeiten und Grenzen standardisierter Befragungen unter besonderer Berücksichtigung der Faktoren soziale und personale Wünschbarkeit. In: Heinzel, F. (Hrsg.): Methoden der Kindheitsforschung. Ein Überblick über Forschungszugänge zur kindlichen Perspektive. Weinheim/München 2000, S. 59-76

Krappmann, L./Oswald, H.: Alltag der Schulkinder. Beobachtungen und Analysen von Interaktionen und Sozialbeziehungen. Weinheim 1995

Krappmann, L.: Die Entwicklung der Kinder im Grundschulalter und die pädagogische Arbeit des Hortes. In: Berry, G./Pesch, L. (Hrsg.): Welche Horte brauchen Kinder? – Ein Handbuch. Neuwied/Kriftel/Berlin 1996, S. 85-98

Krappmann, L.: Sozialisation in der Gruppe der Gleichaltrigen. In: Hurrelmann, K./Ulich, D. (Hrsg.): Neues Handbuch der Sozialisationsforschung. Weinheim und Basel 1991[4], S. 355-375

Krappmann, L.: Untersuchungen zum sozialen Lernen. In: Individuelles und soziales Lernen in der Grundschule. Kinderperspektiven und pädagogische Konzepte. Petillion, H. (Hrsg.) Opladen 2002, S. 89-102

Kreyenfeld, M.: Sozialstruktur und Kinderbetreuung. MPDIR Working Paper. Wp 2004-009. Rostock 2004

Krok, I.: Wann fühlen sich Kinder in der Grundschule wohl? DJI-Kinderpanel: Schulisches Wohlbefinden in der Grundschule. In: DJI-Bulletin 77, 4/2006, S. 10

Kropp, U.: Klassenrat und Kinderparlament: kindgerechte Foren in der Grundschule. In: SchulVerwaltung NRW. 2/2006, S. 49-53

Krüger, H.-H./Grunert, C.: Geschichte und Perspektiven der Kindheits- und Jugendforschung. In: Krüger, H.-H./Grunert, C. (Hrsg.): Handbuch Kindheits- und Jugendforschung. Opladen 2002, S. 11-64

Krumm, V.: Das Verhältnis von Elternhaus und Schule. In: Roth, L. (Hrsg.): Pädagogik. Handbuch für Studium und Praxis. München u.a. 2001[2], S. 1016-1029

Kuckartz, U.: Einführung in die computergestützte Analyse qualitativer Daten. Wiesbaden 2005

Laevers, F. (Hrsg.): Die Leuvener Engagiertheits-Skala für Kinder. LES-K. Deutsche Fassung der Leuven Involvement Scale for Young Children, übersetzt und überarbeitet von Schlömer, K. Erkelenz Fachschule für Sozialpädagogik 1997

Laevers, F.: Die Leuvener Engagiertheits-Skala für Kinder. LES-K. Deutsche Fassung der Leuven Involvement Scale for Young Children. Leuven 1993

Landtag Nordrhein Westfalen 14. Wahlperiode, Drucksache 14/4319 (Hrsg.): Antwort der Landesregierung auf die Kleine Anfrage 1507 der Abgeordneten Sigrid Beer Grüne, Drucksache 14/3974. 09.05.2007

Lang, S.: Lebensbedingungen und Lebensqualität von Kindern. Frankfurt am Main 1985

Lang, C.: Institutionelle Kinderbetreuung. Erschwinglich für alle? In: Bien, W./Rauschenbach, T./Riedel, B. (Hrsg.): Wer betreut Deutschlands Kinder. Weinheim und Basel 2006, S. 105-122

LBS-Initiative Junge Familie (Hrsg.): LBS-Kinderbarometer NRW. Stimmungen, Meinungen, Trends von Kindern in Nordrhein-Westfalen. Ergebnisse der Erhebung im Schuljahr 2001/2002 (Institutsbericht zum fünften Erhebungsjahr). Ein Projekt der „LBS-Initiative Junge Familie" in Zusammenarbeit mit dem Ministerium für Schule, Jugend und Kinder des Landes NRW. Münster 2003. http://www.lbs.de/west/die-lbs/junge-familie/veroeffentlichungen

LBS-Initiative Junge Familie (Hrsg.): LBS-Kinderbarometer NRW. Stimmungen, Meinungen, Trends von Kindern in Nordrhein-Westfalen. Ergebnisse der Erhebung im Schuljahr 2003/2004. (Institutsbericht zum siebten Erhebungsjahr). Ein Projekt der „LBS-Initiative Junge Familie" in Zusammenarbeit mit dem Ministerium für Schule, Jugend und Kinder des Landes NRW. Münster 2005. http://www.lbs.de/west/die-lbs/junge-familie/veroeffentlichungen

LBS-Initiative Junge Familie (Hrsg.): LBS-Kinderbarometer Wohnen in NRW. Stimmungen, Meinungen, Trends von Kindern in Nordrhein-Westfalen. Ergebnisse der Erhebung im Schuljahr 2005. Ein Projekt der „LBS-Initiative Junge Familie" in Zusammenarbeit mit dem Ministerium für Generationen, Familie, Frauen und Integration des Landes NRW sowie dem Ministerium für Bauen und Verkehr des Landes NRW. Münster 2006. http://www.lbs.de/west/die-lbs/junge-familie/veroeffentlichungen

Leu, H.-R.: Bildungs- und Lerngeschichten. In: Diskurs (12) 2/2002, S. 19-25

Levine, R.: Eine Landkarte der Zeit. München 2004

Lipski, J.: Lernen und Interesse. Entwurf eines theoretischen Projektrahmens. In: Informelles Lernen in der Freizeit. Erste Ergebnisse des Projekts „Lebenswelten als Lernwelten". Deutsches Jugendinstitut (Hrsg.) München 2000

Lipski, J.: Zur Verlässlichkeit der Angaben von Kindern bei standardisierter Befragung. In: Heinzel, F. (Hrsg.): Methoden der Kindheitsforschung. Ein Überblick über Forschungszugänge zur kindlichen Perspektive. Weinheim 2000, S. 77-86

Lipski, J.: Was lernen Kinder in der Freizeit? In: http://www.familienhandbuch.de/cmain/f_Fachbeitrag/a_Kindheitsforschung/s_815.html 2004, zuletzt besucht: 01.03.2007

Maslow, A.: Motivation und Persönlichkeit. Olte 1977

Mayering, P.: Qualitative Inhaltsanalyse. Grundlagen und Techniken. Weinheim und Basel. 2003[8]

Maykus, S.: Ganztagsschule und Jugendhilfe. Kooperation als Herausforderung und Chance für die Gestaltung von Bildungsbedingungen junger Menschen. Reihe "Der GanzTag in NRW", Heft 1. Münster 2005

Melzer, W.: Familie und Schule als Lebenswelt. Zur Innovation von Schule durch Elternpartizipation. München 1987

Mey, G.: Zugänge zur kindlichen Perspektive – Methoden der Kindheitsforschung. In: Online-Familienhandbuch. http://www.familienhandbuch.de/cmain /f_Fachbeitrag/a_Kindheitsforschung/s_940.html. Letzte Änderung 31.1.2006

Ministerium für Arbeit, Gesundheit und Soziales des Landes Nordrhein- Westfalen (Hrsg.): Sozialbericht NRW 2007 – Armuts- und Reichtumsbericht. Düsseldorf 2007

Moldering, M./Eissing, G.: Evaluation der Elterneinbeziehung in eine gesundheitsförderliche Ernährung von Grundschulkindern. In: Empirische Pädagogik (20) 2/2006, S. 169-188

MSW – Ministerium für Schule und Weiterbildung des Landes Nordrhein-Westfalen: Offene Ganztagsschule im Primarbereich. RdErl. v. 26.1.2006 (ABl. NRW. S. 29) in der geänderten Fassung vom 26.12.2006 (BASS 12 – 63 Nr. 4)

MSW – Ministerium für Schule und Weiterbildung des Landes Nordrhein-Westfalen. Das Bildungsportal (Hrsg.): Grundschule von A bis Z. Düsseldorf 2006-2007

MSW – Ministerium für Schule und Weiterbildung des Landes Nordrhein-Westfalen: Presseinformation v. 18.04.2007

Nickel, H./Schmidt-Denter, U.: Vom Kleinkind zum Schulkind. Eine entwicklungs-psychologische Einführung. München 1995[5]

Nilson, I.: Hausaufgaben und selbständiges Lernen. In: DJI Deutsches Jugendinstitut (Hrsg.): Projekt „Lebenswelten als Lernwelten." Projektheft 1. München 1999

Nittel, D.: Kindliches Erleben und heimlicher Lehrplan des Schuleintritts. In: Behnken, I./Zinnecker, J. (Hrsg.): Kinder. Kindheit. Lebensgeschichten. Ein Handbuch. Seelze/Velber 2001, S. 444-457

Opp, G./Speck-Hamdan, A.: Heterogenität der Schulanfänger – Herausforderungen für die Schule. In: Faust-Siehl, G./Speck-Hamdan, A. (Hrsg.): Schulanfang ohne Umwege. Mehr Flexibilität im Bildungswesen. (Grundschulverband – Arbeitskreis Grundschule e.V.). Frankfurt am Main 2001, S. 175-192

Perrez, M.: Interaktion als soziale Emotionsregulation. In: Krapp A./Weidemann B. (Hrsg.): Pädagogische Psychologie. Ein Lehrbuch. Weinheim 2006, S. 372-374

Petillon, H.: Soziale Erfahrungen in der Gleichaltrigengruppe im Verlauf der ersten beiden Schuljahre. In: Petillon, H.: Das Sozialleben des Schulanfängers. Die Schule aus der Sicht des Kindes. Weinheim 1993a, S. 23-34

Petillon, H.: Das Sozialleben des Schulanfängers. Die Schule aus der Sicht des Kindes. Weinheim 1993b

Plaß, C.: Gemeinsam an einem Strang ziehen. In: DKJS (Hrsg.): Den Ganzen Tag – von Anfang an. Berlin 2006, S. 77-80

Projektgruppe WANJA: Handbuch zum Wirksamkeitsdialog in der offenen Kinder- und Jugendarbeit. Münster 2000

Pruisken, I.: Grundschüler und ihre Freizeit: Sind Kinder heute gering und einseitig interessiert? In: Unterrichtswissenschaft, (33) 3/2005, S. 272-288

Rabe-Hesketh, S./Skrondal, A.: Multilevel and longitudinal modeling using Stata. College Station, Tex.: Stata Press, 2005

Rademacker, H.: Hausaufgaben im Spannungsfeld von Schule – Eltern – Betreuung. Expertise für das BLK-Verbundprojekt „Lernen für den GanzTag". August 2005. In: http://www.ganztag-blk.de/materialien

RdErl. MSW – Runderlass des Ministeriums für Schule und Weiterbildung vom 26.1.2006 (ABl. NRW, S. 29), zuletzt geändert durch den Runderlass vom 21.12.2006 (ABl. NRW. 2/07). Offene Ganztagsschule im Primarbereich (BASS 12 – 63 Nr. 4)

Rekow, A./Säbel J.-P./Becker-Gebhardt, B./Kaplan, K.: Hausaufgabenbetreuung. In: Kaplan, K./Becker-Gebhardt, B. (Hrsg.): Handbuch der Hortpädagogik. Freiburg 1999, S. 269-277

Robert-Koch-Institut (Hrsg.): Erste Ergebnisse der KiGGS-Studie zur Gesundheit von Kindern und Jugendlichen in Deutschland. Berlin 2006. http://www.kiggs.de

Röhner, C./Hausmann, O.: Offene Ganztagsgrundschule aus der Perspektive von Kindern. Ergebnisse der Wuppertaler Befragung 2005. Unveröffentlichtes Manuskript. Bergische Universität Wuppertal. o.J.

Röhner, C./Hausmann, u.a.: Kinder bewerten das Ganztagsangebot. Eine Studie zur Qualität der Ganztagsschule aus Kindersicht. In: Deckert-Peaceman, H./Burk, K.H. (Hrsg.): Auf dem Weg zur Ganztags-Grundschule. (Grundschulverband – Arbeitskreis Grundschule). Frankfurt am Main 2006, S. 271-278

Röhner, C.: Offene Ganztagsgrundschule aus der Perspektive von Kindern – Schülerbefragung und Telefoninterviews zur Beurteilung des Ganztagsangebots. In: Rahm, S./Mammes, I./Schratz, M. (Hrsg.): Schulpädagogische Forschung. Organisations- und Bildungsprozessforschung. Perspektiven innovativer Ansätze. Innsbruck 2006, S. 165-178

Rohlfs, C.: Freizeitwelten von Grundschulkindern. Eine qualitative Sekundäranalyse von Fallstudien. Weinheim und München 2006

Rosenbladt, B.v./Thebis, F.: Schule aus der Sicht von Eltern. Das Eltern-Forum als neues Instrument der Schulforschung und mögliche Form der Elternmitwirkung. Eine Studie der Infratest Bildungsforschung. München 2003

Salisch, v. M.: Streit unter Freunden. Was tun Schulkinder, wenn sie sich über andere ärgern. In: Alt , C. (Hrsg.): Kinderleben – Aufwachsen zwischen Familie, Freunden und Institutionen. Band. 2: Aufwachsen zwischen Freunden und Institutionen. (Schriften des Deutschen Jugendinstituts: Kinderpanel). Wiesbaden 2005, S. 63-82

Schäfer, G.: Bildungsprozesse im Kindesalter. Selbstbildung, Erfahrung und Lernen in der frühen Kindheit. Weinheim u.a. 1995

Schaeper, Hilde; Briedis, Kolja (2004): Kompetenzen von Hochschulabsolventinnen und Hochschulabsolventen, berufliche Anforderungen und Folgerungen für die Hochschulreform, Hannover, HIS-Projektbericht August 2004, http://www.bmbf.de/pub/his_projektbericht_08_04.pdf, zuletzt besucht am 5.3.2007

Schmidt, C.: „Am Material". Auswertungstechniken für Leitfadeninterviews. In: B. Friebertshäuser, B./Prengel, A. (Hrsg.): Handbuch Qualitative Forschungsmethoden in der Erziehungswissenschaft. München 1997, S. 544-568

Schmidt-Denter, U.: Soziale Beziehungen im Lebenslauf. Weinheim und Basel, 2005[4]

Schneider, S.: Lernfreude und Schulangst. Wie es 8-9-jährigen Kindern in der Grundschule geht. In: Alt , C. (Hrsg.): Kinderleben – Aufwachsen zwischen Familie, Freunden und Institutionen. Band. 2: Aufwachsen zwischen Freunden und Institutionen. (Schriften des Deutschen Jugendinstituts: Kinderpanel). Wiesbaden 2005, S. 199-230

Scholz, G.: Lernen im „offenen Ganztag". In: Burk, K./Deckert-Peaceman, H. (Hrsg.): Auf dem Weg zur Ganztags-Grundschule. (Grundschulverband – Arbeitskreis Grundschule e.V.). Frankfurt am Main 2006, S. 43-54

Schulgesetz für das Land Nordrhein-Westfalen (Schulgesetz NRW – SchulG) Vom 15. Februar 2005 (GV. NRW. S. 102) zuletzt geändert durch Gesetz vom 27. Juni 2006 (GV. NRW. S. 278)

Schwarzer, R./Jerusalem, M.: Das Konzept der Selbstwirksamkeit. In: Zeitschrift für Pädagogik. Beiheft 5. Selbstwirksamkeit und Motivationsprozesse in Bildungssituationen. (44) 2002, S. 28-54

Simshäuser, U.: Appetit auf Schule – Leitlinien für eine Ernährungswende im Schulalltag. Institut für ökologische Wirtschaftsforschung (IÖW) (Hrsg.). Berlin 2005

Simshäuser, U.: Leitlinien für eine Ernährungswende im Schulalltag. Vortrag beim Landesjugendamt Rheinland in Köln am 9.2.2006

Speck-Hamdan, A.: Schulanfänger: Könner? – Debütanten. In: Faust-Siehl, G./Speck-Hamdan, A. (Hrsg.): Schulanfang ohne Umwege. Mehr Flexibilität im Bildungswesen. (Grundschulverband – Arbeitskreis Grundschule e.V.). Frankfurt am Main 2001, S. 16-29

Spiegel, H.: „Offene Arbeit mit Kindern-(k)ein Kinderspiel: Erklärungsweisen und Hilfen zum methodischen Arbeiten". Münster 1997

Stecher, L.: Schule als Familienproblem. Wie Eltern und Kinder die Grundschule sehen. In: Alt, C. (Hrsg.): Kinderleben – Aufwachsen zwischen Familie, Freunden und Institutionen. Band 2. Aufwachsen zwischen Freunden und Institutionen. (Schriften des Deutschen Jugendinstituts: Kinderpanel). Wiesbaden 2005, S. 183-198

StEG (Studie zur Entwicklung von Ganztagsschulen): Studie zur Entwicklung von Ganztagsschulen – Ergebnisse der Ausgangserhebung. Pressekonferenz, Berlin, 19. März 2007. In: http://www.projekt-steg.de/pk070319/Pressekonferenz_Folien.pdf

Steinert, B. u.a.: Lehrerkooperation in der Schule: Konzeption, Erfassung, Ergebnisse. In: Zeitschrift für Pädagogik, 52, 2006, S.185-204

Steinke, I. Geltung und Güte. Bewertungskriterien für qualitative Forschung. In: Kraimer, K. (Hrsg.): Die Fallkonstruktion. Sinnverstehen in der sozialwissenschaftlichen Forschung. Frankfurt am Main 2000, S.201-236

Stern, E.: Wie abstrakt lernt das Grundschulkind? Neuere Ergebnisse der entwicklungspsychologischen Forschung. In: Petillon, H. (Hrsg.): Individuelles und soziales Lernen in der Grundschule. Kindperspektive und pädagogische Konzepte. Jahrbuch Grundschulforschung, Band 5. Opladen 2002

Strätz, R. u.a.: Qualität für Schulkinder in Tageseinrichtungen. Weinheim und Basel 2003

Sturzbecher, D./Großmann, H. (Hrsg.): Soziale Partizipation im Vor- und Grundschulalter. Grundlagen. München 2003

Sünker, H./Swiderek, T./Richter, E.: Der Beitrag partizipativer Handlungsansätze in der pädagogischen Arbeit mit Kindern und Jugendlichen zur Bildung und Erziehung – unter Berücksichtigung interkultureller Konzepte. Expertise zum 8. Kinder- und Jugendbericht der Landesregierung NRW. Düsseldorf 2005

Traub, A.: Ein Freund, ein guter Freund… Die Gleichaltrigenbeziehungen der 8- bis 9-jährigen. In: Kinderleben – Aufwachsen zwischen Familie, Freunden und Institutionen. Band 2: Aufwachsen zwischen Freunden und Institutionen. (Schriften des Deutschen Jugendinstituts: Kinderpanel). Wiesbaden 2005, S. 23-62

Traub, A.: Freunde. DJI-Kinderpanel. In: http://www.dji.de/kinderpanel/highlights/Freunde.pdf, zuletzt besucht: März 2007

Urban, M.: Räume für Kinder. Pädagogische und architektonische Konzepte zur kooperativen Planung und Gestaltung von Kindertagesstätten. Frankfurt am Main 1997

Urban, U.: Partizipation. Einführung. Demokratie-Baustein „Partizipation". BLK-Programm „Demokratie lernen & leben". In: http// www.blk-demokratie.de vom 23.08.2005

Valtin, R.: Mit den Augen der Kinder. Freundschaft, Geheimnisse, Lügen, Streit und Strafe. Reinbek 1991

Von der Groeben, A: Lernen in heterogenen Gruppen. In: PÄDAGOGIK, 9/2003, S. 6-9

Wagner, J.: Freundschaft: Spontane Beziehungen im Grundschulalter. In: Sache – Wort – Zahl (31) 51/2003, S. 4-9

Wahl, D.: Realitätsadäquanz: Falsifikationskriterien. In: Groeben, N./Wahl, D./Schlee, J./Scheele, B.: Das Forschungsprogramm Subjektive Theorien. Tübingen 1988, S. 180-205

Wahl, K.: Aggression bei Kindern. Emotionale und soziale Hintergründe. In: Alt , C. (Hrsg.): Kinderleben – Aufwachsen zwischen Familie, Freunden und Institutionen. Band 1: Aufwachsen in Familien. (Schriften des Deutschen Jugendinstituts: Kinderpanel). Wiesbaden 2005, S. 123-156

Wahler, P./Preiß, C./Schaub, G.: Ganztagsangebote an der Schule. Erfahrungen - Probleme - Perspektiven. München 2005

Walper, S./Tippelt, R.: Methoden und Ergebnisse der quantitativen Kindheits- und Jugendforschung. In: Krüger, H.-H./Grunert, C. (Hrsg.): Handbuch Kindheits- und Jugendforschung. Opladen 2002, S. 189-224.

Wild, E./Hofer, M./Pekrun, R: Emotionale Bedingungen des Lernens. In: Krapp A./Weidemann B. (Hrsg.): Pädagogische Psychologie. Ein Lehrbuch. Weinheim 2006, S. 207-212

Wilk, L./Bacher, J. (Hrsg.): Kindliche Lebenswelten. Eine sozialwissenschaftliche Annäherung. (Reihe Kindheitsforschung. Band 4). Opladen 1994

Wissenschaftlicher Beirat für Familienfragen: Kinder und ihre Kindheit in Deutschland. Eine Politik für Kinder im Kontext von Familienpolitik. (Schriftenreihe des Bundesministeriums für Familie, Senioren, Frauen und Jugend, Bd. 154). Stuttgart, Berlin, Köln 1998

Wissenschaftlicher Beirat für Familienfragen: Die bildungspolitische Bedeutung der Familie – Folgerungen aus der PISA-Studie. (Schriftenreihe des Bundesministeriums für Familie, Senioren, Frauen und Jugend, Bd. 224). Berlin 2002

Witjes, W./Zimmermann, P.: Elternmitwirkung in der Schule. Eine Bestandsaufnahme in fünf Bundesländern. In: Rolff, H.-G. u.a. (Hrsg.): Jahrbuch der Schulentwicklung. Band 11. Daten, Beispiele und Perspektiven. (Institut für Schulentwicklungsforschung). Weinheim u.a. 2000, S. 221-256

Zimmer, R.: Lernräume schaffen. Ein Gespräch mit Osnabrücker Sportpädagogin Renate Zimmer über die Gestaltung von Lerngelegenheiten für junge Kinder. In: Forum Schule. Magazin für Lehrerinnen und Lehrer, 12/2003, S. 14-15

Zinnecker, J./Silbereisen, R.K.: Kindheit in Deutschland. Aktueller Survey über Kinder und ihre Eltern. Weinheim und München 1996

Danksagung

Mit dieser Publikation legt der nordrhein-westfälische Kooperationsverbund den zweiten Band zur wissenschaftlichen Begleitung der offenen Ganztagsschule im Primarbereich vor. Er ist entstanden im Auftrag des Ministeriums für Schule und Weiterbildung (MSW) und des Ministeriums für Generationen, Familie, Frauen und Integration (MGFFI) des Landes Nordrhein-Westfalen.

Die wissenschaftliche Begleitung der offenen Ganztagsschule ist ein Vorhaben, an dem viele Personen beteiligt sind. Es sind dies bei weitem nicht nur diejenigen, die als Autorinnen und Autoren verantwortlich zeichnen. Ohne die Schülerinnen und Schüler und deren Eltern, die außerunterrichtlichen Mitarbeiter/innen des offenen Ganztags, die Lehrkräfte und Schulleitungen der beteiligten Schulen wäre diese Arbeit nicht möglich gewesen. Ihnen gilt an dieser Stelle deshalb unser besonderer Dank.

Für die Bereitschaft zur Teilnahme an den Pretests der Befragungen danken wir ebenfalls den beteiligten Schulleitungen, den Pädagoginnen und Pädagogen des offenen Ganztags, vor allem jedoch den Kindern und ihren Eltern, die mit ihrer Bereitschaft, die Leitfäden und Materialien zu erproben, wesentlich zur Weiterentwicklung der Instrumente beigetragen haben.

Die Entwicklung des aufwändigen Erhebungsinstrumentariums sowie die Mitwirkung während der Erhebungsphase gelang mit der Unterstützung einer Reihe von studentischen und wissenschaftlichen Mitarbeiter(inne)n aus den beteiligten Instituten, die hier namentlich nicht einzeln genannt werden, denen aber trotzdem unser herzlicher Dank gilt.

Darüber hinaus haben wir von der Beratung durch Fachkolleginnen und -kollegen aus unterschiedlichen institutionellen Zusammenhängen profitiert: Für wertvolle Anregungen bei der Entwicklung der Fragebögen für die Befragung der Fach- und Lehrkräfte geht unser Dank neben den Bezirksregierungen an Kolleginnen und Kollegen der Fachberatung des Ganztags in den Landesjugendämtern, insbesondere Dr. Karin Kleinen und Alexander Mavroudis (Landesjugendamt Rheinland) sowie Dr. Wolfgang Thoring (Landesjugendamt Westfalen-Lippe).

Fachliche Beratung bei der methodischen Gestaltung der Kinderstudien, insbesondere der Konstruktion der Fragebögen und Leitfäden erhielten wir von folgenden Personen: Prof. Dr. Sabine Walper (Ludwig-Maximilians-Universität München), Bettina Arnoldt, Dr. Nora Gaupp (beide DJI, München), Nadine Pautz (ehemals DJI) und Markus Teubner (ISB, München).

Autorinnen und Autoren

Karin BEHER, Dipl.-Sozialwissenschaftlerin, Jg. 1959, wissenschaftliche Angestellte am Fachbereich Erziehungswissenschaft und Soziologie der Universität Dortmund, Forschungsverbund Deutsches Jugendinstitut/Universität Dortmund. Arbeitsschwerpunkte: Erziehung, Bildung und Betreuung von Kindern, soziale Ausbildung und Berufe, bürgerschaftliches Engagement.

Hans HAENISCH, Dr. rer. soc., Jg. 1948, Leitender Regierungsdirektor, Bergische Universität Wuppertal. Arbeitsschwerpunkte: Schul- und Unterrichtsforschung, Schul- und Unterrichtsentwicklung.

Claudia HERMENS, Dipl.-Pädagogin, Jg. 1958, wissenschaftliche Mitarbeiterin beim Sozialpädagogischen Institut (SPI), zentrale wissenschaftliche Einrichtung der Fachhochschule Köln. Arbeitsschwerpunkte: Erziehung, Bildung und Betreuung von Schulkindern, Qualitätsentwicklung.

Gabriele NORDT, Dipl.-Soz.päd., Jg. 1954, wissenschaftliche Mitarbeiterin beim Sozialpädagogischen Institut (SPI), zentrale wissenschaftliche Einrichtung der Fachhochschule Köln. Arbeitsschwerpunkte: Erziehung, Bildung und Betreuung von Schulkindern, Qualitätsentwicklung.

Gerald PREIN, Dr. phil., Jg. 1956, wissenschaftlicher Mitarbeiter am Deutschen Jugendinstitut (DJI) in München. Arbeitsschwerpunkte: Übergangsforschung, soziale Ungleichheit, Methoden der Sozialforschung.

Uwe SCHULZ, Soziologe M.A., Jg. 1967, wissenschaftlicher Mitarbeiter beim Institut für soziale Arbeit e.V., Münster. Arbeitsschwerpunkte: Jugendhilfe und Ganztagsschule, Bildungsentwicklung, Fortbildung und Qualifizierung.